漢學研究叢書・文史新視界叢刊

# 儒行與禮典

## ——《孔子家語》思想探究

# Confucian Scholar Practice and Ritual Code:
# The Research of *Kongzi Jia Yu* Thought

徐其寧　著
by Hsu Chi-Ning

# 文史新視界叢刊編輯委員會

## （依姓名筆劃排序）

### 學術顧問

古勝隆一　何志華　杜曉勤　吳　震　林慶彰

徐興無　　郭齊勇　黃俊傑　潘光哲　蘇費翔

### 編輯委員

宋立林　金　浪　姚蘇杰　唐定坤　陳煒舜　楊少涵　潘　斌

### 總策畫

車行健

### 主編

邱偉雲　劉芝慶

# 如蝶振翼
── 《文史新視界叢刊》總序一

　　近年赴中國大陸學術界闖蕩的臺灣文科博士日益增多，這當中主要包括兩類人才。一類是在臺灣學界本就聲名卓著、學術影響鉅大的資深學者，他們被大陸名校高薪禮聘去任教，繼續傳揚他們的學術。另一類則是剛拿到博士文憑，企盼進入學術職場，大展長才，無奈生不逢時，在高校發展面臨瓶頸，人力資源飽和的情況下，雖學得一身的文武藝，卻不知貨與何家、貨向何處！他們多數只能當個流浪教授，奔波各校兼課，猶如衢州撞府的江湖詩人；有的則委身屈就研究助理，以此謀食糊口，跡近沈淪下僚的風塵俗吏。然而年復一年，何時了得？於心志之消磨，術業之荒廢，莫此為甚！劉芝慶與邱偉雲不甘於此，於是毅然遠走大陸，分別在湖北經濟學院和山東大學闖出他們的藍海坦途。如劉、邱二君者，尚所在多有，似有逐漸蔚為風潮的趨勢，日益引發文教界的關注。

　　然而無論資深或新進學者西進大陸任教，他們的選擇與際遇，整體說來雖是臺灣學術界的損失，但這種學術人才的流動，卻很難用一般經濟或商業的法則來衡量得失。因為其所牽動的不僅是人才的輸入輸出、知識產值的出超入超、學術板塊的挪移轉動，更重要的意義是藉由人才的移動，所帶來學術思想的刺激與影響。晚清名儒王闓運應邀至四川尊經書院講學，帶動蜀學興起，因而有所謂「湘學入蜀」的佳話。至於一九四九年後大陸遷臺學者，對戰後臺灣學術的形塑，其影響之深遠鉅大，今日仍在持續作用。當然用此二例比方現今學人赴

大陸學界發展，或有誇大之嫌。然而學術的刺激與影響固然肇因於知識觀念的傳播，但這一切不就常發生於因人才的移動而展開的學者間之互動的基礎上？由此產生的學術創新和知識研發，以及伴隨而來在文化社會等現實層面上的實質效益，更是難以預期和估算的。

　　劉芝慶和邱偉雲去大陸任教後，接觸了許多同輩的年輕世代學者，這些學人大體上就屬於剛取得博士資格，擔任博士後或講師；或者早幾年畢業，已升上副教授的這個群體。以實際的年齡來說，大約是在三十五歲至四十五歲之間的青壯世代學人。此輩學人皆是在這十來年間成長茁壯起來的，這正是中國大陸經濟起飛，國力日益壯大，因而有能力投入大量科研經費的黃金年代。他們有幸在這相對優越的環境下深造，自然對他們學問的養成，帶來許多正面助益。因而無論是視野的開闊、資料的使用、方法的講求、論題的選取，甚至整體的研究水平，都到了令人不敢不正視的地步。但受限於資歷與其他種種現實因素，他們的學術成果的能見度，畢竟還是不如資深有名望的學者，這使得學界，特別是臺灣學界，對他們的論著相對陌生。於其而言，固然是遺憾；而就整體人文學界來說，無法全面去正視和有效地利用這些新世代的研究成果，這對學術的持續前進發展，更是造成不利的影響。

　　因而當劉芝慶和邱偉雲跟我提及，是否有可能在臺灣系統地出版這輩學人的著作，我深感這是刻不容緩且意義重大之舉。於是便將此構想和萬卷樓圖書公司的梁錦興總經理與張晏瑞副總編輯商議，獲得他們的大力支持，更決定將範圍擴大至臺灣、香港與澳門，計畫編輯一套包含兩岸四地人文領域青壯輩學者的系列叢書，幾經研議，最後正式定名為《文史新視界叢刊》。關於叢刊的名稱、收書範圍、標準等問題，劉、邱二人所撰的〈總序二〉已有交代，讀者可以參看，茲不重覆。但關於叢刊得名之由，此處可再稍做補充。

其實在劉、邱二君的原始構想中，是取用「新世界」之名的，我將其改為同音的「新視界」。二者雖不具備聲義同源的語言學關聯，但還是可以尋覓出某種意義上的關聯。蓋因視界就是看待世界的方式，用某種視界來觀看，就會看到與此視界相應或符合此視界的景物。採用不同以往的觀看方式，往往就能看到前人看不到的嶄新世界。從這個意義來說，所謂新視界即新世界也，有新視界才能看到新世界，而新世界之發現亦常賴新視界之觀看。王國維曾說：「凡一代有一代之文學。」若將其所說的時代改為世代，將文學擴大為學術，則亦可說凡一世代皆有一世代之學術。雖不必然是後起的新世代之學術優或劣於之前的世代，但其不同則是極為明顯的。其中的關鍵，就在於彼此觀看視域的差異。因而青壯輩人文學者用新的方法和視域來研究，必然也能得到新的成果和觀點，由此而開拓新的學術世界，這是可以期待的。

綜上所述，本叢刊策畫編輯的主要目的有二：第一，是展現青壯世代人文學術研究的新風貌和新動能；第二，則是匯集兩岸四地青壯學者的最新研究成果，從中達到相互觀摹、借鑑的效果。最終的目標，還是希冀能對學術的發展與走向，提供正向積極的助力。本叢刊之出版，在當代學術演進的洪流中，或許只不過如蝴蝶之翼般輕薄，微不足道。但哪怕是一隻輕盈小巧的蝴蝶，在偶然一瞬間搧動其薄翅輕翼，都有可能捲動起意想不到的風潮。期待本叢刊能扮演蝴蝶之翼的功能，藉由拍翅振翼之舉，或能鼓動思潮的生發與知識的創新，從而發揮學術上的蝴蝶效益。

西元二〇一七年九月十二日
車行健謹識於國立政治大學

# 總序二

　　《文史新視界叢刊》，正式全名為《文史新視界：兩岸四地青壯學者叢刊》。本叢刊全名中的「文史」為領域之殊，「兩岸四地」為地域之分，「青壯學者」為年齡之別，叢書名中之所以出現這些分類名目，並非要進行「區辨」，而是立意於「跨越」。本叢刊希望能集合青壯輩學友們的研究，不執於領域、地域、年齡之疆界，採取多元容受的視野，進而能聚合開啟出文史哲研究的新視界。

　　為求能兼容不同的聲音，本叢刊在編委群部分特別酌量邀請了不同領域、地區的學者擔任，主要以兩岸四地青壯年學者來主其事、行其議。以符合學術規範與品質為最高原則，徵求兩岸四地稿件，並委由萬卷樓圖書公司出版。系列叢書不採傳統分類，形式上可為專著，亦可為論文集；內容上，或人物評傳，或史事分析，或義理探究，可文、可史、可哲、可跨學科。當然，世界極大，然一切僅與自己有關，文史哲領域門類甚多，流派亦各有不同。故研究者關注於此而非彼，自然是伴隨著才性、環境、師承等等因素。叢刊精擇秀異之作，綜攝萬法之流，即冀盼能令四海學友皆能於叢刊之中尋獲同道知音，或是觸發新思，或是進行對話，若能達此效用，則不負本叢刊成立之宗旨與關懷。

　　至於出版原則，基本上是以「青壯學者」為主，大約是在三十五歲至四十五歲之間。此間學者，正值盛年，走過三十而立，來到四十不惑，人人各具獨特學術觀點與師承學脈，也是最具創發力之時刻。

若能為青壯學者們提供一個自由與公正的場域，著書立說，抒發學術胸臆，作為他們「立」與「不惑」之礎石，成為諸位學友之舞台，當是本叢刊最殷切之期盼。而叢書出版要求無他，僅以學術品質為斷，杜絕一切門戶與階級之見，摒棄人情與功利之考量，學術水準與規範，乃重中之重的唯一標準。

而本叢刊取名為「新視界」，自有展望未來、開啟視野之義，然吾輩亦深知，學術日新月異，「異」遠比「新」多。其實，在前人研究之上，或重開論述，或另闢新說，就這層意義來講，「異」與「新」的差別著實不大。類似的題目，不同的說法，這種「異」，無疑需要吸收前人研究成果。然領域的開創，典範的轉移，這種「新」，又何嘗不需眾多的學術積累呢？以故《文史新視界叢刊》的目標，便是希望著重發掘及積累這些「異」與「新」的觀點，藉由更多元豐厚的新視界，朝向更為開闊無垠的新世界前進。最末，在數位時代下，吾輩皆已身處速度社會中，過去百年方有一變者，如今卻是瞬息萬變。在此之際，今日之新極可能即為明日之舊，以故唯有不斷追新，效法「天行健，君子以自強不息」之精神，方不為速度社會所淘汰。當然，除了追新之外，亦要維護優良傳統，如此方能溫故知新、繼往開來。而本叢刊正自我期許能成為我們這一時代文史哲學界經典傳承之轉軸，將這一代青壯學者的創新之說承上啟下的傳衍流布，冀能令現在與未來的同道學友知我此代之思潮，即為「新視界叢刊」成立之終極關懷所在。

劉芝慶、邱偉雲序

# 林序

　　徐其寧博士的博論《儒行與禮典——孔子家語思想探究》經修訂後由萬卷樓圖書公司出版，我很高興有機會將這部著作推介給讀者。

　　《孔子家語》成書年代的討論，至今仍有異音，本書認為該書由後人整編，文獻上雖有先秦的源頭，但思想上卻呈現漢末士風精神。全書由「禮」貫穿，具有「禮典」意涵，而且所論禮制事例，多有尚情傾向，並融入道家戒滿損益的觀點，若干事例甚且為魏晉重要禮議問題。這些論點的提出，對於《孔子家語》成書年代的討論，提供了很有意義的切入點，也提供很有競爭力的主張。

　　本書有關《孔子家語》晚出的論點，可預知仍很難一錘定音，但即使不同意本書的論點，對本書提出的有意義的討論，仍須予以正視，這些論述會是對《孔子家語》成書年代持不同主張的人繼續討論的焦點。在此一基礎上，本書也探討《孔子家語》的性質以及其學術價值等重要論題，該書成書雖晚，經本書的闡釋，其重要性就無法忽視了。

　　其寧好學樂學，這部書的出版會是她學術事業的重要里程碑，我們也可以期待其寧在漢魏學術思想的研究上，繼續有出色的表現。

林聰舜

於國立清華大學中國文學系

二〇二〇年三月十日

# 目次

# 第一章
# 緒論

## 第一節　《孔子家語》研究述評

　　作為廿世紀的學術新視野，「二重證據法」的提出不僅是研究方法的新變，也開啟了新的研究意識，結合傳世文獻與出土材料以共治古史，已為今人研究之共識。伴隨「新證據」的出現而引發的新觀念，也展現了新的學術視野，如馬王堆帛書、郭店戰國楚墓竹簡等，在黃老思想、思孟五行說等新觀念上，為學術史重新制定新的學術定位尺度，使研究者得以在既有的學術內在結構思維之外，對傳世文獻之留存與傳播，反思時代精神與學術本質問題。而原先被屏棄在學術史範圍的「偽書」，在出土文獻的證明之上，也有了與以往「作偽」不同的學術價值重估的可能。

　　在「重寫學術史」的呼聲中，最引人注目的「偽書」翻案案例，便是《孔子家語》。《孔子家語》（以下簡稱《家語》）向以王肅偽作視之，然而隨著是書內容與出土文獻之多相印證，以及「孔氏家學」新觀念的提出，《家語》一躍成為還原、重建學術史之關鍵解碼文獻，並為典籍傳播提供一新的解釋進路。然而，誠如民國初年《列子》成書年代的爭議，《家語》文獻與出土材料或傳世文獻相複重，實際只能說明傳世文獻之其來有自，證明傳世文獻之不偽[1]，並不能還原

---

[1]　如寧鎮疆即指出，晚近以來出土的文獻材料，證明的其實是《說苑》、《新序》等書的價值，而非《家語》。見寧鎮疆：〈由出土文獻再說《孔子家語》的性質及其成書

《家語》成書過程，也無法證明《家語》的成書時間，或消除王肅偽作的動機，更無益釐清《家語》之思想譜系。而學界雖從《家語》之流傳過程，提出「孔氏家學」說，但此說之內容為何，與孔門從四科之分到儒分為八的諸多流派間，是否有對應關係，因缺乏詳細定義，也無法做進一步之討論。準此，《家語》在儒學上究竟屬於哪派言論，其學術譜系究竟應如何歸屬，迄今仍未有系統論述。

相較於學界以《家語》為早期儒學的定位，今本《家語》從內容、篇題，實際卻與漢末魏初的士風、禮議頗相符。而王肅曾自陳《家語》之說，「與予所論，有若重規疊矩」。[2]因此將《家語》視作王肅經學思想，或視作漢魏之際學術，亦確然可以成立。但在成書、流傳的爭議之外，究竟應該如何看待《家語》，如何使用，價值何在，就成為今日治《家語》者，必須釐清的問題。因此本文期望透過對「孔氏家學」說的釐清，以及《家語》流傳上的文獻、版本問題，最後再依據今本《家語》篇目及內容，從思想的連續性，對《家語》之思想義理，提出更為客觀的思想評判尺度，以辨析《家語》一書的學術定位，以及這類孔門事語的文獻價值。

歷來對《家語》之評價，多以偽書視之，無論文獻真偽，都不能免除王肅割裂或與其經學主張相同的論點。因此關於《家語》之研究，就集中對是書的流傳、辨偽層面。從本章末附表一張心澂《偽書通考》所輯關於《家語》「偽作」條目中[3]，可以發現，不論是從卷數

---

過程〉，《孔孟學報》第82期（2004年9月），頁131。類似的情形還出現在《列子》上。通過文獻比對，可以發現《列子》與《莊子》、《淮南子》、《說苑》、《山海經》等多有複重之跡，但勾稽其簡中思想，則明顯可見魏晉思維。《列子》之為魏晉文獻，已為學界定論。

2　王肅：〈序〉，《孔子家語》，《四部叢刊初編》子部（臺北市：臺灣商務印書館，1975年），頁1。以下所用《家語》均為此版本，除卷別、篇名、頁碼外，不另加注。

3　據張心澂《偽書通考》所輯分類。見張心澂：〈孔子家語〉，《偽書通考》（臺北市：

或文獻作為判斷基準，大抵可分「王肅偽作」與「非偽作，但為王肅所輯」二說。以《家語》全書為王肅偽作說者，如馬昭、王柏、范家相、孫志祖、陳士珂、丁晏與《四庫提要》。沈欽韓則認為《家語》早有成書，王肅但取婚姻、喪祭、郊禘、廟祧與鄭不同者屬入書內[4]；崔述認為《家語》全為後人或宗王者所偽撰。與之相對的，是孔氏家學說，晁公武、陳振孫都認為〈家語序〉既已申論是書之傳於家，故為可信。又有主張今《家語》即古《家語》者，以朱熹與武內義雄為主。二人都認為《家語》所記雖不純，但應該是先秦之書，即使王肅曾經手《家語》，至多是為之定篇序次，內容上當為先秦舊論。無論王肅涉入程度多寡，都以「王肅」為《家語》核心，說明是書在傳統儒學的視野下，大抵是放在王肅經學的脈絡來處理。

　　這樣的論述脈絡，起因於《四庫提要》所指出的，「《家語》始傳於王肅」[5]，查找傳世文獻中對於《家語》的記載或徵引現象，可以發現除《漢書》〈藝文志〉載錄有《孔子家語》一書，在正史上最早指述《家語》處，在《南齊書》，其次是《魏書》、《梁書》、《陳書》。而徵引《家語》為注者，最早見於顏師古（西元581-645年）《漢書注》，其次是李善（西元？-689年）《文選注》[6]、李賢（西元651-684年）《後漢書注》、司馬貞《索隱》，杜佑（西元734-812年）《通典》

---

　　臺灣商務印書館，1970年5月）下冊，頁609-618。附表一「張心澂《偽書通考》所輯《孔子家語》偽作之說」，本論文頁26。

4　沈欽韓《漢書疏證》：「〈王制〉疏：《家語》，先儒以為肅之所作，未足可信。案肅惟取婚姻、喪祭、郊禘、廟祧，與鄭不同者屬入《家語》，以矯誣聖人。其他固已有之，未可竟謂肅所造也。」顧實：《漢書藝文志講疏》（上海市：上海古籍出版社，2009年12月），頁72。

5　永瑢、紀昀：《四庫全書總目提要》（武英殿本，臺北市：臺灣商務印書館，2001年2月）卷91，子部儒家類一，頁3-3。

6　《文選》注有近200條《家語》之說，多數可見於今本。

所記魏晉議禮資料中，亦多可見儒者、禮官引《家語》為論者。這些
資料，證實了《提要》之說，顯見在王肅之前，《家語》並未見傳[7]。
加上《家語》郊廟、喪禮制度、五帝帝系等論，確實與王肅經學主張
相符，是於魏晉之時，已有王肅偽作之聲。《漢志》雖載錄有《家
語》，但翻檢先秦兩漢史傳、諸子傳說，均未見載，因此《漢志》之
《家語》究竟是先秦舊本、孔安國整理本，以及其在先秦是否已有定
本等問題，儘管有出土文獻之資，至今仍是眾說紛紜，未有共識。以
此，當今大陸學界以出土文獻佐證《家語》之出於先秦，不僅大幅挪
前《家語》之成書年代，也跳脫「王肅」核心[8]，確實新人耳目。然
而，出土文獻可為證者，只能確認《家語》文獻不偽，而不能說明
《家語》於先秦已有成書，或用以證實《家語》〈序〉所論孔氏家傳
說為真。從本章末附表二「《家語》各篇文獻來源」、表三「《家語》
文獻分布與傳世文獻之交叉分析」所載出土文獻與傳世文獻比對表格
中，可以看到《家語》內容確實與傳世文獻高度雷同，今本《家語》
超過九成以上均可於傳世文獻中得到確認[9]，《家語》文獻之確鑿不
偽，大抵已為學界定論。但在這樣的定論下，雖能消除王肅向壁虛構
的可能，卻不能進一步釐清王肅「增加說」與「割裂他書」、案往舊
造說等託《家語》之名以治其說，或援《家語》之文以申己難鄭的動
機。當今論《家語》者，多信《家語》孔序為真，並以其內容為《家

---

7 林保全嘗細檢宋以前經史子集諸書徵引《家語》者，發現除《世說新語》有二條資
　料，顏師古《漢書》注引《家語》說外，少有引《家語》者。兩漢更無《家語》之
　說。參林保全：《宋以前孔子家語流傳考述》（臺北市：花木蘭文化出版社，2009年
　3月）。

8 林保全所論《宋以前孔子家語流傳考述》，亦試圖證實《家語》文獻早傳於先秦兩
　漢，不為後世所認王肅偽作。參林保全：《宋以前孔子家語流傳考述》。

9 〔清〕范家相《家語證偽》、陳士珂《孔子家語疏證》中已有詳考。雖前以證偽，
　後以證實，然均可說明《家語》文獻有所本。詳見本章附表一、表二。

語》流傳「事實」，由此引出「孔氏家學」[10]說。「孔氏家學」說的提出，除試圖為《家語》傳播建立一家傳譜系，也試圖突破傳統的儒學史觀，從傳子之「家學」角度，為孔子歿後儒學的發展，提出可能的另一途徑。然而，孔學的發展，自德行、言語、政事、文學四科之創，至《荀子》對思孟五行說的批評，論子張氏、子夏氏、子游氏之為賤儒，以及《韓非子》儒分為八說，都不見有「孔氏家學」流派，因此，以「家學」作為儒學發展、傳播的另種途徑，雖有某種「不證自明」的合理性[11]，卻不符合儒學實際之發展脈絡。

---

10 首先提出「孔氏家學」說者為李學勤。李氏指出：「《家語》出於孔猛，有源自孔安國的傳說，這便和漢魏時期的孔氏家學有關。這一時期的孔氏家學，在學術史上非常重要，又同經學的重大公案相聯繫。」而「孔氏家學」之內容，李學勤認為，即《古文尚書》。（見李學勤：〈竹簡《家語》與漢魏孔氏家學〉，《簡帛佚籍與學術史》〔南昌市：江西教育出版社，2001年9月〕，頁382-383。）楊朝明從其說，認為「孔氏家學的存在也應是一個歷史事實，不幸的是一直為後世學者所忽視」。在他幾本關於《孔子家語》的著作中，亦屢見這樣的論點。如〈代前言：《孔子家語》的成書與可靠信研究〉，楊朝明、宋立林主編：《孔子家語通解》（濟南市：齊魯書社，2009年4月），頁10；〈孔子家語通說〉，楊朝明注：《孔子家語》（開封市：河南大學出版社，2008年3月），頁25。以此，《家語》為「孔氏家學」方式流傳與內容，幾乎成為大陸學者定論。

11 不論是楊朝明或黃懷信，對「孔氏家學」說都沒有做出具體範圍或定義。從二者行文來看，是以孔氏後裔作為「孔氏家學」的當然成員，而其個別的學術成就，即為「孔氏家學」的學術內容。尤其黃懷信還指出，「壁中藏書，保存了家學典籍」，以孔壁藏書作為「孔氏家學」傳世典籍。然而黃懷信以五經內容作為孔子前三世的學說內容，卻沒有進一步說明這種傳子之「家學」是否迥異於傳徒之弟子系統「儒學」，亦沒有說明孔氏後裔（又以孔安國為主）何以一再成為偽作的代言者，或孔壁書籍何以屢屢成為偽書。見黃懷信等：《漢晉孔氏家學與「偽書」公案》（廈門市：廈門大學出版社，2011年4月）。若從儒學流傳過程來看，不論是孔子三世之內的孔鯉或子思，都不能找到其中的共通點。楊說參上注引楊氏各書。黃說見黃懷信等：《漢晉孔氏家學與「偽書」公案》。

# 一 〈家語序〉所論《家語》流傳與成書問題

　　《家語》成書之所以爭議不斷,關鍵在〈家語序〉雖載錄有《家語》流傳過程,但稽考先秦、兩漢文獻,只有《漢書》〈藝文志〉「論語類」《孔子家語》條記載,餘無線索。而《漢志》《孔子家語》二十七卷,又不同於今十卷之說,以此衍生諸多問題。再者,二篇〈家語序〉雖詳細記載是書之流傳、成書經過,但前後矛盾,也引來王肅偽作之聲。綜合來說,《家語》成書與流傳爭議,大抵可歸結以下數點。一、《漢志》著錄的《家語》卷數與今本不同。二、《漢志》雖有著錄,但先秦兩漢文獻均未提及是書。三、王肅主張此書存於孔氏後裔,但《家語》經學思想與王肅同,魏晉時已有王肅偽作之聲。再者,是書內容與先秦兩漢傳是典籍多所複重,以此有王肅「割裂」說。四、孔氏家傳說的可能性與儒學的關係。五、出土文獻可以作為《家語》底本嗎?六、孔氏家學與「孔子家語」書名的關聯性及隱喻意涵。以下先論〈家語序〉所揭露之《家語》流傳之說,次從文獻比對、後代刊刻角度,論述是書的流傳與可能的成書時間。

　　孔安國〈序〉開篇先對《孔子家語》性質做了開門見山的定義:

> 《孔子家語》者,皆當時公卿大夫及七十二弟子之所諮訪交相對問言語也。既而諸弟子各自記其所問焉,與《論語》、《孝經》并時。弟子取其正實而切事者,別出為《論語》,其餘則都集錄之,名之曰《孔子家語》。[12]

當中指出《孔子家語》與《論語》、《孝經》同時,是承認先秦有《家語》成書,而不僅與《論語》同批編撰成員,連材料也與《論語》同

---

12 王肅注:《孔子家語》,卷10,〈後序〉,頁23。

批，二者之別，在《論語》內容更具正統性，《家語》則保留弟子們記憶的誤差，即孔序所謂「由七十二子各共敘述首尾，加之潤色，其材或有優劣，故使之然也」，因此，雖「屬文下辭，往往頗有浮說、煩而不要者」，但其思想確實是「夫子本旨也」。

　　其次，論《家語》之流傳。文云：

　　　　孔子既沒而微言絕，七十二弟子終而大義乖，六國之世，儒道分散，遊說之士各以巧意而為枝葉，唯孟軻、孫卿守其所習。當秦昭王時，孫卿入秦，昭王從之問儒術。孫卿以孔子之語及諸國事、七十二弟子之言凡百餘篇與之，由此秦悉有焉。始皇之世，李斯焚書，而《孔子家語》與諸子同列，故不見滅。高祖剋秦，悉欲得之，皆載於二尺竹簡，多有古文字，及呂氏專漢，取歸藏之，其後被誅亡，而《孔子家語》乃散在人間，好事者亦各以其意，增損其言，故以同是一事，而輒異辭。孝景皇帝末年，募求天下禮書，于時士大夫皆送官，得呂氏之所傳《孔子家語》，而與諸國事及七十二子辭，妄相錯雜，不可得知，以付掌書，與〈曲禮〉眾篇亂簡，合而藏之秘府。[13]

孔安國認為是書成於孔門弟子之手，後由孟、荀接續傳播，荀子以是書內容說秦昭王，以此存於秦國。焚書詔下，以《家語》為諸子之作，不在見毀之列。是書雖免遭焚書之禍，但入漢後因呂后之亂散於人間，為妄庸人增刪，在孝景年間送於秘府。案，《史記》〈始皇本紀〉載李斯焚書建議；「臣請史官非秦記皆燒之。非博士官所職，天下敢有藏詩、書、百家語者，悉詣守、尉雜燒之。有敢偶語詩書者棄

───────────────

13　王肅注：《孔子家語》（宋蜀本，附劉世珩《札記》，臺北市：臺灣中華書局1985年3月），卷10，〈後序〉，頁23-24。

市。以古非今者族。吏見知不舉者與同罪。令下三十日不燒，黥為城旦。所不去者，醫藥卜筮種樹之書。若欲有學法令，以吏為師。」是不焚者唯博士所藏者不燒，非諸子百家之書不燒。

最後，孔安國論自己獲知此書，求副、董理、刪改的過程與事由。文云：

> 元封之時，吾仕京師，竊懼先人之典辭將遂泯滅，於是因諸公卿士大夫，私以人事，募求其副，悉得之，乃以事類相次，撰集為四十四篇，又有〈曾子問禮〉一篇，自別屬〈曾子問〉，故不復錄，其諸弟子書所稱引孔子之言者，本不存乎《家語》，亦以其已自有所傳也，是以皆不取也，將來君子不可不鑑。[14]

孔安國以書佚於民間，為保存先人之言，求副於公卿士大夫。是證此書之不存於孔家。

相較於孔安國以《家語》「與《論語》、《孝經》同時」，但孔衍之〈序〉卻指出：

> 子上生子家名傲，後名永，年四十五而卒。子家生子直名蓋年四十六而卒。子直生子高名穿，亦著「儒家語」十二篇名曰《閒言》，年五十七而卒。……子襄以好經書博學，畏秦濬峻急，乃壁藏其《家語》、《孝經》、《尚書》及《論語》，於夫子舊堂壁中。（……）
>
> 天漢後，魯恭王壞夫子故宅，得壁中詩書，悉以歸子國，子國乃考論古今文字，撰眾師之義，為古文《論語》十一篇、《孝

---

14 王肅注：《孔子家語》，卷10，〈後序〉，頁24-25。

經傳》二篇、《尚書傳》五十八篇，皆所得壁中蝌蚪本也，又集
錄《孔氏家語》為四十四篇，既成，會值巫蠱事寢不施行。[15]

因此《家語》非由孔門弟子所編，而是由孔氏後裔編寫而成，最原初
的底本乃孔穿所撰「儒家語十二篇」之《閒言》。這本《閒言》後來
因避秦焚書之禍，藏於孔壁，為孔安國續編而成今所見《家語》。此
說打破孔安國序所論先秦弟子成書之說，而為孔氏家族自造之作，並
成於《論語》、《孝經》之後。此論不僅與孔安國之說不符，書名亦不
類今說。案若依孔安國之論，則《家語》書名乃弟子所命，所謂「弟
子取其正實而切事者，別出為《論語》，其餘則都集錄之，名之曰
《孔子家語》」，且無論時局如何，書名都保持一貫的《孔子家語》稱
呼。相對的，孔衍說孔子後人孔穿著「儒家語」《閒言》，其後孔襄為
避秦法藏《家語》，至魯恭王發孔宅，孔子國彙諸文獻，集為與今本
四十四篇相同卷帙的《孔氏家語》。顯示《家語》一書本無定名，並
其中嘗散佚，故需後人「集錄」成書。不論何者為是，可以看到的是
二者之論雖多齟齬，但在書名上，卻都刻意保有「家語」一詞，頗使
人質疑此書在先秦時其實並沒有定名，甚至是否有定本，都值得存
疑。

　　因此無論是書名或書的流傳，二序都有許多相違處。孔安國
〈序〉以《家語》「與諸子同列」，不在焚書之列。雖避秦火，卻散於
民間，至孝景募禮書，「于時士大夫皆送官，得呂氏之所傳《孔子家
語》」，以付掌書。孔衍卻說：「孔襄……畏秦灋峻急，乃壁藏其《家
語》、《孝經》、《尚書》及《論語》，於夫子舊堂壁中」。一不受焚書之
限，散於呂家；一避秦火藏於家，至魯恭王壞宅始發。二者相違何止

---

15 王肅注：《孔子家語》，卷10，〈後序〉，頁25-27。

千里！[16]

　　因此，「孔序」試圖從「家傳」角度確立《家語》之真實不偽與先秦已有成書，實際是難以成說的。不僅二序所論相違，從文獻來看，亦難以證明《家語》所載篇章是出於孔氏家傳之論。今人嘗以《家語》文獻之見於出土文獻，而將《家語》時間上推到先秦時期，以此咸認〈家語序〉之為真。然出土文獻與《家語》文本複重處，只在《家語》〈六本〉與帛書〈要〉，《家語》〈五帝〉與上博簡〈子羔〉，《家語》〈論禮〉與上博簡〈孔子閒居〉（或稱〈民之父母〉），其中除了〈五帝〉篇向以為王肅偽作，其餘二篇亦都可於傳世典籍互見，不獨出於《家語》。《家語》本不存大量佚文，其所錄文獻多可與傳世之論相徵，以此才會有「割裂」、「偽作」的爭議。因此文獻之比對，實際只能再次肯認《家語》文獻之為真，難以還原《家語》成書問題。這類孔門事語，既然多見於傳世典籍，就不會僅出於「孔家」。

　　稽考孔氏後裔之學術脈絡，「孔氏家學」亦難以成說。首先，兩漢孔氏子孫，見於史傳者，略舉如下：三世子思作〈中庸〉，九世孔鮒為陳涉博士，十一世孔襄為惠帝博士，十三世孔安國為經師，傳《古文尚書》與《毛詩》，十五世孔霸為元帝帝師，封褒成君，治《尚書》。至東漢末年十九世孫孔宙，「少習家訓，治《嚴氏春秋》」[17]，其子孔融（西元153-208年）亦習《嚴氏春秋》。兩漢尊孔崇儒，孔廟從

---

16 關於孔序的問題，可另參鄔可晶：《《孔子家語》成書時代和性質問題的再研究》（上海市：復旦大學博士論文，2011年4月），頁271-272。魏瑋：《《孔子家語》「三序」研究》（曲阜市：曲阜師範大學，2009年1月）。

17 嚴耕望編：《隸釋》，《石刻史料叢書》甲編（臺北市：藝文印書館，1966年），卷7，〈泰山都尉孔宙碑〉，頁4。碑云：「君諱宙，字季將，孔子十九世孫也。……少習家訓，治《嚴氏春秋》。」洪适云：「孔君名宙，即融之父也。」《隸釋》，卷7，頁5。

家廟轉為官廟，孔氏子孫甚且領有爵稱，[18]孔子在王莽後地位更尊，東漢明帝進一步開祀孔門弟子之例，孔廟之祀亦從之前的闕里之祭擴大為國學郡縣祭祀[19]，連帶抬升孔氏子孫地位，《家語》未於此時進呈於上，反而更加隱微，不僅不見載於史傳，襲爵且益發貴顯之孔門後裔亦未論是書之傳。由此可證，《提要》所謂「此書本自肅始傳也」說為是，也間接證實《家語》不為孔氏後人所藏。其次，「孔安國」〈家語序〉所謂，「元封之時，吾仕京師，竊懼先人之典辭將遂泯滅，於是因諸公卿士大夫，私以人事，募求其副，悉得之，乃以事類相次，撰集為四十四篇」[20]云云，若孔安國家有是書，何必「求副」？〈家語序〉恰為「孔氏家傳」說的反證。

　　除此之外，今人以出土文獻證《家語》之早出於先秦，遂以《家語》於先秦已有成書為說，然福田哲之發現，阜陽漢簡之所記，雖可作為《家語》底本之可能來源之一，卻不能與《家語》孔安國序相合[21]。阜陽漢簡是否可為《家語》底本，可能還須再審慎評估。福田氏又嘗從音樂與國家興亡角度，比對上博簡〈弟子問〉與《論語》〈先進〉「由之瑟奚為於丘之門？」章，以及《家語》〈辨樂解〉「子路鼓琴」章，認為《家語》所論，明顯是立基於《論語》與上博〈弟子問〉內容所論，而在文字、說話語氣上更為精準的推論音樂與國家

---

18　但這種對孔子的尊奉，並非作為國家意識形態的象徵，而是「尊賢」表徵。參黃進興：〈權力與信仰：孔廟祭祀制度的形成〉，收入氏著：《優入聖域：權力、信仰與正當性》（北京市：中華書局，2010年3月），頁147。

19　黃進興：〈權力與信仰：孔廟祭祀制度的形成〉，《優入聖域：權力、信仰與正當性》，頁151-152。

20　王肅注：《孔子家語》，卷10，〈後序〉，頁24。

21　福田哲之：〈阜陽漢墓出土木牘章題考〉、〈阜陽漢墓一號木牘章題與定州漢墓竹簡〈儒家者言〉〉，收入氏著，佐藤將之、王綉雯合譯：《中國出土古文獻與戰國文字之研究》（臺北市：萬卷樓圖書公司，2005年11月），頁63-80、107。

存亡之關係。[22]以此《家語》之論，若非經後人重為寫定，即非戰國之作。

## 二　傳世文獻視野下的《家語》流傳脈絡

　　《家語》非為孔氏家傳之作，並不意味《家語》不存在於先秦兩漢時期，或與孔安國完全無涉。主張先秦已有《家語》者，認為是書既見錄於《漢書》〈藝文志〉，不論是否為今日流傳之《家語》，都說明了先秦時已有《家語》。前論《家語》的兩篇序文，其說雖多有齟齬，亦頗與史實相違，但都試圖解決《漢志》本究竟由何而來的問題，只是「孔安國」序以景帝，「孔衍」序以成帝，時間雖異，但都是由「孔家」後人求交於秘府。然而，若先秦時已有《家語》，為何不見載於史籍？最有力的質疑即是，司馬遷〈孔子世家〉、〈仲尼弟子列傳〉之記載與今《家語》內容大致相符，但司馬遷卻不曾明言其源出於《孔子家語》。對此有二種說法。第一，《家語》為後起之書（可能成書於漢代），司馬遷當時並沒有《孔子家語》一書。[23]第二，這只能顯示「《家語》這樣的書名還不太顯聞，並不意味著史公沒有見到《家語》一類材料」[24]。這二種說法均立基於《家語》文獻「材料」

<hr>

22 見福田哲之：〈上博楚簡「弟子問」考釈──失はれた孔子言行錄〉，收入淺野裕一編：《竹簡が語る古代中國思想（二）──上博楚簡研究》（東京：汲古書院，2008年9月），頁211-212。

23 金德建《司馬遷所見書考》中則認為，「《漢志》之二十七卷，史遷未見，應亦出於漢代偽造」，而今本《家語》，或為元代王廣謀本，或為晉王肅本。（見金德建：《司馬遷所見書考》〔上海市：上海人民出版社，1963年2月〕，頁26。）而段書安則認為《史記》三家注中，確有引用「今本」《孔子家語》者。見段書安：《史記三家注引書考》（北京市：中華書局，1982年6月），頁14-15。

24 寧鎮疆：〈由〈民之父母〉與定州、阜陽相關簡牘再說《家語》的性質與成書〉，收入朱淵清、廖名春主編：《上博館藏戰國楚竹書研究續編》（上海市：上海書店出版社，2004年7月），頁301。

不偽，但對先秦是否已有《家語》「定本」一事仍有爭議。前者否定《家語》在當時已有成書並廣為儒者習知。後者則認為《家語》為孔氏「家傳」私學，是書早成，唯未廣為人知。然《漢書》〈儒林傳〉嘗載：「安國為諫大夫，授都尉朝，而司馬遷亦從安國問故。」[25]若孔安國「家」有《家語》一書，司馬遷在撰作〈孔子世家〉、〈仲尼弟子列傳〉時，不可能不寫明出處。因此，這個說法就推翻了《家語》早於先秦時期就有定本之「成書」[26]。

與此相反的意見則認為，《家語》於戰國時期即已成書，且不只一本，而是有多種版本同時流通[27]。這個說法明顯與《孔子家語》孔序不合[28]。孔序云，「弟子取其正實而切事者，別出為《論語》，其餘則都集錄之，名之曰《孔子家語》。」指出《家語》與《論語》並時同出，且定名曰《孔子家語》，為「單一」定本。其後雖遭焚書事件，但因「《孔子家語》與諸子同列，故不見滅」。唯至呂后專政滅後，「而《孔子家語》乃散在人間，好事者亦各以其意，增損其言，故以同是一事，而輒異辭」。儘管書散，孔序也只有說文辭混亂，強調各說「異辭」，與劉向《新序》、《說苑》同事異篇、同事異辭情形相同，並沒有「多本併行」說的出現。

---

25 班固：《漢書》，卷88，〈儒林傳第五十八〉，頁3607。

26 胡平生指出，孔序與王序對先秦是否已有《家語》定本，頗不一致。「孔序用《孔子家語》這個後起的書名，表述有關孔子與弟子言行及諸國事的簡冊，當然是不準確的，但那也許是為了突出這批材料的性質、為了渲染自己整理這批材料的意義才這樣說的，結果被當做了『作偽』的把柄。」見氏撰：〈阜陽雙古堆漢簡與《孔子家語》〉，《國學研究》第7卷（2000年7月），頁528。關於孔序矛盾問題，下文將有詳論，此處不再贅述。

27 楊朝明從孔安國序推論，認為：「呂氏被誅亡以後，《家語》散入民間，遂出現了《家語》的多種本子。」見氏撰：〈代前言：《孔子家語》的成書與可靠信研究〉，楊朝明、宋立林主編：《孔子家語通解》，頁5。

28 孔序前後有矛盾處，已見上文分析，此不贅言。

　　不論是書未顯明，或多本併行，這些推論都有先秦必有《家語》成書的前提。此前提之「證據」，在《漢志》載錄有《家語》一書。《漢志》所見《家語》一書究竟何人所編，成於何時，書名由誰而定，王肅〈家語序〉與「孔安國」、「孔衍」後序亦未說明是本與《漢志》之關係，文獻既不足徵，只能存疑。但從傳世文獻與史傳記載來看，《孔子家語》無論如何，都不可能在先秦時期就有定本，且有一「孔子家語」之名。首先，從先秦兩漢出土文獻來看，不論是戰國時期的郭店、上博，或西漢時期的阜陽雙古堆、定縣八角廊，雖都有能與今本《孔子家語》相扣合而釋讀的簡牘，但很明顯，都沒有明確可以指稱其為《孔子家語》名目的跡象。而傳世之諸子文獻中，亦只有「儒家」概念而無「孔家」之說，因此，李學勤所提《家語》「原型」說是比較恰當的[29]；《孔子家語》實際就是與「儒家者言」屬同類型的文獻。這些散佚的孔子與弟子之對話──「儒家者言」類文獻──普遍流行於戰國期間，當中諸多對話雖不見載於傳世之史傳、諸子文獻，但都不妨礙我們對其採「儒家」視野進行討論。因此，若孔序為真，孔安國在《家語》成書上的位置，就是書籍的「整理編撰者」[30]，而底本是由先秦與《論語》同批編纂孔門弟子所編。如前所述，孔序中孔安國「求副」之說，除顯示《家語》不可能是孔氏「家傳」之書外，更應該注意的是，「求副」非求「書」之副本，而是求「文辭」之副。因此孔序接下來才會說「以事類相次撰集」，將散逸

---

29　李學勤在論雙古堆與八角廊「儒家者言」類簡牘時，曾指出這類文獻能與今本《孔子家語》相釋讀，可視作《孔子家語》原型。見李學勤：〈八角廊漢簡儒書小議〉，收入氏著：《簡帛佚籍與學術史》，頁388-397。

30　胡平生比對上博「儒家者言」簡與《家語》文獻，認為二者既可相覆核，說明今本《家語》確實有「整理」輯錄之迹，以此，《家語》當成書於孔安國之手，而確切的成書時間，當在「獨尊儒術、罷黜百家」事起，元朔五年之後。胡平生：〈阜陽雙古堆漢簡與《孔子家語》〉，《國學研究》第7卷（2000年7月），頁526。

的「儒家者言」類竹簡，依事類重新組合，組合而成一所謂《孔子家語》。《漢志》所著錄之《家語》，亦當為孔安國整理之版本。

那麼，孔安國是否真的為《家語》的「創造者」或「整理者」？前已論二孔〈序〉前後矛盾，又有明顯塑造《家語》「家傳」跡象。然受偽《古文尚書》影響，標舉「古文」、「孔安國」、「孔壁」、「孔家」得書，大抵已成儒學「偽作」的同義詞，《家語》二序亦強調此書由「古文」寫定，不得不使後人懷疑此二序的真實性。因此在《家語》在流傳過程中，已有孔序不為孔安國或孔衍所撰，或孔安國與《家語》無涉等論點，如王柏云「孔衍之序亦王肅自為也」[31]。在王肅因素之外，若從文獻之比對，亦會發現《家語》可能「後出」的證據。論者嘗將《家語》與性質相近、文獻高度雷同的《說苑》、《新序》來做比對[32]，發現相同的段落，《家語》明顯有更進一步的「改造」痕跡。如寧鎮疆即指出，同一段落，《家語》較諸《禮記》、八角廊「儒家者言」更有「解釋化」與「對偶句」的傾向。而見諸於《說苑》者，同篇文獻在《家語》中，卻被分置於不同篇章，不僅賦予「新義」，更由不同「篇題」合併。是《家語》編者，當「參考了《說苑》一類材料」[33]。此說明確指出《家語》有明顯改造、編排材

---

31 見朱彝尊著，侯美珍、黃智明、陳恆嵩點校：《點校補正經義考經義考》第8冊（臺北市：中研院文哲所，1999年8月），頁384。

32 從《家語》文獻與《說苑》、《新序》大量重疊情形來看，《說苑》、《新序》與《家語》當屬同批資料，胡平生認為：「劉向編撰《說苑》、《新序》與孔安國編撰《家語》用的是同一批材料而各有側重。」（〈阜陽雙古堆漢簡與《孔子家語》〉，《國學研究》第7卷，2000年7月，頁529。）筆者則認為，劉向編《說苑》、《新序》，割裂了《家語》文本以為己說，又針對不同主題，更動事語情節內容與敘述方式。參王啟敏：《劉向《新序》、《說苑》研究》（合肥市：安徽大學出版社，2011年4月），頁124-155。

33 寧鎮疆：〈由〈民之父母〉與定州、阜陽相關簡牘再說《家語》的性質與成書〉，《上博館藏戰國楚竹書研究續編》，頁287。

料的痕跡,且成書當在《說苑》之後。徐復觀在討論〈中庸〉第二十
章問題時,曾比對〈中庸〉與《家語》「哀公問政」部分,發現相較
於〈中庸〉敘述,《家語》不僅將原先不連屬的地方,都加上「公
曰」,使之相互連屬;《家語》中多出〈中庸〉的字句,亦都帶有補充
解釋的意味,以此認定《家語》抄〈中庸〉[34]。另外,亦有論者從文
句構辭角度,比對《家語》〈論禮〉與《禮記》〈孔子閒居〉、上博簡
〈民之父母〉章之相似段落,也得出《家語》篇章明顯後出,《家
語》具「漢魏六朝」句法的結論。[35]此說就反駁了部分學者以《家語》
〈論禮〉文獻可見於上博簡〈民之父母〉章,是先秦已有成書之據的
論點。不論是參考《說苑》而成書,或有「漢魏六朝」句法存在,這
幾種說法都有今本《家語》不可能由孔安國編定的暗示,以及《家
語》有層累造成說的可能。

　　《家語》文獻多重見於《說苑》、《新序》,但劉向並未說明二書文
獻出自《家語》,典校、禁中圖書的紀錄,亦未見載,反而是〈家語
序〉以劉向為剽竊。徐復觀在考察《說苑》、《新序》時曾指出,劉向
所錄皆係先秦舊錄,間或加入漢代言行,絕非出自臆造[36]。並指出

---

34 徐復觀:〈從命到性──中庸的性命思想〉,氏著:《中國人性論史》(臺北市:臺灣
　　商務印書館,2007年4月),頁107-109。
35 巫雪如指出,《孔子家語》包含較多不合於先秦語法規律而與六朝語言接近的地
　　方。顯示今本《家語》的若干篇章並非先秦原貌,而是漢魏六朝時人所寫定的。見
　　氏撰:〈〈民之父母〉、〈孔子閒居〉、及〈論禮〉若干異文的語言分析──兼論《孔
　　子家語》的成書問題〉,《漢學研究》第28卷第4期(2010年12月),頁342。從單一
　　段落來看,《家語》有增添、修正痕跡,可為晚出之證。但亦有持反對立場者。如
　　蘭小英、董麗曉從整體比對,認為《家語》晚出的部分僅占少數,整體來說,《家
　　語》的記載較之《荀子》、《說苑》更為「原始」,因此認為傳統《家語》割裂他書
　　之說不可信。詳細資料比對可參蘭小英:《《孔子家語》與《說苑》關係考論》(曲
　　阜市:曲阜師範大學歷史系碩士論文,2010年4月)。董麗曉:《《孔子家語》與《荀
　　子》關係考論》(曲阜市:曲阜師範大學歷史系碩士論文,2010年4月)。
36 徐復觀:〈劉向新序說苑的研究〉,《兩漢思想史》,卷3,頁67。

《說苑》、《新序》中之材料不獨劉向引，韓嬰《韓詩外傳》亦頗為徵用，因此感嘆「豈此故事，各有所本？」[37]胡平生也推測劉向編撰《說苑》、《新序》與孔安國編撰《家語》用的是同一批材料而各有側重。[38]這類文獻之源，最早見於荀子，最晚見於劉向二作。因此這批材料散見於先秦兩漢是沒有問題的。從本章末附表三「《家語》文獻分布與傳世文獻之交叉分析」、表四「《家語》重要版本一覽表」即可看出，《家語》文獻雖採自先秦兩漢著作，但篇題卻鮮有襲舊，多另立新題。可知《家語》確實經人改題重整。而這批材料反覆見於漢，或為政論之徵，或諸子思想之述，可見這批材料無論是否保存於內庫，都是漢代習見的，因此當有更早的源頭，不會是漢人假造編撰，或如戰國游士設理之寓言。劉向編《說苑》、《新序》不論《家語》，《家語》之作又不類孔安國思想，《漢志》、《家語》究竟由何人命名、分卷，內容定篇、序次、董理等問題，受限於資料關係，最多只能推論是內庫圖書整理者所定次。漢時託孔子最力的古文學者來看，古文學家無一引述《家語》者，可見是書之見微於漢世。

## 三　《家語》刊刻、傳錄情形

不論《家語》成於何人之手，成於何時，《漢志》此載，不僅帶出「古《家語》與今《家語》」之問題，更因著錄之卷帙不同於今本，又多了王肅「增加」說的疑點。從卷數來看，今本《家語》十卷四十四篇，確實與《漢志》載錄之廿七卷數量有相當差距。並且，不僅王肅注本不齊於《漢志》之卷帙記載，與歷代〈經籍志〉或〈藝文

---

37 徐復觀：〈劉向新序說苑的研究〉，《兩漢思想史》，卷3，頁74。
38 胡平生：〈阜陽雙古堆漢簡與《孔子家語》〉，《國學研究》第7卷（2000年7月），頁529。

志〉的《家語》記載均不相同。《隋書》〈經籍志〉載《家語》二十一卷、《舊唐書》〈經籍志〉為十卷[39]，《新唐書》〈藝文志〉十卷[40]，《宋史》〈藝文志〉十卷[41]，均只記卷帙，未書總篇數，難以比對「孔安國」所述四十四篇之數。事實上，在官方的典籍著錄系統上，往往都以「卷」作為計量單位，鮮少以「篇」稱。「孔安國」所自陳之「撰集為四十四篇」之說，正可證明前論孔安國所求副者，是文辭之副，非書之副，並且可能未經手成書、分卷之務，加上王肅又未明言是本卷數，只保留篇數紀錄，以此衍生古本、今本之爭。然顏師古其時已未見「古本」，何以認定今本必定是王肅偽造？以此後世有調和的「割裂」說。若從《家語》流傳考之，則可推論「十卷四十四篇」之數，可能定型於宋。如晁公武（1105-1180？）《郡齋讀書志》「《孔子家語》十卷」條，言：「魏王肅序注，凡四十四篇。」[42]論者嘗從敦煌《家語》二十一卷殘本，說明《家語》六朝寫本分卷與今所習見不同，此乃《家語》經過傳鈔、整理，從竹簡、帛書到紙張，產生不同的分卷方式。從十卷本來看，各卷平均字數一六○○至二六○○，顯示出後人為了各卷字數齊一，合古本兩卷或三卷為一卷。由此否定了由卷數之異衍發的今本、古本之爭[43]。

再從刊刻角度論述。誠如《提要》所言，世雖目《家語》為偽，但「特其流傳既久，且遺文軼事，往往多見於其中，故自唐以來，知其偽而不能廢也」。雖不廢，但「其書至明代傳本頗希」[44]。唐所見

39 《舊唐書》〈經籍志〉，卷46，論語類，頁1982。

40 《新唐書》〈藝文志〉，卷57，甲部經錄，論語類，頁1443。

41 《宋史》〈藝文志〉，卷202，經類，論語類，頁5069。

42 晁公武撰，孫猛校證：《郡齋讀書志》（上海市：上海古籍出版社，2005年10月），卷4，頁140。

43 參張固也、趙燦良：〈《孔子家語》分卷變遷考〉，《孔子研究》2008年第2期，頁56-67。

44 永瑢、紀昀：《四庫全書總目提要》，卷91，子部儒家類一，頁3-3。

《家語》，已與今本不同，如孔穎達（西元574-648年）《左傳正義》引沈氏云：「《嚴氏春秋》引《家語》〈觀周〉篇云：『孔子將修《春秋》，與左丘明乘，如周，觀書於周史，歸而修《春秋》之經，丘明為之傳，共相表裏。』」[45]即不見載於今《家語》。[46]是知今《家語》已與唐本不同。然內容雖異於今本，卷數卻符於今本。對《家語》之流傳，何孟春（1474-1536）嘗云：

> 此書之源委流傳，肅序詳矣。愚考《漢書》〈藝文志〉載《家語》二十七卷，顏師古曰非今所有《家語》也。《唐書》〈藝文志〉有王肅注《家語》十卷，然則師古所謂今之《家語》者歟？班史所志，大都劉向校錄已定之書，肅序稱四十四篇乃先聖二十一世孫猛之所傳者。肅闢鄭氏學，猛嘗學於肅，肅從猛得此書，遂行於世。然則肅之所注《家語》也，非安國之所撰次及向之所較者明矣。……安國本世遠不復可得，今於何取正哉？司馬貞與師古同代人也，做《史記索隱》引及《家語》，今本或有或無，有亦不同，愚有以知其非肅之全書矣。今《家語》勝國王廣謀所句解也，注庸陋荒昧，無所發明，何足與語於述作家？而其本使正文漏略，復不滿人意，可恨哉！今本而不同於唐，未必非廣謀之妄庸有所刪除而致然也。《史記》傳

---

45 〈左傳序〉，《左傳正義》（《十三經注疏》本），頁11-1。

46 但司馬貞《索隱》與李賢《後漢書注》引《家語》「忠言逆耳利於行，毒藥苦口利於病」之說，確實見《家語》〈六本〉。司馬貞說見《史記》〈留侯世家〉，卷25，頁2037。李賢說見《後漢書》〈袁紹劉表列傳〉，卷74下，頁2414注1。且《索隱》所謂「〈五帝德〉、〈帝繫姓〉皆《大戴禮》及《孔子家語》篇名。」今《家語》有〈五帝德〉、〈五帝〉，〈五帝德〉取自《大戴禮記》〈五帝德〉，〈五帝〉范家相認為是王肅偽造，以駁鄭說之篇，未見〈帝繫姓〉。或許唐本以〈帝繫姓〉為〈五帝德〉篇名。司馬貞說見《史記》〈五帝本紀〉，卷1，頁46。

顏何字冉，《索隱》曰：「《家語》字稱。」仁山金氏考七十二
子姓氏，以顏何不載於《家語》。《論語》仲弓問子桑伯子，朱
子注：《家語》記伯子不衣冠而處。張存中取《說苑》中語為
證，顏何暨伯子事，廣謀本所無者，蓋金、張二人所見已是今
本。以此而推，此書同事異辭，滅源存末，亂於人手，不啻在
漢而已，安國及向之舊，至肅凡幾變，而今重亂而失真矣，今
何所取正？[47]

何氏指出，王肅所注《家語》，既非劉向所校之《漢志》本，亦非孔
安國所撰集之原本。而顏師古所謂今《家語》者，當是兩《唐書》中
所載錄之十卷本《家語》。從佚文來看，唐本內容、篇目與今本略有
出入，今雖不得見，但必定與今本有別。何孟春時已不能見王肅本、
唐本，只能從元代王廣謀句解本窺測《家語》，且其集《家語》於
全，旋又散佚。其後之毛晉（1599-1659）就感嘆說：

嗟乎！是書之亡久矣！一亡於勝國王氏（案：即王廣謀），其
病在割裂，一亡於包山陸氏，其病在倒顛。……丁卯秋，吳興
賈人持一編至，迺北宋板王肅注本子，大書深刻，與今本迥
異，惜二卷十六葉以前皆已蠹蝕，因復向先聖焚香叩首，願窺
全豹。幸己卯春從錫山酒家，復覯一函，冠冕歸然，亦宋刻王
氏注也，所逸者僅末二卷，余不覺合掌頓足，急倩能書者，一
補其首，一補其尾，二冊儼然雙璧矣，縱未必夫子舊堂壁中故
物，已不失王肅本注矣。三百年割裂顛倒之紛紛，一旦而垂紳

---

47 〔明〕何孟春注：《孔子家語》（臺南市：莊嚴文化事業公司，1995年）卷8，頁1之
3-1之4。

正笏於夫子廟堂之上矣，是書幸矣！余幸矣！盃公之同好。凡
架上王氏、陸氏本，俱可覆諸醬瓿矣。即何氏所注，亦是暗中
摸索，疵病甚多，未必賢于王、陸二家也。[48]

可知在何孟春整理後之後，《家語》仍未受世人重視，至毛晉時復為
不足本，只能拼貼殘本復原。明時發現宋本，即上文所述「丁卯秋，
吳興賈人持一編至，迺北宋板王肅注本子，大書深刻，與今本迥
異」，以此毛晉之汲古閣本即由蜀本大字本刊刻[49]。儘管如此，從今所
見最早之王廣謀《標題句解孔子家語》三卷本來看，其卷帙雖異於各
本，但篇題、篇次、內容與今本大體不殊[50]，確乎可為今本之定型。
《家語》重要輯本大抵有四，四者又可別為何孟春本與宋刊本二類。
何孟春八卷本源於元代王廣謀《標題句解孔子家語》，其雖不滿王廣
謀刪削篇章，但何孟春自己亦採己意補定《家語》，可以說是在王本
基礎上增刪修定的，二者均非全本。宋本則由毛晉汲古閣集之，後經
劉世珩（1875-1937）翻刻。《四庫》以宋本為底本，並參酌他本修
正。稍晚於何孟春的黃魯曾（1487-1561）在何本的基礎上，與宋刊
本讎校而成，《四部叢刊》與《四部備要》均採黃魯曾本。從本章末
附錄表四可以看到，不論是王本、何本、劉本、黃本、《叢書》本或
《四庫》本，篇題幾乎無異，總篇數更是符於「孔安國」所述四十四
篇，唯一差別就在篇次。何本系統與《叢書》以〈七十二弟子解〉終
篇，並將孔子本事之記載如〈本姓解〉、〈終記解〉等放在最後一卷，

---

48 王肅注：《孔子家語》（《文淵閣四庫》本，臺北市：臺灣商務印書館，1983年）。

49 毛晉以此本為北宋刊本著錄，並附有東坡居士之印。然宇野精一（1910-2008）認
　為，當中有避南宋孝宗「慎」字之缺筆諱，當是南宋以後之版本。見宇野精一：
　〈孔子家語解題〉，《孔子家語》（東京：明治書院，2000年8月），頁11-12。

50 除「辯」、「辨」等正俗字，〈冠頌解〉、〈廟制解〉等今本未有「解」字之異，以及
　以〈七十二弟子〉終卷，餘與今本相同。

宋本系統則是以子貢、子夏、公西赤曲禮問終卷。王重民嘗藉敦煌六朝《家語》殘卷，與毛晉、黃魯曾本儷對，指出毛、黃本《家語》分卷與六朝同[51]，是知今本《家語》卷次、篇題原貌，當如劉本與黃本，即是以子貢、子夏、公西赤曲禮問終卷，而非以〈七十二弟子解〉終卷。但實際來說，若以〈七十二弟子解〉終卷，《家語》更能呈顯《論語》類的性質，即首篇〈相魯〉載孔子行道之始，以孔門弟子之〈七十二弟子解〉作收，則孔子與弟子之對話形式更為首尾一貫。反之若以三曲禮問為末，則有餘論未完，編次難定的感覺。無論如何，敦煌殘本的出現，除了證實何孟春為注時，確非由一《家語》足本為底本，而是從各《家語》殘本中，配合己意編次排序與分卷，也說明今所見《家語》，即六朝所見《家語》。準此，可知現所見《家語》自六朝以降，內容、篇序上改動並不大。此四版本最大差異，在所含內容。除異辭之外，四種版本各章所攝內容大同而存小異，時代愈早者，缺佚愈多，何孟春本內容甚且少於今通行本黃魯曾本近半。黃魯曾本流傳、影響最鉅。以此，參酌現今通行之今注今譯著作，本文擬以黃魯曾本為底本，其餘各本為輔本，相關異辭則隨文附見。《家語》雖未受儒者重視，內容上亦頗有損益，但不論是篇題、篇序與分卷，今本與六朝原貌當相去不遠[52]。

---

51 見王重民：《敦煌古籍敘錄》（北京市：中華書局，2010年11月），卷3「孔子家語」條，頁149-150。

52 關於《孔子家語》版本流傳問題，可參寧鎮疆：〈復旦大學圖書館藏二卷本《孔子家語》襲何孟春《孔子家語注》本考實〉，《中國典籍與文化》2011年第1期，頁37-43。周晶晶：〈汲古閣刻本《孔子家語》考——兼談玉海堂影宋刻本〉，《文獻》2013年第3期，頁59-68。寧鎮疆：〈今傳宋本《孔子家語》源流考略〉，《中國典籍與文化》2009年第4期，頁4-9。常佩雨：《《孔子家語》版本敘錄》（南陽市：鄭州大學碩士論文，2008年5月）。化濤：《清代《孔子家語》研究考述》（曲阜市：曲阜師範大學歷史系碩士論文，2006年4月）。

　　準此，再論古本、今本之說。不論先秦是否有成書，按孔序所言，是書既經呂亂以及與他書混雜之劫，即使有一古本，孔安國亦不及見，那麼，重新以己意安排的孔安國版《家語》，無論如何也不會與《漢志》古本相同。若成於孔安國之手，劉向校錄本自當與王肅所見之「今本」《家語》相同，不會出現卷數差異。若成書晚於劉向《說苑》、《新序》，才會在《漢志》本的基礎上，重新分卷而造成卷數不同的可能。《漢志》因未書明著錄之《家語》總篇數，以此造成後人諸多猜疑。若從後見之明來看，無論《漢志》版本為何，晉馬昭、唐顏師古所見《家語》，即為今本《家語》。二人所以提出「增加」說或「古《家語》與今《家語》」問題，很大程度是依據《漢志》卷數差異，以及時人對王肅之不滿而做的推測。《家語》既有層累過程，其後又有明顯「整理」痕跡，卷數經過整合、調整，亦不難想見。《家語》原貌既如「儒家者言」，則今本《家語》當與《漢志》、王肅版「內容」相同，卷數差異反而更能證明《家語》確實有「整理」痕跡。若從《家語》「原型」來看，《家語》內容既可見於不世傳之出土文獻，顯示是書並沒有古本、今本之別，只存分卷之異。

　　《家語》篇目雖可能由後人所加，內容編排亦當經後人排序，但並不意味全書沒有早期儒學之面貌。如《家語》篇目上有些有「解」，有些則無，因目前無從寓目更早的《家語》傳本，故無法比對是否為後人所加，或推測其所選加之用意。然「解」字乃古書形式也。今存最早古籍篇目有「解」者，是《逸周書》。黃懷信指出，《家語》中「稱解者十篇，蓋仍古書之篇目也」。[53]「解」即「訓解」也。《管子》亦有「解」稱，如〈形勢解〉、〈牧民解〉等，黎翔鳳認為「解」有三種，一為「以傳解經」，如〈牧民解〉、〈形勢解〉；一為弟

---

53 黃懷信等：《逸周書彙校集注》（上海市：上海古籍出版社，2007年3月），頁1。

子學而記之，如《墨子》之「說」；三為自提自解，如《韓非子》〈解老〉。《管子》之「解」乃第一種。[54]《家語》之「解」，若將王肅因素納入思考，則《家語》之解，或有「以傳解經」之意。

除「孔氏家學」假說的提出，《家語》之研究，至今仍停留於文獻對勘層面，而文獻對勘得出的研究成果，嚴格來說，並未超越《偽書通考》所輯偽作條目範圍。原因在於這類文獻對勘，早有馬昭「增加」說、王柏「割裂他書」說、崔述「采之於他書」說、朱熹「編古錄雜記」說等，諸家業已指出《家語》與傳世文獻如《說苑》、《新序》、《荀子》、《左傳》等大量重疊，亦即早已確認《家語》之文獻不偽，唯懷疑編撰者身分與編撰動機。再者，這些文獻既可經出土文獻證明亦見於先秦之世，復與傳世典籍多所複重，於《說苑》、《新序》、《韓詩外傳》不偽，於《孔子家語》則偽，是說不通的。歷來論《家語》者，多從片段章節或單一篇章討論，或視《家語》為《論語》思想的補充，甚少做通盤的思想整理。於儒學譜系位置，亦有所欠奉。《家語》材料既經揀擇，必有編選者之用意存在。在無法見到更早、更為確鑿的傳本之前，繼續糾結於文獻真偽或「作者」意圖，無疑是治絲益棼、歧路重重。典籍傳世之線索既微，今治《家語》者，當著意於探究「孔子家語」概念的成型。

## 第二節 「孔子家語」概念與《孔子家語》本義

《家語》雖於《漢志》著錄，然在王肅之前，《家語》既未有人稱述，亦無傳述痕跡，可知《家語》之微於漢。而通觀《家語》孔安國序，可以明顯看到，當中努力營造保存「聖人言論」的「孔子家

---

54 黎翔鳳：《管子校注》（北京市：中華書局，2006年4月），頁1164-1165。

語」概念。《漢志》之置《家語》於《論語》類，乃著眼於是書之「性質」為孔子與弟子之對話，並未對成書者、成書時間做判斷。事實上，無論是孔安國之序或孔衍之序，都有明顯營造「孔氏家學」的意涵，以下再從孔序所隱喻之「孔子家語」意涵，與今所見《孔子家語》篇目、內容綜合觀之，以明書名所示學術意涵。

在孔安國序上，序言是書乃「當時公卿大夫及七十二弟子之所諮訪交相對問言語」，為弟子各自記其所問，當中所說孔門七十二弟子，先秦漢初都未有此說法。《史記》〈仲尼弟子列傳〉說「受業身通者七十有七人」[55]，未有「七十二」之數。事實上，西漢前期多以「弟子七十七人」或「七十餘人」統稱孔門弟子人數，然《家語》卻有〈七十二弟子〉篇。孔門七十二子之說，首見劉向《新序》〈雜事一〉：「孔子在州里，篤行孝道，居於闕黨，闕黨之子弟畋漁，分有親者多，孝以化之也。是以七十二子，自遠方至，服從其德。」[56]孔門弟子「七十二」之數，當後於《論語》編撰成書時間，而這個符合五行概念而興之「七十二」弟子之數[57]，又當與孔廟祭祀相關。如《後漢書》〈顯宗孝明帝紀〉曰：「還，幸孔子宅，祠仲尼及七十二弟子。」[58]《後漢書》〈肅宗孝章帝紀〉：「庚寅，祠孔子於闕里，及七十二弟子，賜褒成侯及諸孔男女帛。」[59]《後漢書》〈孝安帝紀〉：「戊

---

55 司馬遷：《史記》（三家注本，臺北市：鼎文書局，1979年2月），卷67，〈仲尼弟子列傳〉，頁2185。

56 劉向編著，石光瑛校釋，陳新整理：《新序校釋》（北京市：中華書局，2001年1月），卷1，〈雜事〉，頁17-18。

57 翻檢先秦兩漢資料，可以發現「七十二」之數，首先由五行觀念使用之，此後封禪時亦有祭「七十二」神之說。專意於孔門「七十二」之數者，當與孔廟祭祀相關。

58 范曄：《後漢書》（點校本，臺北市：鼎文書局，1978年11月），卷2，〈顯宗孝明帝紀〉，頁118。

59 范曄：《後漢書》，卷3，〈肅宗孝章帝紀〉，頁150。

戌，祀孔子及七十二弟子於闕里。」[60]蔡邕時，孔廟祭祀擴大為郡國祀，不侷限於孔子闕里。《後漢書》〈蔡邕列傳下〉云：「光和元年，遂置鴻都門學，畫孔子及七十二弟子像。」[61]因此，孔序中專意出現的「公卿大夫及七十二弟子之所諮訪，交相對問言語」、「由七十二子各共敘述首尾」、「七十二弟子終而大義乖」、「七十二弟子之言凡百餘篇與之」、「七十二子辭」等說，當不可能是孔安國用法，最早也是在西漢後期，而漢魏之際最有可能。

其次，孔安國〈序〉論是書之散佚，主因於孔門弟子之分化與秦火、呂亂。當中論孔子歿後儒學分歧，「孔子既沒而微言絕，七十二弟子終而大義乖」，此說與其是發於孔安國，實更近劉歆〈移書讓太常博士〉扶持古文學之論：「夫子沒而微言絕，異端起而大義乖。」[62]從孔安國所處經學環境與其經學態度來看，當不作此說。又以是書經過秦火、楚漢之爭等這些儒學史上的「大事件」，至呂后之亂而散佚民間，景帝募求禮書時，才再現朝廷。這段敘述中，以呂后之亂作為《家語》散逸的關鍵，最為費解。呂后之亂為功臣派傾軋后黨，時人當能明知。呂氏所措意者，在穩固惠帝之帝位，掌政期間，其政既不出房戶[63]，掌政之曹參、陳平以無為相稱於世，無意於禮制，難以想像《家語》在宮闈內會受到如此大的重視。通觀孔安國序，不論躲過儒學上秦火、楚漢之爭二大劫難，或帝王對《家語》另眼重視，都顯示出將《家語》置於儒學發展脈絡的企圖。而秦火、楚漢之爭、呂后之亂到求禮，亦與漢初尊儒過程相符[64]。至於呂后之亂與《家語》之

---

60 范曄：《後漢書》，卷5，〈孝安帝紀〉，頁238。

61 范曄：《後漢書》，卷60下，〈蔡邕列傳下〉，頁1998。

62 班固：《漢書》（點校本，臺北市：鼎文書局，1979年2月），卷36，〈楚元王傳〉，頁1968。

63 司馬遷：《史記》，卷9，〈呂太后本紀〉贊，頁412。

64 從叔孫通起朝儀，到賈誼論禮尊儒，都顯示漢初之尊儒行動自「禮」而始。

散佚，雖並未有明確的證據說不可能，但從現有史料推估，可能性亦甚低。這種與史實的出入，恰恰反映了《家語》的後出痕跡，以及這篇序文傾力營造「孔子家語」概念的用心，可以說明《家語》書名為後出。而當中所述《家語》流傳過程，儘管可以藉由出土文獻得到某種確認，但無論如何，「孔安國」都不會是這篇序的作者。[65]

在孔衍的〈序〉方面，其〈序〉不僅與孔安國說有相牴迕處，更有極力營造「孔子家語」概念的敘述。〈序〉首敘孔氏家譜，文云：

> 孔安國字子國，孔子十二世孫也，孔子生伯魚，魚生子思名伋，伋常遭困于宋，作〈中庸〉之書四十七篇，以述聖祖之業。授弟子孟軻之徒數百人，年六十二而卒。子思生子上，名白，年四十七而卒。自叔梁紇始出妻，及伯魚亦出妻，至子思又出妻，故稱孔氏三世出妻。[66]

「三世出妻」說不見於《史記》〈孔子世家〉，《家語》亦未論，始見於《禮記》〈檀弓〉。其言曰：

> 子上之母死而不喪。門人問諸子思曰：「昔者子之先君子喪出母乎？」曰：「然。」「子之不使白也喪之，何也？」子思曰：「昔者吾先君子無所失道；道隆則從而隆，道污則從而污。伋則安能？為伋也妻者，是為白也母；不為伋也妻者，是不為白

---

65 對此，胡平生亦有類似的意見。他說：地下出土的文獻，卻與孔序所述暗合，至少是毫無扞格，這是很難得的。見胡平生：〈阜陽雙古堆漢簡與《孔子家語》〉，《國學研究》第7卷（2000年7月），頁529。

66 王肅注：《孔子家語》，卷10，〈後序〉，頁25。

也母。」故孔氏之不喪出母，自子思始也。[67]

又積極營造孔氏「累世經學」形象。文云：

> 子上生子家，名傲，後名永，年四十五而卒。子家生子直，名
> 蓋，年四十六而卒。子直生子高，名穿，亦著《儒家語》十二
> 篇名曰〈閒言〉，年五十七而卒。子高生子武，字子順，名
> 微，後名斌，為魏文王相，年五十七而卒。子武生子魚，名
> 鮒，及子襄，名騰，子文名祔，子魚後名甲。子襄以好經書博
> 學，畏秦澐峻急，乃壁藏其《家語》、《孝經》、《尚書》及《論
> 語》，於夫子舊堂壁中。子魚為陳王涉博士太師，卒陳下，生
> 元路，一字元生，名育，後名隨。子文生最，字子產。子產後
> 從高祖，以左司馬將軍，從韓信破楚於垓下，以功封蓼侯，年
> 五十三而卒，諡曰夷侯，長子滅，嗣官至太常，次子襄，字子
> 士，後名讓，為孝惠皇帝博士，遷長沙王太傅，年五十七而
> 卒。生季中，名員，年五十七而卒。生武及子國。子國少學
> 《詩》於申公，受《尚書》於伏生，長則博覽經傳，問無常
> 師，年四十為諫議大夫，遷侍中博士。[68]

當中「孔最」一支，不見於《史記》〈孔子世家〉、《漢書》〈孔光
傳〉，孔衍〈序〉獨有。這種鋪論孔氏家譜及各人學術功業的敘述模
式，正是趙翼（1727-1814）《廿二史劄記》中所謂「累世經學」。累
世經學不同於漢代師法、家法的經學傳承系統，它強調家族「內部」

---

67 孫希旦：《禮記集解》（北京市：中華書局，1998年12月），卷7，〈檀弓上〉，頁
166。

68 王肅注：《孔子家語》，卷10，〈後序〉，頁25-26。

知識的傳衍。而趙翼「累世經學」條，正以孔安國一系為代表。趙氏曰：

> 古人習一業，則累世相傳，數十百年不墜。蓋良冶之子必學為裘，良弓之子必學為箕。……自以孔聖之後為第一，伯魚、子思，後子上生求，求生箕，箕生穿，穿生順，為魏相。順生鮒，為陳涉博士，鮒弟子襄，漢惠帝時為博士，歷長沙大傅。襄生忠，忠生武及安國。武生延年，安國、延年皆以治《尚書》，武帝時為博士。[69]

「累世經學」說的建立，無疑是對「孔氏家學」譜系的肯認。相較於大陸學界以「孔氏家學」作《家語》成於先秦說的佐證，實際更應該注意《家語》彰顯的經學衝突問題。「孔氏家學」不僅不同於漢代師徒傳授的經學網絡[70]，更足以代表漢末經學世族的立場。如曲阜孔融之世「習《嚴氏春秋》」。此說雖沒有解釋何以孔氏家既先有《尚書》學之傳，孔融之世卻變為《嚴氏春秋》，卻能證明孔氏家內確實有一經學傳承脈絡，以此，只在孔門內部流傳的《孔子家語》就獲致了可信的基礎。

　　然而，儒學的傳播，從一開始就不是家傳的角度，而是以一特殊的學術群體，透過弟子的傳播而發生力量；孔鯉甚且未在孔門弟子之列。如韓非所批評的，當時學者非儒即墨，儒又有八派，墨有三家之

---

69　趙翼：《廿二史劄記》（臺北市：世界書局，2001年8月）卷5，「累世經學」條，頁59-60。

70　如《史記》〈儒林列傳〉所論：「言《詩》於魯則申培公，於齊則轅固生，於燕則韓太傅。言《尚書》自濟南伏生。言《禮》自魯高堂生。言《易》自菑川田生。言《春秋》於齊魯自胡毋生，於趙自董仲舒。」《史記》，卷121，〈儒林列傳〉，頁3118。

說，都可以證明所謂孔氏家學其實並不能成為先秦儒學之一派。「孔氏家學」中「家學」的意涵，若放在漢代經學脈落下，則可有二種解釋。其一是「家言」，其二是「家傳之學」。

「孔氏家學」的概念，除流傳的解讀，在學術的詮釋上，似乎指稱儒家有「聖子」與「聖徒」二派的詮釋譜系。然不論從孔門四科之分，或儒分為八說，儒門之分途並非因「傳子」與「傳徒」之別；而從上述兩漢孔氏後裔，其雖以經學名家，但並未建立一「孔門」之師法家法，更不曾以此稀世家傳「先人之書」名世。若以孔子思想、儒家學說為孔氏「家學」，在漢代經學脈絡下，此「家」只能作「家言」解，屬諸子言論。但此說卻與《漢志》將《家語》置於「經部論語類」不符。

若以「家傳之學」論，孔家大儒孔安國初始是以《尚書》名世，後世孔氏子孫雖亦有以經學傳家，但「自安國以下，世傳《古文尚書》、《毛詩》」[71]，未見有以禮名世者。《家語》之「家」若從學術「家傳」角度來論，「家學」講求最甚者，要在漢末，《後漢書》記載最多。如：「（伏生一系）……子無忌嗣，亦傳家學，博物多識。」[72]「（桓榮）子普嗣，傳爵至曾孫。郁中子焉，能世傳其家學。」[73]「（袁安一系）彭弟湯，字仲河，少傳家學。」[74]「（楊震一系）賜字伯獻少傳家學，篤志博聞。」[75]「彪字文先，少傳家學。」[76]「（孔）昱少習家學，家學《尚書》。」[77]可以知道這種對家學的強調，不是先

---

71 《後漢書》，卷79上，〈儒林列傳〉，頁2560。

72 《後漢書》，卷26，〈伏侯宋蔡馮趙牟韋列傳第十六〉，頁898。

73 《後漢書》，卷37，〈桓榮丁鴻列傳第二十七〉，頁1257。

74 《後漢書》，卷35，〈袁張韓周列傳第三十五〉，頁1523。

75 《後漢書》，卷54，〈楊震列傳第四十四〉，頁1775。

76 《後漢書》，卷54，〈楊震列傳第四十四〉，頁1786。

77 《後漢書》，卷67，〈黨錮列傳〉，頁2213。

秦儒家所有，而當出於東漢以後。二種「家學」的解釋，都與歷史事實枘鑿，顯示大陸學者試圖從《家語》二孔序所論家傳流傳脈落，作為「孔氏家學」說的確證，是不符合漢世學風的論點，難以成立。

　　「家語」既無法從「家學」為解，那麼「家」當作何意？本文認為，《家語》「家」的原意，當是《禮記》〈孔子閒居〉「退燕避人」[78]時猶請弟子侍講《詩》之意，是退朝之後「閑居」的意思[79]，將「家語」做「家學」、「家人言」之說，都是後人為了另立學術權威而衍生的意涵。二孔序特意將是書置於儒學發展脈落，以及爭論是書原藏於家、「懼先人之典辭泯滅」、怒二戴之剽竊，都可見其欲立「孔子之言」以為新學術權威的後出痕跡。無怪當王肅提出《家語》乃孔氏家傳祕本時，群儒譁然，無人見信，偽作之說起於當世，確實於理有據。而《提要》之謂：「特其流傳既久，且遺文軼事，往往多見於其中，故自唐以來，知其偽而不能廢也。」[80]說明《家語》因其「隱喻」之聖人言論意涵，故雖以偽書目之，終不能廢。

　　《孔子家語》不顯於漢，獨彰於漢晉之際，若從經學角度思考之，則有以《家語》為聖典的意涵。漢以孔子為傳經者，雖不乏先知、聖者形象[81]，但實際上卻以賢者視之，且於經義上並未引發爭議。「孔說」之成為經學爭議，當在古文經學企圖撼動今文經學地位後。劉歆〈移書讓太常博士〉一文，以「仲尼沒而微言絕，七十子喪而大義乖」之說，別立「孔子本義」，以抗衡今文經學之說。今古文

---

78 鄭玄注：《禮記》〈孔子閒居〉篇題。見《禮記》（《十三經注疏》本）卷51，〈孔子閒居第二十九〉，頁860-1。

79 孔衍〈序〉中曾論《家語》前身為「儒家語」的《閒言》，此書名若確，正可顯示《孔子家語》「家」的本義確有「閒言」之意。

80 永瑢、紀昀：《四庫全書總目提要》，卷91，子部儒家類一，頁3-3。

81 關於孔子在先秦兩漢之形象，可參朱曉海：〈孔子的一個早期形象〉，《清華學報》新32卷第1期（2002年6月），頁1-30。

解經差異，主在神異色彩之有無。而《家語》中幾則孔子「先知」的載錄，也都被禮典化為「知禮」、「博物」的象徵。如〈辨物〉之釋蘋羊、巨骨、肅慎氏之矢、麟，不以之為異物或怪神，而從古禮角度進行詮釋與辨認，使之具有古史、傳統的遺跡，如巨骨是防風之骨，楛矢是武王用以展示不忘本的宗法之物。〈終記解〉記載孔子自預卒時，自述其為殷後，有明顯的「尚殷」傾向。準此，「孔子家語」書名，就有向古禮回歸的意涵。《家語》文獻上雖然都有「先秦」的源頭，所論議題亦不乏先秦儒學主張，但綜合來說，《家語》無論是在儒學意識上，或若干禮學觀點上，都更近於漢魏之際的儒學思想。《家語》所論，雖多可與《論語》互證，加上二〈序〉一以《家語》與《論語》並時，一以《家語》為孔氏後裔保留先人言論之作，都使《家語》長期以《論語》外傳視之。但除了可與《論語》相證之段落、篇章，《家語》尚有半數篇幅之內容或篇題與二戴《記》重複。

　　二序藉《家語》書名建構之家傳說雖不可信，但其試圖在官學之外，藉「家傳」脈絡，營造「聖典」之說。若與《家語》篇目合而觀之，更可見「孔子家語」作為改制新禮概念的痕跡。如前所述，今所見篇目與篇次，至遲在宋代已定型，雖有正俗字體之異，與「解」字有無之別，但若依黃魯曾本之說，則具體篇目可展開為：〈相魯〉、〈始誅〉、〈王言解〉、〈大昏解〉、〈儒行解〉、〈問禮〉、〈五儀解〉、〈致思〉、〈三恕〉、〈好生〉、〈觀周〉、〈弟子行〉、〈賢君〉、〈辯政〉、〈六本〉、〈辨物〉、〈哀公問政〉、〈顏回〉、〈子路初見〉、〈在厄〉、〈入官〉、〈困誓〉、〈五帝德〉、〈五帝〉、〈執轡〉、〈本命解〉、〈論禮〉、〈觀鄉射〉、〈郊問〉、〈五刑解〉、〈刑政〉、〈禮運〉、〈冠頌〉、〈廟制〉、〈辯樂解〉、〈問玉〉、〈屈節解〉、〈七十二弟子解〉、〈本姓解〉、〈終記解〉、〈正論解〉、〈曲禮子貢問〉、〈曲禮子夏問〉、〈曲禮公西赤問〉。從篇次來看，開篇之〈相魯〉，述孔子仕魯，改制，制定養生送死之

禮；〈始誅〉論孔子誅奸雄少正卯，申「強公室，弱私家」之說，以及夾谷之會使齊返侵地[82]。〈王言解〉取《大戴禮記》〈王言〉之名，內容則是《荀子》〈君道〉，講述三無五至的明王之道，展現出行王道的意欲。其次〈五儀解〉、〈致思〉、〈三恕〉、〈好生〉、〈觀周〉、〈弟子行〉、〈六本〉、〈顏回〉、〈子路初見〉、〈在厄〉、〈困誓〉等為儒行之論，〈賢君〉、〈辯政〉、〈哀公問政〉、〈執轡〉、〈正論解〉等為政之道，〈五帝德〉、〈五帝〉、〈郊問〉、〈廟制〉等為郊祀禮、廟制議題，〈本命解〉、〈曲禮子貢問〉、〈曲禮子夏問〉、〈曲禮公西赤問〉主要是喪禮討論，〈觀鄉射〉論鄉飲酒禮，〈大昏解〉論婚禮，若再合首篇〈相魯〉，與末三弟子之問曲禮，則《家語》就有了為國家營建制度、為士人言行準則立典範的禮典性質。《家語》雖未有明顯的序跋體例，但當中確實隱然有一篩選脈絡，絕非斷章之湊。徐復觀在研究《說苑》時曾指出，《說苑》文獻多採《韓詩外傳》，尤其「采傳記行事」的記載形式[83]，而傳記行事又傳達了編者的個人思想，因此，標題具有「主題」性質，「主題」下傳記之意涵即被「主題」賦予新意。《家語》亦如是，少數篇題是採篇首為題，多數篇題可為內容主題，顯見編者確實「有意」成書。以此，在出處問題之外，還當思考

---

82 案，定公與齊侯會於夾谷，事見《左傳》〈定公十年〉，然最後齊國歸還的是「鄆、讙、龜陰之田」。並不是如〈相魯〉所指出的，「乃歸所侵魯之四邑及汶陽之田」。事實上，齊國返還汶陽之田，非定公世，亦非齊景公時，而是魯成公、齊頃公時。春秋時齊、魯屢為汶陽而生爭議，後世爭論亦眾。如《史記》〈刺客列傳〉論曹沫挾桓歸地，亦將時間錯置為魯莊公、齊桓公。然《史記》〈刺客列傳〉以此事作為燕太子丹刺秦之謀，所謂「誠得劫秦王，使悉反諸侯侵地，若曹沫之與齊桓公，則大善矣」。《家語》則將齊歸地功勞歸於孔子，除了賦予孔子強勢的政治姿態，更重要的，是齊侯見孔子之禮容，〈始誅〉記齊侯歸，責臣云：「魯以君子道輔其君，而子獨以夷翟道教寡人，使得罪。」

83 徐復觀：〈劉向新序說苑的研究〉，《兩漢思想史》，卷3（臺北市：臺灣學生書局，1993年9月），頁62。

文獻與主題間傳達出的新意涵。此外，《家語》文獻雖多有據，但卻鮮襲舊題，除具體的禮制如冠禮、郊祀、廟制、鄉射禮等取材《禮記》、《儀禮》等相關禮典，〈五帝德〉、〈禮運〉二篇內容與篇題都沿用《大戴禮記》、《禮記》舊題；〈七十二弟子解〉與《史記》〈仲尼弟子列傳〉記載相符，其餘各章，多是另立新題。如全本採用的《說苑》，卻未見《說苑》舊題。其他各章如〈始誅〉取自《荀子》〈宥坐〉；〈大昏解〉取材《禮記》〈哀公問〉；〈儒行解〉改《荀子》〈儒效〉篇題；〈弟子行〉完全取於《大戴禮記》〈衛將軍文子〉；〈入官〉刪《大戴禮記》〈子張問入官〉篇名之「子張問」，內容無異；〈五刑解〉即《大戴禮記》〈盛德〉；〈刑政〉為《禮記》〈王制〉；若干篇目更明顯有後出痕跡，如標記孔子身後事的〈終記解〉，作為遺囑的「終記」，作為成辭廣為使用要到六朝時期。因此從篇題、篇次來看，都有經後人整理的痕跡。

　　歷來對《家語》之圖書著錄定位，均歸於經部「論語類」，如《隋書》〈經籍志〉〈經部論語類序〉云：「《孔叢》、《家語》並孔氏所傳仲尼之旨。」《崇文總目》亦置於經部，直到《四庫全書》始列為子部。可以知道，《家語》在後世圖書分類上，向從《論語》視之。《漢志》將《家語》置入《論語》類，與《孔子三朝記》、《孔子徒人圖法》等同為「孔子應答弟子，時人及弟子相與言而接聞於夫子之道也」[84]性質之作，與《論語》同樣都是「弟子所記」[85]。《家語》與《齊說》、《魯夏侯說》等同為《論語》「說」類著作，並不以當中與

---

84　《漢書》〈藝文志〉，頁1717。

85　以此更可說明《家語》不為「孔家」秘傳典籍。在《論語》中，我們甚少見到孔子談論自己的家庭，孔鯉早逝，不及孔子周遊列國，然孔子前期生活亦鮮有孔鯉身影。綜觀先秦典籍，孔氏族人的記載都很有限，凡此都可說明《家語》的載錄不為孔氏族人所為，而是弟子記錄。

二戴《記》複重之盛為異。論者嘗指出，此類作品，正是「右史」之作。所謂「左史記事，右史記言」。[86]右史之論，特點在其所記不必然與史傳所記為同，且重「言」之用。綜觀《家語》所論，確實當中有許多強調言辭為用，或言辭為要的事例。相較於左史記載，右史用以授太子，乃為教育之用[87]。若將王肅因素考量進去，則以《家語》為教皇子之書，亦不無可能。《論語》於兩漢經常與《孝經》並稱，屬於蒙學範疇，尤為帝王啟蒙要籍。雖為基礎教育，但因僅是記、傳，屬輔經之作，不屬於經書系統。漢文帝時雖曾基於「廣遊學之路」，置《論語》博士，匡衡亦曾曰：「《論語》、《孝經》，聖人言行之要。」[88]但也只是將《論語》視作聖人言論之一。漢代重視《論語》者，大抵為不守章句之通儒，如揚雄即曰「傳莫大於《論語》」[89]，以《論語》作為六經通論意涵。隨著通經致用仕進管道的擁擠，通經者不再直通內廷，而充塞下層地方官僚。而孝廉、直言急諫等通經之外的「德行」仕進管道，造就了漢代獨特的「名教政治」與「名教官僚」群體，而名教政治所依據的經典，恰恰是人人習知的蒙學典籍《論語》與《孝經》，二者成為人才選鑑的經典依據，在名教政治崩毀之後，復轉為新道德典範。到了魏晉，《論語》一躍成為玄學家闡發玄理的依據，而有「玄學化」傾向，孔門四科也成為人才品鑑標準之一，學術地位大幅提升。相較於玄學化的《論語》，經過王肅整理的《家語》，明顯有禮典化的傾向，雖見黜於時人，然若置於「《論

---

86　《禮記》〈玉藻〉云：「動則左史書之，言則右史書之。」《禮記》，卷29，〈玉藻第十三〉，頁545-1。

87　張以仁：〈從國語與左傳本質上的差異試論後人對國語的批評〉，收入氏撰：《春秋史論集》（臺北市：聯經出版事業公司，1990年1月），頁107。

88　《漢書》〈匡衡傳〉，頁3343。

89　《漢書》〈揚雄傳〉，頁3583。

語》學」脈絡下[90]，則恰恰顯示了一「名教」式的《論語》論述。

　　《家語》文獻，雖頗見於先秦兩漢之書，但並非沒有爭議。如《家語》載錄多則儒道互動的資料。如孔子問禮於老子、孔子讚水德。更多屬於孔子傳說性的文獻，如孔子為司寇說[91]、孔子見齊景公事[92]等。而孔子見老子、與南宮敬叔之會，雖見載於《史記》〈孔子世家〉，但文獻向存爭議。雖可證諸於《莊子》、武梁祠畫像石[93]，然《莊子》所記儒家或孔子事蹟，少有實認。武梁祠之畫像石，更屬民間傳說。以此沙畹（Chavannes, Édouard, 1865-1918）曾認為，《家語》乃道家學者所創造[94]。另外，孔子觀周，見金人銘而悟謹行慎言之說，武內義雄（1886-1966）認為這條記載即《漢志》之《黃帝銘》內容[95]，顯示了《家語》具黃老之思想特質。而《家語》中經常

---

90　自《漢志》以下，《家語》在目錄學上，始終位於經部《論語》類，可知當時雖視《家語》為偽，但因「孔叢」、「家語」並孔氏所傳仲尼之旨說」（《隋書》〈經籍志〉〈論語〉總論）與其具「經」的性質而不廢其傳。《隋書》〈經籍志〉〈論語〉載「《孔子家語》二十一卷。」《舊唐書》〈經籍志〉〈甲部經錄〉〈論語類〉載「《孔子家語》十卷」；《新唐書》〈經籍志〉〈甲部經錄〉〈論語類〉：「王肅注《論語》十卷，又注《孔子家語》」十卷」；《宋史》〈藝文志〉〈經部，論語類〉：「《孔子家語》十卷」。同時，《家語》所載諸說，多可與《論語》相發明，諸多事例亦頗能視作《論語》語錄的歷史現場還原。而近來論《家語》者，亦不乏將《家語》視作《論語》思想的延伸。然歷來論《論語》學者，均未將《家語》納入「《論語》學」範疇內。參唐明貴：《論語學史》（北京市：中國社會科學出版社，2009年3月）、宋鋼：《六朝論語學研究》（北京市：中華書局，2007年9月）。

91　司寇一職，後世多以為當從貴族之長舉任，孔子不可能被派任此官。

92　比對《春秋》經傳，事件內容與人物都無法齊整。

93　陳直：《史記新證》（北京市：中華書局，2006年4月），頁100。

94　轉引自Creel著，王正義譯：《孔子與中國之道》（臺北市：韋伯文化國際出版公司，2003年11月），頁197。

95　武內以《漢志》「黃帝」題名之書為原始老學，從現代學術觀點來看，武內所論，當屬黃老學範疇。武內義雄撰，江俠庵譯：《老子原始》，頁276-277，收入〔日〕內藤虎次郎等著，江俠庵編譯：《先秦經籍考》中冊（北京市：國家圖書館出版社，2010年3月），總頁632-633。

可見的「損益」、「全身」之說，也跳脫《論語》對傳統禮制繼承與轉變的意涵，成為個人的應世格言。而其以《易》論天道，亦屬漢代以降之天道觀。凡此均可說明《家語》非先秦著作，而更像是漢魏以降之作。透過本章末附表二、表三的文獻對徵可以看到，某些比例較高的引用，實際只引用若干特定篇章，如徵引《史記》雖眾，但實際只有〈孔子世家〉、〈仲尼弟子列傳〉二篇。《國語》也集中於〈魯語〉。而《禮記》、《說苑》等書，不僅引用範圍廣，在《家語》中亦占重要位置。因此，若從文獻性質來考量，則將獲致不同視野。〈家語序〉所論「孔氏家學」說雖別有用意，不可視為成書、流傳之據，但其中所論及的與他書的關聯，卻可給予我們重新思考的觸角。孔衍〈序〉中所載上書云：

> 光祿大夫向以為其時所未施之故，《尚書》則不記於《別錄》、《論語》則不使名家也。臣竊惜之，且百家章句無不畢記，況《孔子家語》古文正實，而疑之哉？又戴聖近世小儒，以〈曲禮〉不足，乃取《孔子家語》雜亂者，及子思、孟軻、孫卿之書，以裨益之，悠名曰《禮記》。今尚見其已在《禮記》者，則便除《家語》之本篇，是滅其原而存其末，不亦難乎！臣之愚以為互如此為例，皆記錄別見，故敢冒昧以聞。[96]

從附表二、表三確實可以看到，《家語》在傳世文獻上，與《禮記》、《新序》、《說苑》複重最多，孔衍亦認為《家語》之不傳，當咎於劉向與戴聖。而二序亦認為是書與《禮記》有高度關聯性，「孔衍」且直陳戴聖割裂《家語》而成書。但歷來論二戴《記》之成書，並不論

---

96 王肅注：《宋蜀本孔子家語附札記》（臺北市：臺灣中華書局，1985年3月），卷10，〈後序〉，頁17-18。

及《家語》。而從附表三可以看到，《家語》對《禮記》的使用最多，
將近三成的比例。而在《禮記》中，對記載亂禮的〈檀弓〉全部引
用，最為特殊。除內容之外，《大戴禮記》與《禮記》內容上重疊的
篇章，《家語》往往採《大戴記》篇名，而不取《小戴》之名。如
《大戴》的〈本命〉即《小戴》之〈喪服四制〉，《家語》命為〈本命
解〉。因此綜合二戴《記》的比例與篇目之援用，《家語》確實與禮類
文獻高度重疊。

## 第三節　研究方法

　　無論是文獻性質，或梳理議題，《家語》都與禮類議題、文獻緊
密相關，因此欲釐清《家語》思想，當從禮學角度思之。「孔安國」
序曾謂，《家語》之出，緣於「孝景皇帝末年，募求天下禮書」事
件，又論戴聖破碎《家語》之語以為《記》，所謂：「戴聖近世小儒，
以〈曲禮〉不足，乃取《孔子家語》雜亂者，及子思、孟軻、孫卿之
書，以裨益之，悤名曰《禮記》。」案歷來論二戴《記》之成書者，
多以之為七十子所撰之記傳，漢人輯為二記，終漢之世，都沒有證據
顯示其文載自《家語》之論，或二戴有剿竊之跡[97]。而標舉孔氏家學
者，往往以此暗示《家語》乃罕傳之作，事實上《家語》文獻廣見先
秦兩漢傳世著作，於二戴《記》尤重，並不具有大量佚文。因此〈家
語序〉特別註明是書與二戴《記》之關聯，恰巧顯示了《家語》的禮

---

[97] 詳可參洪業：〈禮記引得序〉，《洪業論學集》（臺北市：明文書局，1982年7月），頁
197-220。錢玄：〈大小戴《禮記》及《古文記》〉，《三禮通論》（南京市：南京師範
大學出版社，1996年10月），頁34-52。沈文倬：〈略論禮典的實行和《儀禮》書本的
撰作〉、〈從漢初今文經的形成說到兩漢今文《禮》的傳授〉二文，收入氏著：《菿
闇文存──宗周禮樂文明與中國文化考論》（北京市：商務印書館，2006年6月），
頁1-58、503-558。以及王鍔：《禮記成書考》（北京市：中華書局，2007年3月）。

典性質，並且有意的指出《家語》的禮學精神，在於二戴之論，而不是更早的夏、殷逸禮。甚至有論者指出，《禮記》與《家語》乃屬同一系統[98]。因此《家語》之性質，當不屬《論語》學，而應該歸入「禮學類」書籍。對《家語》之研究，亦當從禮學角度切入，始為恰切。沈欽韓曾指出，王肅於《家語》所增加者，在「婚姻、喪祭、郊禘、廟祧」[99]，顧實雖認為「不盡然」，但也指出「《家語》篇目猶舊可據」，而內容則多所增竄，「不僅婚姻、喪祭諸端也」。[100]顯示學者認為，《漢志》版《家語》與王肅所改訂之《家語》，差異就在「禮」內容上。今雖不見《漢志》版《家語》，然從前述《家語》流傳版本考辨，可以看到，《漢志》所載《家語》，與王肅所注《家語》，可能並無差別，但許多篇章之文字明顯有增字改經痕跡，很可能經過後人增刪修定。即使《家語》存有王肅改造、增損的說法，各版本也存在異辭現象，各篇內容亦不相一致，然不論是何種版本，通觀全書，仍可看出《家語》具有明顯的禮典精神。這樣的精神貫串全書，足可證明是書比較接近一人「編選」完成，不大有「層累造成」或成書於多人之手痕跡。唯若干事例可對應於晉朝時代風氣，因此書成後可能仍有人續為編撰。至於增改部分，因缺乏更早的版本儷對，只能闕如。

　　從歷代禮制的爭議中，可以看到《家語》所呈現的禮學觀點，都迥異於傳統禮學，不論是郊祀禮、廟制說，甚至喪禮、冠禮都與常說不同，儘管有王肅增加的可能，但無論如何，魏晉時確實將此書視作禮典，認為是書之論可「補禮文之闕」，為禮學備考典籍，進而可為

98　寧鎮疆：〈由〈民之父母〉與定州、阜陽相關簡牘再說《家語》的性質與成書〉，《上博館藏戰國楚竹書研究續編》，頁285。

99　沈欽韓《漢書疏證》：「〈王制〉疏：《家語》，先儒以為肅之所作，未足可信。案肅惟取婚姻、喪祭、郊禘、廟祧，與鄭不同者屬入《家語》，以矯誣聖人。其他固已有之，未可竟謂肅所造也。」

100　顧實：《漢書藝文志講疏》（北京市：中華書局，2009年12月），頁72。

改制之聖言依據。如魏孝文帝在論冠禮服飾問題時，嘗言：「司馬彪云：漢帝有四冠，一緇布，二進賢，三武弁，四通天冠。朕見《家語》〈冠頌篇〉，四加冠，公也。《家語》雖非正經，孔子之言與經何異。」[101]從前考孔氏後裔經學成就來看，實無以禮學名家者。《家語》如何從《論語》類書籍，變為禮學備考典籍，須從孔子形象或孔子言論的象徵來做進一步的思考。以往之論孔子言詞，多援《論語》立說，以之為士人準則進德之人格涵養。但到了漢末，孔子之言有了更廣的涵蓋範圍，除了一般的行為、言詞規範，更衍生到施政措施、行事準則，晉時甚且有了新禮的意涵。在魏、晉議禮過程中，亦往往可見以孔子之論為新禮之徵，晉以下則又回歸為賢人、品德之涵養。兩漢雖以孔子為賢者，或博物之君子，但自《後漢書》開始，孔子之言詞，就成為士人施政的行事依準，甚且引為「古義」與「新禮」的象徵。如《後漢書》〈顯宗紀〉之倡薄葬，詔云：「昔曾、閔奉親，竭觀致養，仲尼葬子，有棺無椁。喪貴致哀，禮存寧儉。今百姓送終之制，競為奢靡。生者無擔石之儲，而財力盡於墳土。⋯⋯有司其申明科禁，宜於今者，宣下郡國。」[102]東漢獻帝延熹年間趙咨遺書勅子文，即以孔子臨終、寢疾與孔子喪禮為薄葬主張[103]。張升：「仕郡為綱紀，以能出守外黃令。吏有受賕者，即論殺之。或譏升守領一時，何足趨明威戮乎？對曰：『昔仲尼暫相，誅齊之侏儒，手足異門而出，故能威震強國，反其侵地。君子仕不為己，職思其憂，豈以久近而異其度哉？』」[104]到了晉朝，朝臣議定新禮時，摯虞往往依「仲尼

---

101 見〔唐〕杜佑撰，王文錦等點校：《通典》（北京市：中華書局，2007年1月），卷56，〈嘉禮一〉〈皇太子冠〉，頁1577-1578。

102 《後漢書》，卷2，〈顯宗孝明帝紀〉，頁115。

103 《後漢書》，卷39，〈趙咨傳〉，頁1314-1315。

104 《後漢書》，卷80下，〈文苑列傳第七十下〉，頁2627。

之言」以為新禮。如議郊祀，摯虞議以為：「新禮，五帝即上帝，即天帝也。明堂除五帝之位，惟祭上帝。案仲尼稱『郊祀后稷以配天，宗祀文王於明堂以配上帝』……。」[105]由此六朝以《家語》為禮學備考典籍，就有了較為合理的演變基礎。而從《通典》所載六朝禮制之議上，諸事例多可復見《家語》，或為諸儒引為古義之證，是《家語》確實有保存孔言、禮制「古義」的象徵。曹褒為漢章帝所定之《新禮》，內容涵蓋從「天子至於庶人冠婚，吉凶終始制度」[106]，觀今本《家語》，亦論及冠、婚、吉凶終始制度，是《家語》之為禮典意涵甚明。《通典》所載六朝禮學爭議上，參議禮官、儒者亦往往援《家語》之說而論。是可見《家語》或「仲尼舊說」，在當時確實為儒者「考依古義」的依據。除了文獻性質，《家語》所載事例，或禮典之論，與魏晉世風相為發明處甚眾，亦能說明是書何以名噪於當時而非漢世。又，劉宗周（1578-1645）〈禮經考次自序〉云：

> 《儀禮》者，周公所以佐《周禮》致太平之書。而《禮記》者，孔子所以學周禮及夏、殷之禮，進退古今，垂憲萬世之書也。……惜也，微言大意，薄蝕於記者之口，既盡取孔子之言而私之，又時時假託孔子以見瑕，至或論而為黃老，降而為雜霸，而雅言之教竟不傳於後世矣。幸而有《家語》一書，頗存原委，以參戴氏之說，真如珠玉之混泥沙而文繡錯之以麻枲敗絮也。[107]

---

105　《晉書》，卷19，〈禮志上〉，頁587。

106　《後漢書》，卷35，〈張曹鄭列傳第二十五〉，頁1203。

107　劉宗周撰，吳光主編：《劉宗周全集》第四冊（杭州市：浙江古籍出版社，2007年4月），頁33。

準此，從禮學角度，才能識得《家語》思想意涵。歷來論《家語》者，多從《論語》視角觀之，強調當中彰顯的孔子「仁」論，忽視其作為「禮論」與「制禮」依據的核心精神，實際上《家語》所載孔子事蹟與《論語》所述，多有扞格，不唯多載傳說性事例，更有增字改經的痕跡，明顯有借「孔子家語」概念以申改制復古禮的意圖。

歷來對《家語》的研究，多擇一、二事例為論，或從喪葬、郊廟、帝德，用以對應王肅之論，申《家語》與王肅經學的關聯，但對於《家語》篇目意涵與排序所示的《家語》思想，卻鮮見梳理。從單一事例，並不容易看出《家語》的思想主張，詮釋者亦往往受限於《論語》類的著錄定位，將《家語》思想視作《論語》的補充與延續。個別的論述雖可持之有故，言之成理，但將《家語》事例做片段的對應，並不能呈現全書一貫之思想。《家語》誠然有早期儒學面向，但整體來看，是書思想較近於東漢以後、漢魏之際的思想觀念。從篇題與所選相關事例來看，《家語》一書頗具子書意涵。因此，《家語》思想確實有一整體性，不能斷章立論。

以禮學作為《家語》之詮釋，除了有以上外緣的因素，更在於《家語》展現了多重的禮學意識。在具體的國家禮制，與終始、冠、婚之禮外，對儒行也有知禮、威儀的要求。《家語》雖然秉持了先秦儒家對儒者、士一貫的知禮與威儀要求，但在謹言慎行的背後，卻有著安身自保的精神訴求，使《家語》的儒行有了漢末士風的時代痕跡。而這些對儒者動行禮度的論述，又可為傳統儒者以禮為人格修養之展現，以此《家語》所論儒行，實為士人行為典範，故亦可納入禮學範疇，而與「禮」觀念相融攝、發明。在論述上，因《家語》與其他著作文獻高度重疊，本章之末雖附有相關對應出處，但各章論述上，會對所引文獻做本義（原始義）、衍生義二層面之梳理，以明《家語》思想。所謂本義，乃從傳世文獻比對《家語》，若異文未影

響原義，則不另做說明。若差異甚大，則另論《家語》之意。衍生義部分，是從史傳文獻進行互見。若史傳中有相關可稽連之說，則於本義之下，另置相關史文於下，以明《家語》文獻之用。在具體禮制上亦如是梳理。亦即先論原始載錄之禮義，次論《家語》行文語脈，復從歷代禮議中比對此例或此禮之施用準則與其意義。

　　本文擬分七章討論，除第一章緒論，第七章結論外，正文共五章。正文前二章申論《家語》儒行之說，後三章則分別從喪禮、郊廟禮、禮學政治三議題，論述《家語》禮義。整體來看，是從個人到國家、由「內」而「外」的全面性的觀照；而從容禮、喪禮、郊廟禮到禮運的安排，更具有由個人逐步為國家的推衍進程，亦是從儀式的內在性，逐步擴大到外在制度的顯豁。在第一章緒論與第七章結論之外，略述各章意旨如下：

　　第二章論立身之道。在立身之方上，《家語》取《易》學的〈損〉、〈益〉二卦說，申論保身、全身之道。揆諸先秦儒家之論，論立身、修身者，大抵以勤學、立德為論，貧賤不改其志，窮困不棄禮樂。然而在《家語》裡反覆出現的，卻是對謹言慎行與誡「滿」說之強調。謹言之論雖亦頗為先秦儒家強調，然在先秦儒家卻是成德之方，謹言慎行之論，往往在強調儒家君子之人格精神，是立德之業的基礎，《家語》卻是面向現實的保身之道，展現了保守、退讓的思想。這樣的思想廣見《家語》全書，而又主要集中見於〈六本〉、〈三恕〉、〈好生〉、〈在厄〉、〈困誓〉。〈困誓〉、〈在厄〉、〈屈節解〉三篇，雖以孔子行道困境為主，但也衍生出士人在屈節的情況或身處逆境時，該如何化解的問題。〈在厄〉論人處危難之境，〈困誓〉省思生命困境，〈屈節解〉是不得不暫時抑己屈節以保全大局的情境，《家語》討論了三種不同的「辱身」處境，雖未同遭性命之戮，然其正面審視各種緩急之勢，甚且發「死之為大」之讚歎，在「保志全高」的節義

正氣外，更飽含了對生命的重視之情，是不同於《論語》或先秦儒家思考生命逆境之自處之道。而屈節不僅是顧全大局，更是自我實現、「成己」的必經過程，既符於體制，又能安頓內心。以此，全身、保身之說不僅是對性命的防護，更包含精神層面的戒護。另外，相較於「士不可不弘毅」、「任重而道遠」的積極用世《論語》儒者精神外，《家語》保存了實際儒家政務上的挫折與不世的困厄，在描寫道德困境的〈困誓〉與現實阻厄的〈在厄〉二篇中，《家語》都展現出一種無可奈何的樣態。而這樣的全身意識，不獨在個人面對自我的時候，即使在政治實踐上，亦不主張奮不顧身地直言急諫，而是當取決於君主的德行。主昏則退而保全自我，並以葵一足尚能衛之，傳達出自我性命高於一切的論點。相較於先秦儒家以「志節」、「急諫」為士之道德追求，《家語》反而認為道、名、忠、諫是生命的禁錮。守節不當只是為了成就道德，更應該兼顧生命的護持。相較於先秦禮制的身體觀，此部分展現出接近於道家式的安身之論。作為貫穿《家語》精神的全身主題，當出現於漢魏之際，不當為先秦觀點。

第三章論容儀與儒行。《家語》秉持先秦儒家以禮作為君子人格威儀表徵，〈儒行解〉、〈五儀解〉、〈弟子行〉等數篇，從儒之容儀、言行表現，展現儒者的禮儀風範，這類士之理想典範又成為體制之禮容，故儒行不僅用以表現君子威儀，又可為國家朝儀，為國家設官之法。

第四章論終始喪葬之紀。《家語》篇目雖未有明設「喪禮」者，然〈曲禮子貢問〉、〈曲禮子夏問〉、〈曲禮公西赤問〉三篇多論喪葬事例。若合〈本姓解〉、〈終記解〉而觀，可以看到《家語》喪禮觀點，大抵承繼孔子尚殷的葬制主張，亦有沿用《禮記》的士禮之論。但在服術上，若干事例卻頗能與魏晉禮議相論。如「晏子為其父服喪」例，漢代以此為至情表現，但漢末鄭玄卻認為晏子身為大夫，卻為父行士禮，是違禮之行。《家語》認為降服與否，是從喪主身前行誼考

量，非禮制本身有士、諸侯之別。又，〈曲禮子夏問〉載為慈母服，此例雖見於《禮記》〈曾子問〉，然《家語》以此例為「魯孝公」所為，《禮記》載為「魯昭公」之行。案春秋無孝公，《家語》改經痕跡甚明。為慈母服所爭者，正是為人後的問題，此議盛於漢晉時期，如東漢劉慶論慈母服制，主張有服。晉崔諒、譙王司馬恬等都有針對慈母是否有服而發論。最特別的是孔鯉哭母之例。案兩漢之間未有聞孔子出妻之說，《禮記》〈檀弓〉雖有記載，但也沒有指明說是為「出母」服。倒是魏晉時頗以此為「伯魚為出母服說」之徵。凡此都可以看到，《家語》所論喪禮，雖不違孔子之說，但在事例的選擇，甚且是部分的禮典文辭，都有明顯後出或添字改經的痕跡。

　　第五章論郊廟禮制。《家語》郊、廟禮制部分向以為王肅所增加之偽作，從今本《家語》內容來看，是可以成立的。如〈廟制〉所論廟制，認為廟數當七廟，以高祖父、高祖之廟為二祧，始祖與高祖以下四親廟為七。就親廟數來看，總計為六，是符合劉歆、王肅主張的。而毀廟不廢功德之論，雖有《禮記》之源，但從實際的禮制運作來看，則是韋玄成以降的主張。而其五帝之論，採東漢以降堯後火德之說，並延伸至舜土德之說。案魏以舜後自居，德屬以土德論，與《家語》〈五帝〉之論正同，此說與魏朝改制主張對應甚明。此部分禮論可以看到確實有明顯的政治目的。

　　第六章則從禮的角度論述《家語》之政治思想。《家語》取《禮記》〈禮運〉之說，將「禮運」作為為政之道的理論主張。當社會刑獄過甚，造成「失禮入刑」的現象時，主張整飭國家禮制結構，這樣的論點，有向古禮回歸之傾向。而透過官僚制度與尚賢政治的實施，不僅是儒家理想禮制政治之實踐，君主亦透過這樣非血緣性的官僚結構展現其威權，收禮治天下之功。此部分較近於先秦儒家之政治主張。《家語》中對政治、政務的討論，乃以禮運之說為核心。〈相魯〉所

論雖不乏爭議，然其中的作為，正是孔子「正名」政治實踐的開端[108]。從各版本對《家語》的起訖編排來看，無論是以〈曲禮公西赤問〉或〈終記解〉作終，都顯示出孔子的政治實踐論述，除了「正名」之釋，篇目安排上，亦能呈現這樣的意識。

因此，透過儒行與禮學二面向，可以看到《家語》的論述主張，雖有保持先秦儒學意涵的部分，但更多的是對漢魏之際士風或當時禮議的回應。而從上述對《家語》內容的梳理，亦可看到《家語》以「禮」為主的論述脈絡。在以《家語》作為古義之存的聖人之言上，《家語》所論具體禮制，不僅可為國家制度之典範，其所論儒門弟子言行應世態度，亦可為士人容儀之範型，甚且可為安身立命的精神根源。需要說明的是，《家語》從篇題、篇次、內容都有後人整訂的痕跡，因此內容上亦不免流露出後出的思想傾向，以此，從思想角度來看，本文認為《家語》文獻雖有先秦的源頭，但經後人整編，思想實漢魏之際思想。禮制部分亦如是。而儘管有出土文獻之資，但至今仍未見先秦有所謂《孔子家語》一書存在的線索，以此本文亦不認為《家語》先秦已有成書。

最後，從文獻價值來看，《孔子家語》統合了先秦時期的孔門對話，而出土文獻見證了《家語》文獻之不偽。這類文獻雖有不經之譏，卻正如《荀子》、《韓非子》所載，可補孔門事蹟之缺，與思考先秦儒家的多元價值。《家語》所呈現的儒學意識，雖更近於漢魏之際之論，但所錄文獻確可為先秦儒家之說。這類孔門事語雖不若《論語》之具有儒家正典意涵，但可為儒家思想之資。從《說苑》、《新序》、《韓詩外傳》等多載此類文獻，可以知道這類事語確實可補先秦儒家論述之缺，亦當視為儒家正說。亦有學者以《家語》之文，輔證

---

108 參林啟屏：〈開創者的生命與思想〉，收入氏撰：《從古典到正典：中國古代儒學意識之形成》（臺北市：臺灣大學出版中心，2007年7月），頁98。

孔門弟子事蹟，是可見《家語》確為先秦儒學逸說[109]。因王肅因素，使《家語》全書長期以偽書目之，卻忽略了這類文獻在被《說苑》、《新序》、《韓詩外傳》等作引用時，卻沒有人懷疑文獻為偽。這類孔門事語多為事例，其意當不在對儒家學說進行理論建構，而是在《論語》的記載之外，對其中若干具爭議之事蹟，提出不同面向的記錄。而劉向用以勸諫[110]，韓嬰用以形構漢代儒者[111]，說明這批文獻，其學術位置當在保全儒門言語行誼，以供後世參考，對儒學來說，這批孔門事語，恰可補原始儒家論述之不足，而為重建先秦儒家之資。

---

109 如楊衛中以《家語》〈七十二弟子解〉對徵《史記》〈仲尼弟子列傳〉，認為二者確實可相補益。楊衛中：〈孔子家語七十二弟子解考校〉，收入王叔岷先生八十壽慶論文集編輯委員會編：《王叔岷先生八十壽慶論文集》（臺北市：大安出版社，1993年6月），頁115-151。

110 《漢書》〈劉向傳〉云：「（劉向）采傳記行事，著《新序》、《說苑》凡五十篇奏之。數上疏言得失，陳法戒。書數十上，以助觀覽，補遺闕。」《漢書》，卷36，〈楚元王交傳〉，頁1958。

111 參林聰舜：〈《韓詩外傳》論儒──《詩》教、造士與儒士共同體的建立〉，《漢代儒學別裁──帝國意識形態的形成與發展》（臺北市：臺灣大學出版中心，2013年7月），頁73-103。

# 附錄部分

## 表一　張心澂《偽書通考》所輯《孔子家語》偽作之說[112]

| 思想歸屬 ＼ 論述 | 主要意見 | 主張者 | 論述摘要 |
|---|---|---|---|
| 王肅思想 | 王肅作 | 范家相 孫志祖 陳士珂 丁晏 | 撰《家語正偽》十卷，以《家語》為王肅偽作。孫志祖《家語疏證》、陳士珂《孔子家語疏證》、丁晏《尚書餘論》同持此說。 |
| | 王肅割裂他書成之 | 馬昭 | 王肅所增加，非鄭所見。（孔穎達《禮記》〈樂記〉疏） |
| | | 王柏 | 四十四篇之《家語》乃王肅自取《左傳》、《國語》、《荀》、《孟》、二戴《記》，割裂織成之。孔衍之序，亦王肅自為也。（《經義考》引） |
| | | 《提要》 | 《家語》割裂他書，反覆考證，其出於肅手無疑。 |
| | 王肅混其說於《家語》（承認古《家語》之說，但今本內容羼有王肅思想） | 沈欽韓 | 肅惟取婚姻、喪祭、郊禘、廟祧與鄭不同者，羼入《家語》，以矯誣聖人，其他固已有之，未可謂肅所造也。（《漢書疏證》） |
| | 王肅學派採他書偽作 | 崔述 | 1.《家語》一書，本後人所偽撰，其文皆采之於他書，而增損改益以飾 |

---

| 論述<br>思想歸屬 | 主要意見 | 主張者 | 論述摘要 |
|---|---|---|---|
| | | | 之。（……）師古曰「非今所有《家語》」，則是孔氏先世之書已亡，而此書出於後人所撰，顯然可見。（……）必毀鄭氏之學者偽撰此書，以為己證；其序文淺語夸，亦未必果出於肅，就令果出於肅，肅之學識，亦不足為定論也。<br>2.不但今《尚書》二十五篇為宗王肅者所偽撰也，即今所傳《家語》亦肅之徒所偽撰。（俱見《洙泗考信錄》） |
| 非王學 | 孔氏家學 | 晁公武 | 序注凡四十四篇，劉向校錄止二十七篇。後王肅得此於孔子二十四世孫猛家。（《郡齋讀書志》）按：篇數雖異，然晁氏此說認為孔猛之《家語》，與劉向所見《家語》同。而王肅之《家語》，亦同於劉向之《家語》。 |
| | | 陳振孫 | 孔子二十二世孫猛所傳，魏王肅為之注。肅闢鄭學，猛嘗受學於肅，從猛得此書，與肅所論多合，從而證之，遂行於世。……其間所載，多已見《左氏傳》、《大戴禮》諸書。（《書錄解題》） |
| | 王肅編訂序次，古《家語》。 | 朱熹 | 1.《家語》只是王肅編古錄雜記，其書多疵，然非肅所作。<br>2.《家語》雖記得不純，卻是當時書。（俱見朱子語錄） |

| 論述<br>思想歸屬 | 主要意見 | 主張者 | 論述摘要 |
|---|---|---|---|
| | 王肅編，非肅作。古《家語》。 | 武內義雄 | 王肅是見古《家語》者，其本文當無與《禮記》符合之部分。然而就馬昭所謂「《家語》王肅所增加」之語而考之，則今之《家語》非全部偽撰，似尚存有古《家語》之文於其中焉，……今之《家語》刪去《荀子》及說禮之文，其餘之材料大體為古《家語》，當是改篇次，加私定者。（《先秦經籍考》） |
| 其他 | 非今所有《家語》 | 顏師古 | 非今所有《家語》。（《隋書》〈經籍志〉） |

## 表二　《家語》各篇文獻來源[113]

| 傳世文獻〔《家語》篇目〕 | 傳世文獻 |
|---|---|
| 相魯第一 | 《公羊》〈定公十年〉、《穀梁》〈定公十年〉《新序》〈雜事一〉 |
| 始誅第二 | 《荀子》〈宥坐〉 |
| 王言解第三 | 《荀子》〈君道〉、《韓非子》〈主道〉、《大戴禮記》〈主言〉 |
| 大昏解第四 | 《禮記》〈哀公問〉 |
| 儒行解第五 | 《荀子》〈儒效〉 |
| 問禮第六 | 《禮記》〈哀公問〉、《禮記》〈禮運〉 |
| 五儀解第七 | 《荀子》〈哀公〉、《新序》〈雜事四〉《說苑》〈君道〉、〈敬慎〉、〈雜言〉《韓詩外傳》〈一〉 |
| 致思第八 | 《說苑》〈君道〉、〈臣術〉、〈建本〉、〈貴德〉、〈政理〉、〈尊賢〉、〈敬慎〉、〈善說〉、〈至公〉、〈指武〉、〈談叢〉、〈雜言〉、〈辨物〉、〈反質〉 |
| 三恕第九 | 《荀子》〈宥坐〉、〈子道〉、〈法行〉《說苑》〈敬慎〉、〈雜言〉《晏子春秋》〈內篇〉〈問下〉 |
| 好生第十 | 《荀子》〈哀公〉《禮記》〈雜記下〉《孟子》〈梁惠王下〉 |

---

113　參考〔清〕孫志祖（1736-1800）：《家語疏證》（《續修四庫全書》本）。〔清〕范家相：《家語證偽》，《續修四庫全書》（清光緒15年徐氏刻《鑄學齋叢書》本）。〔清〕姜兆錫撰：《家語正義》，《四庫存目叢書》（清雍正十一年寅清樓刻本，臺南市：莊嚴出版社，1995年9月）。陳士珂輯：《孔子家語疏證》，《叢書集成新編》（臺北市：新文豐出版公司，1985年）。

| 傳世文獻<br>《家語》篇目 | 傳世文獻 |
|---|---|
| | 《說苑》〈君道〉、〈貴德〉、〈權謀〉、〈至公〉、〈談叢〉 |
| 觀周第十一 | 《左傳》〈昭公七年〉、《史記》〈孔子世家〉<br>《說苑》〈敬慎〉、〈反質〉 |
| 弟子行第十二 | 《大戴禮記》〈衛將軍文子〉 |
| 賢君第十三 | 《說苑》〈臣術〉、〈政理〉、〈尊賢〉、〈敬慎〉<br>《韓詩外傳》七<br>《呂氏春秋》〈季春紀〉〈先己〉 |
| 辯政第十四 | 《韓非子》〈難三〉、《尚書大傳》〈略說〉、《白虎通》〈諫諍〉<br>《說苑》〈政理〉、〈正諫〉、〈權謀〉、〈辨物〉<br>《韓詩外傳》六、八 |
| 六本第十五 | 《說苑》〈建本〉、〈立節〉、〈尊賢〉、〈正諫〉、〈敬慎〉、〈權謀〉、〈雜言〉、〈修文〉<br>《呂覽》〈高義〉、《韓詩外傳》八、《論衡》〈定賢〉、《列子》〈天瑞〉、〈仲尼〉<br>《毛詩》〈素冠〉〈序〉、《淮南子》〈謬稱〉、〈人間〉<br>帛書〈要〉 |
| 辨物第十六 | 《國語》〈魯語下〉、《說苑》〈辨物〉<br>《左傳》昭公十七年、定公九年、定公十五年、哀公三年、哀公十二年、哀公十三年、哀公十四年 |
| 哀公問政第十七 | 《禮記》〈祭義〉、〈中庸〉 |
| 顏回第十八 | 《荀子》〈哀公〉、《韓詩外傳》二、《左傳》文公二年、文公二十三年、《說苑》〈辨物〉 |
| 子路初見第十九 | 《說苑》〈建本〉、〈雜言〉、〈政理〉、〈反質〉<br>《韓非子》〈外儲說左下〉、〈內儲說下〉、〈顯學〉 |

| 傳世文獻<br>《家語》篇目 | 傳世文獻 |
|---|---|
| | 《穀梁傳》〈宣公九年〉<br>《史記》〈孔子世家〉 |
| 在厄第二十 | 《荀子》〈宥坐〉、〈子道〉、《韓詩外傳》〈七〉、《說苑》〈立節〉、〈雜言〉、《呂氏春秋》〈任數〉 |
| 入官第二十一 | 《大戴禮記》〈子張問入官〉 |
| 困誓第二十二 | 《荀子》〈大略〉、〈子道〉、〈堯問〉、《列子》〈天瑞〉、《韓詩外傳》六、七、八、九、《說苑》〈臣術〉、〈權謀〉、〈雜言〉<br>《新序》〈雜事〉、《白虎通》〈壽命〉、《論衡》〈骨相〉、《史記》〈孔子世家〉 |
| 五帝德第二十三 | 《大戴禮記》〈五帝德〉 |
| 五帝第二十四 | 上博簡二〈子羔〉 |
| 執轡第二十五 | 《大戴禮記》〈盛德〉、〈易本命〉、《淮南子》〈墜形〉 |
| 本命解第二十六 | 《大戴禮記》〈本命〉 |
| 論禮第二十七 | 《禮記》〈孔子燕居〉、〈孔子閑居〉、上博簡〈孔子閑居〉（〈民之父母〉） |
| 觀鄉射第二十八 | 《禮記》〈雜記下〉、〈鄉飲酒〉、〈射義〉<br>《荀子》〈樂論〉 |
| 郊問第二十九 | 《禮記》〈禮器〉、〈郊特牲〉 |
| 五刑解第三十 | 《大戴禮記》〈盛德〉 |
| 刑政第三十一 | 《禮記》〈王制〉 |
| 禮運第三十二 | 《禮記》〈禮運〉 |
| 冠頌第三十三 | 《儀禮》〈士冠禮〉、《禮記》〈郊特牲〉、〈冠義〉 |
| 廟制第三十四 | 《禮記》〈王制〉、〈祭法〉 |

| 傳世文獻<br>《家語》篇目 | 傳世文獻 |
|---|---|
| 辯樂解第三十五 | 《韓詩外傳》五、《史記》〈孔子世家〉、《說苑》〈修文〉、《禮記》〈樂記〉 |
| 問玉第三十六 | 《荀子》〈法行〉、《禮記》〈經解〉、〈孔子燕居〉、〈聘義〉、《韓詩外傳》五 |
| 屈節解第三十七 | 《史記》〈仲尼弟子列傳〉、《越絕書》七、《吳越春秋》〈夫差內傳〉、《新序》〈雜事二〉、《淮南子》〈道應〉、《禮記》〈檀弓下〉 |
| 七十二弟子解第三十八 | 《史記》〈仲尼弟子列傳〉 |
| 本姓解第三十九 | 《世本》、《史記》〈孔子世家〉、《潛夫論》〈志氏姓〉、《論語撰考讖》、《禮記》〈檀弓上〉 |
| 終記解第四十 | 《禮記》〈檀弓上〉、《左傳》〈哀公十六年〉 |
| 正論解第四十一 | 《左傳》宣公二年、成公二年、成公十七年、襄公七年、襄公二十五年、襄公三十一年、昭公四、五年、昭公七年、昭公十二年、昭公十三年、昭公十四年、昭公二十年、昭公二十八年、昭公二十九年、哀公六年、哀公十一年、哀公十四年<br>《新序》〈雜事四〉、〈雜事五〉、《禮記》〈檀弓下、祭義、仲尼燕居〉、《論衡》〈遇虎〉、《韓詩外傳》三、五、《說苑》〈君道〉、《論語》〈憲問〉、《國語》〈魯語下〉 |
| 曲禮子貢問第四十二 | 《左傳》僖公二十八年、文公十四、十五年、宣公八年、哀公十一年、哀公十二年<br>《禮記》〈曲禮下〉、〈檀弓上〉、〈檀弓下〉、〈禮器〉、〈大傳〉、〈雜記下〉<br>《論語》〈鄉黨〉、《儀禮》〈喪服〉 |
| 曲禮子夏問第四十三 | 《禮記》〈曲禮上〉、〈檀弓上〉、〈檀弓下〉、〈曾子問〉、〈文王世子〉、〈禮器〉、〈玉藻〉、〈雜記下〉 |

| 傳世文獻<br>《家語》篇目 | 傳世文獻 |
|---|---|
| | 《左傳》襄公十七年、昭公二十年、定公五年、哀公十五年<br>《國語》〈魯語〉、《史記》〈孔子世家〉 |
| 曲禮公西赤問第四十四 | 《禮記》〈檀弓上下〉、〈王制〉、〈禮器〉、〈祭義〉 |

表三　《家語》文獻分布與傳世文獻之交叉分析[114]

| 《家語》所採傳世文獻篇目明細[115] | | 傳世文獻與《家語》篇目明細[116] | |
|---|---|---|---|
| 《禮記》九十七，百分之二十九 | 〈曲禮上〉、〈曲禮下〉、〈檀弓上下〉、〈王制〉、〈月令〉、〈曾子問〉、〈文王世子〉、〈禮運〉、〈禮器〉、〈郊特牲〉、〈玉藻〉、〈大傳〉、〈樂記〉、〈雜記下〉、〈祭義〉、〈經解〉、〈哀公問〉、〈孔子燕居〉、〈孔子閒居〉、〈中庸〉、〈冠義〉、〈鄉飲酒義〉、〈射義〉、〈聘義〉。 | 《禮記》 | 〈曲禮子夏問〉5（〈曲禮上〉）；〈曲禮子貢問〉3（〈曲禮下〉）；〈屈節解第三十七〉4，〈本姓解第三十九〉2、3，〈終記解〉1、3，〈正論解〉13、19，〈曲禮子貢問第四十二〉2、4、8、9、10、11、15、17、18、19、20、21、22、23、24、25、26、27、28、29，〈曲禮子夏問第四十三〉1、4、6、10、13、19、20、21、22、25、26、27，〈曲禮公西赤問第四十四〉2、3、4、5（〈檀弓上下〉）；〈刑政第三十一〉，〈廟制第三十四〉，〈曲禮公西赤問第四十四〉1（〈王制〉）；〈執轡〉（月令）；〈曲禮子夏問第四十三〉 |

---

114 依比重排序。

115 依傳世文獻篇目排序。

116 阿拉伯數字表章次。

| 《家語》所採傳世文獻篇目明細[115] | | 傳世文獻與《家語》篇目明細[116] |
|---|---|---|
| | | 2、12（〈曾子問〉），〈曲禮子夏問第四十三〉3（〈文王世子〉），〈問禮第六〉2，〈禮運第三十二〉（〈禮運〉）；〈郊問第二十九〉3，〈曲禮子貢問第四十二〉7，〈曲禮子夏問第四十三〉6，〈曲禮公西赤問第四十四〉6（〈禮器〉）；〈郊問第二十九〉1、2、3，〈冠頌第三十三〉（〈郊特牲〉）；〈曲禮子夏問第四十三〉7（〈玉藻〉）；〈曲禮子貢問第四十二〉30，31（〈大傳〉）；〈辯樂解第三十五〉3（〈樂記〉）；〈好生第十〉14，〈觀鄉射第二十八〉3〈曲禮子貢問〉3、5、6章，〈曲禮子夏問〉4、5、7、8、9、11（〈雜記下〉）；〈哀公問政第十七〉4，〈正論解〉25，〈曲禮公西赤問〉6（〈祭義〉）；〈問玉第三十六〉2（〈經解〉）；〈大昏解〉2、3、4，〈問禮第六〉1 |

| 《家語》所採傳世文獻篇目明細[115] | | 傳世文獻與《家語》篇目明細[116] | |
|---|---|---|---|
| | | | （〈哀公問〉）；〈論禮第二十七〉12，〈問玉第三十六〉4（〈孔子燕居〉）；〈論禮第二十七〉1、3、4（〈孔子閒居〉）；〈哀公問政第十七〉1、2、3（〈中庸〉）；〈冠頌第三十三〉（〈冠義〉）；〈觀鄉射第二十八〉2（〈鄉飲酒義〉）；〈觀鄉射第二十八〉1（〈射義〉）；〈問玉第三十六〉1（〈聘義〉）。 |
| 《說苑》九十一，百分之二十八 | 〈君道〉、〈臣術〉、〈建本〉、〈立節〉、〈貴德〉、〈政理〉、〈尊賢〉、〈正諫〉、〈敬慎〉、〈善說〉、〈權謀〉、〈至公〉、〈指武〉、〈談叢〉、〈雜言〉、〈辨物〉、〈修文〉、〈反質〉。（全） | 《說苑》 | 〈五儀解第七〉5，〈好生第十〉10，〈正論解〉16（〈君道〉）；〈致思第八〉7，〈賢君第十三〉2，〈困誓第二十二〉7（〈臣術〉）；〈致思第八〉10、11，〈六本第十五〉1、9、10，〈子路初見第十九〉1（〈建本〉）；〈六本第十五〉3，〈在厄第二十〉3（〈立節〉）；〈致思第八〉2，〈好生第十〉5（〈貴德〉）；〈致思第八〉17、18、19，〈賢君第十三〉9、10、 |

| 《家語》所採傳世文獻篇目明細[115] | | | 傳世文獻與《家語》篇目明細[116] |
|---|---|---|---|
| | | | 11，〈辯政第十四〉1、7、8，〈子路初見第十九〉3、4（〈政理〉）；〈致思第八〉12，〈賢君第十三〉1、6、7、8，〈六本第十五〉11（〈尊賢〉）；〈辯政第十四〉2、4，〈六本第十五〉2（〈正諫〉）；〈五儀解第七〉6，〈致思第八〉9，〈三恕第九〉3，〈觀周第十一〉3，〈賢君第十三〉3、4、5，〈六本第十五〉7、8（〈敬慎〉）；〈致思第八〉8（〈善說〉）；〈好生第十〉8、9，〈辯政第十四〉3，〈六本第十五〉4，〈困誓第二十二〉2（〈權謀〉）；〈致思第八〉3，〈好生第十〉6、7（〈至公〉）；〈致思第八〉6，〈好生第十〉11（〈談叢〉）；〈五儀解第七〉7，〈致思第八〉4、13、14〈三恕第九〉4、9，〈六本第十五〉12、13、14、15、16、17、18、19、20、21，〈子 |

| 《家語》所採傳世文獻篇目明細[115] | | 傳世文獻與《家語》篇目明細[116] | |
|---|---|---|---|
| | | | 路初見第十九〉2，〈在厄第二十〉1、2、，〈困誓第二十二〉4、5（〈雜言〉）；〈致思第八〉15、16，〈辯政第十四〉6，〈辨物第十六〉1、2、3，〈顏回第十八〉2、3（〈辨物〉）；〈六本第十五〉5、6，〈辯樂解第三十五〉2（〈修文〉）；〈致思第八〉2，〈觀周第十一〉4（〈反質〉）。 |
| 《史記》四十四，百分之十三 | 〈孔子世家〉、〈仲尼弟子列傳〉。 | 《史記》 | 〈觀周第十一〉1，〈子路初見第十九〉7，〈困誓第二十二〉9，〈辯樂解第三十五〉1，〈本姓解第三十九〉，〈曲禮子夏問第四十三〉23（〈孔子世家〉），〈屈節解第三十七〉1、2，〈七十二弟子解第三十八〉（〈仲尼弟子列傳〉）。 |
| 《荀子》四十一，百分之十二 | 〈儒效〉、〈君道〉、〈樂論〉、〈大略〉、〈宥坐〉、〈子道〉、〈法行〉、〈哀公〉、〈堯問〉。 | 《荀子》 | 〈儒行解第五〉（〈儒效〉）；〈王言解第三〉（〈君道〉）；〈觀鄉射第二十八〉2（〈樂論〉）；〈困誓第二十二〉1 |

| 《家語》所採傳世文獻篇目明細[115] | | 傳世文獻與《家語》篇目明細[116] | |
|---|---|---|---|
| | | | （〈大略〉），〈始誅第二〉，〈三恕第九〉3、4、5、6〈在厄第二十〉1（〈宥坐〉）；〈三恕第九〉7、8、9，〈在厄第二十〉2，〈困誓第二十二〉3（〈子道〉）；〈三恕〉第1，〈問玉第三十六〉1（〈法行〉）；〈五儀解第七〉，〈好生第十〉1、12、〈顏回第十八〉1（〈哀公〉）；〈困誓第二十二〉7（堯問）。 |
| 《左傳》四十，百分之十二 | 僖公二十八年；文公二、十四、十五、二十三年；宣公二、八年；成公二、十七年；襄公七、十七、二十五、三十一年；昭公四、五、七、十二、十三、十四、十七、二十、二十八、二十九年；定公五、九、十五年；哀公三、六、十一、十二、十三、十四、十五、 | 《左傳》 | 〈曲禮子貢問第四十二〉1（僖公二十八）；〈顏回第十八〉4（文公二）；〈曲禮子貢問第四十二〉17（文公十四）；〈曲禮子貢問第四十二〉17（文公十五）；〈顏回第十八〉4（文公二十三）；〈正論解〉5（宣公二）；〈曲禮子貢問第四十二〉12（宣公八）；〈正論解〉20（成公二）；〈正論解〉22（成公十七）；〈正論解〉4（襄公 |

| 《家語》所採傳世文獻篇目明細[115] | | 傳世文獻與《家語》篇目明細[116] |
|---|---|---|
| | 十六年。 | 七）；〈曲禮子夏問第四十三〉16（襄公十七）；〈正論解〉6（襄公二十五）；〈正論解〉10（襄公三十一），〈正論解〉8（昭公四）；〈正論解〉8（昭公五）；〈觀周第十一〉1，〈正論解〉3（昭公七）；〈正論解〉7（昭公十二）；〈正論解〉11（昭公十三）；〈正論解〉9（昭公十四）；〈辨物第十六〉4（昭公十七）；〈正論解〉1，〈正論解〉12，〈曲禮子夏問第四十三〉18（昭公二十）；〈正論解〉14（昭公二十八）；〈正論解〉15（昭公二十）；〈辨物第十六〉7（定公九）；〈辨物第十六〉5（定公十五）；〈辨物第十六〉6（哀公三年）；〈正論解〉16（哀公六）；〈正論解〉2、17、23，〈曲禮子貢問第四十二〉15（哀公十一）；〈辨物第十六〉8，〈曲禮子貢問 |

| 《家語》所採傳世文獻篇目明細[115] | | 傳世文獻與《家語》篇目明細[116] | |
|---|---|---|---|
| | | | 第四十二〉16（哀公十二）；〈辨物第十六〉9（哀公十三）；〈辨物第十六〉10，〈正論解〉18（哀公十四）；〈曲禮子夏問第四十三〉21（哀公十五）；〈終記解〉2（哀公十六）。 |
| 《大戴禮記》十七，百分之五 | 〈主言〉、〈衛將軍文子〉、〈五帝德〉、〈子張問入官〉、〈盛德〉、〈本命〉、〈易本命〉。 | 《大戴禮記》 | 〈王言〉（〈主言〉）；〈弟子行第十二〉（〈衛將軍文子〉），〈五帝德第二十三〉（〈五帝德〉）；〈入官第二十一〉（〈子張問入官〉）；〈執轡第二十五〉1、2，〈五刑解第三十〉1（〈盛德〉）；〈執轡第二十五〉3、4，〈本命解第二十六〉（〈本命〉）；〈執轡第二十五〉3、4（〈易本命〉）。 |
| 《韓詩外傳》十五，百分之五 | 〈一〉、〈二〉、〈三〉、〈五〉、〈六〉、〈七〉、〈八〉、〈九〉。 | 《韓詩外傳》 | 〈五儀解第七〉7（〈一〉）；〈顏回第十八〉1（〈二〉）；〈正論解〉16（〈三〉）；〈辯樂解第三十五〉1，〈問玉第三十六〉3，〈正論解〉27（〈五〉）；〈辯政 |

| 《家語》所採傳世文獻篇目明細[115] | | 傳世文獻與《家語》篇目明細[116] | |
|---|---|---|---|
| | | | 第十四〉9，〈困誓第二十二〉5（〈六〉）；〈賢君第十三〉2，〈在厄第二十〉1，〈困誓第二十二〉7、10（〈七〉）；〈辯政第十四〉7，〈六本第十五〉10，〈困誓第二十二〉1（〈八〉）；〈困誓第二十二〉3（〈九〉）。 |
| 《韓非子》六，百分之二 | 〈主道〉、〈難三〉、〈外儲說左下〉、〈內儲說下〉、〈顯學〉。 | 《韓非子》 | 〈王言解第三〉（〈主道〉）；〈辯政第十四〉1（〈難三〉）；〈子路初見第十九〉15（〈外儲說左下〉）；〈子路初見第十九〉7（〈內儲說下〉），〈子路初見第十九〉8（〈顯學〉）。 |
| 《淮南子》六，百分之二 | 〈謬稱〉、〈人間〉、〈墜形〉、〈道應〉。 | 《淮南子》 | 〈六本第十五〉5（〈謬稱〉）；〈六本第十五〉8、12（〈人間〉）；〈執轡第二十五〉3、4（〈墜形〉）；〈屈節解第三十七〉3（〈道應〉）。 |
| 《新序》五，百分之二 | 〈雜事一〉、〈雜事二〉、〈雜事四〉、〈雜事五〉。 | 《新序》 | 〈相魯第一〉4（〈雜事一〉）；〈屈節解第三十七〉3（〈雜事二〉）；〈五儀解第七〉2〈正論解〉10（〈雜事 |

| 《家語》所採傳世文獻篇目明細[115] | | 傳世文獻與《家語》篇目明細[116] | |
|---|---|---|---|
| | | | 四〉）；〈正論解〉13、26（〈雜事五〉）。 |
| 《國語》五，百分之二 | 〈魯語〉 | 《國語》 | 〈辨物第十六〉1、2、3，〈正論解〉21，〈曲禮子夏問第四十三〉20。 |
| 《論語》三 | 〈憲問〉、〈鄉黨〉 | 《論語》 | 〈正論解〉18、19（〈憲問〉）；〈曲禮子貢問第四十二〉5（〈鄉黨〉）。 |
| 《呂氏春秋》三 | 〈先己〉、〈任數〉 | 《呂氏春秋》 | 〈賢君第十三〉10（〈先己〉）；〈在厄第二十〉4（〈任數〉）。 |
| 《論衡》三 | 〈骨相〉、〈遭虎〉、〈定賢〉 | 《論衡》 | 〈困誓第二十二〉8（〈骨相〉）；〈正論解〉13（〈遭虎〉）；〈六本第十五〉12（〈定賢〉）。 |
| 《列子》三 | 〈天瑞〉、〈仲尼〉 | 《列子》 | 〈六本第十五〉13，〈困誓第二十二〉1（〈天瑞〉）；〈六本第十五〉12、（〈仲尼〉）。 |
| 《穀梁傳》三 | 〈宣公九年〉、〈定公十年〉 | 《穀梁傳》 | 〈子路初見第十九〉6（〈宣公九年〉），〈相魯第一〉2（定公十年〈定公十年〉）。 |
| 《儀禮》二 | 〈士冠禮〉、〈喪服〉 | 《儀禮》 | 〈冠頌第三十三〉（〈定公十年〉），〈曲禮子貢問第四十二〉14（〈喪 |

| 《家語》所採傳世文獻篇目明細[115] | | 傳世文獻與《家語》篇目明細[116] | |
|---|---|---|---|
| | | | 服〉）。 |
| 《公羊傳》一 | 〈定公十年〉 | 《公羊傳》 | 〈相魯第一〉2 |
| 《毛詩》一 | 〈素冠〉〈序〉 | 《毛詩》 | 〈六本第十五〉5 |
| 《尚書大傳》一 | 〈略說〉 | 《尚書大傳》 | 〈辯政第十四〉1 |
| 《晏子春秋》一 | 〈內篇〉〈問下〉 | 《晏子春秋》 | 〈三恕第九〉2 |
| 《潛夫論》一 | 〈志氏姓〉 | 《潛夫論》 | 〈本姓解第三十九〉2 |
| 《吳越春秋》一 | 〈夫差內傳〉 | 《吳越春秋》 | 〈屈節解第三十七〉2 |
| 《越絕書》一 | 〈七〉 | 《越絕書》 | 〈屈節解第三十七〉2 |

## 表四　《家語》重要版本一覽表

| 版本（簡稱） | 篇題與分卷 | 備註 |
|---|---|---|
| 《標題句解孔子家語》，三卷[117]，〔元〕王廣謀句解。（王本） | 相魯、始誅、王言解、大昏解、儒行解、問禮、五儀解（以上卷一），致思、三恕、好生、觀周、弟子行、賢君（以上卷二），辯政、六本、辯物、哀公問政、顏回、子路初見、在厄（以上卷三），入官、困誓、五帝德、五帝、執轡、本命解、論禮（以上卷四），觀鄉射、郊問、五刑解、刑政、禮運、冠頌解、廟制解、辯樂、問玉（以上卷五），屈節解、七十二弟子解、本姓解、終記解、正論解、曲禮子貢問、曲禮子夏問、曲禮公西赤問。（以上卷六） | |
| 《孔子家語》[118]，八卷，〔明〕何孟春注，明正德十六年刻本，《四庫存目叢書》。（何本） | 相魯、始誅、王言解、大昏解、儒行解（以上卷一），問禮、五儀解、致思、三恕、好生（以上卷二），觀周、弟子行、賢君、辯政、六本（以上卷三），辯物、哀公問政、顏回、子路初見、在厄、入官（以上卷四），困誓、五帝德、五帝、執轡、本命（以上卷五），論禮、觀鄉射、郊問、五刑解、刑政、禮運（以上卷六），冠頌、廟制、辯樂、問玉、屈節解、 | 前：孔衍序、王肅序（內容採「孔安國」序文）、何孟春序，林俊〈家語提辭〉、黃鞏〈新刊孔子家語注跋〉。<br><br>後：《四庫全書總目提要》〈孔子家語注八卷〉。 |

---

117 題作「三卷」，但今本俱為六卷本。
118 臺北市：莊嚴出版社，1995年9月。

| 版本（簡稱） | 篇題與分卷 | 備註 |
|---|---|---|
| | 正論解（以上卷七），子貢問、子夏問、公西赤問、本始解、終記解、七十二弟子解（以上卷八）。 | |
| 《孔子家語》[119]，十卷，王肅注，清劉世珩翻刻毛晉汲古閣影宋本，附劉世珩〈札記〉一卷。（劉本） | 相魯、始誅、王言解、大昏解、儒行解、問禮、五儀解（以上卷一），觀思、三恕、好生（以上卷二），觀周、弟子行、賢君、辯政（以上卷三），六本、辨物、哀公問政（以上卷四），顏回、子路初見、在厄、入官、困誓、五帝德（以上卷五），五帝、執轡、本命解、論禮（以上卷六），觀鄉射、郊問、五刑解、刑政、禮運（以上卷七），冠頌、廟制、辯樂解、問玉、屈節解（以上卷八），七十二弟子解、本姓解、終記解、正論解（以上卷九），曲禮子貢問、子貢問、公西赤問。（以上卷十） | 前：王肅序。<br>後：後序（二篇，不著撰者） |
| 《孔子家語》[120]十卷，王肅注，《四部叢刊》子部，上海涵芬樓景印宋刊本影印。（黃本） | 相魯、始誅、王言解、大昏解、儒行解、問禮、五儀解（以上卷一），致思、三恕、好生（以上卷二），觀周、弟子行、賢君、辯政（以上卷三），六本、辯物、哀公問政（以上卷四），顏回、子路初見、在厄、入官、困誓、五帝德（以上卷五），五帝、執轡、本命 | 前：王肅序<br>後：黃魯曾〈孔子家語後序〉。 |

119 臺北市：中華書局，1985年。
120 臺北市：藝文印書館，1975年。

| 版本（簡稱） | 篇題與分卷 | 備註 |
|---|---|---|
| | 解、論禮（以上卷六），觀鄉射、郊問、五刑解、刑政、禮運（以上卷七），冠頌、廟制、辯樂解、問玉、屈節解（以上卷八），七十二弟子解、本姓解、終記解、正論解（以上卷九），曲禮子貢問、曲禮子夏問、曲禮公西赤問（以上卷十）。 | |
| 《孔子家語》[121]十卷，王肅注，掃葉山房百子全書，《叢書集成續編》。（叢書本） | 相魯、始誅、王言解、大昏解、儒行解、問禮、五儀解（以上卷一），致思、三恕、好生（以上卷二），觀周、弟子行、賢君、辨政（以上卷三），六本、辨物、哀公問政（以上卷四），顏回、子路初見、在厄、入官、困誓、五帝德（以上卷五），五帝、執轡、本命解、論禮（以上卷六），觀鄉、郊問、五刑解、刑政、禮運（以上卷七），冠頌解、廟制解、辯樂、問玉、屈節解（以上卷八），正論解、曲禮子貢問、曲禮子夏問、曲禮公西赤問（以上卷九），本姓解、終記解、七十二弟子解（以上卷十）。 | |
| 《孔子家語》[122]十卷，王肅註，《文 | 相魯、始誅、王言解、大昏解、儒行解、問禮、五儀解（以上卷 | 前：御題影宋鈔家語、提要、家 |

---

121 臺北市：藝文印書館，不著年代。
122 臺北市：臺灣商務印書館，1983年。

| 版本（簡稱） | 篇題與分卷 | 備註 |
|---|---|---|
| 淵閣四庫本》。(四庫本) | 一），致思、三恕、好生（以上卷二），觀周、弟子行、賢君、辯政（以上卷三），六本、辨物、哀公問政（以上卷四），顏回、子路初見、在厄、入官、困誓、五帝德（以上卷五），五帝、執轡、本命解、論禮（以上卷六），觀鄉射、郊問、五刑解、刑政、禮運（以上卷七），冠頌、廟制、辯樂解、問玉、屈節解（以上卷八），七十二弟子解、本姓解、終記解、正論解（以上卷九），曲禮子貢問、子貢問、公西赤問。（以上卷十） | 語序（不著撰者）<br>後：後序（二篇，不著撰者）、毛晉跋、何孟春跋。 |

# 第二章

# 損益與成身之道：禮的個人立身之說

　　《家語》作為禮典，其禮說雖多見於二戴《記》，〈五帝德〉、〈禮運〉等甚且直襲篇名，然細究《家語》所載禮論，不難發現當中多引老子之言，或藉老子之說以申禮意。如〈觀周〉孔子適周、老子贈言；〈五帝〉之釋「五帝」；〈執轡〉之老子論陰陽，以及〈曲禮子夏問〉之金革奪情、助館人之喪等事。這五則事例中，〈觀周〉事亦見《史記》〈孔子世家〉，〈執轡〉之說可參《大戴禮記》〈易本命〉，〈曲禮子夏問〉記載則可與《禮記》〈曾子問〉互參。對於老子釋禮、踐禮記載，或有偽作之譏，或以此中之老子非「後起」道家老子，而是老聃、太史儋等說[1]，不論何者，《家語》確實有明顯師法老子的傾向。《家語》屢論孔子問禮於老子，或老子贈言於孔，老子為孔子之師。此事雖見載於《史記》〈老子韓非列傳〉，在漢代卻鮮見儒者稱述，而多申於漢末晉初。如《後漢書》〈孔融傳〉孔融與李膺的對話，融以「先君孔子與君先人李老君同德比義而相師友，則融與君累世通家」。[2]名噪當時。《世說新語》復載之而文辭略異，是知老子之

---

1　日本學者楠山春樹（1922- ）認為，儒家典籍中出現之老子，與《老子》之「老子」不為一人，凡禮學上的老子事蹟記載，屬早於《老子》之文獻。參楠山春樹：〈《禮記》〈曾子問〉篇中的老聃——論老子傳的形式〉，收入岡田武彥等著，辛冠潔等編：《日本學者論中國哲學史》（臺北市：駱駝出版社，1987年8月），頁123-137。

2　范曄：《後漢書》（校點本，臺北市：鼎文書局，1979年9月），卷70，〈鄭孔荀列傳第六十〉（孔融），頁2261。

為孔子師說盛行於漢晉之時，而《家語》盛稱二者互動，當屬漢晉時候觀點。

在這些引《老子》為據的事例中，不論是孔子問禮於老子，或助喪的踐禮事蹟，都涉及不同層面的《家語》思想核心。〈觀周〉所述，以孔子入魯廟見金人銘，悟損益之道，此為全身保身思想。〈五帝德〉、〈執轡〉除引老聃說，更引《易》為證。此部分除用以架構天道思想，更用來支撐郊祀禮儀之天道觀。〈曲禮子夏問〉之老子踐禮事蹟，則突顯老子的禮制性格。是將老子之說併為禮制一環，並用以綱領國家禮法秩序。可以看到，《家語》之引老子說，並非只是編選者隨機的選用，而是有意的採擇。全書雖沒有隱逸、玄理、無為、通達等結論，卻處處展現以老說為尊的思維。這些事例，向以「不經」視之，然在「實證」的批評，或關注事例之「原型」外，吾人更應注意這些事例所含具之象徵。

《家語》師法老子說的第一層面，就是藉其「損益」之說，申論誠滿、全身之道。然值得注意的是，《家語》雖採老子損益之說，卻使之現於宗廟，使老子論禮之說，有了更為堅實的禮學根源。又合《易》之〈損〉、〈益〉二卦，論為學之要；使損益之論，在全身守柔的老子原意之外，又有了儒家對智識的期許，以及儒家克己的修身意涵，以此，原先道家安靜、退守的思維，遂為積極奮發之成己之道。而合《易》、《老》的玄學式論述模式，在成己之道之論述下，並沒有發展出玄學或避世之論，而將《易》轉為勸諫格言，從中展現儒家成身之意涵。這種從老學、《易》學角度釋禮，也顯示了一種新禮學思維。作為國家秩序的禮學，至此也成為個人生命的安頓支柱。

# 第一節　損益之道與成己之說

## 一　損益與安身

　　相較於《論語》〈為政〉：「殷因於夏禮，所損益，可知也；周因於殷禮，所損益，可知也；其或繼周者，雖百世可知也。」以「損益」作為對周文傳統的繼承與修正，以及展現「禮」的時變性，《家語》之損益說，採用的是老子「損之又損之道」[3]，但不取《老子》中以損益呈顯天道、人道的互動詮釋[4]，而是轉為治身格言，從字面所涵蓋的「持滿」意涵，以「損益」作為治身之道。如此即與儒家之克己修身說，有了會通的基礎。〈三恕〉云：

> 孔子觀於魯桓公之廟，有欹器焉。夫子問於守廟者曰：「此謂何器？」對曰：「此蓋為宥坐之器。」孔子曰：「吾聞宥坐之器，虛則欹，中則正，滿則覆。明君以為至誠，故常置之於坐側。」顧謂弟子曰：「試注水焉。」乃注之水，中則正，滿則覆。夫子喟然歎曰：「嗚呼！夫物惡有滿而不覆哉！」子路進曰：「敢問持滿有道乎？」子曰：「聰明叡智，守之以愚；功被天下，守之以讓；勇力振世，守之以怯；富有四海，守之以

---

[3] 《老子》四十二章云：「故物，或損之而益，或益之而損。」七十七章：「天之道，其猶張弓與！高者抑之，下者舉之；有餘者損之，不足者補之。天之道，損有餘而補不足。人之道則不然，損不足以奉有餘。」朱謙之：《老子校釋》（北京市：中華書局，2000年9月），頁176、298-299。

[4] 此二章原在借「餘與不足」傳達「天之道」與「人之道」之運作方式中之損益互動，而提出貴損戒益的觀點。參郭梨華：〈《老子》中的「損—益」觀〉，收入氏著：《出土文獻與先秦儒道哲學》（臺北市：萬卷樓圖書公司，2008年8月），頁82。

謙。此所謂損之又損之之道也。」[5]

此事又見《荀子》〈宥坐〉。以宥坐之器具有的「虛則欹，中則正，滿則覆」特質，作為損益之道的具體象徵；並延伸出「愚、讓、怯、謙」的持滿之道。以宗廟禮器表現道家思想，不僅使道家學說有了禮制上的根源，也使宗廟成為展現道家思想的場域。

以宗廟禮器表述修身誡律的，還可見〈觀周〉金人銘事例。文曰：

孔子觀周，遂入太祖后稷之廟，廟堂右階之前，有金人焉。參緘其口，而銘其背曰：「古之慎言人也，戒之哉！無多言，多言多敗；無多事，多事多患。安樂必戒，無所行悔。勿謂何傷，其禍將長；勿謂何害，其禍將大；勿謂不聞，神將伺人。焰焰不滅，炎炎若何；涓涓不壅，終為江河；綿綿不絕，或成網羅，毫末不札，將尋斧柯。誠能慎之，福之根也。口是何傷，禍之門也。強梁者不得其死，好勝者必遇其敵。盜憎主人，民怨其上。君子知天下之不可上也，故下之；知眾人之不可先也，故後之。溫恭慎德，使人慕之；執雌持下，人莫踰之；人皆趨彼，我獨守此；人皆或之，我獨不徙；內藏我智，不示人技；我雖尊高，人弗我害；誰能於此？江海雖左，長於百川，以其卑也；天道無親，而能下人。戒之哉！」孔子既讀斯文也，顧謂弟子曰：「小人識之！此言實而中，情而信。《詩》云：『戰戰兢兢，如臨深淵，如履薄冰。』行身如此，豈以口過患哉！」[6]

---

5 王肅注：《孔子家語》，卷2，〈三恕第九〉，頁23。
6 王肅注：《孔子家語》，卷3，〈觀周第十一〉，頁29。

〈觀周〉是論孔子入周觀周廟事蹟[7]，入始祖廟，見金人銘言，而悟慎言之要。此中之銘言，武內義雄認為即《漢志》「道家類」收錄之《黃帝銘》[8]。以此，慎言之說，雖亦可為儒家主張，然《家語》透過金人銘展示，是從道家立說。以銘言中「慎言」之誡，申「人弗我害」的全身之道，是再一次藉禮器、並以道家之說作為個人治身格言之展現。而透過宗廟展現治身之方，使治身之方從個人治身格言，一轉成為祖訓要求，凡宗法社會成員，俱當奉遵。而損益之道，至此亦從個人持養，轉為宗法世界的行事規範。

　　《家語》以宗廟作為發顯老子學說之場域，顯示了老子思想與禮學相一致的立場，以及禮學、老學有相互會通的可能。戰國時期《莊子》等著作中，雖不乏託孔子之言以申老子之說，然其論多在襯托老子道行之高於孔子，或顯示當時人對儒學之挑戰，並不從「禮」處著眼。這些事例雖頗見於戰國，或多出於道家之書，但是並不全於一書展現，而是分散見之。《家語》明顯有系統的收集相關事例，並以一貫的「損益治身」之道繫之；如〈入官〉子張問為政之要，孔子答以「安身取譽」為難[9]；鮑牽以忠事齊君，最後卻受刖刑，孔子亦以為其智不如葵，因為「葵猶能衛其足」[10]，突顯鮑牽白受刖刑之苦；是皆反映《家語》之重「全身」之說。《孝經》雖亦重「全身」，如《孝經》〈開宗明義〉章：「身體髮膚，受之父母，不敢毀傷，孝之始

---

7　此事雖見《史記》〈孔子世家〉，然疑者甚多。如崔述認為，昭公二十四年，孟釐子始卒，敬叔在衰絰之中，不應適周。敬叔以昭公十二年生，至是年僅十二，亦不能從孔子適周。且敬叔豈無車馬豎子者，而必待魯君之與之？見《洙泗考信錄》，卷1，收入崔述撰，〔日〕那珂通世校點：《崔東壁先生遺書十九種》中冊（北京市：北京圖書出版社，2007年8月），總頁112-120。

8　見武內義雄：《老子原始》，收入〔日〕內藤虎次郎等著，江俠庵編譯：《先秦經籍考》（北京市：國家圖書館出版社，2010年3月），總頁653-654。

9　王肅注：《孔子家語》，卷5，〈入官第二十一〉，頁57。

10　王肅注：《孔子家語》，卷9，〈正論解第四十一〉，頁109。

也」。然《家語》以「禮」銜接道家安身之意,東漢時桓譚有「輔國保身之術」[11],亦頗與六朝時期「玄禮合流」之風近似[12]。再者,《家語》之論治身之道,又多援道家事例以成說。如〈致思〉「游水之道」章,事又見《莊子》〈達生〉,唯《家語》以「忠信成身」作結,《莊子》則論「適性」之說。

除了以戒滿作為治身之方,《家語》又從治學角度論損益之道。〈六本〉曰:

> 孔子讀《易》,至於〈損〉、〈益〉,喟然而歎。子夏避席問曰:「夫子何歎焉?」孔子曰:「夫自損者必有益之,自益者必有決之,吾是以歎也。」子夏曰:「然則學者不可以益乎?」子曰:「非道益之謂也,道彌益而身彌損。夫學者損其自多,以虛受人,故能成其滿博也。天道成而必變,凡持滿而能久者,未嘗有也。故曰:自賢者,天下之善言不得聞於耳矣。昔堯治天下之位,猶允恭以持之,克讓以接下,是以千歲而益盛,迄今而逾彰。夏桀、昆吾,自滿而無極,亢意而不節,斬刈黎民,如草芥焉;天下討之,如誅匹夫,是以千載而惡著,迄今而不滅。滿也。如在輿遇三人則下之,遇二人則式之,調其盈虛,不令自滿,所以能久也。」子夏曰:「商請志之,而終身奉行焉。」[13]

相較於〈三恕〉以宥坐器之形制、用途,展現戒滿之說,此例進一步

---

11 《後漢書》,卷28上,〈桓譚傳〉,頁956。
12 參余英時:〈名教危機與魏晉士風的演變〉,收入氏著:《中國知識階層史論》(臺北市:聯經出版事業公司,2001年11月),頁361。
13 王肅注:《孔子家語》,卷4,〈六本第十五〉,頁41。

援《易》〈損〉、〈益〉二卦，使損益在治身之外，又兼有治學意涵。此例明顯從《老子》四十八章「為學日益，為道日損」立說，並修正了以往《老子》將經驗性、積累的學習視作對直覺性掌握的道的損傷，以此將「學」排除在為道之外的觀點，而認為損之又損，是成就學、道「增益」的關鍵。以此，損益不是一相對、互斥的概念，而是相輔而成的作用。而為學之所以須戒滿，在自然之理「成而必變」，滿必不久。《後漢書》〈范升傳〉曰：「孔子曰：『博學約之，弗叛矣夫。』……《老子》曰：『學道日損。』損猶約也。」[14]是以《老子》為約禮、損學之論，正可與《家語》此例相證。

　　除了可與東漢學術互證，此處以《易》論《老子》思想，又可為玄學特徵。《家語》一方面承繼了《老子》的損益之說，又連結到《易經》的〈損〉、〈益〉二卦，使損益之道成為橫跨儒、道的保身之方。另方面，此例不僅使《老子》損益之道有了儒家《易》學的根源，也使儒家的德行涵養與道家《老子》學說有了會通的基礎。以此，損益之說又延伸為一人道、學日益或日損的價值系統。〈六本〉又載：

> 孔子曰：「吾死之後，則商也日益，賜也日損。」曾子曰：「何謂也？」子曰：「商也好與賢己者處，賜也好說不若己者。不知其子，視其父；不知其人，視其友；不知其君，視其所使；不知其地，視其草木。故曰：與善人居，如入芝蘭之室，久而不聞其香，即與之化矣；與不善人居，如入鮑魚之肆，久而不聞其臭，亦與之化矣。丹之所藏者赤，漆之所藏者黑。是以君子必慎其所與處者焉。」[15]

---

14　《後漢書》，卷36，〈范升傳〉，頁1228。

15　王肅注：《孔子家語》，卷4，〈六本第十五〉，頁43。

此說同樣在展示戒滿之道，但突破了「保身」意涵，使「滿」成為成人、成智的阻礙。〈弟子行〉亦曰：

> 滿而不盈，實而如虛，過之如不及，先王難之，博無不學，其貌恭，其德敦，其言於人也，無所不信，其驕大人也，常以浩浩，是以眉壽，是曾參之行也。孔子曰：「孝，德之始也；悌，德之序也；信，德之厚也；忠，德之正也。參中夫四德者也。」[16]

曾參向以孝著稱，是儒家孝親之說的代表人物，在這則記載中，曾參除了既有的孝行，其德行之所以高超，學識之所以博通，在於具有「滿而不盈，實而如虛」的人格特質。以此，戒滿概念，又成為德行的生發根源，只有具備滿而不盈的人格，才能同時涵攝德行與學養。值得注意的是，此例中孔子讀《易》，論〈損〉、〈益〉卦說的敘述模式，亦見於帛書〈要〉。其文曰：

> 孔子繇《易》，至於〈損〉、〈益〉一卦[17]，未尚（嘗）不廢書而嘆，戒門弟子曰：二三子，夫〈損〉、〈益〉之道，不可不審查也，吉凶之門也。……〈損〉、〈益〉之道，足以觀天地之變而君者之事已。是以察以〈損〉、〈益〉之變者，不可動以憂

---

16 王肅注：《孔子家語》，卷3，〈弟子行第十二〉，頁31。

17 案，或以「一」為「二」之省筆、缺筆或誤植，然參考各家釋本與原始圖板，劉彬認為此為「一」無誤。並指出，〈損〉卦本有「益」意，〈益〉卦亦含「損」意，是證明古《易經》創作之初，損、益即作為覆的關係對待。而帛書末說：「能者繇一求之，所謂得一而君畢之，此之謂也。」是以損益為一之道，故「一」者無誤。本文從之。見劉彬：《帛書要篇校釋》（北京市：光明日報出版社，2009年11月），頁47、56、65、137、172。

喜。……〈損〉、〈益〉之道，足以觀得失。[18]

此中之損益之道，主要在申論吉凶得失之說，非從老子「為學日益，為道日損」立說。是《家語》此說，引《易》申《老》之道，不僅不類於先秦孔門《易》說，也不同於王弼之論。王弼之論〈損〉、〈益〉，大抵仍從儒家之說[19]，如論〈損〉曰：「損之為道，損下益上，損剛益柔。以應其時者也。居於下極，損剛奉柔，則不可以逸；處損之始，則不可以盈。事已則往，不敢晏安，乃獲無咎也。」[20]其論〈益〉卦曰：「益之為用，施未足也；滿而益之，害之道也。故凡益之道，與時偕行也。」[21]均同於先秦時期儒家「損盈益謙」之說[22]。

　　《家語》〈六本〉此例之援《易》〈損〉、〈益〉二卦以論老說，既不同於先秦儒家《易》說，又非王弼解《易》之類。在論述模式上，有明顯的玄學架構，然其終並未引出玄理論述，因其意並不在申究《易》理。王肅注云：「《易》〈損〉卦次得〈益〉，〈益〉次〈夬〉。夬，決也。損而不已必益，故受之以益；益而不已必決，故受之以夬。」[23]是從二卦之序，將《易》轉為勸諫性質的治身格言。《易》之具勸諫性質，始於《說苑》。如《說苑》〈君道〉對陳靈公行僻而言失，引《易》曰：「夫君子居其室，出其言善，則千里之外應之，況其邇者乎？居其室，出其言不善，則千里之外違之，況其邇者乎？言

---

18 劉彬：《帛書要篇校釋》，頁16。
19 參金春峰：〈從王弼《周易注》看詮釋中的儒道互動〉，收入鄭吉雄、林永勝主編：《易詮釋中的儒道互動》（臺北市：國立臺灣大學出版中心，2012年6月），頁184。
20 樓宇烈：《王弼集校釋》（臺北市：華正書局，1992年12月），頁422。
21 樓宇烈：《王弼集校釋》，頁428。
22 參黃明誠：〈《易傳》中「儒道互動」與儒家「道德形上學」發展〉，收入鄭吉雄、林永勝主編：《易詮釋中的儒道互動》，頁160-161。
23 張濤注譯：《孔子家語注譯》（西安市：三秦出版社，1998年1月），卷4，注譯〈六本第十五〉，頁177注2。

出於身,加於民;行發乎邇,見乎遠。言行君子之樞機,樞機之發,榮辱之主,君子之所以動天地,可不慎乎?」[24]《說苑》〈建本〉引《易》論建本立始之要[25],其餘〈敬慎〉、〈指武〉等篇亦有類似用法。

　　《老子》本有貴身之論,十三章云:「吾所以有大患者,為吾有身,及吾無身,吾有何患?故貴以身為天下,若可寄天下;愛以身為天下,若可託天下。」[26]到了漢代,在黃老「治國養身」說的闡發之下,進一步成為漢人自身及家族自我護持、全身、克己的信念[27]。如劉向(西元前77-前6年)家訓「常持《老子》知足之計」[28];張衡(西元78-139年)〈東京賦〉「思仲尼之克己,履老氏之常足」[29];馮衍曰:「然後闔門講習道德,觀覽乎孔老之論,庶幾乎松喬之福。」[30]申屠剛云:「損益之際,孔父攸歎,持滿之戒,老氏所慎。」[31]樊宏「為人謙柔畏慎,不求苟進。常戒其子曰:『富貴盈溢,未有能終者。吾非不喜榮埶也,王道惡滿而好謙,前世貴戚皆明戒也。保身全己,豈不樂

---

24 劉向撰,向宗魯校證:《說苑校證》(北京市:中華書局,2000年3月),卷1注譯〈君道〉,頁3。

25 孔子曰:「君子務本,本立而道生。」夫本不正者末必倚,始不盛者終必衰。《詩》云:『原隰既平,泉流既清。』本立而道生,《春秋》之義;有正春者無亂秋,有正君者無危國,《易》曰:『建其本而萬物理,失之毫釐,差以千里。』是故君子貴建本而重立始。」《說苑校證》,卷3,頁56。

26 朱謙之撰:《老子校釋》,頁49-50。

27 關於漢代黃老思想中治國保身的論述,可參陳麗桂:《秦漢時期的黃老思想》(臺北市:文津出版,1997年2月)。拙著:〈《春秋繁露》中的「治國養身論」〉,趙生群、方向東主編:《古文獻研究集刊》第6輯(南京市:鳳凰出版社,2012年8月),頁349-369。

28 班固:《漢書》〈楚元王傳〉,頁1927。

29 蕭統編:《增補六臣注文選》(臺北市:漢京文化事業公司,1983年9月),卷3,頁77。

30 《後漢書》,卷28下,〈馮衍傳〉,頁987。

31 《後漢書》,卷29,〈申屠剛傳〉,頁1013。

哉！』」[32]是皆以老子損益、戒滿為持身之道。李源澄（1909-1958）
嘗謂：「漢人之於老學，第取其養生嗇神知足樂志之教，罕發玄理之
微。」[33]這種個人持養之道，隨著朝政日壞，逐漸成為家族保身之
方。如王粲（西元177-217年）〈安身論〉以寡欲為上[34]；秦宓主張
「安身為樂，無憂為福」[35]；王昶「為兄子及子作名字，皆依謙實，
以見其意，故兄子默字處靜，沈字處道，其子渾字玄沖，深字道
沖」，其戒子書更破題云：「夫人為子之道，莫大於寶身全行。」[36]司
馬懿家訓：「盛滿者道家之所忌，四時猶有推移，吾何德以堪之。損
之又損之，庶可以免乎。」[37]瑯琊王氏家門舊風是「持盈畏滿」[38]、
「隨流平進」[39]等。可以看到道家損益之說，不僅是個人的價值選
擇，更是魏晉家訓、戒子書之核心精神[40]。以此，《家語》之採道家損
益之說以安身觀點，或以《易》之損益之說論老子為學之道，絕非先
秦觀點，而是漢魏以降之論。《左傳》雖有「不以危身以事主」的主
張[41]，但後世實踐者，要到東漢時期。再者，《家語》將損益戒滿之說

---

32 《後漢書》，卷32，〈樊宏傳〉，頁1121。

33 李源澄：〈漢魏兩晉之論師及其名論〉，收入林慶彰、蔣秋華主編：《李源澄著作集
　　（二）》（臺北市：中央研究院中國文哲研究所，2008年11月），頁513。

34 俞紹初輯校：《建安七子集》（臺北市：文史哲出版社，1990年4月），卷3，頁128。

35 〔晉〕陳壽撰，〔宋〕裴松之注：《三國志》〈秦宓傳〉（北京市：中華書局，2010年
　　4月），卷38，頁1104。

36 《三國志》〈徐胡二王傳〉，卷27，頁744。

37 〔唐〕房玄齡等：《晉書》（北京市：中華書局，1990年12月），卷1，〈宣帝紀〉，頁
　　14。

38 〔梁〕沈約：《宋書》〈王微傳〉（北京市：中華書局，1990年12月），頁1666。

39 〔唐〕姚思廉：《梁書》（北京市：中華書局，1990年12月），卷7，〈太宗王皇后
　　傳〉，頁159。

40 參林素珍：《魏晉南北朝家訓之研究》（臺北市：花木蘭出版社，2008年9月），頁76。

41 參張端穗：〈左傳對人性、人殉的看法及其意義〉，《左傳思想探微》（臺北市：學海
　　出版社，1987年1月），頁102-105。

置於宗廟場域，是將損益之道從家族家法，轉升為宗法社會的普遍性
規約。值得注意的是，《家語》之損益之道，一方面為勸諫世人持損
以安身，另方面又結合《易》〈損〉、〈益〉二卦，為進學之論。因
此，《家語》中雖大暢持損之道，但並未推為避世、隱逸之說，而是
成為立身之道的禮學基礎；是其損益之道不僅為消極的全身之方，更
兼有積極的學問增益與立身應世之資。

## 二　克己誠慎與成己之說

除了以損益之道帶出《家語》的全身思想，損益戒滿的核心精
神，要歸於「慎」。而「至慎」也是魏晉家訓論述的核心價值之一，
如阮籍以「慎」為家誡[42]。《家語》論「慎」處甚眾。如〈困誓〉：

> 孔子曰：「不觀高崖，何以知巔墜之患；不臨深泉，何以知沒
> 溺之患；不觀巨海，何以知風波之患。失之者其不在此乎？士
> 慎此三者，則無累於身矣。」[43]

居高思危，臨深知溺，觀海明患，此要人無時無刻保持戒慎恐懼之
心。時時居慎，則無累於身。〈辨政〉則更進一步指出：

> 言人之善，若己有之；言人之惡，若己受之；故君子無所不慎
> 焉。[44]

---

42 見余嘉錫：《世說新語箋疏》（臺北市：華正書局，2002年8月），卷1〈德行〉「晉文
　　王稱阮嗣宗至慎」條，頁17。
43 王肅注：《孔子家語》，卷5，〈困誓第二十二〉，頁61。
44 王肅注：《孔子家語》，卷3，〈辨政第十四〉，頁39。

以「無所不慎」，道出君子以「慎」為行事立身之準則。然而，在保持謹慎的態度中，最緊要的，是「慎言」與「慎處」。言者指言詞、口禍，如前引〈觀周〉「金人銘」章，「多言多敗」之慎言說，即在避「口禍」以全身。〈屈節解〉之「夫其亂齊言哉」[45]、〈正論解〉：「志有之，言以足志，文以足言。不言誰知其志？言之無文，行之不遠。晉為伯，鄭入陳，非文辭不為功。慎辭哉！」[46]指出一言不僅可興邦，亦可覆邦，是國家存亡關鍵。〈六本〉之「終身為善，一言則敗之，可不慎乎」[47]，積善終身，但只要有一言之失即敗。可見《家語》中言辭之要。《家語》又多「贈言」事例，如〈子路初見〉曰：

> 子路將行，辭於孔子。子曰：「贈汝以車乎？贈汝以言乎？」子路曰：「請以言。」孔子曰：「不強不達，不勞無功，不忠無親，不信無復，不恭失禮。慎此五者而已。」子路曰：「由請終身奉之。敢問親交取親若何？言寡可行若何？長為善士而無犯若何？」孔子曰：「汝所問苞在五者中矣。親交取親，其忠也；言寡可行，其信乎；長為善士而無犯於禮也。」[48]

贈言以諫，是言語亦為戒慎之方。〈觀周〉曰：

> 及去周，老子送之，曰：「吾聞富貴者送人以財，仁者送人以言。吾雖不能富貴，而竊仁者之號，請送子以言乎！凡當今之士，聰明深察而近於死者，好譏議人者也；博辯閎達而危其

45 王肅注：《孔子家語》，卷8，〈屈節解第三十七〉，頁93。
46 王肅注：《孔子家語》，卷9，〈正論解第四十一〉，頁104。
47 王肅注：《孔子家語》，卷4，〈六本第十五〉，頁45。
48 王肅注：《孔子家語》，卷5，〈子路初見第十九〉，頁53。

　　身，好發人之惡者也。無以有己為人子者，無以惡己為人臣
　　者。」孔子曰:「敬奉教。」[49]

能贈言者必為智者，因「言要則智」[50]，老子贈言於孔子，勉其不以
己善責人之惡，則能避禍保身。
　　除了謹言避禍的誡說，《家語》更以明例申論言詞之於安身的關
係。〈致思〉云:

　　曾子曰:「入其國也，言信於群臣，而留可也;行忠於卿大
　　夫，則仕可也;澤施於百姓，則富可也。」孔子曰:「參之言
　　此，可謂善安身矣。」[51]

曾子以言信於群臣、行忠於卿大夫、澤施於百姓，為孔子所讚許，稱
之為善於安身。同樣是曾子的例子，〈在厄〉曰:

　　曾子弊衣而耕於魯，魯君聞之而致邑焉。曾子固辭不受。或
　　曰:「非子之求，君自致之，奚固辭也?」曾子曰:「吾聞受人
　　施者常畏人，與人者常驕人。縱君有賜，不我驕也。吾豈能勿
　　畏乎?」孔子聞之，曰:「參之言足以全其節也。」[52]

以合禮之言詞辭退無功之祿，孔子讚其能全護己節。
　　「處」即擇友之論。如前引〈六本〉以「商也好與賢己者處，賜

49 王肅注:《孔子家語》，卷3，〈觀周第十一〉，頁29。
50 王肅注:《孔子家語》，卷2，〈三恕第九〉，頁24。
51 王肅注:《孔子家語》，卷2，〈致思第八〉，頁18-19。
52 王肅注:《孔子家語》，卷5，〈在厄第二十〉，頁56。

也好說不若己者」論商益賜損，申「慎友」之論。〈六本〉又云：

> 孔子見羅雀者，所得皆黃口小雀。夫子問之曰：「大雀獨不
> 得，何也？」羅者曰：「大雀善驚而難得，黃口貪食而易得。
> 黃口從大雀，則不得；大雀從黃口，亦不得。」孔子顧謂弟子
> 曰：「善驚以遠害，利食而忘患，自其心矣，而獨以所從為禍
> 福。故君子慎其所從。以長者之慮，則有全身之階；隨小者之
> 戀，而有危亡之敗也。」[53]

以「慎從」推為全身之道。而晏子贈言於曾子，亦指出了慎其所處的
重要性。〈六本〉云：

> 曾子從孔子于齊，齊景公以下卿之禮聘曾子，曾子固辭。將
> 行，晏子送之，曰：「吾聞之，君子遺人以財，不若善言。今
> 夫蘭本三年，湛之以鹿醢，既成嘗之，則易之匹馬，非蘭之本
> 性也，所以湛者美矣。願子詳其所湛者。夫君子居必擇處，遊
> 必擇方，仕必擇君。擇君所以求仕，擇方所以脩道。遷風移
> 俗，嗜欲移性，可不慎乎？」孔子聞之，曰：「晏子之言，君
> 子哉！依賢者，固不困；依富者，固不窮。馬蚿斬足而復行，
> 何也？以其輔之者眾。」[54]

「善擇」即慎其所處，晏子明環境對一人心性之影響，故贈言勉之。
　　誠如前引漢代援老說以全身之論，在諸家之說中，均可看到其時
之論，乃合「孔老」並稱以為全身之說，二者之可互通處，即在「戒

---

53 王肅注：《孔子家語》，卷4，〈六本第十五〉，頁41。
54 王肅注：《孔子家語》，卷4，〈六本第十五〉，頁43-44。

慎」含具的「克己」工夫。這種「克己」的戒慎工夫,《家語》認為
正是人立身處世行己之基。如〈六本〉謂:

> 齊高庭問於孔子曰:「庭不曠山,不直地,衣穰而提贄,精氣
> 以問事君子之道,願夫子告之。」孔子曰:「貞以幹之,敬以
> 輔之,施仁無倦。見君子則舉之,見小人則退之,去汝惡心,
> 而忠與之。效其行,脩其禮,千里之外,親如兄弟。行不效,
> 禮不脩,則對門不汝通矣。夫終日言,不遺己之憂;終日行,
> 不遺己之患;唯智者能之。故自脩者,必恐懼以除患,恭儉以
> 避難者也。終身為善,一言則敗之,可不慎乎。」[55]

不論是慎言或慎從,都在要求言行的合宜與克制。以戒慎恐懼的心
態,謹言慎行,除患避禍,如此即可為出仕立身之道。至於君子的行
己之道,《家語》提出六本說。〈六本〉曰:

> 孔子曰:「行己有六本焉,然後為君子也。立身有義矣,而孝
> 為本;喪紀有禮矣,而哀為本;戰陣有列矣,而勇為本;治政
> 有理矣,而農為本;居國有道矣,而嗣為本;生財有時矣,而
> 力為本。置本不固,無務農桑;親戚不悅,無務外交;事不終
> 始,無務多業;記聞而言,無務多說;比近不安,無務求遠。
> 是故反本脩跡,君子之道也。」[56]

從立身、喪紀、戰陣、治政、居國、生財六個面向來論立身、行己之
道,並分別產生不同的德行或實務要求,立身主義,喪紀主禮,戰陣

---

55 王肅注:《孔子家語》,卷4,〈六本第十五〉,頁44-45。
56 王肅注:《孔子家語》,卷4,〈六本第十五〉,頁40。

要列，治政求理，居國重道，生財重時。這些要求，各有其根本要義，掌握根本要義，即能兼顧此六面向，分別是：孝、哀、勇、農、嗣、力。因此，立身之道就在「反本修跡」。然而在現實中，並非總是一帆順遂，當面對挫折不遇時，該如何處世立身？〈屈節解〉曰：

> 子路問於孔子曰：「由聞丈夫居世，富貴不能有益於物，處貧賤之地，而不能屈節以求伸，則不足以論乎人之域矣。」孔子曰：「君子之行己，其於必達於己。可以屈則屈，可以伸則伸。故屈節者所以有待，求伸者所以及時。是以雖受屈而不毀其節，志達而不犯於義。」[57]

《家語》認為，只要不折節，不違背「義」的原則，不離開對正道的追求，則「可以屈則屈，可以伸則伸」，不以一時的挫折喪氣，隨時準備好，待時機成熟，自然能行道。〈子路初見〉亦論曰：

> 孔蔑問行己之道。子曰：「知而弗為，莫如勿知；親而弗信，莫如勿親。樂之方至，樂而勿驕；患之將至，思而勿憂。」孔蔑曰：「行己乎？」子曰：「攻其所不能，補其所不備。毋以其所不能疑人，毋以其所能驕人。終日言，無遺己憂；終日行，不遺己患。唯智者有之。」[58]

此處之「終日言，無遺己憂；終日行，不遺己患」，正是前舉〈六本〉論戒慎行己之語。是以立身行事，必保持戒慎、行義之思。

　　由此可知，《家語》對言行的謹慎，除「克己」意涵，更有「修

---

57　王肅注：《孔子家語》，卷8，〈屈節解第三十七〉，頁92。
58　王肅注：《孔子家語》，卷5，〈子路初見第十九〉，頁55。

身」、「成己」的期望。而「損益」之論作為儒者養身備豫的精神核心，雖沒有導向避世、隱逸的結論，但亦與先秦儒家在面對出處困厄情境時，所堅持的載道而其藉損益之說，以申儒者行事謹慎之論，但在的精神傾向，而是將個人治身修為，轉入宗法世界，使個人言行有了禮制的要求。

## 第二節　困厄論述與全身思維

　　《家語》以謹言、戒慎，作為全身之階，然與全身概念相衝突的，就是儒家的道德價值與氣節行為。「全身」概念雖大興於漢末，並為宗族治家格言，然隨著名風日熾，為了展現氣節甚且毀身滅性，士風更為激烈。趙翼《廿二史劄記》指出：「志節之士好為苟難，務欲絕出流輩，以成卓特之行。」[59]因此，儒家道德該如何存守，如何兼顧氣節與全身要求，成為時代課題。在達生、任性逐步成為社會風尚，「動循禮度」[60]不再是人們之行為準則，所謂：「魏文慕通達，天下賤守節。」[61]名節被拋出日常儀節，甚且成為囚錮本性的枷鎖。尤其遭逢亂世與個人困厄，最是考驗「志節」的時機。《家語》〈困誓〉、〈在厄〉、〈屈節〉三篇，雖主記孔子行道困厄事蹟，卻多申「志節」之意。相較於先秦多從時、命、窮通角度論孔子困厄[62]，或以孔

---

59 〔清〕趙翼撰：《廿二史劄記》（臺北市：世界書局，2001年8月），卷5「東漢尚名節」條，頁62。

60 見谷川道雄：〈六朝士族與家禮──以日常禮儀為中心〉，收入高明士編：《東亞傳統家禮、教育與國法（一）：家族、家禮與教育》（臺北市：國立臺灣大學出版中心，2005年9月），頁13-19。

61 《晉書》〈傅玄傳〉，卷47，頁1317-1318。

62 參鄭倩琳：〈從《莊子》外雜篇中「孔子困厄」之論述探析儒道之衝突與會通〉，《國文學報》第44期（2008年12月），頁1-29。

子道之不行，為世衰道微、禮壞樂崩之徵，《家語》以「志節」詮困厄，更近於名教式的論述，也是漢末的時代精神表徵。志節之持治，將安身議題，從個人道德持守一轉為群己關係之討論。《家語》藉〈屈節〉、〈困誓〉、〈在厄〉三篇，為名教之於個人生命安頓，找回新的著力點；並進一步從現實際遇的困厄，以及無可避免的屈節二種生命困境，重新建構時代節度。

孔子「困於陳蔡」、「畏於匡」，向被視為孔子行道過程中著名的困厄經驗。前者引發「君子窮乎」之論，後者則生「天之未喪斯文」之歎。《家語》將此二次困厄，合於〈困誓〉，又分見〈在厄〉與〈屈節解〉二篇。這二次困厄事例，不僅廣泛流傳於儒門內部，也普遍見於先秦諸子紀載。如《莊子》外篇、《韓非子》等。在聖傳敘事上，往往以困厄情節檢驗求道者智慧與決心，並為檢驗聖者修為的最佳場域。然《家語》卻擴大這樣的困厄敘述情境，使困厄不僅成為聖者「一人」展示其過於常人的勇氣與智慧的聖傳敘事，而是「世人」志節的考驗。孔子這幾則著名的困窮事件，也成為儒者遭逢生命困境時，相互激勵砥勉的重要象徵。除現實具體行道阻厄，《家語》還擴大困厄範疇，如〈困誓〉篇，編選者以子貢困於道、子路困於名、竇犨鳴犢因忠困於晉、史魚困於諫等，展示不同的生命困境。值得注意的是，道、名、忠、諫四者，均是儒家道德議題。相對以往從困厄情境檢驗道德操守，《家語》〈困誓〉將道德要求變為生命困厄主因，堅守道德亦成為生命困境的關鍵。以此，困厄的處境並非對道德之成就，而在確認個人生命價值。道德不再是生命的唯一價值，反為性命的禁錮困境；如此即跳脫《論語》中的單一道德的價值取向。守節或折節，成為個人生命價值的取捨，而不純是道德選擇問題。可以看到，面對生命困境，除了以「志節」昂揚抗之，更可轉身放下，從生命的防護，重思生命的走向。

# 一　困厄與志節

所謂「時窮節乃見」，困厄逆境是士人展現儒家氣節的重要語境，也是士人相互砥礪堅守志節的重要時機。〈在厄〉即曰：

> 君子博學深謀，而不遇時者，眾矣。何獨丘哉！且芝蘭生於深林，不以無人而不芳；君子修道立德，不為窮困而敗節。為之者人也，生死者命也。[63]

無論身陷多麼險惡的環境，都不能失去儒者的志節。而孔子厄於陳蔡、困於匡二次現實困境，屢屢成為日後儒者遭遇生命困境時，經常互勉的具體象徵。《家語》所載孔子困厄事蹟，以〈在厄〉、〈困誓〉為主，而其記頗異於先秦之說，詮釋角度亦不相同。茲先論孔子陳蔡之厄。

孔子在現實中遭逢的困厄事蹟，要以陳蔡之厄記載為多，而《論語》亦頗以此次之厄為孔子行道過程的重要挫敗，如《論語》〈衛靈公〉：「在陳絕糧，從者病，莫能興。子路慍見曰：『君子亦有窮乎？』子曰：『君子固窮，小人窮斯濫矣。』」陳蔡之厄不僅是君子「行道難」的象徵，也是孔門弟子分期的重要分水嶺。《論語》〈先進〉曰：「從我於陳、蔡者，皆不及門也。」是知此事不僅常縈於孔子心中，更是門人弟子最為反覆稱述的事件。《家語》之記陳蔡之厄有三，二例在〈困誓〉，一例在〈在厄〉。先論〈困誓〉之說。其文曰：

> 孔子厄於陳、蔡，從者七日不食。子貢以所齎貨，竊犯圍而

---

63　王肅注：《孔子家語》，卷5，〈在厄第二十〉，頁56。

出，告糴於野人，得米一石焉。顏回、仲由炊之於壞屋之下，
有埃墨墮飯中，顏回取而食之。子貢自井望見之，不悅，以為
竊食也，入問孔子曰：「仁人廉士窮，改節乎？」孔子曰：「改
節即何稱於仁廉哉？」子貢曰：「若回也，其不改節乎？」子
曰：「然。」子貢以所飯告孔子，子曰：「吾信回之為仁久矣。
雖汝有云，弗以疑也，其或者必有故乎？汝止，吾將問之。」
召顏回曰：「疇昔予夢見先人，豈或啟祐我哉。子炊而進飯，
吾將進焉。」對曰：「向有埃墨墮飯中，欲置之，則不潔；欲
棄之，則可惜。回即食之，不可祭也。」孔子曰：「然乎！吾
亦食之。」顏回出。孔子顧謂二三子曰：「吾之信回也，非待
今日也。」二三子由此乃服之。[64]

此例中，以德行著稱的顏淵，在陳蔡之厄中為去除灰塵，捻而食之，
子貢以為偷食。子貢的「改節」之問，將困窮之境成為彰顯儒者節度
的場域。而顏回的回答，不僅顯示出一貫的仁德形象，也再次證明真
正的仁者，即使身處困境，也不會做出背德的事情。

〈困誓〉另一記為：

孔子遭厄於陳、蔡之閒，絕糧七日，弟子餒病，孔子絃歌。子
路入見曰：「夫子之歌，禮乎？」孔子弗應，曲終而曰：「由
來！吾語汝。君子好樂，為無驕也；小人好樂，為無懾也。其
誰之，子不我知而從我者乎？」子路悅，援戚而舞，三終而
出。明日，免於厄，子貢執轡，曰：「二三子從夫子而遭此難
也，其弗忘矣！」孔子曰：「善惡何也？夫陳、蔡之閒，丘之

---

64 王肅注：《孔子家語》，卷5，〈在厄第二十〉，頁56-57。

幸也。二三子從丘者,皆幸也。吾聞之,君不困不成王,烈士
不困行不彰,庸知其非激憤屬志之始,於是乎在。」[65]

在弟子餒病、絕糧的困境中,孔子依然弦歌不輟,以儒家樂教鼓舞大
家,隔日脫困。孔子以「君不困不成王,烈士不困行不彰」,不以絕
糧困境為時命之窮,而是視作自我砥礪的試驗時機,展現出積極、奮
發的行道精神。

〈在厄〉之記為:

楚昭王聘孔子,孔子往拜禮焉,路出于陳、蔡。陳、蔡大夫相
與謀曰:「孔子聖賢,其所刺譏,皆中諸侯之病。若用於楚,
則陳、蔡危矣。」遂使徒兵距孔子。孔子不得行,絕糧七日,
外無所通,黎羹不充,從者皆病,孔子愈慷慨講誦,絃歌不
衰。乃召子路而問焉,曰:「《詩》云:『匪兕匪虎,率彼曠
野。』吾道非乎?奚為至於此?」子路慍,作色而對曰:「君
子無所困。意者夫子未仁與?人之弗吾信也;意者夫子未智
與?人之弗吾行也。且由也,昔者聞諸夫子:『為善者,天報
之以福;為不善者,天報之以禍。』今夫子積德懷義,行之久
矣,奚居之窮也?」子曰:「由未之識也!吾語汝。汝以仁者
為必信也,則伯夷、叔齊不餓死首陽;汝以智者為必用也,則
王子比干不見剖心;汝以忠者為必報也,則關龍逄不見刑;汝
以諫者為必聽也,則伍子胥不見殺。夫遇不遇者,時也;賢不
肖者,才也。君子博學深謀,而不遇時者,眾矣。何獨丘哉!
且芝蘭生於深林,不以無人而不芳;君子修道立德,不為窮困

65 王肅注:《孔子家語》,卷5,〈困誓第二十二〉,頁60-61。

而敗節，為之者人也，生死者命也。是以晉重耳之有霸心，生
於曹、衛；越王句踐之有霸心，生於會稽。故居下而無憂者，
則思不遠；處身而常逸者，則志不廣。庸知其終始乎？」子路
出。召子貢，告如子路。子貢曰：「夫子之道至大，故天下莫
能容夫子，夫子盍少貶焉？」子曰：「賜！良農能稼，不必能
穡；良工能巧，不能為順；君子能修其道，綱而紀之，不必其
能容。今不修其道，而求其容，賜，爾志不廣矣！思不遠
矣！」子貢出。顏回入，問亦如之。顏回曰：「夫子之道至
大，天下莫能容。雖然，夫子推而行之，世不我用，有國者之
醜也。夫子何病焉！不容然後見君子。」孔子欣然歎曰：「有
是哉，顏氏之子！吾亦使爾多財，吾為爾宰。」[66]

此例補充了孔子之所以產生陳蔡之厄的前因，在於楚昭王聘孔子，
陳、蔡懼，發兵拒之，而使孔門弟子一行困於陳蔡之交而餒病。德行
雖不能作為全身保命之資，卻是君子的立身之基。生死乃天命所守，
因此即使遭逢窮困，亦不發不遇時命之嗟，反而以重耳、勾踐之事相
勉，重申「君子修道立德，不為窮困而敗節」，以道德抵禦窮困之
境。又進一步指出：「君子能修其道，綱而紀之，不必其能容。今不
修其道，而求其容，賜，爾志不廣矣！思不遠矣！」認為懷道乃君子
本具之修為，不能以「道」作為干祿之資，更不能以此為遇不遇之
論。此例對孔子之道能行與否，有了更為豁達的態度。而「道」沒有
了「利祿之途」的計算，更成為君子節度的一環，以及君子立身持守
之方。

　　再來看畏於匡之記載。〈困誓〉曰：

---

66 王肅注：《孔子家語》，卷5，〈在厄第二十〉，頁55。

孔子之宋,匡人簡子以甲士圍之。子路怒,奮戟將與戰。孔子
止之,曰:「惡有脩仁義而不免俗者乎?夫《詩》、《書》之不
講,禮樂之不習,是丘之過也;若以述先王好古法而為咎者,
則非丘之罪也。命夫!歌!予和汝。」子路彈琴而歌,孔子和
之,曲三終,匡人解甲而罷。

此事不見《論語》或《史記》〈孔子世家〉,司馬貞《索隱》認為此即
孔子狀類陽虎,遭匡人圍困的事件[67]。與前〈在厄〉之例類似,〈困
誓〉此例,以孔子弦歌止干戈之危,是即使身處危難之境,孔子亦堅
守儒家仁義、禮樂之志,最後竟能化險為夷,度過困境。

〈困誓〉另章又云:

孔子適衛,路出于蒲,會公叔氏以蒲叛衛,而止之。孔子弟子
有公良孺者,為人賢長,有勇力,以私車五乘,從夫子行,喟
然曰:「昔吾從夫子,遇難于匡,又伐樹於宋。今遇困於此,
命也夫!與其見夫子仍遇於難,寧我鬥死。」挺劍而合眾,將
與之戰。蒲人懼曰:「苟無適衛,吾則出子。」乃盟孔子,而出
之東門。孔子遂適衛。子貢曰:「盟可負乎?」孔子曰:「要我
以盟,非義也。」衛侯聞孔子之來,喜而於郊迎之。問伐蒲,
對曰:「可哉!」公曰:「吾大夫以為蒲者,衛之所以恃晉楚
也,伐之無乃不可乎?」孔子曰:「其男子有死之志,吾之所
伐者,不過四五人矣。」公曰:「善。」卒不果伐。他日,靈
公又與夫子語,見飛鴈過,而仰視之,色不悅。孔子乃逝。[68]

---

67 《史記》,卷47,〈孔子世家〉,頁1919注3《索隱》說。

68 王肅注:《孔子家語》,卷5,〈困誓第二十二〉,頁61-62。

此事又見《史記》〈孔子世家〉，曰：「孔子使從者為甯武子臣於衛，然後得去。去即過蒲。月餘反乎衛。」[69]孔子解除圍於匡之危難後，過匡，即過蒲。錢穆以為畏於匡乃鬪於蒲，二者乃一事兩傳[70]。此例即論孔子畏於匡事。孔子離衛，《論語》認為是衛靈公不向熟習禮儀的孔子問禮，反而問用兵之事，是不用孔子意也，孔子遂行。文曰：

> 衛靈公問陳於孔子。孔子對曰：「俎豆之事，則嘗聞之矣；軍旅之事，未之學也。」明日遂行。[71]

《家語》不取此說，以《史記》靈公仰視鴈不視孔子之說，作為孔子去衛之說。然而這樣一來，就將孔子離衛的原因，從不問禮於孔子，變為不取孔子征伐蒲地的建議，而孔子於此，亦轉為擅於、熟悉「軍旅之事」的形象。孔子厄於蒲，在弟子公良孺挺身護衛下化解。而蒲人脅迫孔子訂下的無適衛盟約，《史記》以「要盟也，神不聽」[72]之說回答，認為神明對於要脅而訂之盟約，也不會予以認同，故即使負棄也是允許的。《家語》則以更具氣節意涵的「非義」說覆之。不論是直申志節論的陳蔡之困，或是以不義之負約說，都突顯儒家仁義志節意涵。而志節不僅是儒者終身信奉的價值，在困厄之境也成為護衛儒者否極泰來的信念。

因此，守節不只是儒者的治道信念，更兼有全身思想。〈在厄〉曰：

---

69 《史記》，卷47，〈孔子世家〉，頁1919-1920。

70 錢穆：《孔子傳》（臺北市：東大圖書公司，2010年6月），頁51。

71 《論語》（《十三經注疏》本，臺北市：藝文印書館，1989年），卷15，〈衛靈公〉，頁137-1。

72 《史記》，卷47，〈孔子世家〉，頁1923。

> 曾子弊衣而耕於魯,魯君聞之而致邑焉。曾子固辭不受。或
> 曰:「非子之求,君自致之,奚固辭也?」曾子曰:「吾聞受人
> 施者常畏人,與人者常驕人。縱君有賜,不我驕也。吾豈能勿
> 畏乎?」。孔子聞之,曰:「參之言足以全其節也。」[73]

曾子不受君無功之貺,孔子讚其能全節,是守節亦能保身。

## 二 處「下」之道與道德困境

　　除了以志節擁護道德價值,儒家道德價值亦往往成為士人生命困境的考驗。因此,除了志節的昂揚,展現「任道」的堅毅精神,對身處人生低谷,《家語》並不發時命之歎,而直視生命困境,直接討論處「下」之道。如〈在厄〉:「居下而無憂者,則思不遠;處身而常逸者,則志不廣。」[74]以憂患意識詮解「居下」之道,並將居下之時視作檢視思慮遠大、志向恢弘的時機,是將處「下」為生命契機之開展,為審時、儲養之勢,並不以處下為生命困厄。又〈困誓〉子貢問為人下之道。孔子曰:「為人下者,其猶土乎。……生則出焉,死則入焉。多其功而不意,恢其志而無不容。為人下者以此也。」[75]不以謙下為退守之意,而為廣攝志向、廣施功勞的狀態。而〈困誓〉之記孔子與弟子相失之事,曰:

> 孔子適鄭,與弟子相失,獨立東郭門外,或人謂子貢曰:「東
> 門外有一人焉,其長九尺有六寸,河目隆顙,其頭似堯,其頸

---

73 王肅注:《孔子家語》,卷5,〈在厄第二十〉,頁56。

74 王肅注:《孔子家語》,卷5,〈在厄第二十〉,頁56。

75 王肅注:《孔子家語》,卷5,〈困誓第二十二〉,頁61。

似皋繇，其肩似子產，然自腰以下，不及禹者三寸，纍然如喪
家之狗。」子貢以告。孔子欣然而歎曰：「形狀末也，如喪家
之狗，然乎哉！然乎哉！」[76]

孔子處困，不以人狀其如喪家犬貌為怒，反而欣然接受當下的境況，
展現出豁達的心境。

　　另外，《家語》在〈困誓〉「賜倦於學，困於道」章之末，大方頌
揚死亡之於為道歷程終點、以及成為生命最終安適的感嘆。文曰：

孔子曰：「……自望其廣，則睪如也；視其高，則填如也；察
其從，則隔如也。此其所以息也矣。」子貢曰：「大哉乎死
也！君子息焉！小人休焉！大哉乎死也！」[77]

此例以死亡為生命的終極解放，也是最為安適的時機，頗似莊子骷髏
之嘆。這種對死亡的直陳不諱，甚且以死亡作為解決道的爭端，與君
子、小人對立不已的衝突，深具道家況味。這幾則事例，都與亢直的
氣節精神頗為不同。

　　除了現實阻厄，儒家堅守的道德價值，往往也是束縛人、產生精
神困境的主因。因此「困」除了指陳生命境遇之困，也意味個人生命
之執著。〈困誓〉十則，除孔子之厄，對生命之困境，有更多元的展
現。如第一章論子貢困於道，願息之。然不論是事君、孝親、妻子、
朋友，甚至耕種，無一不是無止境的學習，無可休焉。欲徹底休息，
死而後已，是以「大哉乎死」論作終。此例顯示出儒家成員對習道的
疲倦，然人生於世，不論從事何者，即使是孝親，也有終始不絕的責

---

76 王肅注：《孔子家語》，卷5，〈困誓第二十二〉，頁61。
77 王肅注：《孔子家語》，卷5，〈困誓第二十二〉，頁60。

任。因此孔子之覆，其實並沒有正面回答，反而突顯儒家道德實踐的困境。〈困誓〉第三章論子路困於名，文曰：

> 子路問於孔子曰：「有人於此，夙興夜寐，耕芸樹藝；手足胼胝，以養其親。然而名不稱孝，何也？」孔子曰：「意者身不敬與？辭不順與？色不悅與？古之人有言曰：『人與己與不汝欺。』今盡力養親，而無三者之闕，何謂無孝之名乎？」孔子曰：「由！汝志之，吾語汝。雖有國士之力，而不能自舉其身，非力之少，勢不可矣。夫內行不脩，身之罪也；行脩而名不彰，友之罪也；行脩而名自立。故君子入則篤行，出則交賢，何為無孝名乎？」[78]

子路以努力養親卻未有孝名之稱，惑問孔子。孔子以「行脩名自立」覆之，行達於己，何懼名之不稱。是子路乃困於名者也，以行要名，不知名乃為末。孔子以「勢不可矣」，雖不否定道德的意義，但顯示了「士」群體的道德困境。

〈困誓〉第四章論竇犨鳴犢困於晉，文曰：

> 孔子自衛將入晉，至河，聞趙簡子殺竇犨鳴犢及舜華，乃臨河而歎曰：「美哉水，洋洋乎！丘之不濟此，命也夫！」子貢趨而進曰：「敢問何謂也？」孔子曰：「竇犨鳴犢、舜華，晉之賢大夫也。趙簡子未得志之時，須此二人而後從政。及其已得志也，而殺之。丘聞之，刳胎殺夭，則麒麟不至其郊；竭澤而漁，則蛟龍不處其淵；覆巢破卵，則鳳凰不翔其邑。何則？君

---

78 王肅注：《孔子家語》，卷5，〈困誓第二十二〉，頁60。

子違傷其類者也。鳥獸之於不義，尚知避之，況於人乎！」遂
還，息於鄒，作《槃琴》以哀之。[79]

孔子哀嘆竇犨鳴犢為趙簡子所紙，認為其不能明不義處境以避之，以
此受禍，是困於義者。末章論史魚困於諫。文曰：

衛蘧伯玉賢，而靈公不用；彌子瑕不肖，反任之。史魚驟諫而
不從。史魚病將卒，命其子曰：「吾在衛朝，不能進蘧伯玉、
退彌子瑕，是吾為臣不能正君也。生而不能正君，則死無以成
禮。我死，汝置屍牖下，於我畢矣。」其子從之。靈公弔焉，
怪而問焉。其子以其父言告公。公愕然失容，曰：「是寡人之
過也。」於是命之殯於客位，進蘧伯玉而用之，退彌子瑕而遠
之。孔子聞之，曰：「古之列諫之者，死則已矣，未有若史魚
死而屍諫，忠感其君者也。可不謂直乎？」[80]

《論語》〈衛靈公〉嘗謂：

子曰：「直哉史魚！邦有道，如矢；邦無道，如矢。君子哉蘧
伯玉！邦有道，則仕；邦無道，則可卷而懷之。」[81]

以史魚為正直的象徵，不論世道清濁，均秉持正道而行。《家語》延
伸了正直之說，又加入忠君意涵。史魚堅守臣節，臣節不彰，以死明
諫之外，更為屍諫，使衛靈公明己之非，是困於諫者。史魚滅身以全

---

79 王肅注：《孔子家語》，卷5，〈困誓第二十二〉，頁60。
80 王肅注：《孔子家語》，卷5，〈困誓第二十二〉，頁62。
81 《論語注疏》（《十三經注疏》本），卷15，頁138-1。

忠諫之德，孔子盛讚其秉直之道。此例頗近漢末激烈士風，並可與李固事蹟相發明。此章之「困」與前述諸例類似，然而更為激烈，道德實踐至死乃成，以死成之非常態也。以上諸例，不論是守道、孝親、或忠君直諫，均屬名教社會中極為重視的個人操守，但《家語》卻以「困」例輯之，是知編選者深察當世困因，雖未有批評之論，然從孔子傷寶犧鳴犢，去衛靈公，欣然於喪家犬之狀等例，均可見《家語》之正視道德之「困境」，在外在因素的干擾之外，從正面的價值取向，反思道德實踐的問題，雖未有放棄道德價值之說，然卻反向突顯道德亦可為個人內在困境與精神之執守。

## 三　士之自覺與屈節論述

這種對困厄之境的透視與反思，正是士「自覺」精神的展現。因此，在實際的道阻困厄，或道德困境之外，《家語》另從「屈節」角度說明之。

「屈節」之論，原為士人獨行、氣節之譽，兼有忍辱負重意涵。《家語》嘗盛讚公析哀、原憲之秉持志節不屈於仕。《家語》〈七十二弟子解〉云：

> 公析哀，齊人，字季沉。鄙天下多仕於大夫家者，是故未嘗屈節人臣。孔子特歎貴之。[82]

> 原憲，宋人，字子思。少孔子三十六歲，清淨守節，貧而樂道。孔子為魯司寇，原憲嘗為孔子宰。孔子卒後，原憲退隱，

---

82 王肅注：《孔子家語》，卷9，〈七十二弟子解第三十八〉，頁97。

居于衛。[83]

《史記》則作公皙哀，字季次。司馬貞《索隱》引《家語》說，曰：

> 公皙哀字季次。孔子曰：「天下無行，多為家臣，仕於都；唯
> 季次未嘗仕。」《家語》云：「未嘗屈節為人臣，故子特賞歎
> 之。」亦見〈游俠傳〉也。[84]

是皆嘉許公析哀之不屈於富貴權勢，樂道守貧。而公析哀與原憲，乃
獨行表率。《史記》〈游俠列傳〉云：「季次、原憲，閭巷人也，讀書
懷獨行君子之德，義不苟合當世，當世亦笑之。」[85]除了作為個人氣
節表徵，「屈節」又為亂世出處、行事權宜之說。如《後漢書》曰：

> 及陳蕃免太尉，朝野屬意於（李）膺，荀爽恐其名高致禍，欲
> 令屈節以全亂世，為書貽曰（……）。[86]

是荀爽欲以「屈節」保全李膺，是「屈節」可為全身之價值選擇，而
不當以折節視之。

　　《家語》「屈節」論甚多。除獨出〈屈節解〉，諸篇亦有論「屈
節」者。《家語》〈屈節解〉釋「屈節」文曰：

> 子路問於孔子曰：「由聞丈夫居世，富貴不能有益於物，處貧

---

83 王肅注：《孔子家語》，卷9，〈七十二弟子解第三十八〉，頁97。
84 《史記》（點校本，臺北市：鼎文書局，1979年9月），卷67，〈仲尼弟子列傳第七〉
　　（公皙哀），頁2209注1。
85 《史記》，卷124，〈游俠列傳〉，頁3181。
86 《後漢書》，卷67，〈黨錮列傳第五十七〉（李膺），頁2195。

賤之地，而不能屈節以求伸，則不足以論乎人之域矣。」孔子
曰：「君子之行己，其於必達於己。可以屈則屈，可以伸則
伸。故屈節者所以有待，求伸者所以及時。是以雖受屈而不毀
其節，志達而不犯於義。」[87]

暫時的壓抑自己，忍辱負重是為能伸展自己的目的，並不代表扭曲志
節。無論壓抑或伸志，都要符合正義之道。在實際的屈節事例上，
〈子路初見〉曰：

孔子為魯司寇，見季康子，康子不悅，孔子又見之。宰予進
曰：「昔予也常聞諸夫子曰：『王公不我聘，則弗動。』今夫子
之於司寇也，日少而屈節數矣。不可以已乎？」孔子曰：「然。
魯國以眾相陵，以兵相暴之日久矣。而有司不治，則將亂也。
其聘我者，孰大於是哉！」魯人聞之，曰：「聖人將治，何不
先自遠刑罰。」自此之後，國無爭者。孔子謂宰予曰：「違山
十里，蟪蛄之聲，猶在於耳，故政事莫如應之。」[88]

季康子無禮於孔子，而孔子仍屢往見之，宰我以為不符儒者志節表
現。孔子認為，政治緩急之際，當以政局為重，不必在意個人是否屈
身。是屈節即論應世忍辱情事。〈屈節解〉亦如之。
　　〈屈節解〉第一章論孔子欲救父母之國，解齊國田常之亂，欲遣
弟子出使齊國調停。子路、子張、子石俱請往，孔子皆不許。子貢
出，孔子許之。子貢說田常曰：

---

87 王肅注：《孔子家語》，卷8，〈屈節解第三十七〉，頁92。
88 王肅注：《孔子家語》，卷5，〈子路初見第十九〉，頁53。

「今子欲收功於魯，實難。不若移兵於吳，則易。」田常不悅。
子貢曰：「夫憂在內者攻強，憂在外者攻弱。吾聞子三封而三不
成，是則大臣不聽令。戰勝以驕主，破國以尊臣，而子之功不
與焉，則交日疏於主，而與大臣爭。如此，則子之位危矣。」[89]

子貢認為田常在齊國，處於大臣不聽其令，國君亦不重其功，打消了
田常攻魯之意。又往吳，說吳王夫差曰：

「王者不滅國，霸者無強敵；千鈞之重，加銖兩而移。今以齊
國而私千乘之魯，與吳爭強，甚為王患之。且夫救魯以顯名，
以撫泗上諸侯，誅暴齊以服晉，利莫大焉。名存亡魯，實困強
齊，智者不疑。」[90]

又曰：

王方以存亡繼絕之名，棄強齊而伐小越，非勇也。勇者不避
難，仁者不窮約，智者不失時，義者不絕世。今存越，示天下
以仁；救魯伐齊，威加晉國；諸侯必相率而朝，霸業盛矣。且
王必惡越，臣請見越君，令出兵以從。此則實害越而名從諸侯
以伐齊。[91]

使吳王願意出兵討伐齊國，成救魯美名，威信諸侯。再往見越王勾
踐，說曰：

---

89 王肅注：《孔子家語》，卷8，〈屈節解第三十七〉，頁92。
90 王肅注：《孔子家語》，卷8，〈屈節解第三十七〉，頁92。
91 王肅注：《孔子家語》，卷8，〈屈節解第三十七〉，頁92。

吳王為人猛暴，群臣不堪，國家疲弊，百姓怨上，大臣內變，
申胥以諫死，大宰嚭用事，此則報吳之時也。王誠能發卒佐
之，以邀射其志，而重寶以悅其心，卑辭以尊其禮。則其伐齊
必矣，此聖人所謂屈節求其達者也。彼戰不勝，王之福；若
勝，則必以兵臨晉。臣還北請見晉君共攻之，其弱吳必矣。銳
兵盡於齊，重甲困於晉，而王制其弊焉。[92]

於是越王與晉合盟於黃池，滅吳。遂越霸。孔子讚子貢曰：「夫其亂
齊存魯，吾之始願。若能強晉以弊吳，使吳亡而越霸者，賜之說也。
美言傷信，慎言哉！」[93]子貢不僅達到了孔子存父母之國的目的，又
使吳亡越霸，是一次成功的出使。在此之中，越王屈身卑辭於吳，是
忍一時之怨而成大局之勝，正如同孔子使子貢屈身於齊，對田常曉以
利害關係，終使田常打消攻魯念頭。

　　〈屈節解〉第二章，以宓子賤屈節為單父宰，恐魯君聽讒言，以
計釋魯君之疑。文曰：

請君之近史二人，與之俱至官。宓子戒其邑吏，令二史書，方
書，輒掣其肘，書不善，則從而怒之。二史患之，辭請歸魯。
宓子曰：「子之書甚不善，子勉而歸矣。」二史歸報於君曰：
「宓子使臣書而掣臣肘，書惡而又怒臣，邑吏皆笑之。此臣所
以去之而來也。」[94]

是使魯君明其亂宓子之政而又責其善。遂告宓子：「有便於民者，子

---

92　王肅注：《孔子家語》，卷8，〈屈節解第三十七〉，頁93。

93　王肅注：《孔子家語》，卷8，〈屈節解第三十七〉，頁93。

94　王肅注：《孔子家語》，卷8，〈屈節解第三十七〉，頁94。

決為之，五年一言其要。」之後，齊人攻魯，單父人欲出城收麥，宓子不許。文曰：

> 齊人攻魯，道由單父。單父之老請曰：「麥已熟矣。今齊寇至，不及人人自收其麥，請放民出，皆穫傳郭之麥，可以益糧，且不資於寇。」三請而宓子不聽。俄而齊寇逮于麥。季孫聞之，怒，使人以讓宓子曰：「民寒耕熱芸，曾不得食，豈不哀哉？不知猶可，以告者而子不聽，非所以為民。」宓子蹵然曰：「今茲無麥，明年可樹；若使不耕者穫，是使民樂有寇。且得單父一歲之麥，於魯不加強，喪之不加弱。若使民有自取之心，其創必數世不息。」季孫聞之，赧然而愧，曰：「地若可入，吾豈忍見宓子哉！」[95]

宓子認為，讓不耕種的人因此有不稼之穫，是不義也，故寧願損失一年的麥糧收成，也不願意因此養成魯國人民不勞而獲的心態。是知宓子之所屈節，均著眼於長遠之大局，非為一時小利。

〈屈節解〉第三章，為孔子為故舊原壤助喪之事。茲引全文如下：

> 孔子之舊曰原壤，其母死，夫子將助之以木槨。子路曰：「由也昔者聞諸夫子，無友不如己者，過則勿憚改。夫子憚矣。姑已，若何？」孔子曰：「凡民有喪，匍匐救之，況故舊乎？非友也，吾其往。」及為槨，原壤登木，曰：「久矣，予之不託於音也。」遂歌曰：「貍首之班然，執女手之卷然。」夫子為之隱佯不聞以過之。子路曰：「夫子屈節而極於此，失其與

---

95 王肅注：《孔子家語》，卷8，〈屈節解第三十七〉，頁94。

矣。豈未可以已乎？」孔子曰：「吾聞之，親者不失其為親也，故者不失其為故也。」[96]

孔子此例，是魏晉著名的「厚交」典範，朱穆〈崇厚論〉即嘗曰：「仲尼不失舊於原壤，楚嚴本忍章於絕纓。」[97]此例中，原壤對於孔子之助，非但沒有感謝，反而作歌譏之。子路質疑至此已可斷朋友之交，孔子仍不願責備之。是可見孔子對於故友之重視。這種情形，正如東漢張堪、廉范「氣俠」之行[98]，是東漢重友倫之士風展現。東漢名節之「名」，除家族間讓爵、重喪之孝道行為，朋友一倫最為關鍵。如《廿二史劄記》所載，為了「感知遇之恩」，門生、故吏替舊主、師友送葬、復仇，亦是當時「名」聲鵲起之要素。而《後漢書》〈獨行列傳〉記范式為張劭服喪、李善存故主幼孤，後俱為朝廷徵辟名節之士，即是此風的具體證明。是不論助喪於友，或寬赦朋友之過，這些義氣之為，亦為志節的一種表徵。孔子屈己迴護親故之情，實乃志節表現。

然而，同樣是為朋友送葬，孔門弟子琴張欲為摯友宗魯送葬，卻為孔子不許。〈七十二弟子解〉曰：琴牢，衛人，字子開，一字張。與宗魯友，聞宗魯死，欲往弔焉。孔子弗許，曰：「非義也。」〈曲禮子夏問〉復載：

孔子之弟子琴張，與宗友。衛齊豹見宗魯於公子孟縶，孟縶以為參乘焉。及齊豹將煞孟縶，告宗魯使行。宗魯曰：「吾由子

---

96 王肅注：《孔子家語》，卷8，〈屈節解第三十七〉，頁95。

97 《後漢書》，卷43，〈朱穆傳〉，頁1464。

98 《後漢書》〈廉范傳〉曰：「張堪、廉范皆以氣俠立名，觀其振危急，赴險阨，有足壯者。」《後漢書》，頁1104。

而事之，今聞難而逃，是僭子也。子行事乎？吾將死以事周
子，而歸死於公孟，可也。」齊氏用戈擊公孟，宗魯以背蔽
之，斷肱，中公孟，宗魯皆死。琴張聞宗魯死，將往弔之，孔
子曰：「齊豹之盜，孟縶之賊也。汝何弔焉？君不食姦，不受
亂，不為利病於回，不以回事人，不蓋非義，不犯非禮。汝何
弔焉？」琴張乃止。[99]

孔子不許琴張往葬宗魯的原因，在於宗魯之志節有缺，而「義不得顧
私恩」[100]，故不許之。可以看到，《家語》在志節的處理上，是以符
合國家正義與否為標準，國家正義若與個人私情衝突，要以國家正義
優先。綜合來看，〈屈節解〉所載志節，乃屈己之行以全大節。而言
行向為君子志節之展現，與志節為一致。《家語》四例，均在論屈己
之行以全節。如宓子賤屈己，孔子助喪於原壤，原壤反歌譏之。子路
以孔子為屈節，孔子覆以「親者不失其為親，故者不失其為故」，是
屈己之行以成人倫大節。由此屈己即非降志，反而是志節的完成。而
志節於此亦非成就個人耿介之道，而與國家興亡、政之體制相為一
體，志節之道成為國家倫常體制建構之一環。

不論是討論身處險惡之境的〈在厄〉，或省思生命困境的〈困
誓〉，甚或不得不暫時抑己屈節以保全大局的〈屈節解〉，《家語》討
論了三種不同的「辱身」處境，雖未同遭性命之戮，然其正面審視各
種緩急之勢，甚且發「死之為大」之讚歎，在「保志全高」[101]的節義

---

99　案：黃魯曾本無此例，從劉世珩本補。《宋蜀本孔子家語》（附札記）（劉世珩重刊
　　毛晉汲古閣版，臺北市：臺灣中華書局，1985年3月），卷10，〈曲禮子夏問第四
　　十〉，頁16。

100　范曄：《後漢書》，卷81，〈獨行列傳〉，頁2692。

101　《後漢書》，卷81，〈獨行列傳〉，頁2668。

正氣外，更飽含了對生命的重視之情，是不同於《論語》或先秦儒家思考生命逆境時自處之道。而屈節不僅是顧全大局，更是自我實現、「成己」的必經過程，既符於體制，又能安頓內心。以此，全身、保身之說不僅是對性命的防護，更包含精神層面的戒護。

# 第三節　安身與尊親

## 一　立身以親

　　《家語》的成己之道，在謹言慎行的要求外，更與婚姻觀念中的「孝道成身」說相結合，使成己、立身之道，必須落於家庭之中，始得「成」之。《家語》〈大昏解〉指出：

> 敬也者，敬身為大；身也者，親之支也，敢不敬與？不敬其身，是傷其親；是傷其本也；傷其本，則支從之而亡。[102]

「己身」是宗族之枝幹，將一己之「身」置入宗法結構，成為親屬家族中一重要分支，是身之「養護」須落於宗法社會的家族規範之下，且須符合敬親之要求。《家語》之「親」，主要指「妻」，即宗法家族中之「宗婦」。《家語》之尊妻，是認為「妻」侍奉先祖宗廟，又生育後嗣。〈大昏解〉文曰：

> 合二姓之好，以繼先聖之後，以為天下宗廟社稷之主，君何謂己重乎？[103]

---

102　王肅注：《孔子家語》，卷1，〈大昏解〉，頁9。
103　王肅注：《孔子家語》，卷1，〈大昏解〉，頁8。

內以治宗廟之禮，足以配天地之神；出以治直言之禮，足以立上下之敬。物恥則足以振之，國恥則足以興之，故為政先乎禮。禮，其政之本與![104]

為了表示尊妻，《家語》主張必以「親迎」示尊。〈大昏解〉曰：

大昏至矣，大昏既至，冕而親迎；親迎者，敬之也。是故君子興敬為親，捨敬，則是遺親也；弗親弗敬，弗尊也。愛與敬，其政之本與。[105]

「親迎」之說，是婚禮「六禮」之一。兩漢經說雖支持親迎主張，如《白虎通》〈嫁娶〉云：「天子下至士，必親迎授綏者何？以陽下陰也。欲得其歡心，示親之意。」[106]然自漢初叔孫通制禮時，即不採親迎之制，兩漢亦無天子親迎之事，孝平皇后是遣大臣「奉乘輿法駕」代迎。王莽篡漢，嘗「徵天下淑女杜陵史氏女為皇后……莽親迎於前殿兩階間，成同牢之禮於上西堂」。[107]然新莽篡漢期短，向不以正朔視之。故有論者認為，隋、唐以前均未行親迎之制[108]。《家語》〈大昏解〉與《禮記》〈哀公問〉所見親迎說，本「諸侯親迎」主張。經傳引此以論親迎意者，有魯莊公嘗如齊逆哀姜事，然此事「本實淫通」[109]，

---

104 王肅注：《孔子家語》，卷1，〈大昏解〉，頁9。

105 王肅注：《孔子家語》，卷1，〈大昏解〉，頁8。

106 陳立撰：《白虎通疏證》（北京市：中華書局，1997年10月），卷10，〈嫁娶〉，頁459。

107 《漢書》卷99下，〈王莽傳〉，頁4180。

108 參林素娟：〈婚禮程序──先秦至漢代婚姻六禮的儀式與性質探究〉，《神聖的教化──先秦兩漢婚姻禮俗中的宇宙觀、倫理觀與政教論述》（臺北市：臺灣學生書局，2011年6月），頁421。

109 《春秋公羊注疏》（《十三經注疏》本），卷8，〈莊公二十四年〉，頁101-1。

故經師多議。至漢，此說成為經師支持天子親迎的經典依據，鄭玄即據此論辯許慎之說。《五經異義》載：

> 《春秋》公羊說云：自天子至庶人娶皆當親迎，所以重婚禮也。《禮》戴說：天子親迎，使上卿迎之。……高祖時，皇太子納妃，叔孫通制禮以為天子無親迎，從左氏義也。[110]

鄭玄駁之曰：

> 太姒之家在渭之涘，文王親迎於渭，即天子親迎明矣。天子雖至尊。其於后則夫婦也。夫婦判合，禮同一體，所謂無敵，豈施於此哉！《禮記》哀公問曰：「寡人願有言，然冕而親迎，不已重乎？」孔子愀然作色而對曰：「合二姓之好，以繼先聖之後，以為天地宗廟社稷之主，君何謂已重乎！」此言親迎，繼先聖之後，為天地宗廟主，非天子則誰乎！此天子諸侯有親迎也。[111]

天子是否親迎，牽涉到王權至尊與否的爭議。在不違「天無二日，國無二君，家無二尊」[112]的原則下，《家語》對「妻」有更為突出的重視。如其論婚制，不從《禮記》〈昏義〉，而與《禮記》〈哀公問〉，乃出於「親迎」之說的考量。重親迎者，重視婚姻，並且連帶的重視維

---

110 許慎撰，鄭玄駁：《五經異議》，《叢書集成續編》（臺北市：藝文印書館，1970年），頁4-5。

111 許慎撰，鄭玄駁：《五經異議》，頁5。

112 王肅注：《孔子家語》，卷6，〈本命解〉，頁71。

繫先祖血胤與祭祀先祖的「妻」[113]。是可見《家語》著重宗法秩序的維繫與子嗣的延續。《家語》之敬親、尊親，不只是〈大昏解〉中「尊妻」的主張，更透過具體事例傳達對「親」——宗法秩序的重視。如：

> 公父文伯之母紡績不解，文伯諫焉。其母曰：「古者王后親織玄紞。公侯之夫人，加之紘綖。卿之內子為大帶。命婦成祭服。列士之妻，加之以朝服。自庶士已下，各衣其夫。秋而戎事，烝而獻功，男女紡績，愆則有辟。聖王之制也。今我寡也，爾又在位。朝夕恪勤，猶恐亡先人之業，況有怠惰，其何以避辟？」孔子聞之，曰：「弟子志之！季氏之婦，可謂不過矣。」（〈正論解〉）[114]

> 公父穆伯之喪，敬姜晝哭；文伯之喪，晝夜哭。孔子曰：「季氏之婦，可謂知禮矣！愛而無私，上下有章。」（〈曲禮子貢問〉）[115]

> 公父文伯卒，其妻妾皆行哭失聲。敬姜戒之曰：「吾聞好外者，士死之；好內者，女死之。今吾子早夭，吾惡其以好內聞也。二三婦人之欲供先祀者，請無瘠色，無揮涕，無拊膺，無哀容，無加服，有降服，從禮而靜，是昭吾子也。」孔子聞之，曰：「女智無若婦，男智莫若夫。公文氏之婦，智矣。剖

---

113 見林素娟：〈婚禮程序——先秦至漢代婚姻六禮的儀式與性質探究〉，《神聖的教化——先秦兩漢婚姻禮俗中的宇宙觀、倫理觀與政教論述》，頁437。

114 王肅注：《孔子家語》，卷9，〈正論解〉，頁108-109。

115 王肅注：《孔子家語》，卷10，〈曲禮子貢問〉，頁113。

情損禮，欲以明其子為令德也。」(〈曲禮子夏問〉) [116]

公父文伯之母，季康子之從祖母。康子往焉，側門而與之言，內皆不踰閾。文伯祭其祖悼子，康子與焉，進俎而不受，徹俎而不與燕。宗老不具則不繹；繹不盡飫則退。孔子聞之，曰：「男女之別，禮之大經。公父氏之婦，動中德趣，度於禮矣。」(〈曲禮公西赤問〉) [117]

這四則事例透過敬姜「妻」──即「宗婦」的角色，論述「妻」於禮制維繫之關鍵，而這種對女性知禮的讚揚，以及對母教、婦德之強調，西漢末《列女傳》中已可見女性作為宗族秩序的維護者。其後魏晉時《世說新語》〈賢媛〉之論，以及六朝之重視女教之風，甚且家訓書寫中對母教精神的讚揚均可相發明[118]。《家語》此論，將「妻」推為家族與政治的核心，並推衍出敬身、成身之道。這種對妻子角色的著重，實際當在西漢末以降始有明確的提倡。相較於禮典中以「以繼宗廟，下以繼後也」(《禮記》〈婚義〉)，「重人倫，廣繼嗣」(《白虎通》〈嫁娶〉)，繼嗣為婚姻重心，《家語》婚制以「妻子」作為論述核心，力申「親迎」之說，突顯「妻」於宗法制度中的重要性，是相當特別的觀點。

《家語》以親族作為成身之源，並以身為宗法親屬之支，顯示了《家語》重家族、宗法的思維。

---

116 王肅注：《孔子家語》，卷10，〈曲禮子夏問〉，頁119-120。

117 王肅注：《孔子家語》(劉世珩本)，卷10，〈曲禮公西赤問〉，頁12。

118 如林素珍在《魏晉南北朝家訓之研究》中，以「注重女教」作為六朝家訓之發展背景；又以「注重教子，肯定母教」作為魏晉南北朝家訓之時代精神之一。見林素珍：《魏晉南北朝家訓之研究》(臺北市：花木蘭出版社，2008年9月)，頁26-30、76-79。

## 二　孝道尊親與成身

在宗法親制之外，《家語》又以「事親如事天，事天如事親」作為「孝子成身」的詮說，將孝道作為立身之道。可以看到，《家語》之安身，是植基於家族孝道之尊親作為。使「全身」之說不只是個人自我保全，更有對家族的愛敬之情。婚制也不只是「合二姓之好」的政治結合，更包含孝道與尊親的意涵，並與個人立身、成身結合，使立身之道落於婚制，是將成身之道，置於「家族」之中，家族才是「個人」安身立命的根源。

《家語》之孝不僅是尊親、孝親，更是敬天的表現，將立身之道與天道縮結，使立身之道也有了天道不已的恆常性。〈大昏解〉曰：

> 仁人不過乎物，孝子不過乎親。是故仁人之事親也如事天，事天如事親，此謂孝子成身。[119]

> 公曰：「敢問何謂能成身？」孔子對曰：「夫其行己不過乎物，謂之成身；不過乎物，合天道也。」[120]

除了從婚禮制度上，提出敬身、成身的論述，《家語》的孝道觀點，也異於他書之說。其不以曾子為孝，而以子路之敬親為孝道典範。〈六本〉曰：

> 曾子耘瓜，誤斬其根。曾晳怒，建大杖以擊其背，曾子仆地而不知人久之。有頃乃蘇，欣然而起，進於曾晳曰：「嚮也參得

---

119 王肅注：《孔子家語》，卷1，〈大昏解〉，頁9。
120 王肅注：《孔子家語》，卷1，〈大昏解〉，頁9。

罪於大人，大人用力教參，得無疾乎？」退而就房，援琴而歌，欲令曾皙而聞之，知其體康也。孔子聞之而怒，告門弟子曰：「參來，勿內。」曾參自以為無罪，使人請於孔子。子曰：「汝不聞乎？昔瞽瞍有子曰舜，舜之事瞽瞍，欲使之，未嘗不在於側；索而殺之，未嘗可得。小棰則待過，大杖則逃走，故瞽瞍不犯不父之罪，而舜不失烝烝之孝。今參事父，委身以待暴怒，殪而不避，既身死而陷父於不義，其不孝孰大焉！汝非天子之民也，殺天子之民，其罪奚若？」曾參聞之，曰：「參罪大矣！」遂造孔子而謝過。[121]

身之不存，親將焉附？《家語》駁斥了曾子的「愚孝」，以子路之養親作為孝道典範。〈致思〉載子路之孝曰：

> 子路見於孔子曰：「負重涉遠，不擇地而休；家貧親老，不擇祿而仕。昔者由也事二親之時，常食藜藿之實，為親負米百里之外。親歿之後，南遊於楚，從車百乘，積粟萬鍾，累茵而坐，列鼎而食，願欲食藜藿，為親負米，不可復得也。枯魚銜索，幾何不蠹；二親之壽，忽若過隙。」孔子曰：「由也事親，可謂生事盡力，死事盡思者也。」[122]

此例又見《韓詩外傳》。可以看到，《家語》之孝，更重親親之情的表現，不取不愛其軀、氣節式的名教孝行[123]。而透過親親之情的展現，

---

121 王肅注：《孔子家語》，卷4，〈六本〉，頁42。

122 王肅注：《孔子家語》，卷2，〈致思〉，頁20。

123 趙翼曾指出，東漢之名節，既承戰國刺客俠風，復受名教政治推波，使東漢之尚名節，雖有輕生尚氣之謬戾之風，但於國家緩急之際，尚能成抵危之恃。見趙翼：《廿二史劄記》，卷5，「東漢尚名節」條，頁61-62。

禮學亦能成為個人保身、安頓的力量。由此，孝道就不僅是上下尊卑
的規約，而是情意真切的和樂互動。相較於漢魏時期激切的表現，
《家語》更講求家族之間親親之情。因此，安身就成為親親的一環，
而不只是道家式個人之全身之道，是必須考量家族共同利益，以及不
破壞宗法制度。這種對形軀的愛護高於孝行，不僅可與魏晉「孝不滅
性」之風相發明，更表現在《家語》的喪禮制度論述。《家語》〈本命
解〉曰：

> 禮之所以象五行也，其義，四時也，故喪禮有舉焉。有恩有
> 義，有節有權，其恩厚者其服重。……三日而浴，三月而沐，
> 期而練，毀不滅性，不以死傷生，喪不過三年，苴衰不補，墳
> 不脩，除服之日鼓素琴，示民有終也。[124] 凡此以節制者也。

不論所服喪服輕重，對象親疏，都不能僭越「三日而浴，三月而沐，
期而練」的原則。再者，不論與死者情感深淺，都不能哀毀過情，不
能「以死傷生」。可以看到《家語》之重安身，不只重保全自我，或
為護衛一「家」之說，更規範至具體禮制，是此說確乎站在宗法社會
的角度，期望藉此能成為普世價值與禮學核心意涵。

---

124　王肅注：《孔子家語》，卷6，〈本命解第二十六〉，頁71。

# 第三章

# 動循禮度：《孔子家語》中的容
# 禮與威儀

　　本章主要從容禮角度，論述國家禮制的基礎儀度，以及容禮實踐
過程中，如何透過存禮、習禮的儒者，重現國家體制，進一步省思個
人如何能肩負起國家體制威儀的建立。在章節安排上，第一節主要論
述容禮所展現的體制威儀與禮制本義；第二節則從士禮角度論述容禮
在儒者身上展現之士風，或於士人言行舉止展現之儒者本色意涵。第
三節，容禮既可觀，其所揭之威儀，必有可為安身立命處，因此本節
將從成身視角，討論容禮之於人安身立命的可能論述。期望藉由容禮
論述的展開，與容禮意涵的轉變，論述《家語》反映出的體制意識與
禮學論述。

## 第一節　威儀觀的建立

　　容禮之起，《周禮》認為出於師保之教。《周禮》〈保氏〉曰：「養
國子以道，……乃教以六儀：一曰祭祀之容，二曰賓客之容，三曰朝
廷之容，四曰喪紀之容，五曰軍旅之容，六曰車馬之容。」[1]六容
者，小學之官法，足以備諸禮之用也。[2]是容禮為禮之基礎，用以儲

---

1　《周禮》（《十三經注疏》本），卷14，〈地官司徒下〉〈保氏〉，頁212-2。
2　沈文倬：〈菿闇述禮（選錄）·容禮考〉，《菿闇文存——宗周禮樂文明與中國文化考
　　論》下冊（北京市：商務印書館，2006年6月），頁625。

備日後應世之需。以此，所謂容禮，即為政者「在參加禮典中，依據
自己的等級身分在每個儀節上表演最適當的的儀容動作」[3]，是容禮
即禮制的外在表現，用以表現該禮的核心精神。除了彰顯禮制的本
義，容禮也是漢代禮學之基礎。論者嘗指出，漢初不重禮義的討論，
而是重「容禮」的體系。所謂的「容禮」是一種操縱典禮儀式進行的
技藝，原是禮的實踐的部分，而不是理論的部分。這種「容禮」一般
是著眼於主持禮儀時的一些細節，屬於漢文帝所謂的「繁禮飾貌」之
類，其中絕沒有關於某種禮儀制度或祭祀制度的構想和理論闡釋。[4]
無獨有偶，司馬遷論漢初禮學時，亦強調禮容之論，而於禮經傳授語
多不詳。《史記》〈儒林列傳〉云：

> 魯徐生善為容。孝文帝時，徐生以容為禮官大夫。傳子至孫
> 延、徐襄。襄，其天姿善為容，不能通禮經；延頗能，未善
> 也。襄以容為漢禮官大夫，至廣陵內史。延及徐氏弟子公戶滿
> 意、桓生、單次，皆嘗為漢禮官大夫。而瑕丘蕭奮以禮為淮陽
> 太守。是後能言禮為容者，由徐氏焉。[5]

因此，漢初實以容禮代禮經。因容禮不涉及禮經義理之探究，引文所
謂「襄……天姿善為容，不能通禮經」，顯示容禮之傳與經之傳授乃
為二途[6]。徐生所傳容禮，除了作為漢代禮學基礎，更是漢初國家威

---

3  沈文倬：〈略論禮典的實行和《儀禮》書本的撰作〉，《菿闇文存——宗周禮樂文明
   與中國文化考論》上冊，頁24。

4  王葆玹：《今古文經學新論》（北京市：中國社會科學出版社，2004年12月），頁81。

5  《史記》（點校本），卷121，〈儒林列傳第六十一〉，頁3126。

6  除了以經本為傳承的博士體系，漢代禮學之傳，確實有文本與儀式二途。錢穆亦指
   出，后倉以前，治《禮》者多善為容而不通禮，其人率為大夫，不為博士。見錢
   穆：〈兩漢博士家法考〉，《兩漢經學今古文平議》（臺北市：東大圖書公司，2003年
   8月），頁180。

儀的來源。《漢書》〈儒林列傳〉蘇林注引衛宏《漢舊儀補遺》云：
「漢舊儀有二郎為此頌貌威儀事。有徐氏，徐氏後有張氏，不知經，
但能盤辟為禮容。天下郡國有容史，皆詣魯學之。」[7]從各地郡國特
地遣容史於徐生習禮容來看，容禮之能取代禮經成為漢初禮學，重點
在其能建構國家威儀，故不僅朝禮重之，郡國禮儀更以容禮代禮經之
傳授。由此，則漢初叔孫通所起朝儀，自亦為容禮之疇。

　　漢代朝儀由叔孫通創，其禮容雖有合於古經記載者，然其授亦非
純任經本，而是透過熟稔的實際的禮儀操作中變化而出。《史記》記
其儀曰：

> 儀：先平明，謁者治禮，引以次入殿門，廷中陳車騎步卒衛
> 宮，設兵張旗志。傳言「趨」。下郎中俠陛，陛數百人。功臣
> 列侯諸將軍軍吏以次陳西方，東鄉；文官丞相以下陳東方，西
> 鄉。大行設九賓，臚傳。於是皇帝輦出房，百官執職傳警，引
> 諸侯王以下至吏六百石以次奉賀。自諸侯王以下莫不振恐肅
> 敬。至禮畢，復置法酒。諸侍坐殿上皆伏抑首，以尊卑次起上
> 壽。觴九行，謁者言「罷酒」。御史執法舉不如儀者輒引去。
> 竟朝置酒，無敢讙譁失禮者。於是高帝曰：「吾迺今日知為皇
> 帝之貴也。」[8]

《史記》雖言其混雜古禮、秦儀而就，然所謂古禮，是指依循古禮實
行而展現的禮容，當中自然有合於禮經所記之行，但其意並非按照禮
經所記行禮如儀。叔孫通所造朝儀，依禮序列朝臣、有司傳令以次
進，盡顯大國彬彬秩序，連進酒亦有禮，百官進退有禮，威儀赫赫，

---

7　《漢書》（點校本），卷88，〈儒林列傳第五十八〉，頁3614注1。
8　《史記》，卷99，〈劉敬叔孫通列傳第三十九〉，頁2723。

不僅充分展現大國風範，更反映出帝王氣勢與君權精神。此中儘管有法家尊君卑臣之意，然透過這套朝儀之容禮，漢代君權於焉確立。[9]

透過具體之體制實踐，容禮直接參與了國家威儀之建構，開展出迥異於經典之威儀觀。除了徐生傳授的具體容禮，漢初論容禮者還有賈誼。賈誼《新書》有〈容經〉，載錄容經、視經、言經、立容、坐容、行容、趨容等十五項容儀規範，並將禮容連結為國運興衰之象，與個人禍福之徵。[10]是以容禮不僅是「個人」行為之合宜禮度，更與國家興衰息息相關。作為禮典之《家語》，不僅在〈曲禮子貢問〉、〈曲禮子夏問〉、〈曲禮公西赤問〉載錄多條禮容之論，更進一步從「知禮」的評價，將個人行為與國家禮制相為連繫。以下即從容禮角度，論述容禮於體制之意涵，並申論《家語》之威儀觀。

## 一　知禮：禮容的掌握與禮精神的展現

除了禮制本身呈顯的威儀觀，容禮實踐者亦是禮制威儀的展現者。若行為失禮，不僅危害禮意，更是對體制的傷害。尤其容禮注重的是典禮中對禮容之完美展現，因此「禮典參加者必須講究容貌威儀」[11]。容禮之參與者，其行為即禮制之代表。《論語》〈鄉黨〉載錄多條孔子容禮之展現。如：「朝，與下大夫言，侃侃如也；與上大夫言，誾誾如也。君在，踧踖如也。與與如也。」「入公門，鞠躬如也，如不容。立不中門，行不履閾。過位，色勃如也，足躩如也，其

---

9 關於叔孫通所起朝儀與漢初皇權意識的建立，可參林聰舜：〈叔孫通「起朝儀」的意義——劉邦卡理斯瑪支配的轉變〉，《哲學與文化》第20卷第12期（1993年12月），頁1154-1162。

10 魯士春：《先秦容禮研究》（臺北市：天工書局，1998年7月），頁27。

11 沈文倬：〈從漢初今文經的形成說到兩漢今文《禮》的傳授〉，《菿闇文存──宗周禮樂文明與中國文化考論》下冊，頁535。

言似不足者。攝齊升堂，鞠躬如也，屏氣似不息者。出，降一等，逞顏色，怡怡如也。沒階趨進，翼如也。復其位，踧踖如也。」「執圭，鞠躬如也，如不勝。上如揖，下如授。勃如戰色，足蹜蹜，如有循。享禮，有容色。私覿，愉愉如也。」不論是於朝、於公門、或執圭時，都有相應的儀容顯現。而禮容之顯現，主要即賴言與行二者相為表現。如上引文之論孔子於朝，對不同位階之人，其言行舉措各有所差。對大夫和樂而談，對上大夫持中正態度談論。若君主在場，則恭敬、威儀適中。這些禮儀，以往均視作個人德行之修為，然若從容禮角度觀之，則這些因應不同禮典現場、政務之職而展現出的恰切儀節與行事態度，正足以顯示禮制之威儀。

相較於《論語》直述孔子於政務上的禮儀實踐，《家語》進一步從「知禮」角度，對任何處境下均能秉持禮精神的表現，給予高度肯定。以此，而「知禮」之譽即是用以讚賞容禮的完美展現。如〈曲禮公西赤問〉載子路為季氏祭：

> 子路為季氏宰。季氏祭，逮昏而奠，終日不足，繼以燭。雖有強力之容，肅敬之心，皆倦怠矣。有司跛倚以臨事，其為不敬也大矣。他日祭，子路與焉。室事交于戶，堂事當于階，質明而始行事，晏朝而徹。孔子聞之，曰：「以此觀之，孰為由也而不知禮！」[12]

此章又見《禮記》〈禮器〉。孔門知禮者，向以子游、子夏為稱，子游以弦歌治武城，見稱於孔子；而子夏重灑掃進退日常儀節，雖為子游所譏，亦為孔門知禮之支。而子路在孔門，向以魯莽、尚武形象為著，此處卻成為孔門唯一為孔子盛讚之「知禮者」，是視政治實踐為

---

12 王肅注：《孔子家語》，卷10，〈曲禮公西赤問第四十四〉，頁122。

禮學實踐。《家語》此章指出，以往的祭禮儀式，繁瑣費時又冗長，雖合於禮儀規範，然進行到晚上卻是主賓俱疲，儘管勉力支撐，但連主祭者都忍不住歪斜身軀，倚物行事。如此不僅有失禮儀之威，更不符禮敬慎的本義。子路助祭於季氏，儀式上雖與以往不同，卻可避免以前祭祀時賓主、有司曠日疲憊的缺失，又讓施禮過程明快，保持了崇敬、敬畏的精神，反而突顯了作為禮的核心價值與制禮之原初的「敬」、「慎」本義，所以孔子讚美之。以此，容禮除了展現體制威儀，更重在反映制禮之初禮之本義，由此始得稱知禮。可以看到《家語》「知禮」之論，不僅是對一人格具禮樂教化的讚美，更在能對禮容之掌握。而所謂對禮容之掌握，即在明瞭禮之核心精神，是禮制與威儀能於其身展現，人即禮，是具體而微地體制縮影。

　　除了禮典上之動行合度，日常也是檢視禮儀的最佳時機。除了對子路助祭存禮的肯定，《家語》屢稱知禮者，首推敬姜。相較於《列女傳》〈母儀〉中的敬姜事蹟，《家語》所載更近《國語》〈魯語〉記錄，論者認為，這是比較早的魯國事蹟記載。[13] 敬姜雖為婦女，不是參與朝政的人，然其所展現的禮儀涵養，連以明禮著稱的孔子都不禁稱讚她為知禮者。〈曲禮公西赤問〉云：

> 公父文伯之母，季康子之從祖母。康子往焉，側門而與之言，內皆不踰閾。文伯祭其祖悼子，康子與焉，進俎而不受，徹俎而不與燕。宗老不具則不繹，繹不盡飫則退。孔子聞之，曰：「男女之別，禮之大經。公父氏之婦，動中德趣，度於禮矣。」[14]

---

13 杜正勝：〈古典的慈母魯季敬姜〉，收入氏著：《古代社會與國家》（臺北市：允晨文化實業公司，1992年10月），頁945。

14 案，黃魯曾本無收。王肅注：《孔子家語》（劉世珩本），卷10，〈曲禮公西赤問第四十四〉，頁12-13。

《左傳》云「婦人送迎不出門，見兄弟不踰閾」[15]，儘管作為宗族的家長，仍嚴守女不出內寢的規範。從孫康子往言，敬姜也將門敞開對談，不以尊長於康子廢棄男女分際。《禮記》〈內則〉云：「男不言內，女不言外。」[16]《禮記》〈曲禮〉云：「外言不入於梱，內言不出於梱。」梱、閾均是內寢之門檻。在宗族祭禮上，敬姜不親自領受祭肉，而由旁人傳受，比諸於《禮記》〈內則〉之「非祭非喪，不相授器。其相授，則女受以篚，其無篚則皆坐奠之而後取之」[17]，敬姜之行還要更甚一級。祭畢不與孫輩宴飲，隔日的繹祭也在祭禮結束後離開，不等祭禮後的宴飲完畢才離開，唯恐宴飲後精神放鬆，懈於男女之防。敬姜的種種舉措，均在別男女之嫌也；且將男女大防提於宗族尊長、親疏位置之前。

敬姜在日常生活中之進退合度，不因身為女性，或不為人臣，而於禮有缺。敬姜之動循合度，並不在刻意的向外人展示她對於禮制的遵從，而是以禮為自身德行之涵養，最能展現禮制的精神。因此這種「知禮」稱讚與期許，就成為對禮容的最佳展現。

在個人行為合禮的規範外，作為宗族家長，敬姜也展現出合宜的家長威儀。其子公父文伯逝，敬姜命妻妾減哀降服[18]。〈曲禮子夏問〉云：

> 公父文伯卒，其妻妾皆行哭失聲。敬姜戒之曰：「吾聞好外者，士死之；好內者，女死之。今吾子早夭，吾惡其以好內聞也。二三婦人之欲供先祀者，請無瘠色，無揮涕，無拊膺，無

---

15 《左傳》，卷15，〈僖公二十二年〉，頁249-1。

16 《禮記》，卷27，〈內則第十二〉，頁520-2。

17 《禮記》，卷27，〈內則第十二〉，頁520-2。

18 案，相關喪禮禮義詳見第四章，本章僅梳理禮容部分。

哀容,無加服,有降服,從禮而靜,是昭吾子也。」孔子聞
之,曰:「女智無若婦,男智莫若夫。公文氏之婦,智矣。剖
情損禮,欲以明其子為令德也。」[19]

作為魯國大貴族季氏之宗婦,敬姜在兒子過世時,教導內眷減哀,避
免給人好內不好士的惡名。除內闈的教育,敬姜之夫、子皆逝於其
前,敬姜於此二者哭亦有別。〈曲禮子貢問〉載:

> 公父穆伯之喪,敬姜畫哭;文伯之喪,畫夜哭。孔子曰:「季
> 氏之婦,可謂知禮矣!愛而無私,上下有章。」[20]

禮云哭夫不夜哭,乃以防情欲也。哭子則日夜哭,表親親哀情也。敬
姜能守其分寸,故孔子讚其知禮。

相較於敬姜,貴為魯國大夫的臧文仲,卻完全顯現不出相應的
「知禮」言行,而為孔子所斥。〈曲禮子貢問〉曰:

> 冉求曰:「臧文仲知魯國之政,立言垂法,于今不可亡,可謂
> 知禮者矣。」孔子曰:「昔臧文仲安知禮?夏父弗忌逆祀,而
> 不止,燔柴於竈以祀焉。夫竈者,老婦之所祭。盛於甕,尊於
> 瓶,非所祭也。故曰:禮也者,猶體也。體不備,謂之不成
> 人。設之不當,猶不備也。」[21]

此章可與《禮記》〈禮器〉相參[22]。燔柴屬祭天儀式,而竈是家中老婦

---

19 王肅注:《孔子家語》,卷10,〈曲禮子夏問第四十三〉,頁120。
20 王肅注:《孔子家語》,卷10,〈曲禮子貢問第四十二〉,頁113。
21 王肅注:《孔子家語》,卷10,〈曲禮子貢問第四十二〉,頁112。
22 案,各今注今譯本均以此文復見於《禮記》〈禮器〉,然《五經異義》記載:《大戴

所祭，不是朝中大夫祭者。臧文仲對夏父弗忌提出的以祭祝融的儀式祭拜灶神而不加以阻止，又任大夫進行竈祭主祭，是失儀失禮之舉，哪裡能為明禮之稱。禮不僅是外在的儀式、制度而已，更是一人之身體。缺少任一環節而施作不當，都不完備。作為國家實際的執政者，執禮失敬，施禮無儀。《家語》藉魯大夫之失禮，以及敬姜、子路之知禮，對比出貴族持禮傳統的崩潰，禮被保存於家族、儒者手中。〈正論解〉載敬姜存禮事最明。文云：

> 公父文伯之母紡績不解，文伯諫焉。其母曰：「古者王后親織玄紞。公侯之夫人，加之紘綖。卿之內子為大帶。命婦成祭服。列士之妻，加之以朝服。自庶士已下，各衣其夫。秋而戒事，冬而獻功，男女紡績，愆則有辟。聖王之制也。今我寡也，爾又在位。朝夕恪勤，猶恐亡先人之業，況有怠惰，其何以避辟？」孔子聞之，曰：「弟子志之！季氏之婦，可謂不過矣。」[23]

婦女親自紡績製作祭服是傳統對「婦功」的要求，公父文伯卻認為家境富裕無須勞神費時親自織布。此顯示世襲貴族於傳統禮制已無所措意，若人人如公父文伯，則禮制之見毀崩潰不過早晚之事。從禮制來看，蠶桑之禮是因祭祀先祖而生之禮制，為了顯示對神明之誠敬，必須親自製作祭服[24]。《禮記》〈祭義〉有云：

---

禮記》〈禮器〉云：「竈者，老婦之所祭。」《小戴禮記》〈禮器〉改「竈」為「奧」，而云「奧者，老婦之所祭。」以此，《家語》當採大戴之說。今傳《大戴禮記》已未見此說。《五經異義》說見「竈神」條。〔清〕陳壽祺撰，曹建墩校點：《五經異義疏證》（上海市：上海古籍出版社，2012年9月），頁80-81。

23 王肅注：《孔子家語》，卷9，〈正論解第四十一〉，頁108-109。

24 參鄒昌林：《中國古禮研究》（臺北市：文津出版社，1992年9月），頁91。

> 古者天子、諸侯必有公桑、蠶室，近川而為之，築宮仞有三
> 尺，棘牆而外閉之，及大昕之朝，君皮弁素積，卜三宮之夫
> 人、世婦之吉者，使入蠶于蠶室。奉種浴于川，桑于公桑，風
> 戾以食之。歲既單矣，世婦卒蠶，奉繭以示于君，遂獻繭于夫
> 人，夫人曰：此所以為君服。[25]

透過與外阻隔、具有神聖意味的蠶室製作祭服[26]，不僅與祭神之神聖
精神一貫，親自製服更能突顯恭敬之意。《家語》對敬姜的推崇，顯
示在家族內的男性失去生命後，女性成為家風、傳統的重要保存者。

因此，除了個人德行評價，「知禮」更代表對國家威儀與傳統的
持守。從形容、言語甚且服飾，均要能符合所施禮儀，始能為稱。類
似的事例，《家語》「曲禮問」尚有數例。依序論之。

## （一）〈曲禮子貢問〉云：

> 孔子為大司寇。國廄焚，子退朝，而之火所。鄉人有自為火來
> 者，則拜之，士一，大夫再。子貢曰：「敢問何也？」孔子
> 曰：「其來者，亦相弔之道也。吾為有司，故拜之。」[27]

對比《禮記》〈雜記下〉之說，《家語》更強調孔子「大司寇」職，顯
示孔子施禮之正當性。相較於《論語》〈鄉黨〉所記：「廄焚。子退
朝，曰：『傷人乎？』不問馬。」展現的仁德之心，《家語》更著重
「相弔之道」的禮容表現。《正義》釋《禮記》〈雜記下〉此章曰：

---

25 《禮記》，卷48，〈祭義第二十四〉，頁819-2。

26 林素娟：〈先秦至漢代禮儀論述中有關身體的教育與政教議題〉收入氏著：《美好與
醜惡的文化論述——先秦兩漢觀人、論相中的禮儀、性別與身體觀》（臺北市：臺
灣學生書局，2011年8月）頁50。

27 王肅注：《孔子家語》，卷10，〈曲禮子貢問第四十二〉，頁111。

「相弔之道者，此言雖非大禍災，亦是相哀弔之道也。」[28]孔子以大司寇之職，對前往火災現場之人，依性質、所屬，揖拜不同。對鄉人拜是感謝他們的關心，對士、大夫拜乃從其職而行禮有等。《家語》以「吾為有司，故拜之」說，解釋對鄉人、士、大夫拜意，乃基於主管官員之職而為，因此並非從個人角度行禮。此例亦是《周禮》凶禮中弔禮的代表事例。《周禮》凶禮有五，分別是：喪禮、荒禮、弔禮、禬禮、恤禮，五禮皆須以財貨哀之。其設乃「哀邦國之事」[29]。《周禮》〈春官〉〈宗伯〉〈大宗伯〉云：以喪禮哀死亡，以荒禮哀凶札，以弔禮哀禍災。以禬禮哀圍敗，以恤禮哀寇亂[30]。弔禮注曰：

> 禍災謂遭水、火。宋大水，魯莊公使人弔焉，曰：「天作淫雨，害於粢盛，如何不弔。」廄焚，孔子拜，鄉人為火來者拜之，士一，大夫再，亦相弔之道。[31]

是孔子之行乃符合弔禮之容。

同篇〈曲禮子貢問〉又載：

> 孔子在齊，齊大旱，春饑。景公問於孔子曰：「如之何？」孔子曰：「凶年則乘駑馬，力役不興，馳道不脩，祈以幣玉，祭事不懸，祀以下牲。此則賢君自貶以救民之禮也。」[32]

此章合《禮記》〈雜記下〉、《禮記》〈曲禮下〉之說。在國家發生飢荒

---

28　《禮記》，卷43，〈雜記下第二十一〉，頁753-1。

29　《周禮》，卷6，〈天官冢宰下〉〈大府〉，頁96-1。

30　《周禮》，卷18，〈春官宗伯第三〉〈大宗伯〉，頁275-1～275-2。

31　《周禮》，卷18，〈春官宗伯第三〉〈大宗伯〉，頁275-1。

32　王肅注：《孔子家語》，卷10，〈曲禮子貢問第四十二〉，頁111。

的時候，君主乘劣馬，廢除百姓勞役工作，以玉石而非禽穀為祭品，祭祀時不奏樂，不以最上等的牲畜為祭，期望藉由這些「自貶」的行徑儀容，感動上天解除天災。《禮記》〈曲禮下〉云：

> 歲凶，年穀不登，君膳不祭肺，馬不食穀，馳道不除，祭事不縣。大夫不食粱，士飲酒不樂。[33]

自貶就是君主相應於荒年的荒禮之容。此亦在《周禮》凶禮中之荒禮範疇內。《周禮》荒禮注云：

> 荒，人物有害也。〈曲禮〉曰：歲凶，年穀不登，君膳不祭肺，馬不食穀，馳道不除，祭事不縣，大夫不食粱，士飲酒不樂。[34]

是此例乃記荒禮之容。

（二）〈曲禮公西赤問〉曰：

> 季康子朝服以縞，曾子問於孔子曰：「禮乎？」孔子曰：「諸侯皮弁以告朔，然後服之以視朝，若此禮者也。」[35]

案《論語》〈鄉黨〉曰：「吉月，必朝服而朝。」吉月乃正月，當正月朔日時，必著朝服上朝，鄭玄注曰：「朝服，皮弁服。」[36]故季康子著

---

33 《禮記》，卷4，〈曲禮下第二〉，頁77-1。

34 《周禮》，卷18，〈春官宗伯第三〉〈大宗伯〉頁275-1。

35 黃魯曾本無收。王肅注：《孔子家語》（劉世珩本），卷10，〈曲禮公西赤問第四十四〉，頁13。

36 《論語》（《十三經注疏》本），卷10，〈鄉黨第十〉，頁88-2。

白色服飾上朝，從容禮來看，是不合禮制的作法。

這些對個人禮容的討論，除了用以視君子威儀，或衡量「士」之知禮與否，士、君之動行舉度不合禮，亦是國家禮制崩壞的象徵。相較於《論語》展現之孔子個人儀度，《家語》更以容禮作為國家禮典之具體實踐。故其所展現之禮容，遠過於《周禮》所論之六儀，《家語》雖沒有「五禮」[37]之稱，然在朝、喪、祭禮外，更兼有後世荒禮、軍禮禮容的討論。沈文倬嘗指出，「以曲禮命篇的全是日常生活中的小威儀。」[38]其所說「曲禮」指的自然是《禮記》〈曲禮〉。然從上引文來看，《家語》末三篇雖亦以「曲禮」命篇，其論卻不全為日常禮儀，更多國家禮制之論。由此，容禮的實行不僅保存了各禮的精神，也展現了國家禮制之威儀。

## 二　容禮與國運

威儀觀之起，原是觀君主之容止以為國運興衰之徵，與政權緊密相關[39]。賈誼《新書》〈禮容語下〉亦認為，從國君之儀容可觀其政之危殆：

> 君子目以正體，足以從之，是以觀容而知其心。今晉侯視遠而足高，目不在體，而足不步目，其心必異矣。體目不相從，何

---

37 「吉賓軍嘉凶」五禮內涵興起於南北朝、定型於唐。從魏晉「三禮」說到唐「五禮」的形成與論述，可參梁滿倉：《魏晉南北朝五禮制度考論》（北京市：社會科學文獻出版社，2009年5月），第二、三章，頁58-177。

38 沈文倬：〈略論宗周王官之學〉，《宗周禮樂文明考論》（增補本）（杭州市：浙江大學出版社，2006年7月），頁114。

39 參王仁祥：〈先秦威儀觀探論〉，《興大歷史學報》第17期（2006年6月），頁261-292。

以能久？[40]

是將禮容視為施政得失的前兆，故見禮容而知政之得失。《家語》亦有類似的論述。〈辨物〉載：

> 邾隱公朝于魯，子貢觀焉。邾子執玉高，其容仰；定公受玉卑，其容俯。子貢曰：「以禮觀之，二君者、將有死亡焉？夫禮，生死存亡之體。將左右周旋，進退俯仰，於是乎取之；朝祀喪戎，於是乎觀之。今正月相朝，而皆不度，心以亡矣。嘉事不體，何以能久？高仰，驕也；卑俯，替也。驕近亂，替近疾；君為主，其先亡乎？」夏五月，公薨。又邾子出犇。孔子曰：「賜不幸而言中，是賜多言。」[41]

子貢從邾隱公朝禮容止，看出一人命運，甚且是國運興衰，正與賈誼容儀說相符。此種透過一人言行舉措是否合於禮度，推斷一人命運，乃先秦一貫之威儀論述。《家語》〈好生〉還有一例。文曰：

> 魯公索氏將祭而亡其牲。孔子聞之，曰：「公索氏不及二年將亡。」後一年而亡。門人問曰：「昔公索氏亡其祭牲，而夫子知其將亡，何也？」曰：「夫祭者，孝子所以自盡於其親。將祭而亡其牲，則其餘所亡者多矣。若此而不亡者，未之有也。」[42]

---

40 賈誼撰，閻振益、鍾夏校注：《新書校注》（北京市：中華書局，2000年7月），卷10，〈禮容語下〉，頁380。

41 王肅注：《孔子家語》，卷4，〈辨物第十六〉，頁46。

42 王肅注：《孔子家語》，卷2，〈好生第十〉，頁37。

祭祖是最能展現禮制敬、慎根本的精神，魯公索氏將祭祖所用之祭牲丟失，連基本的行禮如儀都做不到，顯示已無心於禮，更不用說意識到祭禮蘊含的仁孝之意。再者，不僅禮制，仁孝還是做人的根本道德，公索氏連此都不具，其人之未來發展是可想而知的。

除了從禮典實踐反映一人禍福命運，容儀失度亦為失禮之行。〈五儀解〉曰：

> 哀公問於孔子曰：「智者壽乎？仁者壽乎？」孔子對曰：「然！人有三死而非其命也，己自取也。夫寢處不時，飲食不節，逸勞過度者，疾共殺之；居下位而上干其君，嗜慾無厭而求不止者，刑共殺之；以少犯眾，以弱侮強，忿怒不類，動不量力，兵共殺之。此三者，死非命也，人自取之。若夫智士仁人，將身有節，動靜以義，喜怒以時，無害其性，雖得壽焉，不亦宜乎！」[43]

常人都以為擁有大智慧的人，或是仁善之人較易長壽，《家語》卻認為，智者、仁者誠然更有能力獲致長壽，然其長壽機會與一般人其實並無二致。一般人之所以予人較為短命的印象，在於其言、行容易失去節度。故為人者無法控制嗜欲而毀身；在下位者無法節制自我情緒，干犯上意遭致刑罰；弱者不自量力，強取豪暴，招惹兵害。相對的，智人、仁人能節度自己，言行以義，自然能趨吉避凶，減低傷害。以此，維持動循禮度才是長命本源。

在個人命運之外，孔子亦曾從君主失禮的行徑中，決斷是否繼續輔佐或離去。〈子路初見〉云：

---

[43] 王肅注：《孔子家語》，卷1，〈五儀解第七〉，頁16。

孔子相魯。齊人患其將霸，欲敗其政。乃選好女子八十人，衣以文飾而舞容璣，及文馬四十駟，以遺魯君。陳女樂、列文馬于魯城南高門外，季桓子微服往觀之，再三，將受焉。告魯君為周道遊觀，觀之終日，怠於政事。子路言於孔子曰：「夫子可以行矣。」孔子曰：「魯今且郊，若致膰於大夫，則是未廢其常，吾猶可以止也。」桓子既受女樂，君臣婬荒，三日不聽國政，郊又不致膰俎。孔子遂行，宿於郭屯。師已送，曰：「夫子非罪也？」孔子曰：「吾歌可乎？」歌曰：「彼婦人之口，可以出走；彼婦人之請，可以死敗。優哉遊哉，聊以卒歲。」[44]

魯公初雖沉迷於女樂，仍不忘祭天這樣的天子本職，是尚有可勸諫餘地。然其後未分祭肉給大臣，《周禮》〈春官宗伯〉「以脤膰之禮，親兄弟之國」[45]，原先胙肉之分，唯宗族有分，目的在強化宗族聯繫，後《左傳》〈成公十三年〉曰：「國之大事，在祀與戎，祀有執膰，戎有受脤，神之大節也。」[46]祭祀後將祭肉分送給宗親與卿大夫，成為春秋時期通禮，用以強化宗國，並凝聚君臣意識[47]，今魯公不分祭肉，不僅於禮為非，其於國之大政不復措意，國君威儀盡失。又不分肉於孔子，是疏離也，以故孔子去。

---

44 王肅注：《孔子家語》，卷5，〈子路初見第十九〉，頁54-55。

45 《周禮》，卷18，〈春官宗伯第三〉，頁278-1。

46 《左傳》，卷27，〈成公十三年〉，頁460-2。

47 何長文所謂分胙具「尚親」、「尚尊」、「尚齒」之意，亦頗可備一說。見何長文：〈中國古代分胙禮儀的文化蘊涵〉，《東北師大學報》1999年第3期，頁49-53。

## 三　士容與國家威儀

從孔子對子路、敬姜「知禮」的評述，可以看到在禮壞樂崩之後，禮儀被保存在儒者與家族之中，原先作為國家體制的禮儀，落入儒者與家族長老之內，而其行為儀度亦成為重新建構體制的重要關鍵。因此，儒者的穿戴、行為舉止，就成為官箴的表現，士容也有了國家威儀的象徵。

〈問玉〉載子路問君子貴玉賤珉，孔子以玉之德對之。玉向以君子之德為喻，君子佩玉也是君子儀德表徵。〈問玉〉曰：

> 夫昔者君子比德於玉：溫潤而澤，仁也；縝密以栗，智也；廉而不劌，義也；垂之如墜，禮也；叩之，其聲清越而長，其終則絀然，樂矣；瑕不掩瑜，瑜不掩瑕，忠也；孚尹旁達，信也；氣如白虹，天也；精神見于山川，地也；珪璋特達，德也；天下莫不貴者，道也。《詩》云：「言念君子，溫其如玉。」故君子貴之也。[48]

《白虎通》言：「所以必有佩者，表德見所能也。」《後漢書》〈輿服志〉：「古者君臣佩玉，尊卑有度。」[49]故區別所佩之玉及系玉之組綬，為先秦禮制的重要內涵。《禮記》所謂「君子于玉比德焉，天子佩白玉而玄組綬，公侯佩山玄玉而朱組綬，大夫佩水蒼玉而純組綬，世子佩瑜玉而綦組綬，士佩瓀玟而縕組綬。」案，君子佩玉事雖乃春秋士之常服，〈終記解〉記孔子之歿，殮服為「襲衣十有一稱，加朝服一，冠章甫之冠，珮象環，徑五寸而綦組綬」，章甫冠是殷商時期常

---

48 王肅注：《孔子家語》，卷8，〈問玉第三十六〉，頁90。
49 范曄：《後漢書》志三十，〈輿服下〉，頁3671。

用的士冠名。孔子為殷後,故以章甫稱之。佩直徑五吋環玉,玉帶是「文雜色」之綦組綬。《禮記》〈玉藻〉云「古之君子必佩玉」,又云:

> 凡帶必有佩玉,唯喪否。佩玉有沖牙;君子無故,玉不去身,君子於玉比德焉。天子佩白玉而玄組綬,公侯佩山玄玉而朱組綬,大夫佩水蒼玉而純組綬,世子佩瑜玉而綦組綬,士佩瓀玟而縕組綬。孔子佩象環五寸而綦組綬。[50]

孔子既以時服為殮,是知佩玉乃孔子生前常服之一環。不只孔子,佩玉在先秦本即為日常儀服,用為貴族服飾,或君子德行之彰。然而,魏時王粲曾奏請朝廷佩玉為常[51],請為朝儀。茲將相關資料條述如下。《晉書》〈禮志上〉云:「魏氏承漢末大亂,舊章殄滅,命侍中王粲、尚書衛顗草創朝儀。」[52]《魏志》〈王粲傳〉注引摯虞《決疑要注》亦稱:「漢末喪亂,絕無玉珮。魏侍中王粲識舊珮,始復作之。今之玉珮,受法於粲也。」[53]是珮玉不僅是士人儒風的群體表徵,更是「朝儀」之制。由此,君子佩玉行為、服儀不僅是個人的德行表彰,且可以顯示國家威儀。若朝官均佩玉,則士之儀容動行,就足以構成國家政務之官容。在國家朝政傾毀之際,要重建一國朝儀,唯有從士之角度重為勾勒。而士容之是否合乎禮度,亦有了觀士風/世風興衰的意涵。

---

50 《禮記》(《十三經注疏》本),卷30,〈玉藻第十三〉,頁564-1。

51 景蜀惠:〈王粲典定朝儀與其家世學術背景考述〉,《四川大學學報》(哲學社會科學版)2003年4期,頁92-101。

52 〔唐〕房玄齡等:《晉書》,卷19,〈禮志上〉,頁581。

53 陳壽:《三國志》〈魏書〉,卷21,〈王衛二劉傳傳第二十一〉,頁598注3。

## 第二節　儒行與禮容

　　除了展現國家禮制威儀，容禮更被視為士禮的展現。清代凌揚藻（1760-1845）《蠡勺編》嘗云：「後漢劉昆為梁孝王後，少習容禮。是《士禮》即《容禮》，《容禮》即《儀禮》也。」[54]而容禮作為士禮，可顯士之威儀。威儀之論，其始實為貴族內在德行之人格典範[55]，然隨著國家禮制的崩壞，以及貴族不復措意於禮，儒者與族內長老成為唯一知禮、存禮的群體。士行、儒行，不僅為個人德行涵養，更成為禮制威儀的表徵。準此，本節擬從儒行角度，論述儒者之容儀行度所展現出之容禮與威儀，以及其如何進一步重構國家之禮容威儀。

## 一　儒行與禮容

　　相較於在具體的禮典中展現合宜的禮度，儒門更重日常之動行合度。如《論語》〈子路〉曰：「居處恭，執事敬，與人忠：雖之夷狄，不可棄也。」此章雖是樊遲對仁之問，然恭、敬、忠與禮的「敬」、「慎」精神相應，於此亦可視作儒門日常、應世之禮容表現。自孔子有意識的以「儒」作為學術主張，在先秦即有諸多爭議。「儒」特殊之容服、言行使之成為特殊群體，不僅孔子當世多所爭議，孔門後學更有以殊服爭於世者。《荀子》〈非十二子〉嘗論：「弟陀其冠，神禪

---

54 凌揚藻：《蠡勺編》卷5，「漢初無儀禮之名」條，頁48。收入徐德明、吳平主編：《清代學術筆記叢刊》第35本（北京市：學苑出版社，2005年9月）。魯士春《先秦容禮研究》亦以容禮為士禮。魯氏在申論題旨時指出，容禮能概括先秦時代士庶所表現的言行舉止，故以「先秦容禮研究」為討論論題。魯士春：《先秦容禮研究》，頁28。

55 貝塚茂樹：〈威儀──周代貴族生活の理念とその儒教化〉，《貝塚茂樹著作集》第五卷（東京：中央公論社，1976年9月），〈中國古代の傳承〉，頁365-381。

其辭,禹行而舜趨:是子張氏之賤儒也。」[56]即批評儒門後學以奇服異行喧噪於世,忽略「儒」之內在價值。儒者迥異於時的言論,以及特出之容服,都使「儒」有著異於常人的容儀印象,不唯儒門後學相為齟齬,法家、墨家等不同學術主張之群體,亦往往以此攻之。《家語》論「儒行」部分以〈儒行解〉為主,此篇文又見《禮記》〈儒行〉,當中羅列了十四項「儒」之特質,不僅對常人之誤解提出論辯,也樹立了獨特的「儒者風範」。不同於常人從言行、舉止、容貌、辭氣等角度討論儒行容禮,《家語》又屢從容服角度論述服飾與個人氣質的關聯。以下先論容服與儒行之關聯。〈儒行解〉論世人對「儒服」的誤解曰:

> 公曰:「夫子之服,其儒服與?」孔子對曰:「丘少居魯,衣逢掖之衣;長居宋,冠章甫之冠。丘聞之:君子之學也博,其服以鄉。丘未知其為儒服也。」[57]

哀公問孔子身著之服是否為「儒服」,孔子以本鄉之服對之,不認為有所謂儒服。並指出,君子的標準在於博學,而非從外在服飾分辨。然而,孔子所辯解之「少居魯,衣逢掖之衣;長居宋,冠章甫之冠」,雖以「鄉俗」之服為辯,認為並不是什麼特異獨行的選擇,但穿著袖子寬大的衣服,戴著過時的殷商帽型而非當時周制的帽子,確實與當時之士大夫與百姓服飾為異,故哀公怪之。

　　然而,否定有所謂「儒服」,並不表示儒家否定外在服飾蘊有禮制、威儀、德行等象徵意涵。從禮制的角度來看,輿服可用以顯示等

---

56 王先謙集解:《荀子集解》(北京市:中華書局,1997年10月),卷3,〈非十二子第六〉,頁104。

57 王肅注:《孔子家語》,卷1,〈儒行解第五〉,頁10。

次尊卑；對孔子而言，容服更是展現一人內在精神的重要標誌。〈好生〉云：

> 哀公問曰：「紳委章甫，有益於仁乎？」孔子作色而對曰：「君胡然焉！衰麻苴杖者，志不存乎樂，非耳弗聞，服使然也；黼紱袞冕者，容不襲慢，非性矜莊，服使然也；介冑執戈者，無退懦之氣，非體純猛，服使然也。且臣聞之，好肆不守折，而長者不為市，竊夫其有益與無益，君子所以知。」[58]

此章又見《荀子》〈哀公〉。哀公之問，正是一般人對服飾彰顯之禮儀精神的懷疑態度。時人往往以為服無以為用，只是蔽體之物，對不同情境、處所必須穿著不同之服飾，視為具文，鮮為深思。孔子認為，服飾正足以顯示一人內在精神。是以著喪服之人，其心必不存樂；著大典黼紱之服者，其儀必莊；著甲冑武服者，必不會面露退懦之情。這些不同之精神展現，非獨人心本具，更重要的是服飾所代表的禮儀精神，以及對人心所起的指導原則。因此衣服不僅是外在身分的符號標誌，同時也是內在生命狀態[59]；二者相為表裡。因此，服飾、行為同樣為禮制顯諸於「外」之儀節，不僅可以彰顯儒者外在儀度風範，是亦能展現君子可威、可象之威儀。

　　《家語》論容服所展現之禮容最甚者，是藉由子路之誤服，申論容服於個人氣質之意涵。〈三恕〉云：

---

58 王肅注：《孔子家語》，卷2，〈好生第十〉，頁26。

59 林素娟：〈先秦至漢代禮儀論述中有關身體的教育與政教議題〉，收入氏著：《美好與醜惡的文化論述——先秦兩漢觀人、論相中的禮儀、性別與身體觀》（臺北市：臺灣學生書局，2011年8月），頁48。

> 子路盛服見於孔子。子曰:「由!是倨倨者何也?夫江始出於
> 岷山,其源可以濫觴,及其至於江津,不舫舟,不避風,則不
> 可以涉,非惟下流水多邪?今爾衣服既盛,顏色充盈,天下且
> 孰肯以非告汝乎?」子路趨而出,改服而入,蓋自若也。子
> 曰:「由志之!吾告汝!奮於言者華,奮於行者伐。夫色智而
> 有能者,小人也。故君子知之曰知,言之要也;不能曰不能,
> 行之至也。言要則智,行至則仁。既仁且智,惡不足哉?」[60]

子路無故穿著華麗的衣服往見孔子,孔子怪之,指出若穿著不恰當的
服飾,將有損於進德之行。服飾除了用以彰顯相應的禮節,更是一人
外在的容儀表徵,足以形構他人印象,因此服若有誤,不僅失禮,更
有損於自身氣質,並遮蔽成德之業。

另一例在〈好生〉,曰:

> 子路戎服見於孔子,拔劍而舞之,曰:「古之君子,固以劍而
> 自衛乎?」孔子曰:「古之君子,忠以為質,仁以為衛,不出
> 環堵之室,而知千里之外。有不善,則以忠化之;侵暴則以仁
> 固之,何待劍乎?」子路曰:「由乃今聞此言,請攝齊以受
> 教。」[61]

子路是孔門弟子中言行最為粗獷者,《論語》中經常可見其直率不假
修飾的言論。此章言子路持劍戎服,問君子自衛之道,以為配劍、穿
著軍裝,就足以顯示威武之儀,能嚇阻他人,達到自我護衛的效果。
此自然是對服飾的誤解。服飾是「容貌」、「威儀」之象,然服飾所帶

---

60 王肅注:《孔子家語》,卷2,〈三恕第九〉,頁24。
61 王肅注:《孔子家語》,卷2,〈好生第十〉,頁24。

引出的一人之儀容，之所以能成為人的外在容止印象，不僅是服飾使然，更重要的要有相應的內在德行精神，如此服飾始得為人之風度。因此，服制最重要功能，在成一己之身。服不正則精神邪，禮、體需相一致，始得為稱。再者，君子自衛之道非從服飾，而是以忠為本質，以仁為護衛。透過孔子對子路容服失誤的提點，可以看到《家語》論儒之禮容，服飾亦是重要之一環。

　　除了服飾，行為容止才是「容儀」的重要表徵。儒的最大特徵，就在於知禮、行禮，凡事秉持先王禮樂文化涵養而行，以此其言行異於他者。是以「儒」除用來指稱「士」，更涵蓋「禮」之意，「儒行」往往為「禮」之象徵，其言行即容禮，二者相為辯證。《家語》〈儒行解〉從儒「行」論儒，是著重「儒」之舉止、言語與行誼可為「士」之表率。而舉止、言語、行誼，正是狹義的「容禮」範疇[62]。《家語》〈儒行解〉論儒之容貌曰：

> 儒有衣冠中，動作慎，大讓如慢，小讓如偽；大則如威，小則如媿；難進而易退也，粥粥若無能也；其容貌有如此者。[63]

儒者衣冠嚴整，動作謹慎，往往給人緩慢不濟或故意謙讓虛偽的樣子，經常被誤解為無能，事實上這正是儒者恭謹的特色。正如《論語》〈鄉黨〉所曰：「孔子於鄉黨，恂恂如也，似不能言者。其在宗廟朝廷，便便言，唯謹爾。」不同場合儘管有不同儀度之展現，然謹慎之行事態度，卻是儒者一貫之儀止特色。

　　綜觀「自立、容貌、備預、近人情、特立、剛毅、仕、憂思、寬

---

62　魯士春《先秦容禮研究》以儀容、舉止、言語作為容儀內涵。然容禮實不僅為士人行為之指涉，更兼有朝儀容禮之意，故本文以士禮之容禮說為狹義。

63　王肅注：《孔子家語》，卷1，〈儒行解第五〉，頁10。

裕、舉賢援能、特立獨行、規為、交、尊讓」等十四項儒之禮容表
現,《家語》所突顯之儒行,在獨立之人格[64]。如論自立之「懷忠信以
待舉,力行以待取」,論備預之「道塗不爭險易之利,冬夏不爭陰陽
之和」,論舉賢之「內稱不辟親,外舉不辟怨,程功積事,不求厚
祿;推賢達能,不望其報;君得其志,民賴其德;苟利國家,不求富
貴」,論規為之「上不臣天子,下不事諸侯;慎靜尚寬,砥礪廉隅」,
論交友之「義同而進,不同而退」,都顯示出儒者不戚於貧賤、不依
附權貴,所為非從利害關係考量,而是出於公正、獨立之判斷。這樣
剛正不阿、堅毅獨行的精神,成為儒行容儀的特點。再者,這樣的儒
行,不僅顯示儒德行之高超,更能成就體制。如自立之「戴仁而行,
抱義而處;雖有暴政,不更其所」,以「上荅之,不敢以疑;上不
荅,不敢以諂」心態出仕,儘管為人構陷,「起居猶竟信其志,乃不
忘百姓之病也」,時時懷有憂思。以此儒者之行,不唯成就自己,更
在「忠信以為甲冑,禮義為干櫓;戴仁而行,抱義而處」[65],重在建
構國家體制。是其總論「儒」之定義為:

> 儒有不隕穫於貧賤,不充詘於富貴,不溷君王,不累長上,不
> 閔有司,故日儒。[66]

---

64 《家語》〈儒行〉文重見於《禮記》〈儒行〉、《荀子》〈儒效〉。胡楚生認為,《禮記》
〈儒行〉所論儒行,並未悖於《論語》意旨,亦頗能與《荀子》〈儒效〉相發明,
均呈顯出「士不可不弘毅」、秉義直行的特質。然胡適卻指出,此種弘毅進取、「仁
以為己任」之儒行,乃孔子所創之「新儒」。參胡楚生:〈儒行考證〉,《書目季刊》
第18卷第4期(1985年3月),頁40-45。胡適〈說儒〉,《說儒》(《胡適文存》第4集第
1卷(臺北市:遠流出版社,1994年6月),頁80。

65 王肅注:《孔子家語》,卷1,〈儒行解第五〉,頁11。

66 王肅注:《孔子家語》,卷1,〈儒行解第五〉,頁11。

不以貧賤而失志，不因富貴而忘形，不遷累於上級，是為儒者。

　　以此，《家語》之論儒，並不在表現於儒學義理的論述，而在身為儒者的「意識」上。透過儒者展現於外的言行舉止等「儒者風範」，將抽象的德行概念，傳達於世。儒行既為士之典範，行諸於文，則為禮文，為士人儀節要求。此十四種儒之「行誼」，除了作為士人行為準則，更是十四種儒的內在精神的反映。這些特殊的「儀節」，使儒成為特殊的群體。在經師、世族的帶動下，「儒」之隊伍不斷擴大，並縱橫世族與門生，成為特殊德行之範疇群體。〈儒行解〉所論儒行誼，每一項都是具體的德行實踐，可為世人效法。而其自外於群體的行為表徵，對士人而言，亦成為具體可效之威儀。誠如以往論威儀者，以作為君子理想人格之威儀，是「對於人格原有狀態的一種改造」，並「成為時人共同遵守的軌範」[67]，《家語》之論儒行，亦有以儒為人格典範之意涵。

　　除了行為，言語也是容止之展現。言語為一人意志之展現，所謂「志有之，言以足志，文以足言。不言誰知其志？」[68]然若外在儀容與言語不相為稱，則不過虛有其表，亦不能稱為君子。〈好生〉論君子三患，其中二患即言行不相稱：「有其德而無其言，君子恥之；有其言而以無其行，君子恥之。」[69]〈大昏解〉亦曰：

> 君子過言則民作辭，過行則民作則；言不過辭，動不過則，百姓恭敬以從命。[70]

---

67　楊儒賓：〈儒家身體觀的原型〉，收入氏著：《儒家身體觀》（臺北市：中央研究院中國文哲研究所籌備處，2003年1月），頁28-29。

68　王肅注：《孔子家語》，卷9，〈正論解第四十一〉，頁104。

69　王肅注：《孔子家語》，卷2，〈好生第十〉，頁27。

70　王肅注：《孔子家語》，卷1，〈大昏解第四〉，頁9。

君子之言行，均為百姓之表率，是一言一行均須小心謹慎。又如〈儒行解〉中論儒之備預曰：

> 儒有居處齊難，其坐起恭敬，言必誠信，行必中正；道塗不爭險易之利，冬夏不爭陰陽之和；愛其死以有待也，養其身以有為也；其備預有如此者。[71]

儒者言語誠信，行為中正，即使是一般日常行走坐臥，也都恭敬有禮。又論特立曰：

> 儒有委之以貨財而不貪，淹之以樂好而不淫，劫之以眾而不懼，阻之以兵而不懾；見利不虧其義，見死不更其守；鷙蟲攫搏不程其勇，引重鼎不程其力；往者不悔，來者不豫；過言不再，流言不極；不斷其威，不習其謀；其特立有如此者。[72]

行事中正，面對利益不改變節操，臨死之懼不更改操守，不誇言，不悔行。

　　《家語》之所以重言語，因言語於《家語》正是君子之威儀展現。〈觀周〉云孔子適周，見廟堂金人慎言之誡，悟行身之要[73]。慎言

---

71 王肅注：《孔子家語》，卷1，〈儒行解第五〉，頁10。
72 王肅注：《孔子家語》，卷1，〈儒行解第五〉，頁10。
73 〈觀周〉云：孔子觀周，遂入太祖后稷之廟，廟堂右階之前，有金人焉。參緘其口，而銘其背曰：「古之慎言人也，戒之哉！無多言，多言多敗；無多事，多事多患。安樂必戒，無所行悔。勿謂何傷，其禍將長；勿謂何害，其禍將大；勿謂不聞，神將伺人。焰焰不滅，炎炎若何；涓涓不壅，終為江河；綿綿不絕，或成網羅，毫末不札，將尋斧柯。誠能慎之，福之根也。口是何傷，禍之門也。強梁者不得其死，好勝者必遇其敵。盜憎主人，民怨其上。君子知天下之不可上也，故下

金人在周廟中，除了作為宗廟常器，更用以顯示威儀法典[74]。以此，慎言不唯君子行身進德之方，更是君子威儀之展現。故《家語》以「言」為成己立身之關鍵。〈六本〉曰：

> 夫終日言，不遺己之憂；終日行，不遺己之患；唯智者能之。故自脩者，必恐懼以除患，恭儉以避難者也。終身為善，一言則敗之，可不慎乎。[75]

〈子路初見〉亦有類似言論，曰：

> 孔蔑問行己之道。子曰：「知而弗為，莫如勿知；親而弗信，莫如勿親。樂之方至，樂而勿驕；患之將至，思而勿憂。」孔蔑曰：「行己乎？」子曰：「攻其所不能，補其所不備。毋以其所不能疑人，毋以其所能驕人。終日言，無遺己憂；終日行，不遺己患。唯智者有之。」[76]

言語、行為除了用以傳達己志，更是外人用以評價的基準，能在言、

---

之；知眾人之不可先也，故後之。溫恭慎德，使人慕之；執雌持下，人莫踰之；人皆趨彼，我獨守此；人皆或之，我獨不徙；內藏我智，不示人技；我雖尊高，人弗我害；誰能於此？江海雖左，長於百川，以其卑也；天道無親，而能下人。戒之哉！」孔子既讀斯文也，顧謂弟子曰：「小人識之！此言實而中，情而信。《詩》云：『戰戰兢兢，如臨深淵，如履薄冰。』行身如此，豈以口過患哉！」
王肅注：《孔子家語》，卷3，〈觀周第十一〉，頁29-30。

74 徐復觀嘗在討論殷商時期的「禮」觀念時指出，「殷禮專指的是祭神，而殷彝則指的是威儀法典。孔子所說的殷禮，除了祭神的儀節而外，更包括了殷代的法典威儀在內。見徐復觀：《中國人性論史》（臺北市：臺灣商務印書館，2007年4月），頁45。

75 王肅注：《孔子家語》，卷4，〈六本第十五〉，頁44-45。

76 王肅注：《孔子家語》，卷5，〈子路初見第十九〉，頁55。

行上準確的傳達自己的理念，又不招致誤解或災患，唯智者能做到。

　　而小人之言，與君子之言，自有不同。〈顏回〉曰：

> 顏回問於孔子曰：「小人之言，有同乎君子者，不可不察
> 也。」孔子曰：「君子以行言，小人以舌言。故君子於為義之
> 上，相疾也，退而相愛；小人於為亂之上，相愛也，退而相
> 惡。」[77]

君子言立於行，其言雖有爭，然乃衡於義而出，故其退也相愛。小人
之言是一種口舌之快，其言雖相愛，實際卻是出於作亂的目的，故其
退也相惡。〈三恕〉亦曰：

> 由志之！吾告汝！奮於言者華，奮於行者伐。夫色智而有能
> 者，小人也。故君子知之曰知，言之要也；不能曰不能，行之
> 至也。言要則智，行至則仁。既仁且智，惡不足哉？[78]

君子不為言而言，凡發言必有所為，行亦如是，故其言行能展現仁、
智。除了自身修為，「言語」在《家語》更兼有安邦治國的體制效
用。如〈屈節解〉曰子貢善言，「強晉以弊吳，吳亡而越霸」[79]。而曾
參善言，不僅可為良臣，亦可全己之身。〈致思〉曰：

> 曾子曰：「入其國也，言信於群臣，而留可也；行忠於卿大
> 夫，則仕可也；澤施於百姓，則富可也。」孔子曰：「參之言

---

77 王肅注：《孔子家語》，卷5，〈顏回第十八〉，頁44-45。
78 王肅注：《孔子家語》，卷2，〈三恕第九〉，頁24。
79 王肅注：《孔子家語》，卷8，〈屈節解第三十七〉，頁93。

此，可謂善安身矣。」[80]

觀人之初，必以色貌取人。儘管言、行可以作為評判他人的外在依據，然知人甚難，《家語》亦載錄孔子以貌失人之例，分見〈子路初見〉、〈五帝德〉。〈子路初見〉云：

> 澹臺子羽有君子之容，而行不勝其貌；宰我有文雅之辭，而智不充其辯。孔子曰：「里語云：『相馬以輿，相士以居，弗可廢矣。』以容取人，則失之子羽；以辭取人，則失之宰予。」[81]

後者云：

> 子曰：「吾欲以顏狀取人也，則於滅明改之矣；吾欲以辭言取人也，則於宰我改之矣；吾欲以容貌取人也，則於子張改之矣。」宰我聞之懼，弗敢見焉。[82]

言、行形構一人外在靜態形貌與動態之風度，然貌、才不一定相當，或貌以勝才，或貌以掩才；又有善言、良容者，均使容禮展現之儀度發生誤差。透過孔子以容禮觀澹臺滅明、宰我而誤於人之嘆，可以知道言行雖具形構容儀要素，但亦非能全幅展現，有可能會屏蔽實際的德行與智慧。

此外，〈儒行解〉之論儒行特徵十四項：自立、容貌、備預、近人情、特立、剛毅、仕、憂思、寬裕、舉賢援能、特立獨行、規為、

---

80 王肅注：《孔子家語》，卷2，〈致思第八〉，頁18-19。
81 王肅注：《孔子家語》，卷5，〈子路初見第十九〉，頁55。
82 王肅注：《孔子家語》，卷5，〈五帝德第二十三〉，頁64。

交、尊讓等，不只涵蓋容禮視、聽、言、動四層次，似乎隱與東漢士風相指涉。漢末「儒士」意識特別高漲，而《家語》所論，又與名風所重之友倫、特立、剛毅、獨行等精神若合符節。然相較於東漢以「獨行」為橫出體制之論[83]，或以獨行為激詭、違時絕俗之行，《家語》之「獨行」卻明顯有以儒行建構體制的傾向。如其論自立曰：

> 儒有席上之珍以待聘，夙夜強學以待問，懷忠信以待舉，力行以待取；其自立有如此者。[84]

> 儒有忠信以為甲冑，禮義為干櫓；戴仁而行，抱義而處；雖有暴政，不更其所；其自立有如此者。[85]

以忠信為主軸，秉義而立，不汲營於宦途，遇暴政亦不更仕二主，是儒之「自立」。論獨行曰：

> 儒有澡身浴德，陳言而伏，言而正之，上不知也；默而翹之，又不為急也；不臨深而為高，不加少而為多；世治不輕，世亂不沮；同己不與，異己不非；其特立獨行有如此者。[86]

---

83  《後漢書》〈獨行列傳〉序論獨行之士曰：或志剛金石，而剋扞於強禦。或意嚴冬霜，而甘心於小諒。亦有結朋協好，幽明共心；蹈義陵險，死生等節。雖事非通圓，良其風軌有足懷者。而情迹殊雜，難為條品；片辭特趣，不足區別。措之則事或有遺，載之則貫序無統。以其名體雖殊，而操行俱絕，故總為獨行篇焉。
見范曄：《後漢書》，卷81，〈獨行列傳第七十一〉，頁2665。而趙翼從戰國俠風論東漢名節之感知遇之恩、輕生報仇、好為苟難等志節表現，是亦傳達東漢獨行之士其行乃與體制相悖者。見趙翼：《廿二史劄記》，卷5，「東漢尚名節」條，頁61-62。

84  王肅注：《孔子家語》，卷1，〈儒行解第五〉，頁10。

85  王肅注：《孔子家語》，卷1，〈儒行解第五〉，頁11。

86  王肅注：《孔子家語》，卷1，〈儒行解第五〉，頁11。

儒有委之以貨財而不貪，淹之以樂好而不淫，劫之以眾而不懼，阻之以兵而不懾；見利不虧其義，見死不更其守；鷙蟲攫搏不程其勇，引重鼎不程其力；往者不悔，來者不豫；過言不再，流言不極；不斷其威，不習其謀；其特立有如此者。[87]

儒特立獨行，不以外在臨深或加少改變判斷，亦不因同己、異己而生二套標準。其能秉公行事，在於秉「義」而行。這種精神，正是儒「志節」的表現。因此，無論己身志節多麼重要，均不得與義相衝突。如〈屈節解〉所說：

子路問於孔子曰：「由聞丈夫居世，富貴不能有益於物，處貧賤之地，而不能屈節以求伸，則不足以論乎人之域矣。」孔子曰：「君子之行己，其於必達於己。可以屈則屈，可以伸則伸。故屈節者所以有待，求伸者所以及時。是以雖受屈而不毀其節，志達而不犯於義。」[88]

若義與節衝突，則屈己以行義。是「義」不為儒者特出之德行，而是國家禮制展現。故上引〈儒行解〉言「戴仁而行，抱義而處；雖有暴政，不更其所」。而儒者個人之志節，也在全義的同時一併成就。此外，言、行除可顯示一人志節，更是「名」之所由建。相較於漢末以奇詭之行喧噪於世，《家語》卻認為「名」不虛建。〈困誓〉曰：

子路問於孔子曰：「有人於此，夙興夜寐，耕芸樹藝；手足胼胝，以養其親。然而名不稱孝，何也？」孔子曰：「意者身不

---

87　王肅注：《孔子家語》，卷1，〈儒行解第五〉，頁10。
88　王肅注：《孔子家語》，卷8，〈屈節解第三十七〉，頁92。

敬與?辭不順與?色不悅與?古之人有言曰:『人與己與不汝
欺。』今盡力養親,而無三者之闕,何謂無孝之名乎?」孔子
曰:「由!汝志之,吾語汝。雖有國士之力,而不能自舉其
身,非力之少,勢不可矣。夫內行不脩,身之罪也;行脩而名
不彰,友之罪也;行脩而名自立。故君子入則篤行,出則交
賢,何為無孝名乎?」[89]

子路認為言、行當產生相對應之名聲,今其人孝行無失,何以無孝之
名。孔子則認為,此必內脩不力。又舉例說,人儘管有國士之力,亦
不能自舉其身,必得外力為之。故今人名之不立,必是其行仍有缺,
故名為不彰。對比漢末虛名要世之行,此章顯示出與其重視外在名聲
不足以彰顯所為之事,應更努力提升內在的言、行,始為正途。

## 二 儒儀與禮文

儒行既為禮文,其「禮」之涵義自當不僅為修身德行範疇,更往
往用以指涉「禮制」。《家語》〈論禮〉曰:「古之人也。凡制度在禮,
文為在禮,行之其在人也!」因此行為本身即是禮制的具體實踐。
〈儒行解〉所論,除了可用以為人格典範,其所論儒行雖能與《論
語》之說相發明,然其論不採《論語》,而與小戴《記》所述同,是
亦有以儒行為禮文之意涵。若〈儒行解〉所論為儒之人格特質,那
麼,〈弟子行〉所論者,即是在這樣的儒者特質上,更進一步的人物
品鑑。孔門弟子不僅是儒者原型,也是士人「動循禮度」之楷模。
《家語》〈弟子行〉載子貢論顏回、冉雍、仲由、冉求、公西赤、曾

---

89 王肅注:《孔子家語》,卷5,〈困誓第二十二〉,頁60。

參、顓孫師、卜商、澹臺滅明、言偃、宮縚、高柴等十二人之行為特
質。此篇又見《大戴禮記》〈衛將軍文子〉，然大戴《記》是以篇首命
名，《家語》更名為〈弟子行〉，與內容更為相符，有明顯後出痕跡，
且亦有以「弟子」為儒者表率用意。此篇雖不以「知人」角度命篇，
然「行」實亦已含「識人」之意。相較於先秦觀人之術，此篇是「儒
家的德行分類學一轉而為形名法術家的識人之學」[90]的重要轉折，而
《家語》轉回「孔門弟子」，雖更切合文意，但也突出了「聖人集
團」對德行類型範疇的建構。孔門弟子三千，此篇僅論十二人，除可
視為儒門菁英，其殊行亦可為孔門禮容之不同展現。

　　這十二位弟子行為特徵，除了作為士人楷模，若干德行也成為某
些具體官職的具備條件，故此篇又列有明確的官制依屬，使德行有了
政治實踐的現實審定。相對的，也突顯職官不僅是一種體制意識，更
代表德行的具體實踐，而儒學亦非空疏之言談，更與現實制度緊密關
聯，由此，職官也成為評介德行與才能的標準。相較於更講求名實之
效的《人物志》分類型態[91]，《家語》〈弟子行〉的論說，已經有德行
與職官相為配的意識，在觀念的發展上，當為《人物志》前身。為清
眉目，茲將十二弟子行為特質與堪任官職序列如下：

　　　　顏淵——夙興夜寐，諷誦崇禮，行不貳過，稱言不苟——王者
　　　　　　　之相。

　　　　冉雍——不遷怒，不深怨，不錄舊罪——有土之君子。

　　　　仲由——不畏強禦，不侮矜寡——治戎。

---

90　王仁祥在討論《大戴禮記》〈衛將軍文子〉篇與人倫鑑識觀念的發展上，曾指出相
　　較於先秦觀人之術，此篇是「儒家的德行分類學一轉而為形名法術家的識人之
　　學」。王仁祥：《人倫鑑識的學術史考察（魏晉以前）》（臺北市：國立臺灣大學文學
　　院，2008年11月），頁205。

91　參張蓓蓓：《漢晉人物品鑑研究》（臺北市：花木蘭文化出版社，2010年3月），頁
　　127-158。

冉求——恭老邺幼，不忘賓旅，好學博藝，省物而勤——國老。

公西赤——齋莊而能肅，志通而好禮——儐相。

曾參——滿而不盈，實而如虛，過之如不及，博無不學——驕大人以眉壽。

子張——美功不伐，貴位不善，不侮不佚，不傲無告——民之父母。

子夏——大仁深學，上交下接若截焉——式夷式已，無小人殆。

澹臺滅明——貴之不喜，賤之不怒，夫也中之矣——事上以佑其下。

子游——動則不妄——欲能則學，欲知則問，欲善則詳，欲給則豫。

南宮縚——獨居思仁，公言言義——異士。

高柴——啟蟄不殺，方長不折，執親之喪，未嘗見齒——成湯之仁。

十二子中，顏淵、仲由、冉求、公西赤等四位才能的辨識度較高，其材與現實官職所蘊德行關係較為緊密。其餘八位，才性不同，言行殊異，而有不同之德行表現。不論官銜明確與否，值得注意的，是十二子為人稱譽之行為中，無一「隱逸」者。曾參之行雖頗近老子之道，卻不以隱逸為其生命之取向，而以「眉壽」為論。在十二弟子行外，〈弟子行〉第二章又補錄了伯夷叔齊、趙文子、隨武子、銅鞮伯華、蘧伯玉、柳下惠、晏平仲、老來子、介子山、羊舌大夫等十一位先賢之行。於伯夷叔齊，《家語》不取其不食周粟的激烈士行，而錄其「不念舊怨」之說；於介之推，不採隱居之事，而取「易行以俟天命，居下不援其上」的平淡之行。是可知《家語》之論人物言行，刻意模糊賢聖隱逸的事行，而採錄聽天命、平淡無為長生之說。綜合來

說，此十二子之言行稱述，多從德行角度立論，而非因形知人，較接近孔子以降，所謂「視其所以，觀其所由，察其所安」的知人論述以及班固〈古今人表〉之論，然其不錄隱逸之論，實又近於《人物志》之說[92]。以此，若要論此篇之現實指涉，當近於漢末士風。漢末名風中，聖學門風往往成為當時士人之威儀典範。如《後漢書》〈獨行列傳〉載：「向栩……有弟子，名為『顏淵』、『子貢』、『季路』、『冉有』之輩。」[93]而《人物志》等漢末人倫鑑識之作，亦頗以孔門弟子才性作為人格判斷準據，是若從人物品鑑角度來看，與漢末之風較為近似。

相較於《論語》中對弟子志行、古今人物之品評，《家語》跳脫了《論語》中獨彰德行的論述模式，使這些足堪世人典範之人，除了「個人」進德修為之習，更具有承擔體制的威儀作用，故在論述弟子行誼的同時，或援《詩》以為行事作風、處事態度之論[94]，或以具體官職為配，均表現出「德」不唯個人之殊行才性，更可堪體制之任。

---

92 參張蓓蓓：《漢晉人物品鑑研究》，頁127-158。

93 范曄：《後漢書》，卷81，〈獨行列傳〉，頁2693。

94 引《詩》為論者有六，均為雅頌之作：

顏淵──《詩》曰：「媚茲一人，應侯慎德，永言孝思，孝思惟則。」

冉雍──《詩》曰：「靡不有初，鮮克有終。」

仲由──《詩》曰：「受小共大共，而為下國駿厖，荷天子之龍，不戁不竦，敷奏其勇。」

子張──《詩》云：「愷悌君子，民之父母。」

子夏──《詩》曰：「式夷式已，無小人殆。」

南宮縚──其於《詩》也，則一日三復白圭之玷。案，即《詩經》〈大雅〉〈抑〉：「白圭之玷，尚可磨也。斯言之玷、不可為也。」

## 三　士儀與官法

從儒行到弟子行,《家語》均傳達出以儒者為士儀典範的意涵。
之所以要設定士儀典範,除了用以為世人人格典範,更重要的是希望
能收量材授官之效[95]。如果說〈儒行解〉、〈弟子行〉等具有人倫鑑識
思維之傾向,〈五儀解〉就是更具官法意識之人倫選識之篇。《家語》
除了從儒門角度設立人格標準,更透過言行儀度,將世人分為五等而
作〈五儀解〉,其要在為官法之用。武內義雄嘗指出《家語》析《大
戴記》〈哀公問五義〉、〈哀公問孔子〉、《禮記》〈儒行〉三篇之文而為
〈大昏解〉、〈儒行解〉、〈問禮〉、〈五儀解〉四篇[96],而此四篇在《家
語》目次上又緊密相連,說明編者在序列上,確實是有意識地編排,
其試圖從「儒」的角度建立士之理型,以為量才授官之用。

〈五儀解〉之「儀」,若從「德」解,則是從德之高下將世人序
次庸、士、君子、賢、聖等五等。以容禮範疇之言行舉措之目,論五
種儀度風尚。其論庸人曰:

> 心不存慎終之規,口不吐訓格之言,不擇賢以托其身,不力行
> 以自定;見小闇大,不知所務;從物如流,不知其所執,此則
> 庸人也。

庸人之特徵,在隨波無定,識見狹隘。其論士人曰:

---

95 王仁祥亦指出,對人物的品德才能進行觀察判斷,其正面的價值,應是在可據以量
　　才授職。見王仁祥:〈先秦威儀觀探論〉,《興大歷史學報》第17期(2006年6月),
　　頁281。

96 武內義雄:《兩戴記考》,收入內藤虎次郎等著,江俠庵編譯:《先秦經籍考》上
　　冊,頁179。

心有所定，計有所守，雖不能盡道術之本，必有率也；雖不能備百善之美，必有處也。是故知不務多，必審其所知；言不務多，必審其所謂；行不務多，必審其所由。知既知之，言既道之，行既由之，則若性命之形骸之不可易也；富貴不足以益，貧賤不足以損，此則士人也。

士人者，識見雖不廣，卻能謹慎衡量；言談雖不精，必有志而發；行動雖不敏，其出必有所由，不是任意而為。以此其之於道雖猶遠，卻已能擺脫外在環境對己身的控制。論君子曰：

言必忠信，而心不怨；仁義在身，而色無伐；思慮通明，而辭不專；篤行信道，自強不息，油然若將可越，而終不可及者，君子也。

君子言語忠信，內心無怨悔，行事秉持仁義而貌不夸，待人寬厚，旁人以為君子言行無所特別，容易學習，實際君子信守道行的用心常人是難以為持的。論賢人曰：

德不踰閑，行中規繩，言足以法於天下，而不傷於身；道足以化於百姓，而不傷於本；富則天下無宛財，施則天下不病貧，此賢者也。

賢人之行足以為時則世範，且不傷害自己，道藝足以化育百姓卻不違背本性。富有時使天下人不私聚財，貧窮時佈施天下化解民怨。論聖人曰：

> 所謂聖者,德合於天地,變通無方,窮萬事之終始,協庶品之
> 自然,敷其大道,而遂成情性;明竝日月,化行若神,下民不
> 知其德,覩者不識其鄰,此謂聖人也。

聖人德行與天地相合,能窮究萬事萬物起源過程,協調萬物之發。一
般人難以看出聖人之所以異於常人,亦難以理解其德行。此五種不同
之儀節表現,除「德」高下意涵,更是「才性」不同的分殊之意。以
此,「五儀」之「儀」,除作為德之徵顯,更是「才」之外鑠。而當中
彰顯的「容儀」,亦頗具「才性」之別意涵。尤其聖人「協庶品之自
然」說,更與漢末人物品鑑之「沖和」、「自然」、「平淡」等說可相
發明。

　　除了「德」的解釋,「儀」更可作威儀解。若從威儀角度來看,
正可展現五種不同儀度。依前所釋,庸人者其儀乃無所依托,隨物而
行。士人者雖較庸人為上,然其識見仍未能臻至道術之源,唯行事略
有所依,言、行不任意而行,謀定而後動。君子者,其言必本諸忠
信,行為必篤實於道,看似易於仿效,然其行實難也。賢人者,言語
足以為世人法,又不會為自身引來口舌之災;行為足以安百姓,而無
損於既成之本。聖人者,言行有如日月之光,德澤眾人,人習之而難
察。其中聖人之威儀,正是《家語》所謂「成人」之行。〈顏回〉曰:

> 顏回問於孔子曰:「成人之行若何?」子曰:「達于情性之理,
> 通於物類之變,知幽明之故,覩游氣之原,若此可謂成人矣。
> 既能成人,而又加之以仁義禮樂,成人之行也,若乃窮神知
> 禮,德之盛也。」[97]

---

97 王肅注:《孔子家語》,卷5,〈顏回第十八〉,頁51。

成人者，在深究人之性情，通曉萬物變化之理，又能明物象成因。而成人之行，在成人因素之上，復以仁義禮樂實踐之，由此上通神明，下行禮義，此即為成人之行。與聖人上窮萬事終始、下又能德被百姓精神一致。

　　透過這五種儀度，則可對世人有大致的鑑別意識，從而能明治國方向。故曰：「人有五儀：有庸人，有士人，有君子，有賢人，有聖人。審此五者，則治道畢矣。」[98]是儀度雖各有所差，然各類型之人有不同之威儀展現，可為官法典範。

　　〈五儀解〉開篇載哀公之問曰：

> 哀公問於孔子曰：「寡人欲論魯國之士，與之為治，敢問如何取之？」孔子對曰：「生今之世，志古之道；居今之俗，服古之服。舍此而為非者，不亦鮮乎？」[99]

哀公問取士之方，孔子認為，秉持古聖王之道的人，以及穿著舊制服飾，行事篤守當前禮俗，這樣的人鮮少為惡。哀公未明，續問：

> 曰：「然則章甫絇屨，紳帶搢笏者，皆賢人也？」孔子曰：「不必然也。丘之所言，非此之謂也。夫端衣玄裳，冕而乘軒者，則志不在於食焄；斬衰菅菲，杖而歠粥者，則志不在酒肉。生今之世，志古之道；居今之俗，服古之服，謂此類也。」[100]

此章又見《荀子》〈哀公〉、《大戴禮記》〈哀公問五義〉。楊倞注「端

---

98　王肅注：《孔子家語》，卷1，〈五儀解第七〉，頁14。
99　王肅注：《孔子家語》，卷1，〈五儀解第七〉，頁13。
100　王肅注：《孔子家語》，卷1，〈儒行解第五〉，頁13-14。

衣玄裳，冕而乘軒者，則志不在於食君」云：「言服被於外，亦所以
制其心也。」[101]如前述以服飾為內在志節之意同，要判斷誰是賢者，
誰非賢者，並非只從服飾判斷，而是要觀察其行為是否與外在服飾相
對應。〈五儀解〉透過五種不同儀度之人，使哀公明辨世人類型，以
思治國之道。

　　檢驗士儀的目的在能知人、任人，非僅求一人之超然人格，因此
即使個人德行高超，若不懂進賢，亦無能為稱。先秦最具知人任賢之
能者，是屢為孔子盛讚之博物君子子產。《左傳》〈襄公三十一年〉曰：

> 子產之從政也，擇能而使之，馮簡子能斷大事，子大叔美秀而
> 文，公孫揮能知四國之為，而辨於其大夫之族姓，班位貴賤能
> 否，而又善為辭令，裨諶能謀，謀於野則獲，謀於邑則否，鄭
> 國將有諸侯之事，子產乃問四國之為於子羽，且使多為辭令，
> 與裨諶乘以適野，使謀可否，而告馮簡子使斷之，事成，乃授
> 子大叔使行之，以應對賓客，是以鮮有敗事，北宮文子所謂有
> 禮也。[102]

相較於《左傳》之褒，《家語》卻不認為子產是知人善任者。〈賢君〉
曰：

> 子貢問於孔子曰：「今之人臣孰為賢？」子曰：「吾未識也。往
> 者齊有鮑叔，鄭有子皮，則賢者矣。」子貢曰：「齊無管仲，
> 鄭無子產。」子曰：「賜！汝徒知其一，未知其二也。汝聞用

---

101　王先謙集解：《荀子集解》（北京市：中華書局，1997年10月），卷20，〈哀公篇第
　　三十一〉，頁538。

102　《左傳》，卷4，〈襄公三十一年〉，頁688-2。

　　力為賢乎？進賢為賢乎？」子貢曰：「進賢賢哉！」子曰：
　　「然。吾聞鮑叔達管仲，子皮達子產，未聞二子之達賢己之才
　　者也。」[103]

《家語》以子產為擇善其身者，己身雖賢，卻不能進賢。可以看出
《家語》對知人與否的定義，乃從官法角度論，非從德行面向探究。
以此論子產非「賢臣」。

　　而誠如論者所指出，君子之威儀，必是其威有可畏，儀有可象，
無論容貌風采或動行儀度有足以引人效法，並引發他人敬畏，始得為
稱[104]。然而威儀所展現的，不僅僅是一人內在德行，更是社會共同體
與世界秩序。[105]因此，儒行不僅是儒者個人德行修為，亦是理想群體
秩序架構。以此，威儀不唯講求德行增進，更須兼顧體制價值。〈五
儀解〉之五儀除了用以表示五種德行儀度，又可代表五種治國方針。
〈五儀解〉曰：

　　公曰：「……雖然，寡人生於深宮之內，長於婦人之手，未嘗
　　知哀，未嘗知憂，未嘗知勞，未嘗知懼，未嘗知危，恐不足以
　　行五儀之教，若何？」（……）孔子曰：「君入廟如右，登自阼
　　階，仰視榱桷，俯察机筵，其器皆存，而不覩其人，君以此思
　　哀，則哀可知矣；昧爽夙興，正其衣冠，平旦視朝，慮其危

---

103 王肅注：《孔子家語》，卷3，〈賢君第十三〉，頁34。
104 楊儒賓指出：「『威』乃因君子的容貌風采足以引起他人敬畏之謂，『儀』則為君子的
　　言行舉止足以引起他人效法。『威儀』是君子人格展現出來的一種理想狀態，這種
　　理想狀態是對於人格原有狀態的一種改造。」楊儒賓：〈儒家身體觀的原型〉，《儒
　　家身體觀》（臺北市：中央研究院中國文哲研究所籌備處，2003年1月），頁28-29。
105 楊儒賓認為：「威儀觀最大的特色，乃在它是以社會共同體規範的身分展現出來的
　　倫理。」楊儒賓：〈儒家身體觀的原型〉，《儒家身體觀》，頁40-41。

難,一物失理,亂亡之端,君以此思憂,則憂可知矣;日出聽
政,至於中冥,諸侯子孫,往來為賓,行禮揖讓,慎其威儀,
君以此思勞,則勞亦可知矣;緬然長思,出於四門,周章遠
視,覩亡國之墟;必將有數焉,君以此思懼,則懼可知矣;夫
君者、舟也;庶人者、水也。水所以載舟,亦所以覆舟,君以
此思危,則危可知矣。君既明此五者,又少留意於五儀之事,
則於政治何有失矣!」[106]

《家語》以「五儀之教」作為治國的五種層面:思哀、思憂、思勞、
思懼、思危。此五種儀度,構成體制的五綱架,用以提醒人君治國時
謹慎、守禮、愛民。

自經學成為漢代官方學術,以及士人安身立命之方,到了東漢,
名門大族已能自成累世經學之家。在這樣累世經學的情形下,其所涵
養之新士族群體,即與西漢時期不同。加上人才選鑑,使德行與儒學
關係更為緊密。相較於魏晉以言行體察人情[107],《家語》之德是為官法
基礎,又延伸而為治國之道,顯示出《家語》偏重體制思想之傾向。

## 第三節　禮容與成己

容禮既可觀,對觀者而言,必有可為習用以安身之說。如論者所
言:「禮的展現是一種威儀的展現,是觀(去聲);禮的接收是一種威

---

106 王肅注:《孔子家語》,卷1,〈五儀解第七〉,頁14-15。

107 荀悅曰:「察觀其言行,未必合於道而悅於己而者,此必佞人也;察觀其言行,未必
悅於己而合於道者,必正人也,此亦察人情之一端也。」荀悅撰,張烈點校:《漢
紀》(北京市:中華書局,2002年6月),〈孝元皇帝紀中卷第二十二〉,頁387。

儀的接收，是觀（平聲）。」[108]除了動態的禮容展現，《家語》更藉由「觀」的動作，感受禮所傳遞之威儀，從而達到成身的目的[109]。《家語》之觀禮論述最甚者，在〈觀周〉。〈觀周〉載孔子適周，「觀先王之遺制，考禮樂之所極」。是《家語》威儀觀的精神並非黃金上古「舜禹之制」，而是「周道」。至周，觀明堂，見墉之堯、舜與桀、紂畫像，明善惡之狀與興廢之誡；又有周公相成王，抱之負斧扆，南面以朝諸侯之圖。以此，周道雖仍是以周禮為依準的禮樂制度，然其入周觀周廟，是有以宗法為威儀根源之傾向。相較於宗法制度之宗親觀念，宗族祖先崇拜觀念、宗法倫理與宗法政治等四核心觀念[110]，《家語》之宗法意識，非從宗室立論，而是宗法制度所建構出的國家體制意識。如其論周公之功。〈觀周〉第一章云：

> 問禮於老聃，訪樂於萇弘，歷郊社之所，考明堂之則，察廟朝之度。於是喟然曰：「吾乃今知周公之聖，與周之所以王也。」[111]

第二章亦曰：

> 孔子觀乎明堂，覩四門墉有堯舜與桀紂之象，而各有善惡之狀、興廢之誡焉；又有周公相成王，抱之負斧扆南面以朝諸侯

---

108 祝平次：〈從禮的觀點論先秦儒、道身體／主體觀念的差異〉，收入楊儒賓主編：《中國古代思想中的氣論與身體觀》（臺北市：巨流圖書公司，1997年2月），頁299。

109 祝平次嘗言，儒家肯定身的完成和人的完成是一致的，在儒家的禮制觀上，更是如此。見氏撰：〈從禮的觀點論先秦儒、道身體／主體觀念的差異〉，楊儒賓主編：《中國古代思想中的氣論與身體觀》，頁290。

110 錢杭：《周代宗法制度史研究》（北京市：學林出版社，1991年8月），頁119。

111 王肅注：《孔子家語》，卷3，〈觀周第十一〉，頁29。底線為筆者所加，下同。

之圖焉。孔子俳佪而望之，謂從者曰：「<u>此周公所以盛也</u>。夫明鏡所以察形，往古者所以知今；人主不務襲跡於其所以安存，而急急所以危亡，是猶未有以異於卻走而欲求及前人也，豈不惑哉！」[112]

周公聖德乃周室所興之由。

　　然而，周禮何以成為全身、成己的安頓之道呢？《禮記》〈曲禮〉嘗曰：「君子戒慎，不失色於人。」[113]《家語》〈論禮〉亦有：「無體之禮，威儀遲遲。」[114]《家語》〈觀周〉言孔子入太廟，見廟堂金人銘，悟慎言存身之道。此戒慎之醒悟即《家語》君子威儀之由。先秦威儀觀亦有從一人之威儀容止觀其禍福吉凶之說。在個人吉凶之外，〈觀周〉之末，將慎言的功效，置於行道。文云：「老子曰：『夫說者流於辯，聽者亂於辭，知此二者，則道不可以忘也。』」依此，威儀除了用以表彰君子之德，更是「道」的威儀。《左傳》〈成公十三年〉劉子言：「吾聞之，民受天地之中以生，所謂命也，是以有動作禮義威儀之則，以定命也，能者養之以福，不能者敗以取禍，是故君子勤禮，小人盡力。」[115]當中以禮的精神「敬慎」作為君子威儀的基礎。《家語》保留了「禮」的形式，卻代之以《老子》之持損戒慎之說，使威儀與個人禍福之間有了更強的聯繫。而作為威儀象徵的宗廟內金人，其慎言之象不唯降低了原先威儀觀中的德行意涵，轉為內在的持滿戒慎之道。相較於儒家傳統以「中」為君子的人格標準，《家語》反以「損」為高。對比先秦君子之威儀為普世依循之法度，

---

112 王肅注：《孔子家語》，卷3，〈觀周第十一〉，頁29。

113 《禮記》卷1，〈曲禮上第一〉，頁55-2。

114 王肅注：《孔子家語》，卷6，〈論禮第二十七〉，頁73。

115 《左傳》（《十三經注疏》本），卷27，〈成公十三年〉，頁460-2。

或為體制之理想精神，《家語》威儀觀卻明顯轉為個人之護衛，體制反而成為威儀的反向作用力。而敬慎全身之威儀持守，亦從君子個人禮容之掌握，一轉為體制、禮制下的全身之方。金人立於宗廟，其言、行雖同樣為世人榜樣，卻不具有積極進取的修德之力，而是謹慎保守的全身之思。從威儀論述來看，《家語》之論，更接近個人自覺意識提升下的漢末士風。而戒慎之說，不僅是君子人格的展現，也是士人的全身之道，並與體制之憂患意識相關。是《家語》之威儀精神，乃透過戒慎之道，綰結個人與國家體制，從而使《家語》成為保存古義之作，不僅能用於個人修身，更兼能為國家禮制之備考典籍。

# 第四章

# 喪祭之紀：《孔子家語》中的喪禮論述

　　沈欽韓（1775-1832）曾指出，王肅於《家語》所增加者，在「婚姻、喪祭、郊禘、廟祧」[1]，以此《家語》之論喪祭禮處，向被視為王肅經學主張。觀今本《家語》，當中所論喪禮服制，大抵未溢於《禮記》與〈士喪禮〉的記載，各條例亦見諸《禮記》、《左傳》、《國語》等傳世典籍。在事例均有所本情形下，云王肅增加，其意為何？從何認定？《家語》所載喪服制度，大抵集中全書之末，即子貢、子夏、公西赤三弟子之曲禮問篇章中，而綜觀所列事例，可分從三層次論述：喪葬制度、服術、服敘制度等。不論是一般性的居喪行為規範，或援變制以論服術、服敘意涵，都與當時禮學爭議相為發明。而其中顯露之精神，頗近於漢晉之際的士風。這種巧合當不是《家語》隨機採錄，或流傳殘篇使然，應該是人為揀擇所致。

　　《家語》所記喪禮事例共四十六條，其中十一條為葬制，三十四條為喪服規範，二條為祭禮問題（以喪禮範疇內之吉祭、喪祭為論，吉禮中之吉祭詳見第五章）。本章將分三節論述：第一節為終制、葬制的討論，第二節從服敘角度論《家語》所載從服原則與意涵。第三

---

[1] 顧實《漢書藝文志講疏》轉引沈欽韓《漢書疏證》說云：「〈王制〉疏：《家語》，先儒以為肅之所作，未足可信。案肅惟取婚姻、喪祭、郊禘、廟祧，與鄭不同者屬入家語，以矯誣聖人。其他固已有之，未可竟謂肅所造也。」見顧實：《漢書藝文志講疏》（上海市：上海古籍出版社，2009年12月），頁72。

節從居喪儀則角度，論述守喪期間之飾變除、奪情、弔問等議題。

## 第一節　葬禮儀節

　　《家語》〈本姓解〉、〈終記解〉分別記載孔子生平世系與臨終喪制，內容與《史記》〈孔子世家〉差異不大，但《家語》卻別為二篇。〈本姓解〉記載孔子世系，〈終記解〉則錄臨終遺囑與孔子喪葬事宜。值得注意的是，不論是〈本姓解〉或〈終記解〉，「本姓」、「終記」篇目都近漢魏六朝用語。「本姓」之「本」乃論其氏之先與家族起源。當中所論，有明顯以「姓」代「氏」的思維，此乃東漢以降論點。〈本姓解〉首章曰：「孔子之先，宋之後也。微子啟，帝乙之元子，紂之庶兄。」[2]微子「弟曰仲思，名衍，或名泄。嗣微子後，故號微仲。生宋公稽」、「宋公生丁公申。申公生緡公共及襄公熙。熙生弗父何及厲公方祀。方祀以下，世為宋卿。弗父何生宋父周。周生世子勝。勝生正考甫。考甫生孔父嘉。五世親盡，別為公族。故後以孔為氏焉。一曰：孔父者，生時所賜號也，是以子孫遂以氏族。」[3]考證「孔」姓由來，乃始於孔父嘉。此種以氏為姓的觀點，乃漢末普遍的認知。王符《潛夫論》〈志氏姓〉、應劭《風俗通義》〈姓氏〉等均持此論。這種對姓氏原由的追索，是在「家族」觀念興起後，衍生探究自我氏族之先之風，盛行於漢末魏初[4]。而《家語》〈本姓解〉以姓之「本」為名，專論「孔氏」家族與氏姓起源，此種重「本源」、「根

---

2　王肅注：《孔子家語》，卷9，〈本姓解第三十九〉，頁99。

3　王肅注：《孔子家語》，卷9，〈本姓解第三十九〉，頁99-100。

4　參〔日〕尾形勇：〈古代姓氏制的展開和「家」的建立〉，收入氏著，張鶴泉譯：《中國古代的「家」與國家》（北京市：中華書局，2010年1月），頁63-90。徐復觀：〈中國姓氏的演變與社會形式的形成〉，《兩漢思想史卷一》（臺北市：臺灣學生書局，1999年10月），頁295-347。

源」之意，又近於漢魏之際的重本之風。而〈終記解〉之「終」，即終制。王利器嘗指出：「終制，謂送終之制，猶今言遺囑。《後漢書》〈宋均傳〉：『送終逾制。』《三國志》〈魏書〉〈文帝紀〉：『表首陽山東為壽陵，作終制云云。』又〈常林傳〉注引《魏略》：『沐並作終制。』《晉書》〈石苞傳〉：『豫為終制。』《金樓子》有〈終制篇〉。」[5]是知「終制」乃六朝語。然而《顏氏家訓》〈終制〉、《金樓子》〈終制〉，其內容均合傳主生平與身後葬儀形制，《家語》則別為世系、喪制二篇。從形式來看，《顏氏家訓》〈終制〉、《金樓子》〈終制〉是魏晉家訓的普遍敘述方式[6]，《家語》則試圖從此本孔氏「家傳」之作，為天下終始之制的典範。

作為賢聖後裔，孔子之行不僅為世人典範，又因其熟稔古禮，其禮學主張就有了聖典的意涵。而其禮學觀念多與當世相異，多「創制」之儀，以「聖人」身分，孔子所倡、行之禮儀行誼往往成為後世遵奉之聖典依據與禮典準則。如〈終記解〉曰：

> 既葬，有自燕來觀者，舍於子夏氏。子貢[7]謂之曰：「吾亦人之葬聖人，非聖人之葬人。子奚觀焉？……今徒一日三斬板而以封，尚行夫子之志而已。何觀乎哉？」[8]

---

5 顏之推撰，王利器集解：《顏氏家訓集解》（臺北市：明文書局，1999年3月），頁533注1。

6 守屋美都雄嘗指出，鄭玄的〈戒子書〉「採用鄭玄本人的自傳形式，這一傾向確實形成了六朝家訓的先驅，晉宋之際陶淵明對兒子的訓誡，以及雷次宗給子侄的信，楊椿對子孫的訓誡，《顏氏家訓》〈終制篇〉等等，都沿襲了這類家訓的體例。」見守屋美都雄著，錢杭、楊曉芬譯：《中國古代的家族與國家》（上海市：上海世紀出版公司，2010年3月），頁352。

7 案，《禮記》〈檀弓上〉作「子夏」，然《家語》各本均作「子貢」。

8 王肅注：《孔子家語》，卷9，〈終記解第四十〉，頁102。

不論是「人葬聖人」，或「聖人葬人」，都顯示出孔子代表意涵之特殊。弟子所行，不論周制或殷制，只要是符合「夫子之志」，都可以自成一說。在古禮有缺，文義古奧，且古禮所載往往只具原則性的規範，諸多細目無法兼顧，以及殷制、周制規範矛盾時，作為人們生存基本需求的「養生送死」之制，「孔子本意」反而是最具決定性的依循因素。

## 一 葬禮總論與仁德之意

葬禮是喪禮之始，〈相魯〉論孔子初仕於魯，首要之務即「制為養生送死之節」，除了顯示喪禮於為政之要，更在於喪禮乃人生基本需求，亦是禮制的基礎。《家語》以仁義為葬禮本義。〈曲禮子夏問〉曰：

> 子夏問於孔子曰：「客至，無所舍，而夫子曰：『生於我乎館。』客死，無所殯，夫子曰：『於我乎殯。』敢問禮與？仁者之心與？」孔子曰：「吾聞諸老聃曰：『館人，使若有之，惡有有之而不得殯乎？』夫仁者，制禮者也，故禮者不可不省也。禮不同不異，不豐不殺，稱其義以為之宜。故曰：『我戰則剋，祭則受福。』蓋得其道矣。」[9]

此例又見《禮記》〈檀弓上〉，鄭玄注曰：「仁者不厄人。」此例指出了禮之為制，乃仁心之發，故曰「仁者，制禮者也」，因此「葬」之本意乃在彰顯仁德。無論何人，均在禮的保障範疇內，即使是互不相識者，不幸道殂，見者也要助喪，才能稱義。《家語》〈論禮〉云

---

9　王肅注：《孔子家語》，卷10，〈曲禮子夏問第四十三〉，頁117。

「『凡民有喪，扶伏救之』，無服之喪也」，「無服之喪，施及萬邦」。[10]
以此「無聲之樂，無體之禮，無服之喪」的「三無」說構成了民之父
母政權，正足以展現一國家之威儀體制。

　　除了對行路之人的助喪，更推及於動物。〈曲禮子夏問〉曰：

> 孔子之守狗死。謂子貢曰：「路馬死則藏之以帷，狗則藏之以
> 蓋。汝往埋之。吾聞弊帷不棄，為埋馬也；弊蓋不棄，為埋狗
> 也。今吾貧無蓋，於其封也，與之席，無使其首陷於土焉。」[11]

此例又見《禮記》〈檀弓下〉，最能見孔子之仁。喪禮既然是仁心之發
顯，故不僅宗族親屬，萬物皆可納於禮制之下。對於終生協助守衛家
園的家犬，孔子在其歿後，沒有隨便的丟棄，而是慎重的安藏之。禮
云：「葬者藏也，欲使人不見之。」[12]即使是看門守狗、日常騎乘之馬
匹，亦不忍見其壞也，故遮蓋掩埋之。

　　對萬物都有如此的仁德，對熟識的友人更有溢於禮制的表現。
《家語》載錄二條孔子對舊友的權變舉措。〈曲禮子夏問〉云：

> 孔子適衛，遇舊館人之喪，入而哭之哀。出，使子貢脫驂以贈
> 之。子貢曰：「於所識之喪，不能有所贈。贈於舊館，不已多
> 乎？」孔子曰：「吾向入哭之，遇一哀而出涕，吾惡夫涕而無
> 以將之。小子行焉。」[13]

---

10　王肅注：《孔子家語》，卷6，〈論禮第二十七〉，頁73。

11　王肅注：《孔子家語》，卷10，〈曲禮子夏問第四十三〉，頁121。

12　〔唐〕杜佑，王文錦點校：《通典》（北京市：中華書局，2007年1月），卷86，〈凶
　　禮八〉，頁2343。

13　王肅注：《孔子家語》，卷10，〈曲禮子夏問〉，頁118。

此章另見《禮記》〈檀弓上〉。孔子聞舊館人之喪，不僅入哭出涕，情意真摯深重，又贈賻助喪。案施賻者多親屬、密友，館人誼疏，故子貢疑而問之。孔穎達論子貢「於所識之喪，不能有所贈。贈於舊館，不已多乎」之疑，釋曰：「舊館之恩不得比顏回之極，而稅驂於舊館，惜車於顏回者。……舊館情疏，厚恩待我，須有賵賻，故說驂賻之。顏回則師徒之恩親，乃是常事，則顏回之死必當以物與之。顏路無厭，更請賣車為椁，以其不知止足，故夫子抑之。」[14]可以看到，在維繫上下尊卑秩序，禮制亦有緣情的權變空間。孔子稅驂舊館，不僅展現至情至性，也是重於道義與配合弔哭出涕的合禮之舉。

葬禮既有重情感表現之一方，在具體的葬制上，即不主張過分追求外在裝飾，而是注重儉葬。《家語》論儉葬事甚多，如〈曲禮子貢問〉云：

> 子路問於孔子曰：「傷哉，貧也！生而無以供養，死則無以為禮也？」孔子曰：「啜菽飲水，盡其歡心，斯謂之孝。斂手足形，旋葬而無椁，稱其財，斯謂之禮，貧何傷乎？」[15]

若家貧，即使缺少內槨，也無法施置全備禮儀，只要能將逝者悉心安置下葬，也是合於禮制的表現。因此安葬親人之喪具，並不需要華麗、完備的裝置，最重要的是在過程中表達對親人的孝思敬意。〈曲禮子貢問〉又載：

> 子游問喪之具，孔子曰：「稱家之有亡焉。」子游曰：「有亡惡乎齊？」孔子曰：「有也，則無過禮；苟亡矣，則斂手足形。

---

14 《禮記》，卷6，〈檀弓上第三〉，頁129-2。
15 王肅注：《孔子家語》，卷10，〈曲禮子貢問第四十二〉，頁114。

還葬，懸棺而封。人豈有非之者哉？故夫喪亡，與其哀不足而
禮有餘，不若禮不足而哀有餘也。祭禮，與其敬不足而禮有
餘，不若禮不足而敬有餘也。」<sup>16</sup>

因此，與其準備豐富的陪葬用品，不如以象徵式的明器代表。〈曲禮
公西赤問〉曰：

> 原思言於曾子曰：「夏后氏之送葬也，用明器，示民無知也。
> 殷人用祭器，示民有知也。周人兼而用之，示民疑也。」曾子
> 曰：「其不然矣。夫以明器，鬼器也；祭器，人器也。古之人
> 胡為而死其親也？」子游問於孔子，曰：「之死而致死乎？不
> 仁，不可為也；之死而致生乎？不智，不可為也。凡為明器
> 者，知喪道矣，備物而不可用也。是故竹不成用而瓦不成膝，
> 琴瑟張而不平，笙竽備而不和，有鐘磬而無簨虡，其曰明器，
> 神明之也，哀哉！死者而用生者之器，不殆於用殉也？」<sup>17</sup>

案，《禮記》〈檀弓下〉無「原思言於曾子、子游問於孔子、曾子」等
語。明器是象徵性的模型，實際並不能拿來使用，因此是「備物而不
可用」者。之所以要準備明器，是用表尊崇與敬悼死者。若以實際日
常用品為殉，則是不明生死之分，如同以生人陪葬一般。

　　明器不得用祭器，那麼偶人可以入墓嗎？《家語》亦不贊成。
〈曲禮子夏問〉云：

> 子游問於孔子曰：「葬者塗車芻靈，自古有之。然今人或有

---

16　王肅注：《孔子家語》，卷10，〈曲禮子貢問第四十二〉，頁115。
17　王肅注：《孔子家語》，卷10，〈曲禮公西赤問第四十四〉，頁121。

偶，是無益於喪？」孔子曰：「為芻靈者善矣。為偶者不仁，不殆於用人乎？」[18]

偶人有生人之形，與生人為殉同義，都妨於生、死之分。

辨明了生器、明器，葬品之置尚須合於墓主身分禮制，不可僭越。〈曲禮子夏問〉云：

> 季平子卒，將以君之璵璠斂，贈以珠玉。孔子初為中都宰，聞之，歷級而救焉，曰：「送而以寶玉，是猶曝尸於中原也。其示民以姦利之端，而有害於死者，安用之？且孝子不順情以危親，忠臣不兆姦以陷君。」乃止。[19]

季平子家屬用國君配戴的璵璠美玉陪葬，用以榮耀季平子。孔子認為陪葬品過於富厚，將引來盜墓賊，使先人屍骨曝於荒野。而桓魋自製棺槨過久，南宮敬叔以富去國，也為孔子所不許。〈曲禮子夏問〉記：

> 孔子在宋，見桓魋自為石槨，三年而不成，工匠皆病。夫子愀然曰：「若是其靡也，死不如速朽之愈。」冉子僕，曰：「禮，凶事不豫。此何謂也乎？」夫子曰：「既死而議諡，諡定而卜葬，既葬而立廟，皆臣子之事，非所豫屬也。況自為之哉？」南宮敬叔以富得罪於定公，犇衛。衛侯請復之，載其寶以朝。夫子聞之，曰：「若是其貨也，喪不若速貧之愈。」子游侍，曰：「敢問何謂如此？」孔子曰：「富而不好禮，殃也。敬叔以

---

18 王肅注：《孔子家語》，卷10，〈曲禮子夏問第四十三〉，頁122。案：此章又見《禮記》〈檀弓下〉，唯無「子游問於孔子」說。

19 王肅注：《孔子家語》，卷10，〈曲禮子夏問第四十三〉，頁119。

富喪矣，而又弗改。吾懼其將有後患也。」敬叔聞之，驟如孔氏，而後循禮施散焉。[20]

此章另見《禮記》〈檀弓上〉，當中「凶事不豫」說出於《左傳》〈隱公元年〉[21]。季平子璵璠殮與桓魋二例，先為僭禮之論，後世衍為儉葬倡議之典，或合為厚葬過禮說。在漢魏之際的終制文辭中，經常可見以此垂誡後世子孫務必儉葬的記載。如曹丕終制即云：

> 冬十月甲子，表首陽山東為壽陵，作終制曰：「……骨無痛癢之知，冢非棲神之宅，禮不墓祭，欲存亡之不黷也，為棺槨足以朽骨，衣衾足以朽肉而已。故吾營此丘墟不食之地，欲使易代之後不知其處。無施葦炭，無藏金銀銅鐵，一以瓦器，合古塗車、芻靈之義。棺但漆際會三過，飯含無以珠玉，無施珠襦玉匣，諸愚俗所為也。季孫以璵璠殮，孔子歷級而救之，譬之暴骸中原。宋公厚葬，君子謂華元、樂莒不臣，以為棄君於惡。……喪亂以來，漢氏諸陵無不發掘，至乃燒取玉匣金縷，骸骨并盡，是焚如之刑，豈不重痛哉！禍由乎厚葬封樹。」[22]

《魏略》〈清介傳〉論沐並的終制曰：

> 年六十餘，自慮身無常，豫作終制，戒其子以儉葬，曰……陽虎璵璠，甚於暴骨，桓魋石椁，不如速朽。……屍繫地下，長幽桎梏，豈不哀哉！昔莊周闊達，無所適莫；又楊王孫裸體，

---

20　王肅注：《孔子家語》，卷10，〈曲禮子夏問第四十三〉，頁111。
21　《左傳》〈隱公元年〉：「豫凶事非禮也」。《左傳》卷2，〈隱公元年〉，頁47-2。
22　陳壽：《三國志》〈魏書二〉，〈文帝紀第二〉（黃初三年），頁81-82。

貴不久容耳。至夫末世，緣生怨死之徒，乃有含珠鱗柙，玉牀
象袵，殺人以狗；壙穴之內，錮以紵絮，藉以蜃炭，千載僵
燥，託類神仙。於是大教陵遲，競於厚葬，謂莊子為放蕩，以
王孫為戮屍，豈復識古有衣薪之鬼，而野有狐狸之嗜乎哉？[23]

凡此均是主張儉葬之終制論述。

除了反對安置過多的陪葬品，殮服亦以時服為宜。孔子自身之殯
殮儀節，未置從葬之物，以日常之佩玉、冠帽為殮服，是時服以殮以
示儉之意。楊樹達（1885-1956）云「儉者以常服」[24]，《漢書》〈朱雲
傳〉：「雲年七十餘，終於家。病不呼醫飲藥。遺言以身服斂，棺周於
身，土周於椁。」[25]、《後漢書》〈鄧寇列傳〉云：「（鄧）弘初疾病，
遺言悉以常服，不得用錦衣玉匣。」[26]此等皆是常服、故服以殮為儉
葬之說。內為時服，外加朝服以尊。〈曲禮子貢問〉載延陵季子葬
子，亦以時服為殮。曰：

吳延陵季子聘于上國，適齊。于其返也，其長子死於嬴、博之
閒。孔子聞之，曰：「延陵季子，吳之習於禮者也。往而觀其
葬焉。」其欲以時服而已，其壙揜坎，深不至於泉，其葬無明
器之贈。既葬，其封廣輪揜坎，其高可肘隱也。既封，則季子
左袒，右還其封，且號者三，曰：「骨肉歸于土，命也。若魂
氣則無所不之，無所不之而遂行。」孔子曰：「延陵季子之於

---

23 《三國志》〈魏書〉，卷23，〈和常楊杜趙裴傳第二十三〉，注3引《魏略》〈清介
傳〉，頁661-662。

24 楊樹達：《漢代婚喪禮俗考》（上海市：上海古籍出版社，2007年4月），頁64。

25 《漢書》，卷67，〈楊胡朱梅云傳第三十七〉，頁2916。

26 《後漢書》，卷16，〈鄧寇列傳第六〉，頁615。

禮，其合矣。」[27]

案，季子長子死於嬴、博之間，季子卻沒有將其歸葬於吳，而是就地葬於嬴、博之間，與時情相左。歷來論此事者，多著重討論不歸葬部分，至《後漢書》始論其喪制。如《後漢書》〈朱冉傳〉云：

中平二年，年七十四，卒於家。臨命遺令勅其子曰：「吾生於昏闇之世，值乎淫侈之俗，生不得匡世濟時，死何忍自同於世！氣絕便斂，殮以時服，衣足蔽形，棺足周身，殮畢便穿，穿畢便埋。其明堂之奠，干飯寒水，飲食之物，勿有所下。墳封高下，令足自隱。知我心者，李子堅、王子炳也。今皆不在，制之在爾，勿令鄉人宗親有所加也。」於是三府各遣令史奔弔。大將軍何進移書陳留太守，累行論諡，僉曰宜為貞節先生。會葬者二千餘人，刺史郡守各為立碑表墓焉。[28]

顏師古「墳封高下，令足自隱」注云：「前書劉向曰：『延陵季子葬子，其高可隱。』」[29]晉亦以延陵季子葬子之例為薄葬典範。《晉書》〈元四王傳〉云：「嬴博至儉，仲尼稱其合禮。」[30]

　　此外，孔子仕魯為民制養生送死之節「四寸之棺，五寸之槨」[31]，此制亦儉葬規模，與其自身棺槨「桐棺四寸，柏棺五寸」之制同。凡此均可見《家語》之儉葬主張。

---

27　王肅注：《孔子家語》，卷10，〈曲禮子貢問第四十二〉，頁114-115。
28　《後漢書》，卷81，〈獨行列傳第七十一〉范冉，頁2690。
29　《後漢書》，卷81，〈獨行列傳第七十一〉范冉，頁2690注2。
30　《晉書》，卷34，〈元四王傳〉，頁1729。
31　王肅注：《孔子家語》，卷1，〈相魯第一〉，頁3。

## 二 哀戚之本：尚「情」為主的墓葬制度

《家語》之喪葬制度，多從殷制，與孔子論喪葬時往往從殷制之論的精神相同。周制與殷制之別，在殷制更重人情之展現，周制則強調禮制對人情的節制與規範。孔子認為，殷制最能彰顯禮制設立之本質，所謂「喪事則從其質也」，也符合禮「緣情而發」的設立本義。這種「尚殷」傾向[32]，在孔子所論之喪葬儀式中，經常可見，如其助司徒敬之喪事例，〈曲禮子貢問〉曰：

> 孔子在衛，司徒敬之卒，夫子弔焉。主人不哀，夫子哭不盡聲而退。蘧伯玉請曰：「衛鄙俗，不習喪禮。煩吾子辱相焉。」孔子許之。掘中霤而浴，毀竈而綴足，襲於床；及葬，毀宗而躐行；出于大門，及墓，男子西面，婦人東面，既封而歸，殷道也。孔子行之。子游問曰：「君子行禮，不求變俗，夫子變之矣。」孔子曰：「非此之謂也。喪事則從其質而矣。」[33]

對孔子以殷制助喪，習於禮儀的子游當場表示此為「變制」，不合當時禮則。《禮記》〈曲禮〉有言曰：「君子行禮，不求變俗。」所謂「不求變俗」，乃在不改變既有習俗，順應各地方之不同文化。然孔子以「喪事則從其質」覆之，是以殷古制為喪葬禮儀之本質，不以當前周制為禮。孔子應蘧伯玉之請，主持司徒敬之喪禮，「掘中霤而浴，毀竈而綴足，襲於床」。《禮記》〈檀弓上〉曰：

---

32 孫希旦撰，《禮記集解》（北京市：中華書局，1998年12月），卷10，〈檀弓下第四之一〉，頁262。

33 王肅注：《孔子家語》，卷9，〈曲禮子貢問第四十二〉，頁113。

掘中溜而浴，毀灶以綴足；及葬，毀宗躐行，出于大門，殷道
也。學者行之。[34]

在居室中掘坑架床洗浴逝者，用拆毀爐灶的磚石綴死者之足。出葬時，
毀壞宗廟西邊的牆，使柩車行駛過行神所在的神位，然後出大門[35]，
此乃殷制。至墓地，「男子西面，婦人東面」。《禮記》〈檀弓下〉曰：

國昭子之母死，問於子張曰：「葬及墓，男子、婦人安位？」
子張曰：「司徒敬子之喪，夫子相，男子西鄉，婦人東鄉。」
曰：「噫！毋。」曰：「我喪也斯沾。爾專之，賓為賓焉，主為
主焉——婦人從男子皆西鄉。」[36]

案，葬時男子西鄉，婦人東鄉，是《儀禮》之說。國子昭認為男子立
於東方主位，婦人立於西方之賓位，即賓主相對行禮。孫希旦批評：
「既無男女之別，又紊親疏之序，失禮甚矣」。[37]「既封而歸」，是指
棺柩下至墓地即返。

這種以殷制為喪禮依歸的傾向，正與孔子自身的葬制相呼應。
〈終記解〉曰：

予疇昔夢坐奠於兩楹之間，夏后氏殯於東階之上，則猶在阼；
殷人殯於兩楹之間，則與賓主夾之；周人殯於西階之上，則猶

---

34 《禮記》（《十三經注疏》本），卷7，〈檀弓上第三〉，頁136-1。

35 參楊天宇，《禮記譯注》（上海市：上海古籍出版社，2011年6月），〈檀弓上第三〉，
頁79。

36 《禮記》（《十三經注疏》本），卷9，〈檀弓下第四〉，頁174-2。

37 孫希旦，《禮記集解》，卷10，〈檀弓下四之一〉，頁269。

賓之。而丘也即殷人，夫明王不興，則天下其孰能宗余？[38]

「殯」是停柩之禮，停柩位置三代不同，夏人停於東階，以逝者為
主；殷人置於兩楹之間，逝者身分介於賓主之間。周人停於西階，周
制以西階為客道，是以逝者為客。孔子夢自己在兩楹之間，古代坐於
兩楹之間者唯有君主，但孔子感嘆亂世哪裡有人會請我為君主呢，若
從我是殷人之後的角度來想，那我大概是要死了吧。孔子殁，棺木
「飾棺牆，置翣設披，周也；設崇，殷也；綢練設旐，夏也」，[39]棺木
上畫有牆，插有翣扇、牙旗、旐旗；牙旗即崇也[40]。引棺之布有披。
披即扶棺之布，披者「絡柳棺上，貫結於戴，人居旁牽之，以備傾虧
也」[41]，翣、披都是周制。旐亦旗也，夏所制；崇為殷制。孔子棺木
喪制兼採三代之禮，是備古象徵。

　　另外，〈曲禮子貢問〉載：

　　　　子張有父之喪，公明儀相焉。問啟顙於孔子，孔子曰：「拜而
　　　　後啟顙，頹乎其順也；啟顙而後拜，頎乎其至也。三年之喪，
　　　　吾從其至者。」[42]

此章另見《禮記》〈檀弓上〉，但沒有子張父喪，公明儀相說。拜是對
來參與弔唁的親友，表達感謝之意。鄭玄注云：「拜而後啟顙，此殷
之喪拜也。啟顙而後拜，此周之喪拜也。」《家語》論「拜」「從

---

38 王肅注：《孔子家語》，卷9，〈終記解第四十〉，頁101。
39 王肅注：《孔子家語》，卷9，〈終記解〉，頁101-102。
40 楊天宇：《禮記譯注》〈檀弓上第三〉，頁74。
41 杜佑：《通典》，卷86，〈凶禮八〉「薦車馬明器及飾棺」條，頁2323。
42 王肅注：《孔子家語》，卷10，〈曲禮子貢問第四十二〉，頁114。

至」，乃周制也[43]。孫希旦認為：「拜所以禮賓，稽顙所以致哀。故先拜者於禮為順，而先稽顙者於情為至，蓋當時喪拜有此二者，而孔子欲從其至者。〈士喪禮〉、〈雜記〉每言『拜稽顙』，皆據周禮也，則拜而後稽顙非專為殷法明矣。」[44]〈檀弓下〉曾指出：「拜稽顙，哀戚之至隱也。稽顙，隱之甚也。」是知孫希旦說為確。《禮記》所論喪制，雖多殷、周對論，然若為制度之不同，即註明施行時代，此章不論時代，當是從禮儀施作的方式同時並存，並非古制之異。要之，孔子之論喪禮，多從情至角度論述，亦往往因情而變制。

## 三　墓制

「葬」是禮制基礎，也是仁心之發顯，「物」以帷、蓋掩之，人則以「四寸之棺，五寸之槨」埋之，《家語》所論諸多葬制，都能與孔子葬禮相發明。唯一不同處在〈相魯〉原主張「因丘陵為墳，不封不樹」，土高為墳，聚土曰封，杜佑認為「封」是周制。周禮曰「以爵等為丘封之度」。孔子認為當順應自然，以丘陵為墳，認為過分注重墓葬的外緣裝飾，是本末倒置。然孔子祔葬父母之墓時，卻以「東西南北之人，不可以弗識也」，立封以示。〈曲禮公西赤問〉曰：

> 曰：「吾聞之，古者墓而不墳。今丘也，東西南北之人，不可以弗識也。吾見封之若堂者矣，又見若坊者矣，又見若覆夏屋者矣，又見若斧形者矣。吾從斧者焉。」於是封之崇四尺。[45]

---

43　《禮記》（《十三經注疏》本），卷6，〈檀弓上第三〉，頁111-1。

44　《禮記集解》，卷7，〈檀弓上第三之一〉，頁167-168。

45　王肅注：《孔子家語》，卷10，〈曲禮公西赤問第四十四〉，頁120。

封高四尺，是「蓋周之士制也」[46]。孔子歿，弟子操辦喪禮，亦遵照孔子封父母之墓的形制為封。〈終記解〉云：

> 葬於魯城北泗水上，藏入地不及泉。而封為偃斧之形，高四尺，樹松柏為志焉。弟子皆家于墓，行心喪之禮。既葬，有自燕來觀者，舍於子夏氏。子貢謂之曰：「吾亦人之葬聖人，非聖人之葬人。子奚觀焉？昔夫子言曰：『吾見封若夏屋者，見若斧矣。從若斧者也。』馬鬣封之謂也。今徒一日三斬板而以封，尚行夫子之志而已。何觀乎哉？」[47]

以斧型的馬鬣封封之。

　　除了封、樹制異於孔子自己原先的禮學主張，在母親過世後，是否要將父母之墓合葬，孔子也做了逾制卻重情的決定。孔子三歲父親過世，〈本姓解〉曰：「孔子三歲而叔梁紇卒，葬於防。」[48]至母親過世，孔子欲祔葬。然合葬非古制，〈曲禮公西赤問〉曰：

> 孔子之母既喪，將合葬焉。曰：「古者不祔葬，為不忍先死者之復見也。《詩》云：『死則同穴。』自周公已來，祔葬矣。故衛人之祔也，離之，有以間焉。魯人之祔也，合之，美夫！吾從魯。」遂合葬於防。曰：「吾聞之，古者墓而不墳。今丘也，東西南北之人，不可以弗識也。吾見封之若堂者矣，又見若坊者矣，又見若覆夏屋者矣，又見若斧形者矣。吾從斧者

---

46 鄭玄注曰：「聚土曰封，封之，周禮也。……高四尺，蓋周之士制。」《禮記》，卷6，〈檀弓上第三〉，頁112-1。

47 王肅注：《孔子家語》，卷9，〈終記解第四十〉，頁102。

48 王肅注：《孔子家語》，卷9，〈本姓解第三十九〉，頁100。

焉。」於是封之崇四尺。[49]

合葬之制並不符合古禮所制，而是周公創制，孔子論此制源流，是承認此制乃後世以情創制。祔葬既出於周公，衛、魯作法又不一。衛乃將二人之墓分兩個墓穴下葬，中間有間隔；魯乃合為一墓穴。孔子既為魯人，自當從魯制。值得注意的是，母出或改嫁則義絕，子可不為母服，亦可不合葬。今孔子既為父母合葬，是《家語》〈孔序〉言孔子「三世出妻」說不成立。合葬之制既非古禮所有，然何以合葬？《白虎通》〈崩薨〉曰：

> 合葬者何？所以固[50]夫婦之道也。故《詩》曰：「穀則異室，死則同穴。」又《禮檀弓》曰：「合葬，非古也，自周公以來，未之有改也。」[51]

合葬用意乃在鞏固夫婦之道，以及顯示「夫婦一體」。《漢書》〈哀帝紀〉曰：

> 六月庚申，帝太后丁氏崩。上曰：「朕聞夫婦一體。《詩》云：『穀則異室，死則同穴。』昔季武子成寢，杜氏之殯在西階下，請合葬而許之。附葬之禮，自周興焉。『郁郁乎文哉！吾

---

49 王肅注：《孔子家語》，卷10，〈曲禮公西赤問第四十四〉，頁121-122。

50 案，原文作「同」，劉師培《斠補》引程本、郎本作「固」。從後引《詩》「死則同穴」來看，「固」字較佳，今改之。參陳立：《白虎通疏證》（北京市：中華書局，1997年10月），附錄三〈白虎通義斠補〉，卷下，頁720。

51 陳立：《白虎通疏證》（北京市：中華書局，1997年10月），卷11，〈崩薨〉「合葬」條，頁558。

從周。』孝子事亡如事存。帝太后宜起陵恭皇之園。」[52]

除了用以彰顯夫婦之道，合葬之後，子孫祭拜不必分走宗廟，而於墓祭即可。孔子為父母合葬，象徵墓祭取代廟祭。《論衡》〈四諱〉：「古禮廟祭，今俗墓祀。」《晉書》〈禮志〉亦曰：「古無墓祭之禮。」[53]墓祭乃魏晉創制，用以顯示家族。而孔子為親打破原先不封、不祔葬的禮制規範，有不以禮害情，禮乃緣情而制之傾向。

孔子雖然因親情而開了禮學變例，然變例也有分際。如孔子聞防墓崩時，內心雖然哀痛，仍泣云不修墓。〈曲禮公西赤問〉曰：

孔子先反虞，門人後，雨甚至；墓崩，脩之。而孔子問焉，曰：「爾來何遲？」對曰：「防墓崩。」孔子不應。三云，孔子泫然而流涕，曰：「吾聞之，古不脩墓。」及二十五月而祥，五日而彈琴不成聲，十日過禫，而成笙歌。[54]

〈本命解〉云：「苴衰不補，墳墓不培，示民有終也。」[55]此即《禮記》〈喪服四制〉之說。孫希旦云：「言此者，自傷其不能謹之於始，以致違禮而脩墓也。」[56]

不修墓之說，在漢為薄葬象徵。《潛夫論》〈浮侈〉曰：

古者墓而不墳，中世墳而不崇。仲尼喪母，冢高四尺，遇雨而

---

52 《漢書》，卷11，〈哀帝紀第十一〉，頁339。

53 《晉書》，卷20，〈禮志中〉，頁633。

54 王肅注：《孔子家語》，卷10，〈曲禮公西赤問第四十四〉，頁120。

55 王肅注：《孔子家語》，卷6，〈本命解第二十六〉，頁71。

56 孫希旦：《禮記集解》，卷7，〈檀弓上第三之一〉，頁169。

崩，弟子請修之，夫子泣曰：古不修墓。及鯉也死，有棺無
槨。[57]

孔子合葬父母，為之立封等說，多能於《禮記》復見，唯一不同的，
在《家語》並不認為孔子不知父墓，而殯於五父之衢，母死，孔子生
改葬、合葬之意。孔子不知父墓說在《禮記》〈檀弓上〉，而《家語》
不錄，此與王肅立場是一致的。王肅注《禮記》〈檀弓上〉「孔子少
孤，不知其墓」云：「無此事，注記者謬。」[58]因此《家語》更無孔子
「改葬」之說，而獨記合葬與立封事。

## 四　葬後之祭儀

喪禮中的祭禮，分喪祭與吉祭。喪祭包括：虞、練、祔、朝，吉
祭為祥。喪期中的祭禮，也是喪服變除的階段。凡有受服說之喪期，
每過一祭，飲食、服制均降殺一級，服制漸輕，直至服除。

### （一）神主的象徵：重、主

〈曲禮子夏問〉曰：

子羔問於孔子曰：「始死之設重也，何為？」孔子曰：「重，主
道也。殷主綴重焉，周人徹重焉。」「請問喪朝？」子曰：「喪
之朝也，順死者之孝心，故至於祖考廟而後行。殷朝而後殯於
祖，周朝而後遂葬。」[59]

---

57 王符撰，汪繼培箋：《潛夫論箋》（臺北市：漢京文化事業公司，1984年5月），卷
　3，〈浮侈第十二〉，頁137。
58 李振興：《王肅之經學》（臺北市：政治大學中文系博士論文，1976年5月），頁527。
59 王肅注：《孔子家語》，卷10，〈曲禮子夏問第四十三〉，頁121。

「重主道」等說見《禮記》〈檀弓下〉。「重」是人甫過世至虞祭間設置的暫時性神主牌，用以代表死者，鄭玄注：「始死，未作主，以重主其神也。重，既虞而埋之，乃復作主。」因此相較於「主」，「重」較為粗糙，故虞祭後以「主」代之，「重」則埋之。殷制將「重」與「主」合綴以象神，周制則在作「主」、三虞禮過後就地埋除「重」。《儀禮》士喪、既夕、士虞之「重徹而主立」，是取周制也。

　　魏時有主、重禮議。《魏書》〈禮志〉曰：

> 延業、盧觀前經詳議，並據許慎、鄭玄之解，謂天子、諸侯作
> 主，大夫及士則無。意謂此議雖出前儒之事，實未允情禮。何
> 以言之？原夫作主之禮，本以依神，孝子之心，非主莫依。今
> 銘旌紀柩，設重憑神，祭必有尸，神必有廟，皆所以展事孝
> 敬，想象平存。上自天子，下逮於士，如此四事，並同其禮。
> 何至於主，惟謂王侯。禮云：「重，主道也。」此為埋重則立
> 主矣。（……）故王肅曰：「重，未立主之禮也。」士喪禮亦設
> 重，則士有主明矣。[60]

此論核心在，一說天子、諸侯有「主」，卿大夫、士有「重」無「主」。王肅則主張士亦有主，非天子、諸侯獨尊之制。《五經異義》曰：「主者，神象也。孝子既葬，心無所依，所以虞而立主以事之。唯天子諸侯有主，卿大夫無主，尊卑之差也。卿大夫無主者，依神以几筵，故少牢之祭，但有尸無主。三王之代，小祥以前主用桑者，始死尚質，故不相變。既練易之，遂藏於廟，以為祭主。」[61]從《家

---

60 魏收：《魏書》（北京市：中華書局，1990年12月），卷108-2，〈禮志四之二第十一〉〈祭祀下〉，頁2771、2775。

61 《五經異義疏證》，卷上，〈卿大夫有主不〉，頁68。

語》此章，可以看到，其雖未明論重、主之設何者更為合禮，然卻證實士亦有「主」，重、主之分乃殷制、周制不同，非爵等、位階之別。

　　此例後半論殯廟之禮。《家語》說與《禮記》〈檀弓上〉論同。「朝」即殯廟之禮，殷制，朝祭後停喪於祖廟，「遷柩於祖」，並不馬上入土安葬。周制則祭後下葬。《家語》採殷制，以其能表現孝心故也。

## （二）虞祭

　　〈曲禮子貢問〉有云：

> 孔子在衛，衛之人有送葬者，而夫子觀之，曰：「善哉，為喪乎！足以為法也。小子識之。」子貢問曰：「夫子何善爾也？」曰：「其往也如慕，其返也如疑。」子貢曰：「豈若速返而虞哉？」子曰：「此情之至者也。小子識之！我未之能也。」[62]

送葬是出殯的最主要儀式。送葬完成後，喪禮中「葬」的過程即結束。接下來就是各服制期限內的居喪與祭祀活動。葬禮完成後，就是虞祭。虞祭是既葬之後的安靈祭祀。《禮記》〈檀弓下〉云：

> 葬日虞，弗忍一日離也。是月也，以虞易奠。卒哭曰成事，是日也，以吉祭易喪祭，明日，祔于祖父。其變而之吉祭也，比至于祔，必于是日也接，不忍一日未有所歸也。[63]

《禮記》所主張之「葬日虞」，即在安葬當日返家進行虞祭，其因擔

---

62　王肅注：《孔子家語》，卷10，〈曲禮子貢問第四十二〉，頁114。
63　《禮記》（《十三經注疏》本），卷9，〈檀弓下第四〉，頁182-2。

心親人之魂魄找不到安身之地。此即子貢所問：「豈若速返而虞哉？」因擔心未能於一日內往返家中與葬地，故疑而問之，孔子卻讚衛人之行，認為衛人「往也如慕，返也如疑」，對逝去的親人展現戀戀不捨的哀傷情懷，連他都做不到，是以哀戚為葬之本，祭祀末也[64]。而此亦符《禮記》〈問喪〉所曰：

> 其往送也，望望然、汲汲然如有追而弗及也；其反哭也，皇皇然若有求而弗得也。故其往送也如慕，其反也如疑。求而無所得之也，入門而弗見也，上堂又弗見也，入室又弗見也。亡矣喪矣！不可復見矣！[65]

再次可見《家語》的喪葬制度是以「情」為先，有「為情造制」傾向。

## （三）反哭之弔、祔祭之禮

反哭之弔是喪家在葬後奉神主歸家而哭，同時舉行祭祀儀式。〈曲禮子夏問〉曰：

> 子貢問於孔子曰：「殷人既定而弔于壙，周人反哭而弔於家，如之何？」孔子曰：「反哭之弔也，喪之至也，反而亡矣，失之矣。於斯為甚，故弔之。死，人卒事也，殷以慤，吾從周。殷人既練之明日而祔于祖，周人既卒哭之明日而祔于祖。祔，祭神之始事也。周以戚，吾從殷。」[66]

---

64 《禮記》（《十三經注疏》本），卷7，〈檀弓上第三〉，鄭玄注說，頁130-1。

65 《禮記》（《十三經注疏》本），卷56，〈問喪第三十五〉，頁946-2~947-1。

66 王肅注：《孔子家語》，卷10，〈曲禮子夏問第四十三〉，頁118。

此例乃合《禮記》〈檀弓下〉二章而論，一論反哭之弔制，一論祔祭。子貢問反哭之弔，當於墓地為佳，或返家之後為佳？《家語》認為反哭之弔，此禮之由來，在於逝者下葬後，永不來歸，於情當是喪主返家後，看到再也不見逝者足跡的空蕩空間，才是最為哀痛的時刻，因此賓客之弔問，當在返家之後為宜。殷時弔於墓地，過於簡樸，有盡快把「卒哭弔禮」行使完畢的感覺，彷彿只是制度上的行禮如儀，缺乏深切的情感。此即《禮記》〈檀弓下〉所云：

> 反哭之弔也，哀之至也。反而亡焉，失之矣，於是為甚。殷既封而弔，周反哭而弔。孔子曰：「殷已慤，吾從周。」[67]

因此在反哭之弔上，主張從周制。《禮記》認為此弔禮，可用以顯示百姓之不忘祖。《禮記》〈坊記〉曰：「殷人弔於壙，周人弔於家，示民不偝也。」[68]此外，事例中「死，人卒事也」說，乃改《禮記》〈坊記〉：「子云：『死，民之卒事也，吾從周。』」[69]

祔祭是新死者與祖先合享之祭。因此祔祭又是逝者成為神祖的起始點。殷制，一年之練祭之後隔日舉行祔祭。周人則在將逝者下葬、虞祭隔日之卒哭祭後舉行祔祭。二者時間差異甚大。《家語》認為周制過於急促，主張從殷制。此意同於《禮記》之說。《禮記》〈檀弓下〉云：「殷練而祔，周卒哭而祔。孔子善殷。」[70]而周制之卒哭後祔，乃《儀禮》之說。《儀禮》〈既夕禮〉：「卒哭，明日，以其班祔。」鄭玄注：「祔，卒哭之明日祭名。祔猶屬也。」[71]《禮記》〈檀

---

67 《禮記》（《十三經注疏》本），卷9，〈檀弓下第四〉，頁170-2。
68 《禮記》（《十三經注疏》本），卷51，〈坊記第三十〉，869-2。
69 《禮記》（《十三經注疏》本），卷51，〈坊記第三十〉，869-2。
70 《禮記》（《十三經注疏》本），卷9，〈檀弓下第四〉，頁171-2。
71 《儀禮》（《十三經注疏》本），卷13，〈既夕禮第十三〉，頁473-1。

弓下〉：「卒哭曰成事，明日祔於祖父。」鄭玄曰：「祭告於其祖之廟。」[72]因此卒哭後祔祭，亦鄭玄主張。是《家語》不從鄭說。

## （四）祥祭

祥祭祭拜後即除服，代表喪期終了。祥的時間向有廿五、廿七月之爭，《家語》未論，唯討論相關的祥祭儀行。第一例在〈曲禮公西赤問〉：

> 顏淵之喪既祥，顏路饋祥肉於孔子，孔子自出而受之。入，彈琴以散情，而後乃食之。[73]

顏淵之喪祥後，顏回父顏路將祭拜的祭肉給孔子，孔子受之，又彈琴散情，以示禮成與禮以節情之意。「彈琴散情」行為，多用於三年之喪喪期之末。〈本命解〉曰：「喪不過三年，苴衰不補，墳不脩，除服之日鼓素琴，示民有終也。」《家語》〈六本〉嘗以子夏、閔子騫為例。文曰：

> 子夏三年之喪畢，見於孔子。子曰：「與之琴。使之絃。」侃侃而樂，作而曰：「先王制禮，不敢不及。」子曰：「君子也！」閔子三年之喪畢，見於孔子。子曰：「與之琴，使之絃。」切切而悲，作而曰：「先王制禮，弗敢過也。」子曰：「君子也！」子貢曰：「閔子哀未盡，夫子曰：君子也。子夏哀已盡，又曰：君子也。二者殊情，而俱曰君子，賜也惑，敢

---

72 《禮記》（《十三經注疏》本），卷9，〈檀弓下第四〉，頁171-1。
73 王肅注：《孔子家語》，卷10，〈曲禮公西赤問第四十四〉，頁122。

問之。」孔子曰：「閔子哀未忘，能斷之以禮；子夏哀已盡，
能引之及禮；雖均之君子，不亦可乎？」[74]

此事又見《禮記》〈檀弓上〉，然人物、表現略異，子夏未能忘哀，閔
子騫作子張。文曰：

子夏既除喪而見，予之琴，和之不和，彈之而不成聲。作而曰：
「哀未忘也。先王制禮，弗敢過也。」子張既除喪而見，和之
而和，彈之而成聲，作而曰：「先王制禮，不敢不至焉。」[75]

是彈琴散情乃先王禮制意涵。《家語》記載雖不同於《禮記》原說，
卻符合魏晉的認知。《晉書》〈王祥傳〉曰：「高柴泣血三年，夫子謂
之愚。閔子除喪出見，援琴切切而哀，仲尼謂之孝。故哭泣之哀，日
月降殺，飲食之宜，自有制度。」[76]類似的制禮節情之意，又見諸
《家語》諸篇。如〈曲禮子貢問〉論子路不忍為姊除喪，孔子曰：
「先王制禮，過之者俯而就之，不至者企而望之。」

　　第二例在〈曲禮子貢問〉。相較於以琴散情，〈曲禮子貢問〉討論
魯人朝祥而暮歌說。

魯人有朝祥而暮歌者，子路笑之。孔子曰：「由！爾責於人終
無已夫？三年之喪，亦已久矣。」子路出。孔子曰：「又多乎
哉！踰月則其善也。」[77]

---

74　王肅注：《孔子家語》，卷4，〈六本第十五〉，頁40-41。
75　《禮記》（《十三經注疏》本），卷7，〈檀弓上第三〉，頁135-1。
76　《晉書》，卷33，〈王祥傳〉，頁989。
77　王肅注：《孔子家語》，卷10，〈曲禮子貢問第四十二〉，頁114。

祥祭已屬喪禮中之吉祭，也是除服的象徵，祭後表示喪禮結束，生活回復正常。然為樂時間，向以祥祭隔天為驗，以此子路認為魯人朝祥而暮歌，是忘哀之速，譏其失禮。然能服三年喪，已是難為，因此孔子並未苛責魯人之行，但勉之若能過祥月而為樂當更為合宜。《禮記》〈檀弓〉曰：「祥而縞，是月禫，徙月樂。」祥後隔月始能為樂。

## (五) 四時常祀

〈曲禮公西赤問〉載孔子之祭祖禮容曰：

> 孔子嘗，奉薦而進，其親也愨，其行也趨趨以數。已祭，子貢問曰：「夫子之言祭也，濟濟漆漆焉。今夫子之祭，無濟濟漆漆，何也？」孔子曰：「濟濟漆漆者，容也，遠也；漆漆者，以自反。容以遠，若容以自反，夫何神明之及交？必如此，則何濟濟漆漆之有？反饋樂成，進則燕俎，序其禮樂，備其百官，於是君子致其濟濟漆漆焉！夫言豈一端而已哉？亦各有所當。」[78]

嘗是對先祖之秋祭，屬四時常祀。此章又見《禮記》〈祭義〉。此章論孔子祭祖，沒有像一般人祭祖時謹慎恭敬的樣子，而是步行急促。子貢怪之。孔子認為祭祀主、賓態度各有別，若祭祀自家祖先太過恭敬，反而顯得親疏，過於拘謹。可以看到《家語》在重視禮制規範人儀度之外，更注重內在的情意，符合禮原情而制之論。

　　葬禮既為禮制基礎，不論是棺槨形制，或初死、停柩、埋葬等禮儀，其所隱含之殷、周傾向，就具有了典範式的意涵。通觀《家語》

---

78 王肅注：《孔子家語》，卷9，〈曲禮公西赤問第四十四〉，頁122。

所論葬禮，雖多從殷制，然其尚殷傾向卻非純任古制，而是尚情之考量。以此，在殷制過於古樸不足任情時，《家語》亦採周制。

## 第二節　服術制度

　　歷來行喪禮者，多從《儀禮》〈喪服〉之說。然《儀禮》文辭古奧，理解不易。隨著宗族繁衍、家族成員聚散，當中的原則性規範亦已不符現實所需，孔子對古禮的詮釋，以及行事作為，就成為日常禮儀依循的標準。儘管如此，孔子之說，仍有諸多細節無法涉及，弟子轉相發明，爭議由生[79]。《家語》所載喪制，無論居喪制度、服敘原則，或服術議題，所論多是漢魏之際禮學爭議。諸多事例又有增字改經痕跡，無論是從服、問弔禮制的討論，或士服、大夫喪服異同問題，不僅可與《聖證論》所議相發明，併漢魏史籍合而觀之，亦能見其中所顯之時代精神。

　　《家語》之論喪制，不論東夷舊俗、殷商之制、周公創制與儒家自創等喪禮源頭爭議，而從「聖人制禮」角度立論，強調制禮發顯的親恩、忠義等淑世之效。由此喪親雖哀，制不過三年。所謂：「喪不過三年，苴衰不補，墳不脩，除服之日鼓素琴，示民有終也。」此「因殺以制節」的喪禮制度，使喪制在親親之情外，更兼有國家「制禮」意涵。《家語》喪禮精神，乃採《禮記》〈喪服四制〉說。〈本命解〉曰：

> 禮之所以象五行也，其義，四時也，故喪禮有舉焉。有恩有義，有節有權，其恩厚者其服重。故為父母斬衰三年，以恩制

---

79 參陳燕梅：《魏晉時期喪服禮議考》（南投市：暨南國際大學碩士論文，2005年6月），頁79-81。

者也。門內之治恩掩義，門外之治義掩恩。資於事父以事君，
而敬同。貴尊貴尊，義之大也。故為君亦服衰三年，以義制者
也。三日而浴，三月而沐，期而練，毀不滅性，不以死傷生，
喪不過三年，苴衰不補，墳不脩，除服之日鼓素琴，示民有終
也。凡此以節制者也。資於事父以事母，而愛同。天無二日，
國無二君，家無二尊，以治之。故父在為母齊衰朞者，見無二
尊也。百官備，百物具，不言而事行者，扶而起；言而後事行
者，杖而起；身自執事行者，面垢而已；此以權制者也。親始
死，三日不怠，三月不懈，朞悲號，三年憂，哀之殺也。聖人
因殺以制節也。」[80]

《家語》之喪服精神，在展現恩、義。事父母為恩，事君主為義。恩
最厚不過於父母，然其憂不能過於三年。當中所論「親始死，三日不
怠，三月不懈，朞悲號，三年憂」，即《家語》所讚東夷人善喪之精
神。〈曲禮子夏問〉云：「父母之喪，三日不怠，三月不解，期悲哀，
三年憂，東夷之子，達於禮者也。」[81]因此為父母守喪服三年之「恩
制」，除了包含先秦儒家「免於父母之懷」[82]的感恩孝思，更是對親恩
「報」的反饋。《家語》以喪禮為制禮主軸，又以《禮記》〈喪服四
制〉說為喪禮核心，是喪服制度不唯展現家族孝道，更兼有尊尊、忠
義之意。因此對喪禮制度的實踐，對內以恩制，對外則義制，恩與義
即為國家禮制的基礎。而從《家語》所載喪服事例，不論是服敘制度
或服術問題，都可以看見其中牽涉的不僅是「家族」內部的服紀問
題，更是國家禮制議題。

---

80 王肅注《孔子家語》，卷6，〈本命解第二十六〉，頁71。
81 王肅注：《孔子家語》，卷10，〈曲禮子夏問〉頁118。
82 《論語》，卷17，〈陽貨第十七〉，頁158-1。

　　服術是在服敘五等制度之外,從宗法角度,依親疏、尊卑之別,論述從服原則。《禮記》〈大傳〉曰:

> 服術有六:一曰親親,二曰尊尊,三曰名,四曰出入,五曰長幼,六曰從服。[83]

服術有六原則:親親、尊尊、名、出入、長幼、從服。具體意涵為:

> 一曰親親者,父母為首,次以妻子、伯叔。二曰尊尊者,君為首,次以公卿、大夫。三曰名者,若伯叔母及子婦,并弟婦兄嫂之屬也。四曰出入者,若女子子在室為入,適人為出,及出繼為人後者也。五曰長幼者,長謂成人,幼謂諸殤。六曰從服者,即下。從服有六等是也。鄭玄注,從服至黨服。正義曰:案從服有六,畧舉夫妻相為而言之也。[84]

王明珂則更明確界定:親親,以血緣親疏為服喪輕重標準;尊尊,以身分高下做服喪輕重標準;名分,雖非血親,但有名分而為之服喪,如為世母、叔母服;出入,依宗族歸屬而服,如女子出嫁、過繼別宗之服;長幼,未成年者之喪,以年齡大小為服喪標準;從服,隨某種關係人而服喪,如子從母而為母黨服。[85]由此,《家語》所採喪服事例,從服術角度論:父母可為親親議題;臣民為天子、舊君為尊尊議題;叔母、伯母為名服;婦為舅姑、同母異父兄弟、為出嫁之姊服論

---

83　孫希旦:《禮記集解》,卷34,〈大傳第十六〉,頁912。
84　《禮記》(《十三經注疏》本),卷34,〈大傳第十六〉,頁620-1。
85　王明珂:〈慎終追遠──歷代的喪禮〉,收入藍吉富、劉增貴主編:《中國文化新論宗教禮俗篇:敬天與親人》(臺北市:聯經出版事業公司,2000年5月),頁323。

等是出入問題；殤服議題則為長幼；朋友則是從服議題。除服術制度
之論，亦包含居喪儀則與行為規範。依服喪對象、親疏尊卑，各有差
別服制、飲食。其事例雖多可見於《禮記》，然文辭略異，少部分並
不影響文意，大部分則存在明顯改經或添字之評述，可見後出之跡。
本節期望從服術六原則中，進一步釐析《家語》之禮學精神。

## 一　親親之論

對於家人之逝去，《家語》有「三年憂」說。〈本命解〉謂：

> 親始死，三日不怠，三月不懈，朞悲號，三年憂，哀之殺也。
> 聖人因殺以制節也。[86]

此即孔子所盛讚之東夷善喪行為。如前引〈曲禮子夏問〉云：

> 子貢問曰：「聞諸晏子，少連大連善居喪，其有異稱乎？」孔
> 子曰：「父母之喪，三日不怠，三月不解，期悲哀，三年憂，
> 東夷之子，達於禮者也。」[87]

此「憂」是指三年喪期中的心境。而居父母喪，除了憂傷之外，態度
要以敬為上。〈曲禮子夏問〉云：

> 子貢問居父母喪，孔子曰：「敬為上，哀次之，瘠為下，顏色
> 稱情，戚容稱服。」曰：「請問居兄弟之喪？」孔子曰：「則存

---

86　王肅注：《孔子家語》，卷6，〈本命解第二十六〉，頁71。
87　王肅注：《孔子家語》，卷10，〈曲禮子夏問第四十三〉，頁118。

　　乎書筴矣。」[88]

是居父母之喪，顏色稱情，以敬為主，哀其次，最下為哀毀過身。

## （一）父喪

　　父親是一家之主，於宗為尊，所謂：「子為父，父至尊也。」在父母之喪中，服制最為要求。其喪往往從為君之服而論。《家語》載父喪事例有三，一為「季桓子喪，康子練而無衰」[89]；二為子張有父之喪，問啟顙；三是晏子為父晏桓子服喪。第一例是喪服制度中服飾變除問題，第二例啟顙之問乃居喪時賓客問弔之禮[90]，將於下節討論。專從服術論者，乃晏子為其父服喪事例。〈曲禮子夏問〉曰：

> 齊晏桓子卒。平仲麤衰斬，苴絰帶，杖，以菅屨，食粥，居傍廬，寢苫枕草。其老曰：「非大夫喪父之禮也。」晏子曰：「唯卿大夫。」曾子以問孔子。孔子曰：「晏平仲可謂能遠害矣。不以己之是駁人之非，慈辭以避咎，義也夫！」[91]

案：此事在《左傳》襄公十七年（西元前556年）。從服敘制度來看，晏子並未違禮。如「麤衰斬，苴絰帶，杖，以菅屨，食粥，居傍廬，寢苫枕草」，乃三年喪之居喪標準服制。《禮記》〈三年問〉曰：「斬衰苴杖，居倚廬，食粥，寢苫枕塊，所以為至痛飾也。」《荀子》〈禮

---

88　王肅注：《孔子家語》，卷10，〈曲禮子夏問第四十三〉，頁118。

89　〈曲禮子貢問〉：「季桓子喪，康子練而無衰。子游問於孔子曰：「既服練服，可以除衰乎？」孔子曰：「無衰衣者不以見賓，何以除焉！」

90　〈曲禮子貢問〉：「子張有父之喪，公明儀相焉。問啟顙於孔子，孔子曰：「拜而後啟顙，頹乎其順也；啟顙而後拜，頎乎其至也。三年之喪，吾從其至者。」

91　王肅注：《孔子家語》，卷10，〈曲禮子夏問第四十三〉，頁119。

論〉亦曰：

> 三年之喪，稱情而立文，所以為至痛極也。齊衰、苴杖、居
> 廬、食粥、席薪、枕塊，所以為至痛飾也。[92]

以及《禮記》〈喪大記〉：「父母之喪，居倚廬、不涂，寢苫枕塊，非喪
事不言。倚廬以居，在「此哀之發於居處者也」（《禮記》〈間傳〉）。
飲食由粥，在《禮記》〈間傳〉云：「父母之喪，既殯食粥，朝一溢
米，莫一溢米。」而「居倚廬」，也是居父母喪的守喪禮制。漢朝孝
子多行之。如《漢書》〈游俠列傳〉之原涉[93]、《後漢書》之江革[94]、
東海王劉臻、濟北惠王劉次[95]等，均居廬守喪。是晏子之飲食、居處
不僅合於禮制規範，亦能顯喪親之至痛情感。至漢代，晏子此例甚且
為父母服喪的至情表現。《漢書》〈光武十王傳〉記劉臻曰：

> 臻性敦厚有恩，常分租秩賑給諸父昆弟。國相籍褒具以狀聞，
> 順帝美之，制詔大將軍、三公、大鴻臚曰：「東海王臻以近蕃
> 之尊，少襲王爵，膺受多福，未知艱難，而能克己率禮，孝敬
> 自然，事親盡愛，送終竭哀，降儀從士，寢苫三年。和睦兄

---

92 王先謙：《荀子集解》（北京市：中華書局，1997年10月），卷13，〈禮論第十九〉，
頁371。

93 《漢書》〈原涉傳〉：「涉父死，讓還南陽賻送，行喪冢廬三年，繇是顯名京師。」
《漢書》卷92頁3715。

94 《後漢書》〈江革傳〉：「江革字次翁……及母終，至性殆滅，嘗寢伏冢廬，服竟，
不忍除。」《後漢書》，卷56，頁1302。

95 濟北惠王劉次過世後，梁太后下詔曰：「濟北王次以幼年守藩，躬履孝道，父沒哀
慟，焦毀過禮，草廬土席，哀杖在身，頭不枇沐，體生瘡腫。諒闇已來二十八月，
自諸國有憂，未之聞也，朝廷甚嘉焉。見《後漢書》，卷55，〈章帝八王傳〉，頁
1807。

弟，恤養孤弱，至孝純備，仁義兼弘，朕甚嘉焉。夫勸善屬俗，為國所先。曩者東平孝王敞兄弟行孝，喪母如禮，有增戶之封。[96]

事行、情感均合於禮，然家老仍責其非禮。「其老」者，家臣、族內長輩也[97]。其老所斥者，在此禮乃「士」三年喪的居喪服制，晏子之行是「降儀從士」[98]，不符大夫之禮。然而《家語》以「愻辭以避咎」、「不以己之是駁人之非」評價晏子，是不以晏子為「降儀」，故肯定其行為「是」；並意味喪服無士、大夫之別，故論晏子之覆為「謙詞」。

　　《儀禮》所載喪服制度究竟是普世通制，或僅為士禮，歷來頗有爭論。而喪禮是否需要依照喪主身分、服喪者官階而有等級之差異，亦為禮學議題。如杜預（西元222-284年）即認為，晏子此例，在說明：「時士及大夫衰服各有不同。」[99]是主張士、大夫服制為異。王肅則持相反意見，其注《禮記》〈雜記〉「大夫為其父母兄弟之未為大夫者之喪服如士服，士為其父母兄弟之為大夫者之喪服如士服」云：

　　喪禮自天子以下無等，故曾子云：哭泣之衰齊斬之情，饘粥之食，自天子達，且大國之卿與天子上士俱三命，故曰一也。晉士起大國上卿當天子之士也，平仲之言唯卿為大夫，謂諸侯之卿當天子之大夫，非謙詞也。春秋之時，尊者尚輕簡，喪服禮

---

96 《漢書》〈光武十王傳〉，頁1426。
97 如王國軒、王秀梅注：「指主管晏氏家事的家臣。」見王國軒、王秀梅譯注：《孔子家語》（北京市：中華書局，2011年3月），頁538。
98 《漢書》〈光武十王傳〉，頁1426。
99 《漢書》〈光武十王傳〉，頁1426注3。

制遂壞。群卿專政，晏子惡之，故服麤衰枕草，於當時為重，是以平仲云唯卿為大夫遜辭以辟害也。又孟子云：諸侯之禮，三年之喪，齊疏之服，飦粥之食，自天子達於庶人，三代共之。又此記云端衰喪車皆無等。又《家語》云，孔子曰，「平仲可為能遠[100]於害矣，不以己之是駁人之非，謙辭以避咎也。」[101]

此段在論喪制無等級之別。可以知道，王肅主張喪禮自天子以下無差等。而當時禮壞，喪禮多從簡，而晏子從《禮》說，已為重服，故其以家為大夫說覆之。因此「謙辭」指的是晏子自身的定位，非禮有諸侯、大夫之別。對此，馬昭反對之。

馬昭答王肅云：

大夫為其父母兄弟之未為大夫者之喪服如士服，是大夫與士喪服不同者，而肅云無等，則是背經說也。

案，馬昭以前引《禮記》〈雜記〉說，認為傳既已言「身」為大夫，為不是大夫「身分」之父母兄弟服喪，以士服服之，顯示喪制有大夫、士之異，王肅的無別之論，明顯背離經說。張融評論云：

士與大夫異者，皆是亂世，尚輕涼，非王者之達禮。小功輕重不達於禮，鄭言謙者，不異於遠害。孔穎達《正義》云：融意以王肅與鄭其義略同。

---

100 案，本做「達」，疑誤，改之。

101 案，以下引文俱出王肅：《聖證論》，《叢書集成續編》（臺北市：藝文印書館，1970年），頁19-20。

張融認為無論士或大夫，在禮壞樂崩的春秋時期，其禮均有欠於王禮，故有不同形制，非禮本身即有士、大夫之別。由此，則王肅以晏子服喪事例釋「禮無差等」，除論證其禮自天子以下無別之說，亦有喪制合親親、尊尊於一之意。

　　對《家語》而言，其喪制是否有等級之別，除了晏子事例，〈曲禮公西赤問〉另有例可為說明。文曰：

> 公西赤問於孔子曰：「大夫以罪免卒，其葬也，如之何？」孔子曰：「大夫廢其事，終身不仕，死則葬之以士禮。老而致事者，死則從其列。」[102]

此例又見《禮記》〈王制〉，然無前半設問部分。其文為：「大夫廢其事，終身不仕，死以士禮葬之。」所謂「廢其事，終身不仕」，傳注無說，當指非君主貶謫、年老致仕，而是人臣自我選擇「不仕」之舉。故其葬不得從官階論，只能從士論，隱然有「降服」概念。《家語》之論，其設論立場在「以罪免卒」，在自我「廢事」之外，更多了「罪責」的降服因素。此種非「以道去君」，復又因罪免卒之人，其葬如何措禮？《家語》援《禮記》大夫廢事之說，以非自願性的、人臣因咎去職的情形，均以「士禮」為論，而非去職前之官階。故其下云「老而致事者，死則從其列」，唯有屆齡而退，無任何意外、因素者，其逝可以從其列。由此看來，降服與否，是從喪主身前行誼考量，非禮制本身有士、諸侯之別。

---

102　王肅注：《孔子家語注》，卷10，〈曲禮公西赤問〉，頁121。

## （二）母喪

同為三年服制，母為至親。《家語》針對喪母服制者，在「慈母如母」論。「叔孫武叔之母」、「卞人有母死而孺子之泣者」二例，前者主議「斂後變服」，後者則重「哭踊有節」，詳見下節，此處不贅。

### 1 為慈母服

為慈母服例在〈曲禮子夏問〉，文曰：

> 子游問曰：「諸侯之世子，喪慈母如母，禮與？」孔子曰：「非禮也。古者男子外有傅父，內有慈母，君命所使教子者也。何服之有？昔魯孝公少喪其母，其慈母良。及其死也，公弗忍，欲喪之，有司曰：『禮，國君慈母無服。今也君為之服，是逆古之禮而亂國法也。若終行之，則有司將書之，以示後世，無乃不可乎？』公曰：『古者天子喪慈母，練冠以燕居。』遂練冠以喪慈母。喪慈母如母，始則魯孝公之為也。」[103]

案，此例又見《禮記》〈曾子問〉，然書「魯昭公」所為，又不論「諸侯之世子」身分，餘文皆同。《禮記》曰：

> 子游問曰：「喪慈母如母，禮與？」孔子曰：「非禮也。古者，男子外有傅，內有慈母，君命所使教子也，何服之有？昔者，魯昭公少喪其母，有慈母良，及其死也，公弗忍也，欲喪之，有司以聞，曰：『古之禮，慈母無服，今也君為之服，是逆古之禮而亂國法也；若終行之，則有司將書之以遺後世。無乃不

---

103　王肅注：《孔子家語》，卷10，〈曲禮子夏問第四十三〉，頁118。

可乎！』公曰：『古者天子練冠以燕居。』公弗忍也，遂練冠
以喪慈母。喪慈母，自魯昭公始也。」[104]

鄭玄注以為非昭公，文曰：「昭公年三十，乃喪齊歸，是不少。又安
能不忍於慈母？此非昭公明矣，未知何公也。」[105]然《通典》亦載此
說，曰昭公為之。是知此事後乃成說。《春秋》無魯孝公，《家語》改
「昭公」為「孝公」，是改經者也。若從「孝」諡，則表其行雖不合
禮，卻符人子親愛之情，是重小宗之親親之情。對「慈母如母」說的
肯認，正是晉朝禮制上，不再純任宗法血親關係，而由個人真情實感
出發的禮制特點[106]。

　　慈母者何？《禮記》〈喪服小記〉曰：「為慈母後者，為庶母可
也，為祖庶母可也。」[107]鄭玄注：「謂父命之為子母者也，即庶子為
後，此皆子也。傳重而已，不先命之，與適妻，使為母子也，緣為慈
母。後之義，父之妾無子者。」孔穎達則曰：

> 慈母者何也？《傳》曰：妾之無子者，妾子之無母者，父命為
> 子母，而子服此慈母三年，此即為慈母後之義也。記者見〈喪
> 服〉既有妾子為慈母後之例，將欲觸類言之，則妾子亦可為庶
> 母後也。為庶母後者，謂妾經有子，而子已死者，餘他妾多
> 子，則父命他妾之子為無子之妾立後，與為慈母後同也，故云
> 為庶母後，可也。[108]

---

104　《禮記》（《十三經注疏》本），卷18，〈曾子問第七〉，頁368-2。

105　《禮記》（《十三經注疏》本），卷18，〈曾子問第七〉，頁368-2。

106　參見陳惠玲：《兩漢祀權思想研究——以《春秋》與《禮記》中郊廟二祭之經典詮
　　釋為例》（新竹市：清華大學中國文學系博士論文，2012年7月），頁169。

107　《禮記》，卷33，〈喪服小記第十五〉，頁604-1。

108　《禮記》，卷33，〈喪服小記第十五〉，頁604-1。

凡妾無子而取人子為子者,有父命,可為慈母。因設為妾,故慈母非
繼母,而是庶母。慈母意既明,為慈母服當何制?《儀禮》〈喪服〉
「疏衰裳齊三年者」章有「慈母如母」[109],認為慈母當服齊衰三年
期。《傳》曰:

> 慈母者何也?《傳》曰:妾之無子者,妾子之無母者,父命妾
> 曰:女以為子,命子曰:女以為母。若是則生養之,終其身如
> 母,死則喪之三年。[110]

〈喪服傳〉認為慈母既有父命,又有養育之恩,與生母無異,其殁子
服如母,故喪三年。鄭玄注則曰:

> 此主謂大夫、士之妾,妾子之無母,父命為母子者,其使養
> 之。不命為母子,則亦服庶母慈己之服可也。大夫之妾子,父
> 在為母大功,則士之妾子為母期矣。父卒則皆得伸也。[111]

鄭玄喪制有士、大夫之別,在慈母服制上,對大夫之妾子,主張服大
功,士者期。此是父在為母服制,故降服。若父已卒,則對慈母服制
均可為伸。

　　慈母服既有制,其喪服形制當同母。《家語》言魯孝公「練冠」
以喪。此說乃據《儀禮》〈喪服〉,曰:

> 公子為其母,練冠,麻衣,縓緣。為其妻,縓冠,葛絰帶,麻

---

109 《儀禮》,卷30,〈喪服第十一〉,頁353-1。
110 《儀禮》,卷30,〈喪服第十一〉,頁353-1。
111 《儀禮》,卷30,〈喪服第十一〉,頁353-1。

衣，縓緣。皆既葬除之。[112]

在父未亡時，公子為母、妻服喪，著近乎無服之麻衣縓緣，乃「厭」而降服。因慈母如母，故慈母服制同於生母。

　　「慈母如母」、「為慈母服」等說雖有經典依據，現實中卻有以為人後立論者，或繼母、慈母含義規範立論者，甚且婚姻關係之存佚，都影響了服制期限。這個議題，在漢晉之間最為爭議。東漢劉慶論慈母服制，主張有服。曰：「蓋庶子慈母，尚有終身之恩，豈若嫡后事正義明哉！」[113]劉慶認為，不論為人子者身分為嫡為庶，均須為慈母服三年，因慈母如母，不僅報其養育之恩，更因慈母之設乃「父命」故也，顏師古注曰：「儀禮喪服曰：『慈母如母。』謂妾子之無母，父命妾養之。故曰慈母如母者，貴父之命也。」[114]是從《儀禮》〈喪服〉論說，服齊衰三年制。「晉崔諒父命妾祝撫養諒為子，祝亡，鉅鹿公裴頠議，依禮服慈母如母。」[115]此二例乃從《儀禮》〈喪服〉「慈母如母」說服。以《禮記》〈曾子問〉「慈母如母」說為例者，乃晉世之論。

　　《通典》載晉譙王司馬恬亦有慈母服議曰：

　　　晉譙王司馬恬問范甯曰：「妾有二子而出嫁，君命他妾兼子為其母，所命妾今亡，子當有服不？」答曰：「昔男子外有傅，

112　《儀禮》，卷30，〈喪服第十一〉，頁391-1。

113　《後漢書》，卷55，〈章帝八王傳第四十五〉（清河孝王慶），頁1800。

114　《後漢書》，卷55，〈章帝八王傳第四十五〉（清河孝王慶），頁1800注2。

115　《通典》，卷94，〈凶禮十六〉，「大夫士為慈母服議／晉」，頁2556。關於魏晉時期庶子為母服喪之議、子為出母服、子為繼母服、子為嫁母服等情感與禮制之衝突，可參鄭雅如：《情感與制度：魏晉時代的母子關係》（臺北市：臺灣大學出版委員會，2001年9月）。

內慈母。君命教子,何服之有。」恬自斷云:「禮疑從重,篤至敬也。存同所生,沒成路人,於情未可。今勒小功,長奉丞嘗,以同子道。再周,乃參吉事。言制則不虧禮文,言情即不乖師資也。」徐邈云:「此庶子所生出嫁,受命為他妾子,便當始終如所生,其親母則同出母耳。若用古禮,當練冠麻衣,既葬除之。」車胤云:「大夫為庶母慈己者,小功也。」[116]

宋庾蔚之云:「母出,無相鞠養,便為無母,不必限其母亡。譙王所命,不為乖禮。此子自宜依慈母如母之服。按晉朝諸王用士禮,則應附父在為母之條。凡慈母以功勤致服,本無天屬之愛,寧有心喪之文乎!」[117]

司馬恬是司馬承之孫,永和六年襲爵為譙王。如前所述,《家語》之載慈母如母說,雖與《禮記》之記相近,卻是從「諸侯之世子」說。諸侯之世子者,諸侯之太子也。《家語》以諸侯之世子立場設問,雖符合魯孝公事例,若從現實而言,則更近魏晉時期的政治情勢。《通典》慈母如母服論,在司馬恬事例中,其以小功論服,乃從鄭玄禮義論斷。徐邈則認為既已出嫁,則親母如出母,葬後即可除服。車胤之論與司馬恬同,但更強調其說乃基於鄭玄「大夫為庶母慈己」論,故以小功為斷。庾蔚之則在鄭玄禮義之外,重申《儀禮》「慈母如母」本意,其服制同於司馬恬之說。

從《家語》對慈母如母事例改經添字的情形來看,此例頗有為君主特設之意。而將昭公改為孝公,在親親之中,亦可見為尊尊立說之意。

---

116 《通典》,卷94,〈凶禮十六〉「大夫士為慈母服議/晉」條,頁2556。
117 《通典》,卷81,「諸王子所生母嫁為慈母服議」條,頁2205。

## 2 孔鯉「期而猶哭」：出母？天不二尊？

另外，《家語》又有孔鯉為母服喪之例。〈曲禮子貢問〉云：

> 伯魚之喪母也，期而猶哭。夫子聞之，曰：「誰也？」門人
> 曰：「鯉也。」孔子曰：「嘻！其甚也，非禮也！」伯魚聞之，
> 遂除之。[118]

此例又見《禮記》〈檀弓〉。上文並未言及孔子出妻，或孔鯉為出母服
事，然此例在魏晉，卻為出母服的經典例證。如《通典》「父卒繼母
還前繼子家後繼子為服議」中載王式為出母服議：

> 國子祭酒杜夷議以為：「宰我欲減三年之喪，孔子謂之不仁。
> 今王式不忍哀愴之情，率意違禮，服已絕之服，可謂觀過知
> 仁。伯魚、子路親聖人之門，子路有當除不除之過，伯魚有既
> 除猶哭之失。以式比之，亦無所愧。勵薄之義，矯枉過正，苟
> 在於厚，恕之可也。」[119]

因此王式為出母服的行為雖違禮，然若從伯魚事例詮解，其情可憫，
故恕之可也。伯魚為出母服說，盛於晉。而之所以為「出母」，始於
《禮記》之論。《禮記》〈檀弓上〉云：

> 子上之母死而不喪。門人問諸子思曰：「昔者子之先君子喪出
> 母乎？」曰：「然。」「子之不使白也喪之，何也？」子思曰：

---

118 王肅注：《孔子家語》，〈曲禮子貢問第四十二〉，頁115。
119 《通典》〈凶禮十六〉，「父卒繼母還前繼子家後繼子為服議／東晉」條，頁2553。

「昔者吾先君子無所失道；道隆則從而隆，道污則從而污。汲則安能？為汲也妻者，是為白也母；不為汲也妻者，是不為白也母。」故孔氏之不喪出母，自子思始也。[120]

由此，就有了孔氏三世出妻說，以及子思為出母服之事例。《晉書》〈禮志〉曰：

蓋冠婚祭會諸吉禮，其制少變；至于喪服，世之要用，而特易失旨。故子張疑高宗諒陰三年，<u>子思不聽其子服出母</u>，子游謂異父昆弟大功，而子夏謂之齊衰，及孔子沒而門人疑於所服。此等皆明達習禮，仰讀周典，俯師仲尼，漸漬聖訓，講肄積年，及遇喪事，猶尚若此，明喪禮易惑，不可不詳也。況自此已來，篇章焚散，去聖彌遠，喪制詭謬，固其宜矣。是以〈喪服〉一卷，卷不盈握，而爭說紛然。[121]

在晉朝之喪服爭論中，子思服出母亦為爭議之一。除了子思服出母，伯魚的「期而猶哭」，也為出母服制論。孔穎達疏「子上之母死而不喪」章曰：「伯魚之母被出，死，期而猶哭，是喪出母也。」[122]明指伯魚哭出母。《禮記正義》曰：

時伯魚母出，父在，為出母亦應十三月祥，十五月禫。言期而猶哭，則是祥後禫前。祥外無哭，於時伯魚在外哭，故夫子怪

---

120 《禮記》，卷6，〈檀弓上第三〉，頁110之2-111之1。
121 《晉書》，卷19，〈禮志上〉，頁581。
122 《禮記》，卷6，〈檀弓上第三〉，頁110-2。

之，恨其甚也。或曰，為出母無禫，期後全不合哭。[123]

相對於晉以後以孔子三世出妻，申論子思、伯魚為出母服之詮釋，《家語》對孔子是否真有出妻之行，或孔子斥伯魚期而猶哭乃因出母之由，並沒有這麼明確的指涉。〈本姓解〉曾指出孔子妻宋之上官氏，生孔鯉，文曰：

> 孔子三歲而叔梁紇卒，葬于防，至十九，娶于宋之上官氏。生伯魚。魚之生也，魯昭公以鯉魚賜孔子，榮君之貺。故因以名鯉，而字伯魚。[124]

但綜觀全書，並未見「出妻」論述，亦未書出妻事由。〈本命解〉雖有七出之條[125]，然從全書對女性的論點來看，其所重，當是因女性作為宗婦，肩有繼宗嗣與奉宗祠之責，故特重女性之擇。而《家語》又論婚姻親迎，以示慎重。倒是《家語》「序言」有孔子三世出妻說之確論。「孔衍」序謂：

> 子思生子上，名白，年四十七而卒。自叔梁紇始出妻，及伯魚亦出妻，至子思又出妻，故稱孔氏三世出妻。[126]

---

123 《禮記》，卷7，〈檀弓上第三〉頁125-2。

124 王肅注：《孔子家語》，卷9，〈本姓解第三十九〉，頁100。

125 其文云：「婦有七出、三不去；七出者：不順父母出者，無子者，婬僻者，嫉妒者，惡疾者，多口舌者，竊盜者。三不去者：謂有所取無所歸一也，與共更三年之喪二也，先貧賤後富貴者三也。」王肅注：《孔子家語》，卷6，〈本命解第二十六〉，頁70-71。此論又見《大戴禮記》〈本命〉。

126 王肅注：《孔子家語》（宋蜀本），〈後序〉，頁25。

從顧頡剛「層累造成說」來看，「孔衍」序有如此細緻的孔氏出妻始末，甚至孔氏家譜的概念，不會是先秦的論述。從《史記》〈孔子世家〉觀點來看，亦不相符，其出當在「世系」、「氏族」論述盛行之漢魏之際。

　　細究《家語》論孔鯉母喪事，孔子斥其失禮，乃責其「期而猶哭」。伯魚聞過而改，除之。案《家語》所論「除」，乃「除服」意。如〈曲禮子貢問〉「哭踊有節，而變除有期」、「子路有姊之喪，可以除之矣，而弗除」等，俱是除服之意。除服後，禮即降殺，相關儀節也逐步規範，包括「哭」。孫希旦亦持此意見。《禮記》〈集解〉云：

> 父在為母十一月而練，十三月而祥，十五月而禫。出母雖服杖期，而虞、祔、練、祥之祭皆不在己家，直於十三月而除之，無所謂練、祥、禫之祭，亦無所謂練、祥、禫之服也。……除之者，謂不復哭也，非除服也。若服猶未除，夫子應怪其服，不應聞其哭方怪之也。[127]

《禮記》〈檀弓上〉嘗論父母喪之哭，曰：「父母之喪，哭無時，使必知其反也。」「不時之哭」是指在喪葬期間，卒哭祭後則當改為朝夕哭。「期」在「卒哭」後，孔鯉不能抑制自己憂傷的情緒而哭無時，故孔子斥之。因此孔鯉所「除」，除了除服，亦當修正無時而哭的行為。又，《禮記》〈喪服小記〉云：「父在，為母齊衰期者，見無二尊也。」《家語》〈本命解〉亦曰：

> 資於事父以事母，而愛同。天無二日，國無二君，家無二尊，

---

127 《禮記集解》，卷7，〈檀弓上第三之一〉，頁185。

> 以治之。故父在為母齊衰朞者，見無二尊也。[128]

父為至尊，母為至親，二者雖均屬最重的斬衰服，但若父在母卒，母則降服。因此，若不論《家語》序，則孔鯉期而服除，乃基於《禮記》喪服之論，並未牽涉為出母服的問題。若序與《家語》書同時而出，則此例即晉以後出母服例。孔穎達釋此章，雖亦持「母出」論，然認為孔子之斥孔鯉，乃責其哭聲也。文曰：

> 悲恨之聲者，謂非責伯魚。悲恨之聲也。時伯魚母出，父在，為出母亦應十三月祥，十五月禫。言期而猶哭，則是祥後禫前，祥外無哭，于時伯魚在外哭，故夫子怪之，恨其甚也。或曰：為出母無禫，期後全不合哭。[129]

可以看到，晉以降，多以伯魚哭出母例釋之。

## 二　尊尊

　　《家語》三年喪論，除了為父母服喪三年外，對君主亦須服三年喪。《家語》〈本命解〉三年喪論曰：

> 孔子曰：「禮之所以象五行也，其義，四時也，故喪禮有舉焉。有恩有義，有節有權，其恩厚者其服重。故為父母斬衰三年，以恩制者也。門內之治恩掩義，門外之治義掩恩。資於事父以事君，而敬同。貴尊貴尊，義之大也。故為君亦服衰三

---

128 王肅注：《孔子家語》，卷6，〈本命解第二十六〉，頁71。
129 《禮記》，卷7，〈檀弓上第三〉，頁125-2。

年，以義制者也。三日而浴，三月而沐，期而練，毀不滅性，不以死傷生，喪不過三年，苴衰不補，墳不脩，除服之日鼓素琴，示民有終也。凡此以節制者也。資於事父以事母，而愛同。天無二日，國無二君，家無二尊，以治之。故父在為母齊衰朞者，見無二尊也。百官備，百物具，不言而事行者，扶而起；言而後事行者，杖而起；身自執事行者，面垢而已；此以權制者也。親始死，三日不怠，三月不懈，朞悲號，三年憂，哀之殺也。聖人因殺以制節也。」[130]

此論與《禮記》〈喪服四制〉同。當中指出，為父母服喪三年，基於「恩」，為君主服喪三年，基於「義」。可以看到除了親親之情，更蘊含尊尊之意。

## （一）為（舊）君服喪

為君服喪之說，歷來均以桓公命大夫服管仲之例為首例。《家語》載之。〈曲禮子夏問〉曰：

子夏問曰：「官於大夫，既外於公，而反為之服，禮與？」孔子曰：「管仲遇盜，取二人焉，上之為臣，曰：『所以遊辟者，可人也。』公許。管仲卒，桓公使為之服。官於大夫者為之服，自管仲始也，有君命焉！」[131]

此事又見《禮記》〈雜記下〉，然無子夏之問，餘辭略異。《禮記》之說為：

---

130　王肅注：《孔子家語》，卷6，〈本命解第二十六〉，頁71。
131　王肅注：《孔子家語》，卷10，〈曲禮子夏問第四十三〉，頁118。

> 孔子曰：「管仲遇盜，取二人焉，上以為公臣，曰：『其所與遊
> 辟也，可人也！』管仲死，桓公使為之服。宦於大夫者之為之
> 服也，自管仲始也，有君命焉爾也。」[132]

管仲在盜賊中發現其中二人本性不惡，收而為家臣，後又推薦於桓
公，桓公臣之。管仲逝，桓公命二人為管仲服喪。以此成為大夫為舊
君服喪創舉。較諸《禮記》之說，《家語》有設事立問的後出痕跡。
《儀禮》〈喪服〉雖有為舊君服齊衰服之說[133]，然此例卻是為舊君服
喪之首例，雖為違禮之論，然襲久成制，後世為君服喪之爭，多引此
申論。孔穎達疏論舊君曰：「《傳》曰：為舊君者孰謂也？仕焉而已者
也。由其有二等，故問比類也。」[134]又論公臣服喪於大夫曰：「依
禮，仕宦於大夫，升為公臣，不合為大夫著服。今此二人是仕宦於大
夫，升為公臣者，為大夫而著服也，從管仲為始。言自此以後，升為
公臣皆服官於大夫之服也。」除了禮制的展現，此例更延伸彰顯桓公
之任材舉賢，不以微瑕論材。孔穎達「君命」疏曰：「記失禮所由，
又記桓公不忘賢者之舉也。」[135]

## （二）致仕者弔小君

為舊君服既見上例，然若人臣以道去君，於舊君仍有服否？以及
對舊小君有服否？弔禮如何？〈曲禮子貢問〉記：

---

132　《禮記》，卷43，〈雜記下第二十一〉，頁753-1。

133　「疏衰裳齊，牡麻絰，無受者。寄公為所寓，丈夫、婦人為宗子、宗子之母、妻，
　　　為舊君、君之母、妻，庶人為國君。」《儀禮》（《十三經注疏》本），頁340-2。

134　「疏衰裳齊，牡麻絰，無受者。寄公為所寓，丈夫、婦人為宗子、宗子之母、妻，
　　　為舊君、君之母、妻，庶人為國君。」《儀禮》（《十三經注疏》本），頁340-2。

135　《禮記》，卷43，〈雜記下第二十一〉，頁753-1。

魯昭公夫人吳孟子卒,不赴於諸侯。孔子既致仕,而往弔焉。適于季氏,季氏不絰,孔子投絰而不拜。子游問曰:「禮與?」孔子曰:「主人未成服,則弔者不絰焉,禮也。」[136]

吳孟子卒,魯昭公不赴於諸侯,見《左傳》〈哀公十二年〉。曰:

夏,五月,昭夫人孟子卒,昭公娶于吳,故不書姓,死不赴,故不稱夫人,不反哭,故言不葬小君,孔子與弔,適季氏,季氏不絻,放絰而拜。[137]

《五經異義》嘗曰:「今《春秋公羊》說,魯昭公娶於吳,為同姓也,謂之吳孟子。」而吳孟子卒,《五經異義》引《春秋左氏》云「孟子非小君也,不成其喪」[138]。以昭公取同姓,非禮,不以孟子為小君,卒亦不告於諸侯。《禮記》〈坊記〉亦曰:

子云:「取妻不取同姓,以厚別也。」故買妾不知其姓,則卜之。以此坊民,魯《春秋》猶去夫人之姓曰吳,其死曰孟子卒。[139]

是皆不以吳孟子為小君。《家語》不論昭公取同姓之非,直稱「魯昭公夫人」,是承認孟子小君的正統位置,與歷代禮說均異。《家語》論同姓為婚說:

136 王肅注:《孔子家語》,卷10,〈曲禮子貢問第四十二〉,頁113。

137 《春秋左傳》(《十三經注疏》本),卷59,〈哀公十二年〉,頁1025之1-1025之2。

138 陳壽祺著,曹建墩校點:《五經異義疏證》(上海市:上海古籍出版社,2012年9月),卷中,「諸侯娶同姓」條,頁144。

139 《禮記》,卷51,〈坊記第三十〉,頁872-1。

衛公使其大夫求婚於季氏。桓子問禮於孔子，子曰：「同姓為
宗，有合族之義。故繫之以姓而弗別，綴之以食而弗殊。雖百
世，婚姻不得通，周道然也。」桓子曰：「魯衛之先，雖寡兄
弟，今已絕遠矣。可乎？」孔子曰：「固非禮也。夫上祖禰，
以尊尊之；下治子孫，以親親之；旁治昆弟，所以敦睦也。此
先王不易之教也。」[140]

是仍維持「同姓為婚非禮」之說。然從另一個角度看，若是與國君為
同姓者，則國君與之永為宗族，親愛無絕。然為了維持國君至尊位
置，族人不可依恃與君同宗而親逾於尊。〈曲禮子貢問〉載：

有若問於孔子曰：「國君之於同姓，如之何？」孔子曰：「皆有
宗道焉。故雖國君之尊，猶百世不廢其親，所以崇愛也。雖於
族人之親，而不敢戚君，所以謙也。」[141]

「國君之於同姓」說，見於《禮記》〈大傳〉，曰：「君有合族之道，
族人不得以其戚戚君，位也。」[142]君於同宗雖有合族之務，然尊卑不
同，不得以親破壞分際。此說亦顯示「宗」的身分仍與「君」一致，
「宗」合族之權尚未為「君」所奪，此乃戰國以前的禮制立場[143]。

　　除孟子「小君」爭議，《家語》在《左傳》「孔子與弔」中，加
「致仕」之說。在君臣關係存在時，君喪，臣需服喪三年。若人臣致

---

140　王肅注：《孔子家語》，卷10，〈曲禮子貢問第四十二〉，頁115。
141　王肅注：《孔子家語》，卷10，〈曲禮子貢問第四十二〉，頁115-116。
142　《禮記》，卷34，〈大傳第十六〉，頁620-2。
143　關於周人宗法制度逐步成為君權制度之論，可參管東貴，〈周人「血緣組織」和
　　「政治組織」間的互動與互變〉，收入氏著：《從宗法封建制到皇帝郡縣制的演變》
　　（北京市：中華書局，2010年9月），頁27-52。

仕,則降服為三月。《儀禮》〈喪服〉「齊衰三月」章云:「為舊君、君之母妻。」《傳》曰:「君之母、妻,則小君也。」[144]又曰:

> 為舊君者,孰謂也?仕焉而已者也。何以服齊衰三月也?言與民同也。[145]

致仕,則君臣之義絕,與民同,故降服為齊衰三月。

然而,《儀禮》〈喪服〉「齊衰三月章」,《傳》又說:

> 何大夫之謂乎?言其以道去君,而猶未絕也。由其大夫有致仕者,有待放者不同。[146]

致仕者究竟是否仍屬人臣,或即與民同,魏晉時爭議頗多[147]。主張當服者,即引《儀禮》〈喪服〉「為舊君服」說,甚且極端的認為「齊衰三月」太短,應如在朝一般,為君服三年期。所謂「王者無外,天子之臣雖致仕歸家,與在朝無異,不得稱君而服齊縗。」[148]范萱則論曰:

> 咸康末,殷泉源問天子諸侯臣致仕,服有同異。范宣答云:「夫禮制殘缺,天子之典,多不全具,唯國君之禮,往往有之。臣之致仕,則為舊君齊縗三月;天子之臣,則亦然矣。天子之與國君,雖名號差異,至於臣子奉之,與王者無殊矣。何

---

144 《儀禮》(《十三經注疏》本),卷11,〈喪服第十一〉頁368-1。

145 《儀禮》(《十三經注疏》本),卷11,〈喪服第十一〉,頁368-1。

146 《儀禮》(《十三經注疏》本),卷11,〈喪服第十一〉,頁340-2。

147 參《通典》,卷90,〈凶禮十二〉「齊縗三月」條,頁2475-2479。

148 《通典》,卷90,〈凶禮十二〉「齊縗三月」,頁2477。

以明之？公羊傳曰：『以諸侯踰年稱即位，亦知天子之踰年稱
即位；以天子三年然後稱王，亦知諸侯於其封內三年稱子。』
此例如此，則臣服之制同矣。」[149]

或認為當從孔門弟子為師服喪之制，如禮學家孔愉曰：

國子祭酒孔愉議：「應從弟子服師之制。昔夫子既喪，門人若
喪父而無服，弔服加麻。今縱不能爾，自宜三月，加以環絰。
未聞深衣之制。白帢布衣是今之吉服。君弔其臣猶錫縗，況臨
故君而可奪情服乎！」范汪議：「當今刺史郡守幕府，事任皆
重，與古諸侯不異也。按漢魏名臣為州郡吏者，雖違適不同，
多為舊君齊縗三月。」[150]

是魏晉時多不以人臣致仕為義絕。《家語》突出「致仕」舊臣往弔，
是肯定了即使致仕，然此種以道去君者，君臣之義未斷，故孔子仍以
「大夫」身分往弔，因此弔禮當從士禮而論。以此，季氏不著喪服，
主人不服，賓亦不服。孔子投絰不拜，是禮也。此乃《禮記》〈檀弓
下〉之論。事曰：

衛司徒敬子死，子夏弔焉，主人未小斂，絰而往。子游弔焉，
主人既小斂，子游出，絰反哭，子夏曰：「聞之也與？」曰：
「聞諸夫子，主人未改服，則不絰。」[151]

---

149　《通典》，卷90，〈凶禮十二〉「齊縗三月致仕服喪禮問」，頁2470，
150　《通典》，卷90，〈凶禮十二〉「齊縗三月」，頁2478。
151　《禮記》，卷9，〈檀弓下第四〉，頁173-2。

子夏、子游往弔司徒敬子，主人未成服，子夏、子游卻著喪服而弔，子夏認為二人失禮。若人臣往弔，主人未成服，則賓亦可不拜、不成服。

　　《家語》此例雜糅《左傳》、《禮記》〈檀弓下〉說，又突出人臣「致仕」後為舊君服問事宜，與魏晉禮論明顯相關。「致仕往弔舊小君」古無前例，《家語》混雜了多方禮典之說，一方面肯定了致仕者君臣之義仍未絕，另方面也將歷來只對「為舊君服」說的討論，擴展到為「舊小君」。而《家語》之突出孟子小君正統身分，當是從與君同宗者角度認可，由此則為了維繫合族之道，即使致仕，在同宗「百世不廢其親」立場下，當為服之。從此例來看，編（撰）《家語》者，當兼與君同宗與人臣二身分。

## （三）為君母、妻服喪

〈曲禮子夏問〉：

> 子夏問於孔子曰：「居君之母與妻之喪，如之何？」孔子曰：「居處、言語、飲食衎爾，於喪所則稱其服而已。」「敢問伯母之喪如之何？」孔子曰：「伯母叔母疏衰期，而踊不絕地；姑、姊妹之大功，踊絕於地。若知此者，由文矣哉！」[152]

案，君之母與妻為小君，當降服，屬齊衰服制。前引《儀禮》〈喪服〉「齊衰三月」章云：「為舊君、君之母妻。」《傳》曰：「君之母、妻，則小君也」[153]。其居喪儀則，當從齊衰三月服制，即「疏衰裳齊，牡麻絰」，飲食則「飲食衎爾」。鄭玄注：「衎爾自得貌。為小君

---

152　王肅注：《孔子家語》，卷10，〈曲禮子夏問第四十三〉，頁117。
153　《儀禮》（《十三經注疏》本），卷11，〈喪服第十一〉，頁368-1。

惻隱不能至。」此說又見《禮記》〈檀弓上〉，文曰：「子夏問諸夫子
曰：『居君之母與妻之喪。』『居處、言語、飲食衎爾。』」此例下文
問伯母、叔母等屬名服，詳下不贅。

## 三　名服

〈曲禮子夏問〉：

> 子夏問於孔子曰：「居君之母與妻之喪，如之何？」孔子曰：
> 「居處、言語、飲食衎爾，於喪所則稱其服而已。」「敢問伯
> 母之喪如之何？」孔子曰：「伯母叔母疏衰期，而踊不絕地；
> 姑、姊妹之大功，踊絕於地。若知此者，由文矣哉！」[154]

此文上半為「尊尊」論，下半論伯母、叔母、姑、姊妹等，是「名
服」。後半之文又見《禮記》〈雜記下〉，無「伯母之喪」問，答詞則
同。《儀禮》〈喪服〉「成年之大功服者：姑、姊妹……叔父母」，此種
因婚姻關係而成之血緣，當服大功服制。然雖同為大功，踊制卻異。
伯母、叔母「踊不絕地」。姑、姊妹則「踊絕於地」。鄭玄注曰：「伯
母、叔母，義也。姑、姊妹，骨肉也。」[155]伯母、叔母於親為疏，其
服屬義服，情感須表現節制，故儀節上「踊不絕地」。姑、姊妹則屬
骨肉，於親為近，故情感表現上可以稍微放鬆，但仍有「踊絕於地」
的界線。

---

154 王肅注：《孔子家語》，卷10，〈曲禮子夏問第四十三〉，頁117。
155 《禮記》（《十三經注疏》本），卷43，〈雜記下第二十一〉，頁748-2。

## 四　出入議題：兄弟姊妹

### （一）姊喪

〈曲禮子貢問〉云：

> 子路有姊之喪，可以除之矣，而弗除。孔子曰：「何不除
> 也？」子路曰：「吾寡兄弟，而弗忍也。」孔子曰：「行道之人
> 皆弗忍。先王制禮，過之者俯而就之，不至者企而望之。」子
> 路聞之，遂除之。[156]

此章又見《禮記》〈檀弓上〉。孔穎達《禮記》正義曰：

> 庾蔚云：「子路緣姑、姊妹無主後，猶可得反服，推已寡兄
> 弟，亦有申其本服之理，故於降制已遠而猶不除，非在室之姊
> 妹欲申服過期也。」是子路已事仲尼，始服姊喪，明姊已出嫁
> 非在室也。[157]

是此則乃為已嫁姊妹服喪。為兄弟姊妹服喪，原當服一年喪，然已嫁
者為出，故降服為大功。《儀禮》〈喪服〉「大功」章云：「姑、姊妹、
女子子適人者。」《傳》曰：「何以大功也？出也。」[158]因此，子路對
姊姊亡故的哀傷，在聖人制禮，禮以節情的精神下，必須依從喪禮中
降服的規範，期限到了，就不能再因不忍之情繼續服喪，必須除服。

---

156　王肅注：《孔子家語》，卷10，〈曲禮子貢問第四十二〉，頁115。

157　《禮記》(《十三經注疏》本)，頁120-2。

158　《儀禮》(《十三經注疏》本)，卷11，〈喪服第十一〉，頁372-1。

## （二）兄弟

〈曲禮子夏問〉云：

> 子貢問居父母喪，孔子曰：「敬為上，哀次之，瘠為下，顏色
> 稱情，戚容稱服。」曰：「請問居兄弟之喪？」孔子曰：「則存
> 乎書筴矣。」[159]

此例又見《禮記》〈雜記下〉，然以「子貢問喪」為問，餘同。兄弟之
喪屬齊衰一年不杖期，《儀禮》〈喪服〉「齊衰」曰「昆弟」。居喪行為
《家語》說「存乎書筴」，即按《禮》經、傳所云行事即可。鄭玄
注：「兄弟之喪」言：「疏者如禮行之，未有加也。齊斬之喪，哀容之
體，經不能載矣。」[160]

## （三）同母異父之昆弟

〈曲禮子夏問〉曰：

> 邾人以同母異父之昆弟死，將為之服，因顏克而問禮於孔子。
> 子曰：「繼父同居者，則異父昆弟從為之服；不同居，繼父且
> 猶不服，況其子乎？」[161]

同母異父之昆弟之產生，乃出母或嫁母情事下產生之非父系血緣親屬
服制問題。對非同父之兄弟，《家語》主張不當服。其論乃基於「繼
父不同居」。《儀禮》〈喪服〉「齊衰」章云「繼父同居者」，若同居，

---

159 王肅注：《孔子家語》，卷10，〈曲禮子夏問第四十三〉，頁118。
160 《禮記》，卷43，〈雜記下第二十一〉，頁737-2。
161 王肅注：《孔子家語》，卷10，〈曲禮子夏問第四十三〉，頁118。

則服齊衰一年期，不杖。「繼父不同居者」，則是齊衰三月。無論同居、異居，都沒有《家語》「不服」之論。《禮記》有類似事例。《禮記》〈檀弓上〉：

> 公叔木有同母異父之昆弟死，問於子游。子游曰：「其大功乎？」狄儀有同母異父之昆弟死，問於子夏，子夏曰：「我未之前聞也；魯人則為之齊衰。」狄儀行齊衰。今之齊衰，狄儀之問也。

子游主張大功，即九月期，狄儀則齊衰一年期。也與《家語》之說不同。

異父同母兄弟服制問題，先秦禮論少有措意，魏晉時成為禮學爭議焦點，論者甚眾。《通典》、王肅《聖證論》對當時爭說均有記載。或主大功，或主齊衰。又有同主大功，而論說不同。癥結點即在，或從父論，或從母論。

《通典》載錄魏時為同母異父兄弟服喪事例曰：

> 魏明帝景初中，尚書祠部問：「同母異父昆弟服，應幾月？」太常曹毗述博士趙怡據子游鄭注大功九月。高堂崇云：「聖人制禮，外親正服不過緦，殊異外內之明理也。外祖父母以尊加，從母以名加，皆小功；舅緦服而已。外兄弟異族無屬，於外家遠矣，故於禮序不得有服。若以同居從同爨服，無緣章云大功，乃重於外祖父母，此實先賢之過也。」[162]

---

162 《通典》，卷91，〈凶禮十三〉「大功成人九月」條，頁2495。

高堂崇乃漢禮學家高堂生之後，是魏著名禮學家。曹毗以《禮記》〈檀弓上〉「公叔木有同母異父之昆弟死」章鄭玄注為論，認為當服大功。鄭玄曰：「親者屬，大功者是。」高堂崇從禮「內外」之別，認為母族親屬服制均降，為外祖父母加尊後之服制尚且為小功，與生父一族全無關聯之「異父」兄弟，何以勝於外祖父母而服大功？即使繼父有同居共爨之恩，亦當不能加服過於原生宗族之外祖父母，此是不合禮序之說。此意與王肅之意甚近。王肅注《禮記》〈檀弓上〉「公叔木有同母異父之昆弟死」云：

> 母嫁則外祖父母無服，所謂絕族無施服也。唯母之身有服，所謂親者屬也。異父同母昆弟不應有服，此謂與繼父同居，為繼父周，故為其子大功也。禮無明文，是以子游疑而答也。

王肅主張無服，與《家語》觀點同。然子游之以為服大功者，乃基於繼父同居論。出母既嫁，母族即與父族義絕，在宗法以「父」為主的服喪制度下，日後即使外祖父母喪，亦當無服。唯母為身親，故若出母亡，即使服降仍需服喪。因此子夏之所以說服齊者，乃報繼父同居共爨之恩，故服齊，非為「異父」兄弟服齊也。王肅「大功」說，乃釋子游禮義。《通典》引王肅說曰：

> 按魏尚書郎武竺有同母異父昆弟之喪，以訪王肅。肅據子思書曰：言氏之子，達於禮乎？繼父同居服周，則子宜大功也。[163]

王肅《聖證論》云：「孔子但說宜服與不，未說服之輕重，故

---

163 《通典》，卷91，〈凶禮十三〉「大功成人九月」條，頁2496。

子游處以大功也。」所執如前注。又引《孔子家語》曰：「邾
人有同母異父之昆弟死，將為之服，因顏亥而問禮於孔子。
曰：『繼父同居者，則異父昆弟從為之服；不同居者，繼父且
猶不服，況其子乎！』」[164]

蜀譙周云：「凡外親正服皆緦，加者不過小功。今異父兄弟，父沒母
嫁，所生者皆相報服。」[165]之所以服，乃報也。為異父兄弟服，當降
於本親一級，故為大功。若繼父不同居，則繼父亡故，無服，異父兄
弟，自然亦無服。

南朝宋庾蔚之則從母族角度曰：

宋庾蔚之謂：「自以同生成親，繼父同居，由有功而致服，二
服之來，其禮乖殊。以為因繼父而有服者，失之遠矣。馬昭
曰：『異父昆弟，恩繫於母，不於繼父。繼父，絕族者也。母
同生，故為親者屬，雖不同居，猶相為服。王肅以為從於繼父
而服，又言同居，乃失之遠矣。』子游、狄儀，或言齊縗，或
言大功，趨於輕重，不疑於有無也。《家語》之言，固所未
信。子游古之習禮者也，從之不亦可乎？」[166]

庾蔚之認為，既然為同母兄弟，則一母同胞，無論繼父同居與否，同
母之兄弟卒，自當為服。子游大功說可從。此乃從親親論也。

對這個議題，《通典》試圖回到事例原點，曰：

---

164　《通典》，卷91，〈凶禮十三〉「大功成人九月」條，頁2495。

165　《通典》，卷91，〈凶禮十三〉「大功成人九月」條，頁2495。

166　《通典》，卷91，〈凶禮十三〉「大功成人九月」條，頁2496。

周制，同母異父昆弟相為服。〈檀弓〉云：「公叔朱有同母異父之昆弟死，問於子游。子游曰：『其大功乎。』狄儀有同母異父之昆弟死，問於子夏。子夏曰：『我未之前聞也。魯人則為之齊縗。』狄儀行齊縗。今之齊縗，狄儀之問也。」[167]

周制，同母異父之昆弟是有服的，唯輕重無論，繼父同居與否並不影響為服禮制，亦未從同母角度為論。盧植曰：「未聞有服也，齊縗非也。游、夏不親問夫子，是以疑也。禮家推之，以為當在小功，以母親極於小功。」因此魏晉主張大功者為多。

又有主張服周者。《通典》記載：

刑部郎中田再思建議云：「降殺之喪，貴賤無隔，以報免懷之德，思酬罔極之恩。稽之上古，喪期無數，暨乎中葉，方有歲年。自周公制禮之後，孔父刊經以來，方殊厭降之儀，以標服紀之節。重輕從俗，斟酌隨時。子思不聽其子服出母，子游謂同母異父昆弟之服大功，子夏謂合從齊縗之制。此等並四科之數，十哲之人，高步孔門，親承聖訓，及遇喪事，猶此致疑，即明自古以來，升降不一。今去聖漸遠，殘缺彌多，會禮之家，名為聚訟，寧有定哉！而父在為母三年，傳之已踰二紀，出自高宗大帝之代，不從則天皇后之朝。大帝御極之辰，中宮獻書之日，往時參議，將可施行，編之於格，服之已久。前主所是，疏而為律；後主所是，著而為令。何必乖先帝之旨，阻人子之情，與伯叔母、姑姊妹同焉？若以庶事朝儀，一依周制，則古臣之見君也，公卿大夫贄羔鴈珪璧，今何故不依乎？

---

167　《通典》，卷91，〈凶禮十三〉「大功成人九月」條，頁2494-2495。

周之用刑也，墨劓宮刖，今何故不行乎？周則侯甸男衛，朝聘
有數，今何故不行乎？周則井邑丘甸，以立征稅，今何故不行
乎？周則分土五等，父死子及，今何故不行乎？周則冠冕衣
裳，乘車而戰，今何故不行乎？周則三老五更，膠序養老，今
何故不行乎？諸如此例，不可勝述，何獨孝思之事，愛一年之
服於其母乎？可為痛心，可為慟哭者也。《詩》云：『哀哀父
母，生我劬勞。』阮嗣宗，晉代之英才，方外之高士，以為母
重於父。據齊繏升數，麤細已降，何忍服之節制，減至於周？
豈後代之士，盡戇於枯骨？循古未必是，依今未必非也。」[168]

無論服制輕重，為出母服衍生的「母系」血緣服制問題，如異父兄
弟、或「從母被出為從母兄弟服議」[169]等，確實是魏晉時期廣為討論
的禮學議題，《家語》此例，其禮學立論立場，確與王肅之說相同，
均重「父系」血胤，在家無二尊、女非二主的觀點下，無論母子親親
之情如何深重，都不能逾越父系尊尊之意。因此，為「異父」之兄弟
服，其立場即非「出入」議題，而是「名」論。

## 五　殤服

　　殤服乃成人之降服，涉及「長幼」。《家語》論成人曰：「男子八
月生齒，八歲而齔。女子七月生齒，七歲而齔，十有四而化。一陽一
陰，奇偶相配，然後道合化成。」「男子二十而冠，有為人父之端；
女子十五許嫁，有適人之道。」[170]是以二十為成人。《儀禮》〈喪服

---

168　《通典》，卷89，〈凶禮十一〉「五服年月降殺之二／齊繏杖周」，頁2448-2449。
169　見《通典》，卷95，〈凶禮十七〉「從母被出為從母兄弟服議」，頁2565。
170　王肅注：《孔子家語》，卷6，〈本命解第二十六〉，頁70。

傳〉論殤年齡曰：

> 十九至十六為長殤，十五至十二為中殤，十一至八歲為下殤，不滿八歲以下皆為無服之殤。[171]

亦以二十為成人，二十以下再分長、中、下殤三等。《家語》殤服之議在〈曲禮子貢問〉，文曰：

> 齊師侵魯，公叔務人遇人入保，負杖而息。務人泣曰：「使之雖病，任之雖重，君子弗能謀，士弗能死，不可也。我則既言之矣，敢不勉乎？」與其鄰嬖童汪錡乘往，犇敵死焉。皆殯。魯人欲勿殤童汪錡，問於孔子。子曰：「能執干戈以衛社稷，可無殤乎？」[172]

汪錡殺敵事見《左傳》〈哀公十一年〉。無殤之議並見《禮記》〈檀弓下〉。案，在服敘制度上，「殤」者往往為降服。此處卻不降服，而還為成人之服。汪錡勇行與成人無異，《家語》認為其喪可從成人之禮，不從殤論。此因事制宜的改服主張，與王肅重現實的禮學論述頗相一致。魏晉因喪服而生之議禮之論，亦多此類經載無法充分觀照所有人情而衍生之議禮與考禮之爭。

## 六　從服

《禮記》論「從服」曰：

---

171 《儀禮》，卷11，〈喪服第十一〉，頁370-2。
172 王肅注：《孔子家語》，卷10，〈曲禮子貢問第四十二〉，頁113。

從服者，所從亡則已。屬從者，所從雖沒也服。妾從女君而出，則不為女君之子服。[173]

從服是為無血緣關係或政治關係者服喪的服敘規範。從服服制又有六。《禮記》〈大傳〉曰：

從服有六：有屬從，有徒從，有從有服而無服，有從無服而有服，有從重而輕，有從輕而重。[174]

屬從者，如子為母之黨；徒從者，如臣為君之黨；有從有服而無服者，如公子為其妻之父母；有從無服而有服者，如公子之妻為公子之外兄弟；有從重而輕者，如夫為妻之父母；有從輕而重者如公子之妻為其皇姑[175]。婦為舅姑，即有從服問題。《儀禮》〈喪服〉「齊衰」章曰「婦為舅姑」，是婦為舅姑服一年喪，不杖。〈曲禮子貢問〉曰：

南宮縚之妻，孔子之兄女，喪其姑，夫子誨之髽，曰：「爾毋從從爾，毋扈扈爾。」蓋榛以為笄，長尺，而總八寸。[176]

此例又見《禮記》〈檀弓上〉。孔子弟子南宮縚的妻子，是孔子哥哥的女兒，其婆婆過世，按理當服齊衰。齊衰首服是布總、榛笄之髽。此處著重論首服髽制與笄制。「髽」髮重在「毋從從爾」、「毋扈扈爾」，「從從爾」謂「太高也」，「扈扈爾」謂「太廣」。固定髮髻之笄八

173　《禮記》，卷32，〈喪服小記第十五〉，頁594-1。
174　《禮記》，卷34，〈大傳第十六〉，頁620-1。
175　《禮記》(《十三經注疏》本)，卷34，〈大傳第十六〉，頁620-1。
176　王肅注：《孔子家語》卷10，〈曲禮子貢問第四十二〉，頁114。

寸，乃齊衰、大功服制。《儀禮》〈喪服〉「大功八升」，絰長與衰服制
同。絰去除絰首之飾，即為惡絰。《儀禮》〈喪服〉：「婦為舅姑，惡絰
有首以髽。卒哭，子折絰首以絰，布總。」絰首飾花紋處折去，原先
的吉絰即為惡絰。吉絰長一尺二寸，折去絰首為一尺，是惡絰尺寸，
就是文中所說「絰長尺」。

　　喪服制度是死者與服喪者之間的宗族、臣屬與外親實際關係的反
映[177]，而從《家語》所論，不難發現其所論服敘制度，均著重禮制所
展現的宗法規約，當人情與禮法相衝突時，往往從「禮」為說，捨棄
情感對體制的破壞。但若是國家禮制與禮法的衝突，則往往從國家禮
制處申論，且不惜改經以符合尊君意識，在這點來說，確與王肅思想
相符。

　　此外，《家語》所採事例，多魏晉議禮之例，或魏晉議禮之典
故。如為慈母服議，為魏晉為庶母服議所徵；伯魚哭母、子路不忍除
服，是魏晉厚於骨肉的至情事蹟。晏子遜辭避禍，是以義斷恩。而異
父同母兄弟事例，則試圖挑戰父系為主的喪葬原則，而思以人倫相恩
之說取代之，凡此都與魏晉時代風氣相類。

## 第三節　居喪持守論

　　丁憂時期的生活儀則與日常不同。除了飲食、居處不同於日常，
人臣若逢丁艱，則須暫停公務。本節擬從居喪時期的儀節規範，包含
居處飲食、問弔禮儀、奪情衝突，以及服制變除等議題，進一步討論
《家語》喪禮所涵蓋之禮制討論。

---

177 參沈文倬：〈漢簡〈服傳〉考論〉，《菿闇文存——宗周禮樂文明與中國文化考論》
　　上冊（北京市：商務印書館，2006年6月），頁311。

# 一 一般性的儀節持守

在安葬逝者，卒哭祭後，孝子正式進入居喪時期。《家語》對一般性的居喪規範，討論有三。分論如下。

## （一）居喪沐浴、飲酒食肉

〈曲禮子夏問〉論「居喪飲酒食肉」說：

> 子夏問於夫子曰：「凡喪，小功已上，虞祔練祥之祭，皆沐浴，於三年之喪，子則盡其情矣。」孔子曰：「豈徒祭而已哉！三年之喪，身有瘍則浴，首有瘡則沐，病則飲酒食肉。毀瘠而為病，君子不為也。毀則死者，君子為之，且祭之沐浴，為齊潔也，非為飾也。」[178]

案，〈喪服四制〉云：「三月而食，三月而沐。」《禮記》〈雜記下〉亦曰：「凡喪小功以上，非虞附練祥無沐浴。」[179]小功以上居喪之中不得沐浴，沐浴必於虞、祔、練、祥諸祭為之，屬喪禮的一般性通則。然《家語》卻認為，在禮制規範的祭祀日可以沐浴，若身上有需要淨浴的的時候，亦當洗浴之。祭祀日之外的沐浴，既非齋戒之故，亦非為外表的淨飾，而是為了不以死傷生。與鄭玄注「言不有飾事則不」[180]之說同。而這種「毀不滅性，不以死傷生」（〈本命解〉）的主張，同時也與《通典》所謂「毀而死是不重親也」[181]說相合。可知《家語》

---

178 王肅注：《孔子家語》，卷10，〈曲禮子夏問第四十三〉，頁117。
179 《禮記》，卷42，〈雜記下第二十一〉，頁742-1。
180 《禮記》，卷42，〈雜記下第二十一〉，頁742-1。
181 《通典》，卷105，〈凶禮二十七〉，「喪禮雜制」注，頁2742。

反對因過度遵從禮制規定，居喪毀瘠，毀身滅性。對比現實情境，漢末可相彷彿。漢末士風激烈，違禮爭議頻生。如戴良居喪飲酒、食肉，時人發「居喪禮乎」爭議。戴良答曰：

> 禮所以制情佚也，情苟不佚，何禮之論？夫食旨不甘，故毀容之實，若味不存口，食之可也。[182]

居喪飲酒食肉，時人以為哀不足也，戴良認為，禮制於節情，今情不佚，是不違禮。而食肉飲酒，乃基於不哀毀過甚的規範，非從口腹之慾，亦不違禮；從情的角度申論其行未逾於禮。《家語》對此居喪儀則重為申論，除彰顯其喪禮精神之重「情」與親親之意，更頗近漢末晉初士風。

### （二）內寢

〈曲禮子貢問〉云：

> 孟獻子禫，懸而不樂，可御而不處內。子游問於孔子曰：「若是則過禮也？」孔子曰：「獻子可謂加於人一等矣。」[183]

案《禮記》〈喪大記〉：「期居廬，終喪不御於內者，父在為母為妻；齊衰期者，大功布衰九月者，皆三月不御於內。婦人不居廬，不寢苫。喪父母，既練而歸；期九月者，既葬而歸。」[184]是服喪期間居廬，寢苫，不居內寢，至禫祭後始得入內。《禮記》〈喪大記〉又曰：

---

182 范曄：《後漢書》，卷83，〈戴良傳〉，頁2773。

183 王肅注：《孔子家語》，卷10，〈曲禮子貢問〉，頁114。

184 《禮記》，卷45，〈喪大記第二十二〉，頁783-1。

「禫而從御，吉祭而復寢。」[185]孟獻子禫後仍不處內，子游疑其非
禮。孔子則認為孟獻子行為顯示了深沉的哀思，是值得嘉許的。

因此，君子非齋戒、疾病、丁憂，白日不內寢，若非此故，問弔
可也。〈曲禮子貢問〉論：

> 孔子適季氏，康子晝居內寢。孔子問其所疾，康子出見之。言
> 終，孔子退。子貢問曰：「季孫不疾，而問諸疾，禮與？」孔
> 子曰：「夫禮，君子不有大故，則不宿於外；非致齊也，非疾
> 也，則不晝處於內。是故夜居外，雖弔之可也；晝居於內，雖
> 問其疾可也。」[186]

《禮記》〈檀弓上〉：「夫晝居於內，問其疾可也；夜居於外，弔之可
也。是故君子非有大故，不宿於外；非致齊也、非疾也，不晝夜居於
內。」[187]

## （三）哭踊有節

哭踊是孝子聽聞親人逝去時，正常的情感反應，然為了避免哀毀
過情，以及顯示親疏之別，禮經對哭踊亦有規範。《禮記》〈檀弓下〉
曰：「辟踊，哀之至也，有筭。」[188]以及《禮記》〈檀弓下〉云：「喪
禮，哀戚之至也。節哀順變也，君子念始之者也。」[189]無論是辟踊有
筭，或節制哀情，都是為了避免喪主過分哀傷損於己身。除了孝子之
哭，喪禮過程中又有代哭者，唯《家語》未論，暫不討論。《家語》

---

185 《禮記》，卷45，〈喪大記第二十二〉，頁783-1。
186 王肅注：《孔子家語注》，卷10，〈曲禮子貢問第四十二〉，頁111。
187 《禮記》，卷7，〈檀弓上第三〉，頁129-1。
188 《禮記》，卷9，〈檀弓下第四〉，頁169-2
189 《禮記》，卷9，〈檀弓下第四〉，頁167-2。

所論哭踊有節事例者有四，二例關於喪禮過程中「哭踊有節」的規範總則，另二例則進一步自實際的事例中，從「哭踊有節」角度論所隱含之禮意。

　　面對至親之喪，孝子哀痛恆絕，故無時而哭。《禮記》〈檀弓上〉云：「父母之喪，哭無時，使必知其反也。」[190]《禮記》〈雜記下〉又曰：

　　　　曾申問於曾子曰：「哭父母有常聲乎？」曰：「中路嬰兒失其母焉，何常聲之有？」[191]

父母是人之至親、至恩，故父母之喪，以「無時哭」之說展現至深之哀情。然哭泣並不是展現孝子哀思的唯一方法，或並不是哭得愈過分就能展現愈多的哀思。為了避免以哭衡定喪主是否哀戚或孝順，《家語》對哀哭提出「中禮」的要求。〈曲禮子貢問〉曰：

　　　　卞人有母死而孺子之泣者。孔子曰：「哀則哀矣，而難繼也。夫禮、為可傳也，為可繼也。故哭踊有節，而變除有期。」[192]

此例又見《禮記》〈檀弓上〉，唯「卞」作「弁」。此例指出，哀哭除了用以傳達悲傷情緒，更在於哀哭亦是喪禮中的一節。若沒有節制，情溢於禮，則失去了「哭踊」禮制原創之本義。鄭玄注「難繼」亦曰：「聲無節，失禮中也。」[193]而從喪禮過程來說，過「卒哭」祭

---

190　《禮記》，卷8，〈檀弓上第三〉，頁151-2。

191　《禮記》，卷8，〈檀弓上第三〉，頁142-2。

192　王肅注：《孔子家語》，卷10，〈曲禮子貢問第四十二〉，頁114。

193　《禮記》卷8，〈檀弓上第三〉，頁142-2。

後，即要收起無時而哭的情緒，故「變除有節」。

第二例在〈曲禮子夏問〉，文云：

> 邾人子蒲卒，哭之呼滅。子游曰：「若哭其野，孔子惡野哭者。」哭者聞之，遂改之。[194]

此例又見《禮記》〈檀弓上〉，而子游作子皋。鄭玄注曰：「滅，蓋子蒲名，非之也。唯復呼名。」[195]在喪禮過程中，只有招魂的「復」階段呼喊死者的名字，除此之外，均屬失禮。邾人過哀，情不自禁呼喊逝者之名，孔門中習於禮制的子游聞而糾正之。

《家語》喪禮所論事例，雖多以「情」為指導原則，有以情代禮的傾向，然而從上哭踊二例的論述，可以看到其以禮制為表「情」制度，故在禮儀之施措上，當循能盡情之儀式行之，但並不代表以情領禮，若情逾於禮制，則將損於禮制施設本義，在情與禮的界線上，仍以禮為主。

除了以禮節情的規範，「哭踊有節」也可以作為分別親屬關係的禮制。此部分有二例。其一為〈曲禮子夏問〉問居伯母之喪。答曰：「伯母叔母疏衰期，而踊不絕地；姑、姊妹之大功，踊絕於地。若知此者，由文矣哉！」伯母、叔母以「名」而為親，在五服制度中較為疏遠，故哭踊亦要顯示出禮制的意涵，在哭踊儀節上，手掌不可觸於地；姑、姊妹為同等旁親，於宗為近，故哭踊可觸於地，以示哀戚。

第二例為女不夜哭說。〈曲禮子貢問〉載：

> 公父穆伯之喪，敬姜晝哭；文伯之喪，晝夜哭。孔子曰：「季

---

194 王肅注：《孔子家語》，卷10，〈曲禮子夏問第四十二〉，頁119。

195 《禮記》卷8，〈檀弓上第三〉，頁148-1。

氏之婦，可謂知禮矣！愛而無私，上下有章。」[196]

公父穆伯是敬姜的先生，文伯是其子。此例又見《國語》〈魯語〉，文辭略異。《國語》〈魯語下〉哭文伯乃「暮哭」[197]，非「晝夜哭」。《禮記》〈檀弓〉則與《家語》記載同，均為晝夜哭。此處之哭，乃練祭後哀至之哭。韋昭注云：「哭，謂既練之後，哀至之哭也。此父子之喪哭不相及，終言之耳。《禮》，寡婦不夜哭，遠情欲也。」[198]敬姜對先生之逝，晝哭，是因寡婦不夜哭，遠情欲。鄭玄注曰：「喪夫不夜哭，嫌思情性也。」[199]而對於兒子之逝，晝夜哭，以示喪子之痛。其所謂「上下有章」，即讚其能避嫌知禮。

　　敬姜是春秋時期著名的賢母，孔子非常尊敬她，《列女傳》列入「母儀傳」。《國語》〈魯語下〉載列敬姜持家、教子事例有七，《家語》載錄四，當中有三條與喪禮相關。因丈夫、兒子均早逝，敬姜成為家族的家長，其所為不僅為了後世教育，更有助於維繫門第家風。

## 二　喪服變除、受服議題

　　服喪過程中，隨著時間的流逝，為了讓孝子逐漸恢復日常情緒，每經一次祭祀，喪服就逐漸轉輕，象徵孝子哀傷情緒逐漸平復。《儀禮》並未規範喪服變除禮則，戴德有《變除論》，已佚。《禮記》〈喪服小記〉嘗云：「親親、尊尊、長長，男女之有別，人道之大者

---

196 王肅注：《孔子家語》，卷10，〈曲禮子貢問第四十二〉，頁113。

197 韋昭注：《國語》（臺北市：漢京文化事業公司，1983年12月），卷5，〈魯語下〉，頁211。

198 韋昭注：《國語》，卷5，〈魯語下〉，頁212注1。

199 《禮記》，卷9，〈檀弓下第四〉，頁175-1。

也。」[200]因為親疏、尊長有別，故服有隆降。

## （一）用杖事宜

〈曲禮子貢問〉曰：

> 子路問於孔子曰：「魯大夫練而杖，禮與？」孔子曰：「吾不知
> 也。」子路出，謂子貢曰：「吾以為夫子無所不知，夫子亦徒
> 有所不知也？」子貢曰：「子所問何哉？」子路曰：「由問，魯
> 大夫練而杖，禮與？夫子曰：『吾不知也。』」子貢曰：「止，
> 吾將為子問之。」遂趨而進，曰：「練而杖，禮與？」孔子
> 曰：「非禮也。」子貢出，謂子路曰：「子謂夫子而弗知之乎？
> 夫子徒無所不知也。子問非也。禮，居是邦，則不非其大
> 夫。」[201]

案，此事亦見《荀子》〈子道〉，然「練而杖」為「練而床」。文云：

> 子路問於孔子曰：「魯大夫練而床，禮邪？」孔子曰：「吾不知
> 也。」子路出，謂子貢曰：「吾以為夫子無所不知，夫子徒有
> 所不知。」子貢曰：「汝何問哉？」子路曰：「由問：『魯大夫
> 練而床，禮邪？』夫子曰：『吾不知也。』」子貢曰：「吾將為
> 女問之。」子貢問曰：「練而床，禮邪？」孔子曰：「非禮
> 也。」子貢出，謂子路曰：「女謂夫子為有所不知乎！夫子徒
> 無所不知。女問非也。禮：居是邑不非其大夫。」[202]

---

200 《禮記》，卷32，〈喪服小記第十五〉，頁594-1。
201 王肅注：《孔子家語》，卷10，〈曲禮子貢問〉，頁118-119。
202 王先謙：《荀子集解》，卷20，〈子道第二十九〉，頁531。

《家語》改「床」為「杖」，突出「杖」制。《禮記》〈問喪〉曰：

> 或問曰：「杖者以何為也？」曰：孝子喪親，哭泣無數，服勤
> 三年，身病體羸，以杖扶病也。則父在不敢杖矣，尊者在故
> 也；堂上不杖，辟尊者之處也；堂上不趨，示不遽也。此孝子
> 之志也，人情之實也，禮義之經也，非從天降也，非從地出
> 也，人情而已矣。[203]

顧炎武《日知錄》指出：「古之為杖，但以輔病而已，其後以杖為主
喪者之用，喪無二主，則無二杖。」[204]以杖作為主喪者之象徵物，非
主喪者不得用杖。在先秦服制中，杖並非喪主的象徵，喪主可用杖，
有爵者與有病者皆可用杖，惟婦女與童子不杖。然而南北朝守喪制度
的新發展，就是突出了主喪者的形象，最主要的表現即在以杖作為主
喪者的象徵。[205]不論是「練而杖」或「練而床」，都涉及為父母喪，
一年練祭後的居喪行為。按禮之說，練後服輕，但仍不能臥於床，仍
需睡在草蓆上。若是練而杖，則合禮。《禮記》〈雜記上〉云：「有三
年之練冠，則以大功之麻易之；唯杖屨不易。」

## （二）服制變除、受服論

### 1　殯後受服議題

〈曲禮子夏問〉曰：

> 叔孫武叔之母死，既小斂，舉尸者出戶。武孫從之，出戶，乃

---

203　孫希旦：《禮記集解》，卷54，〈問喪第三十五〉，頁1354。

204　顧炎武：《日知錄》，卷6，「庶子不以杖即位」條，頁363。

205　丁凌華：《中國喪服制度史》（上海市：上海人民出版社，2000年1月），頁253。

袒，投其冠而括髮。子路歎之。孔子曰：「是禮也。」子路問
曰：「將小歛，則變服。今乃出戶，而夫子以為知禮，何
也？」孔子曰：「汝問非也。君子不舉人以質事。」[206]

此例又見《禮記》〈檀弓上〉，但沒有「舉人以質事」之說。文云：

叔孫武叔之母死，既小歛，舉者出戶，出戶袒，且投其冠括
髮。子游曰：「知禮。」[207]

案禮，殯前喪主即須變服以示哀。《禮記》〈檀弓下〉云：「袒、括
髮，變也，慍哀之變也。去飾，去美也。袒、括髮，去飾之甚也，有
所袒，有所襲，哀之節也。」[208]孔穎達認為「袒衣、括髮者，是孝子
形貌之變也……孝子去飾，雖有多塗，袒、括髮者，就去飾之中最為
甚也，孝子悲哀，理應常袒」[209]。袒露左臂、脫去帽子，用麻縷綰住
髮髻，除去身上所有裝飾，用以顯示哀傷之情。今叔孫武叔在舉尸出
寢之後才這樣做，有失哀節。鄭玄注云：「尸出戶，乃變服，失哀
節。」[210]習禮之子游以此譏其「知禮」。然《家語》卻以「不舉人以
質事」之說，有為叔孫武叔舉措緩頰之意。孔穎達《禮記正義》載錄
漢魏禮家對此章之論，文引於下。

案士喪禮，主人括髮。鄭注云：始死，將斬衰者，斯將括髮者
去笄、纚，而紒無素委貌者。熊氏云：〈士喪禮〉謂諸侯之

206 王肅注：《孔子家語》，卷10，〈曲禮子夏問第四十三〉，頁119。
207 《禮記》，卷8，〈檀弓上第三〉，頁142-2。
208 《禮記》，卷9，〈檀弓下第四〉，頁169-2。
209 《禮記》，卷9，〈檀弓下第四〉，頁169-2。
210 《禮記》，卷8，〈檀弓上第三〉，頁142-2。

士，故無素冠也。崔氏云：將小斂之時，已括髮，括髮後大夫以上加素弁，士加素委貌。至小斂訖，乃投去其冠，而見括髮。今案〈士喪禮〉及〈大記〉皆小斂卒乃括髮，無小斂之前為括髮者。崔氏之言非也。案〈士喪禮〉小斂括髮，鄭注〈喪服變除〉云：「襲而括髮者，彼據大夫以上之禮。死之明日而襲，與士小斂同日，俱是死後二日也。」鄭注〈士喪禮〉，一括髮之後，比至大斂，自若所以〈大記〉云，小斂主人袒，說髦、括髮是諸侯小斂之時更括髮者。崔氏云謂，說去其髦，更正括髮，非重為括髮也。[211]

可以看到六朝禮家對武叔之殤後括髮之舉，意見頗不一致。癥結乃在對《儀禮》〈士喪禮〉所載乃士禮或可含括至諸侯階層的認知不同，因此殤前括髮是否僅能代表士、士大夫之行，或可以作為普遍通則，自天子以下俱當遵從，頗有疑慮。從《家語》的立場來看，上節晏子居父喪之例時，已辨無士、諸侯之別，而是喪禮通則。此例再次證明《家語》所論凶禮制度，確實未分士禮、諸侯禮等差異。而此例「是禮也」的評價，以及「不舉人以質事」的論述，一方面委婉地指出殤前括髮才是禮制的規定，另方面也認為，武叔之行雖有失哀節，卻也顯示了不因人設事的禮制立場，禮制有了更為超然的位置。

## 2 練後除衰議

練是一年祭，練後服飾逐漸轉輕，《家語》練後服飾變除之論，在〈曲禮子貢問〉。曰：

---

211 《禮記》，卷8，〈檀弓上第三〉，頁143-1。

> 季桓子喪，康子練而無衰。子游問於孔子曰：「既服練服，可
> 以除衰乎？」孔子曰：「無衰衣者不以見賓，何以除焉！」

此例不見於傳世文獻，二戴《記》亦未收。季桓子是康子之父，父喪，服敘制度中屬最重之斬衰服。一年練祭後變服。《釋名》〈釋喪制〉曰：「期而小祥，亦祭名也。孝子除首服，服練冠也。」《禮記》〈服問〉：「三年之喪，既練矣，有期之喪，既葬矣，則帶其故葛帶，絰期之絰，服其功衰。有大功之喪，亦如之。小功，無變也。麻之有本者，變三年之葛。」期後服飾的變除是冠練冠，衰裳升數改為七升，首服可釋，用布料較為精緻的熟麻布。制雖轉為輕，仍不能去除練服，三年內均須穿戴孝服守喪，即《禮記》〈喪服四制〉云：「父母之喪，衰冠繩纓菅屨，三日而食粥，三月而沐，期十三月而練冠，三年而祥。」更何況除去全身喪服。

## （三）降服議題

加服、降服說始於漢、戴德，〈本命解〉所謂：「為父母斬衰三年，以恩制者也。門內之治恩掩義，門外之治義掩恩。資於事父以事君，而敬同。貴尊貴尊，義之大也。故為君亦服衰三年，以義制者也。」正是後來喪服制度中降、正、義服論的基礎。降服議題的討論在〈曲禮子夏問〉。曰：

> 公父文伯卒，其妻妾皆行哭失聲。敬姜戒之曰：「吾聞好外
> 者，士死之；好內者，女死之。今吾子早夭，吾惡其以好內聞
> 也。二三婦人之欲供先祀者，請無瘠色，無揮涕，無拊膺，無
> 哀容，無加服，有降服，從禮而靜，是昭吾子也。」孔子聞
> 之，曰：「女智無若婦，男智莫若夫。公文氏之婦，智矣。剖

情損禮，欲以明其子為令德也。」[212]

敬姜是公父文伯的媽媽，以母親身分主持兒子的喪禮，並告誡文伯妻妾服喪之道。從喪禮制度來論，夫為尊，不論妻妾，夫喪，均須服喪三年，屬斬衰服。《儀禮》〈喪服〉「斬衰裳」章曰：「妻為夫，妾為君。」然作為婆婆的敬姜卻告誡媳婦「無加服，有降服」，不讓兒子以好內之名傳世。相較於《禮記》〈檀弓下〉之同事記載，《家語》更著重服制的降除之論。《禮記》之說曰：

> 文伯之喪，敬姜據其床而不哭，曰：「昔者吾有斯子也，吾以將為賢人也，吾未嘗以就公室；今及其死也，朋友諸臣未有出涕者，而內人皆行哭失聲。斯子也，必多曠於禮矣夫！」[213]

在降服的原因中[214]，幾乎找不到從「名」者論者，此例從維護喪主名聲而刻意降服，是很特出的事例，也與漢晉之際士大夫名風精神頗為相似。除了名風，作為母親的敬姜，在先生過世後，為兒子主持喪禮，並告誡內眷服喪要道。女性主喪，先秦幾無前例，而盛行於南北朝時。[215]

---

212 王肅注：《孔子家語》卷10，〈曲禮子夏問第四十三〉，頁120。

213 《禮記》，卷9，〈檀弓下第四〉，頁175-1。

214 參林素英：〈降服的文化結構意義——以《儀禮‧喪服》為討論中心〉，《中國學術年刊》19期（1998年3月），頁59-102。丁鼎：《《儀禮》〈喪服〉考論》（北京市：社會科學文獻出版社，2003年7月），頁202-209。

215 參丁凌華：《中國喪服制度史》（上海市：上海人民出版社，2000年1月），頁254。

## 三 奪情起復：奪服事例討論

　　為人臣者，遭丁艱之憂，按理當停職守喪，待喪期屆滿始可為公。漢律載若逢丁憂，則不可參與選舉任官。應劭曰：「漢律以不為親行三年服者不得選舉。」[216]違禁者可免官、削爵或罰俸。然而三年喪期長，西漢鮮有行者，《後漢書》〈劉愷傳〉曰：「舊制，公卿、二千石、刺史不得行三年喪，由是內外眾職並廢喪禮。」[217]自漢文帝時葬後除服說始，漢朝的三年喪制少有實踐者，唯王莽時短暫施行。史謂王莽當國「始盛倡三年喪制」[218]。然安帝、桓帝時復斷之，有斷三年喪詔。如《後漢書》〈安帝紀〉：「斷大臣二千石以上服三年喪。」[219]《後漢書》〈桓帝紀〉：「斷刺史、二千石行三年喪。」[220]除了為了維繫國家正常運作而產生的斷三年喪詔令，對重要的朝廷要臣，帝王仍會下「除服」詔令強迫人臣提前除服。如《漢書》〈王莽傳〉記：「地皇二年閏月丙辰，大赦天下，天下大服民私服在詔書前亦釋除。」[221]張晏注曰：「莽妻本以此歲死，天下大服也。私服，自喪其親。皆除之。」[222]又《後漢書》〈耿恭傳〉：「恭母先卒，及還，追行喪制，有詔使五官中郎將齎牛酒釋服。」[223]《後漢書》〈趙熹傳〉：「後遭母憂，上疏乞身行喪禮，顯宗不許，遣使者為釋服，賞賜恩寵甚渥。」[224]《後

216 《漢書》〈揚雄傳〉，卷87下，頁3568注6。

217 《後漢書》，卷39，〈劉趙淳于江劉周趙列傳第二十九〉，頁1307。

218 楊樹達：《漢代婚喪禮俗考》，頁196。

219 《後漢書》，卷5，〈孝安帝紀第五〉，頁234。

220 《後漢書》，卷7，〈孝桓帝紀第七〉，頁304。

221 《漢書》，卷99下，〈王莽傳第六十九下〉，頁4168。

222 《漢書》，卷99下，〈王莽傳第六十九下〉，頁4168注1。

223 《後漢書》，卷19，〈耿弇列傳第九〉，頁723。

224 《後漢書》，卷26，〈伏侯宋蔡馮趙牟韋列傳第十六〉，頁912。

漢書》〈張酺傳〉：「及父卒，既葬，詔遣使齎牛酒為釋服。」[225]《後漢書》〈桓焉傳〉：「踰年，詔使者賜牛酒，奪服，即拜光祿大夫，遷太常。」[226]可以看到「奪服」之說在東漢相當普遍。

　　對人臣墨絰從公，《家語》有二例。其一在〈曲禮子夏問〉，曰：

> 子夏問：「三年之喪既卒哭，金革之事無避，禮與？初有司為之乎？」孔子曰：「夏后氏之喪三年，既殯而致事，殷人既葬而致事，周人既卒哭而致事。《記》曰：君子不奪人之親亦不奪故也。」子夏曰：「金革之事無避者，非與？」孔子曰：「吾聞老聃曰：魯公伯禽有為為之也。今以三年之喪從利者，吾弗知也。」[227]

此章又見《禮記》〈曾子問〉。子夏所疑「卒哭後無避金革之事」，乃禮所載說。《禮記》〈喪大記〉曰：「君既葬，王政入於國，既卒哭而服王事；大夫、士既葬，公政入於家，既卒哭，弁絰帶。金革之事無辟也。」[228]有喪，君主於卒哭祭後，返歸從公。士、大夫卒哭後，穿戴孝服從公。兵戎之事不迴避。此亦鄭玄禮學主張[229]。然而《家語》卻持反對態度，引文即指出，「君子不奪人之親，亦不奪故」，事莫大過喪。並舉三代之制論說，夏時從停柩時就退職守喪，殷制是以下葬後退職守喪，周制則以卒哭祭後退職守喪。之所以有金革無避者，乃因王事之征，是特殊情境下的權宜變制，並非為了個人私益而以金革

---

225　《後漢書》，卷45，〈袁張韓周列傳第三十五〉，頁1532-1533。

226　《後漢書》，卷37，〈桓榮丁鴻列傳第二十七〉，頁1257。

227　王肅注：《孔子家語》，卷10，〈曲禮子夏問第四十三〉，頁116。

228　《禮記》，卷45，〈喪大記第二十二〉，頁782-2。

229　如《禮記》〈王制〉「天子七日而殯」章鄭玄注：喪大記曰：大夫、士既葬，公政入於家。既卒哭，弁、絰帶，金革之事無辟也。《禮記》，卷12，〈王制第五〉，頁240-1。

之名不行守喪之實。

《通典》記奪服制曰：

> 父母之喪，既虞卒哭，柱楣翦屛，芐翦不納。君既卒哭，而服
> 王事。大夫既卒哭，弁絰帶。金革之事無避也。[230]

杜佑注指出：「此權禮也。弁絰帶者，變喪服而弔服。」是變喪服為
弔服，既免違禮之忌，亦能外出從公。唐以前的金革奪情事例，可以
孫權、溫嶠為例。《三國志》曰：

> 五年，策薨，以事授權，權哭未及息。策長史張昭謂權曰：
> 「孝廉，此寧哭時邪？且周公立法而伯禽不師，非違父，時不
> 得行也。況今姦宄競逐，豺狼滿道，乃欲哀親戚，顧禮制，是
> 猶開門而揖盜，未可以為仁也。」乃改易權服，扶令上馬，使
> 出巡軍。[231]

裴松之注云：

> 臣松之按《禮記》〈曾子問〉子夏曰：「三年之喪，金革之事無
> 避也者，禮與？初有司與？」孔子曰：「吾聞諸老聃曰，昔者
> 魯公伯禽有為為之也。」鄭玄注曰：「周人卒哭而致事。時有
> 徐戎作難，伯禽卒哭而征之，急王事也。」昭所云「伯禽不
> 師」，蓋謂此也。[232]

---

230 《通典》，卷87，〈凶禮九〉「既虞餕尸及卒哭祭／周」條，頁2371。
231 陳壽：《三國志》，卷47，〈吳書〉〈孫權傳〉，頁1115。
232 陳壽：《三國志》，卷47，〈吳書〉〈孫權傳〉，頁1115。

《通典》又曰:

> 然則大夫士皆以縗麻終三年,故雖卒哭,稱弁経帶,以服金革
> 之事。諸侯以上,卒哭除縗麻諒闇,故特不言弁経。此諸侯縗
> 麻除之證也。[233]

魏時講求孝道,以漢文短喪為弊,故下詔禁奪情。魏明帝神龜元年詔
曰:「頃年以來,戎車頻動,服制未終,奪哀從役。罔極之痛弗申,
鞠育之恩靡報,非所謂敦崇至道者也。自今雖金革之事,皆不得請起
居喪。」[234]是明令「不得請起居喪」,堅持三年喪的規範,並將三年
喪納入國禮範疇。《家語》之主張,與明帝之詔精神是一致的。

若從王肅禮學來論,王肅的奪情觀點,可以參考當時的禮議。魏
事:

> 故漢獻帝嫡孫杜氏鄉侯劉康襲爵假授,使者拜授,康素服奪情。
> 魏尚書議玄冠縗経服素以承詔命,事訖反喪服。王肅以為諸侯
> 受天子命宜吉服,使者出,反喪服,即位而哭。詔從之。[235]

在襲爵的吉禮場合,劉康因服喪服受爵。尚書認為當從「玄冠縗経服
素」的弔服形制受爵。王肅則認為,受爵乃吉禮,當以吉服受爵,待
使者出,則反服喪服。後以王肅之說為行。可以看到王肅在考量奪情
事宜上,是以王事為先,有尊君的傾向,不同於《家語》以喪為主的
看法。

---

233 《通典》,卷80,〈凶禮二〉,頁2163。
234 魏收:《魏書》,卷9,〈肅宗紀第九〉「神龜元年」,頁228。
235 〔清〕錢儀吉著:《三國會要》(上海市:上海古籍出版社,1991年5月),卷10,
　　〈禮四〉〈喪制〉,頁275-276。

　　第二例是除了從王事之外，若居喪期間遇到諸侯宴請士大夫的場合，能不能出席呢？〈曲禮公西赤問〉有例曰：

> 孔子有母之喪，既練，陽虎弔焉。私於孔子曰：「今季氏將大饗境內之士，子聞諸？」孔子曰：「丘弗聞也。若聞之，雖在衰絰，亦欲與往。」陽虎曰：「子謂不然乎？季氏饗士，不及子也。」陽虎出。曾參問曰：「語之何謂也？」孔子曰：「己則喪服，猶應其言，示所以不非也。」

此章不見二戴《記》，唯見《史記》〈孔子世家〉。文云：

> 孔子要絰，季氏饗士 ，孔子與往。陽虎絀曰：「季氏饗士，非敢饗子也。」孔子由是退。[236]

案，《禮記》〈喪大記〉云：「非喪事不言。」[237]孔子母喪，練祭時陽虎往弔，在弔禮場合中，陽虎私言孔子，所言不僅非慰問之詞，又非喪事之言，孔子仍回應其說，表示沒有責怪陽虎無禮的行為。此是不以己之是責人之非，與〈曲禮子夏問〉晏嬰遜辭避咎之回應相同。然若不論陽虎之失禮，居喪期間，能否出席朝廷宴饗呢？《通典》有論曰：

> 太學博士王曆之議：「尊卑殊制，輕重有級，五服雖同，降厭則異。禮，天子止降旁親，外舅緦麻，本在服例，但縗絰不可以臨朝饗，故有公除之議。[238]

---

236 《史記》，卷47，〈孔子世家第十七〉，頁1907。

237 《禮記》，卷45，〈喪大記第二十二〉，頁782-1。

238 《通典》，卷80，〈凶禮二〉「天子為皇后父母服議」條，頁2178。

　　此議在宋孝武孝建三年，按禮，縗絰中不可臨朝饗，然可由朝廷
下令除服出席。因此孔子之回覆陽虎，季氏饗士「雖在衰絰，亦欲與
往」說，司馬貞《索隱》認為顯示了孔子好學之意。曰：

> 《家語》「孔子之母喪，既練而見」，不非之也。今此謂孔子實
> 要絰與饗，為陽虎所紲，亦近誣矣。一作「要絰」。要絰猶帶
> 絰也，故劉氏云嗜學之意是也。[239]

若從禮典的角度來看，喪中自不宜出席宴饗場合，司馬貞之說可備為
一說。

## 四　問弔禮制

　　問弔議題，《儀禮》〈喪服〉未載，經傳中雖不乏見，然並無完整
之禮制規範，只能從散見的事例中，歸納相關遵從原則。《家語》於
此著墨甚眾，而各事例之討論，又有向國家禮典集中之意。除了祭拜
儀式、服飾也是《家語》弔禮討論議題。

### （一）父母喪賓弔禮論

〈曲禮子貢問〉：

> 孔子曰：「拜而後啟顙，頹乎其順也；啟顙而後拜，頎乎其至
> 也。三年之喪，吾從其至者。」[240]

---

239 《史記》，卷47，〈孔子世家第十七〉，頁1907注1。
240 王肅注：《孔子家語》，卷10，〈曲禮子貢問第四十二〉，頁114。

「啟顙」專用於凶喪[241]，是居父母喪時跪拜賓客之禮。此章又見《禮記》〈檀弓上〉。鄭玄注「啟顙」，「觸地無容」也。[242]殷制「拜而後啟顙」，周制「啟顙而後拜」，殷制先回禮再觸地，較能表現父母之喪的極度哀戚，《家語》在「啟顙」禮上採殷制之「拜而後啟顙」，合於情至的喪禮施用原則。

## （二）君臣弔哭議

### 1 朝服而弔

〈曲禮子夏問〉：

> 季桓子死，魯大夫朝服而弔。子游問於孔子曰：「禮乎？」夫子不答。他日，又問，夫子曰：「始死則矣，羔裘玄冠者，易之而已，汝何疑焉？」[243]

案，羔裘玄冠乃吉服，《論語》曰：「羔裘玄冠不以弔。」[244]《白虎通》曰：「不以吉服臨人凶，示助哀也。」[245]而《禮記》〈檀弓上〉亦云：

> 夫子曰：「始死，羔裘玄冠者，易之而已。」羔裘玄冠，夫子不以弔。[246]

故弔喪需著素服。而魯大夫失服，孔子未責，在於始死，改服即可。

---

241 參魯士春：《先秦容禮研究》，頁213。

242 《禮記》，卷9，〈檀弓下第四〉，頁168-1。

243 王肅注：《孔子家語》，卷10，〈曲禮子夏問第四十三〉，頁120。

244 《論語》，卷10，〈鄉黨第十〉，頁88-2。

245 陳立：《白虎通疏證》，卷11，〈崩薨〉「君弔臣」條，頁545。

246 《禮記》，卷8，〈檀弓上第三〉，頁148-1。

季桓子乃魯國權臣，其死，魯大夫均往弔。《禮記》唯君弔臣議，對此百官會哀情形，並無先例。《南齊書》嘗載：

> 海陵王薨，百官會哀，時纂嚴，朝議疑戎服臨會。祠部郎何佟之議：「羔裘玄冠不以弔。理不容以兵服臨喪。宋泰始二年，孝武大祥之日，于時百寮入臨，皆于宮門變戎服，著衣帢，入臨畢出外，還襲戎衣。」從之。[247]

百官在宮門外變服，入著素服以弔，出則還服。

《通典》論君弔臣禮制，曰：

> 漢戴德曰：「君弔於卿大夫，錫縗以居，不聽樂。弔於士，皆服弁経疑縗。君弔臣疑縗，素弁加経，明日主人縗経拜謝於朝。君若使人弔，其服疑縗，素裳素冠。諸侯會遇相弔，則錫縗，皮弁加経，不舉。諸侯弔於寄公，亦錫縗。諸侯相弔，其同國大夫相弔，錫縗，十五升抽其半，素冠加経。朋友弔服有経，経大與緦麻経同，素冠素帶，既葬而除。皆在他國，則袒免。同國大夫命婦相服，錫縗素總加麻。同國之士相為朝服加経，其妻相為亦如之，朝服不鬊。」[248]

可以看到若是君弔，則依臣位階而有不同喪服服制，不若《家語》所示之簡。

---

## 2 魯定公弔顏回

〈曲禮公西赤問〉：

> 顏回死，魯定公弔焉，使人訪於孔子。孔子對曰：「凡在封
> 內，皆臣子也。禮：君弔其臣，升自東階，向尸而哭，其恩賜
> 之施，不有筭也。」

此例不見傳世典籍。案，筭，算也。顏回未仕，不具人臣身分，君主
唯人臣往弔。故魯定公問禮於孔子。孔子以「凡在封內，皆臣子也」
覆，從「溥天之下，莫非王土。率土之濱，莫非王臣」之王制意涵解
說之。古者君弔臣，是顯君之德厚。如《漢書》〈賈山傳〉云：

> 古之賢君於其臣也，尊其爵祿而親之；疾則臨視之亡數，死則
> 往弔哭之，臨其小斂大斂，已棺塗而後為之服錫衰麻絰，而三
> 臨其喪；未斂不飲酒食肉，未葬不舉樂，當宗廟之祭而死，為
> 之廢樂。故古之君人者於其臣也，可謂盡禮矣；服法服，端容
> 貌，正顏色，然後見之。故臣下莫敢不竭力盡死以報其上，功
> 德立於後世，而令聞不忘也。[249]

《後漢書》〈祭遵傳〉亦曰：「古者臣疾君視，臣卒君弔，德之厚者
也。」[250]漢桓榮、來歙、張酺等均有天子弔喪事蹟。今《家語》論非
臣之弔，使國君有「為民父母」之意。此例為君主弔（避世隱居）不
仕者開了前例。既然普天之下，莫非王臣，魯君弔顏回之禮，當採君

---

249 《漢書》，卷51，〈賈鄒枚路傳第二十一〉（賈山），頁2334。

250 《後漢書》，卷20，〈銚期王霸祭遵列傳第十〉（祭遵），頁742。

弔臣禮，「升自東階，向尸而哭」。即，從東面的臺階而上，面對大體哭泣。孔子認為，能做到這樣，對臣民的恩惠就難以計算了。

## 3 主人未成服，弔者服乎？

〈曲禮子貢問〉曰：

> 魯昭公夫人吳孟子卒，不赴於諸侯。孔子既致仕，而往弔焉。適于季氏，季氏不絰，孔子投絰而不拜。子游問曰：「禮與？」孔子曰：「主人未成服，則弔者不絰焉，禮也。」

第二節時曾從服術制度討論此例，今再從弔禮角度討論《家語》裡的弔問禮儀。《禮記》〈檀弓下〉嘗云：

> 衛司徒敬子死，子夏弔焉，主人未小斂，絰而往，子游弔焉。主人既小斂，子游出絰反哭。子夏曰：「聞之也與？」曰：「聞諸夫子，主人未改服則不絰。」[251]

孫希旦曰：「改服者，主人既小殮，始服未成服之麻也。凡弔者之服，隨主人而變；主人改服，則弔者加絰帶，主人成服，則弔者服弔衰。」[252]此章乃朋友相弔，若主人成服，客乃服弔絰。《家語》所載雖是臣弔舊小君，弔問禮儀上，卻仍採朋友相弔服議。是弔問禮有其普遍性，若主人未成服，無論主人為誰，客皆不絰也。

　　《家語》此章還可再從《禮記》〈檀弓上〉「曾子襲裘而弔」章論。《禮記》〈檀弓上〉嘗載：

---

251 《禮記》，卷9，〈檀弓下第四〉，頁173-2。
252 孫希旦：《禮記集解》，卷10，〈檀弓下第四之一〉，頁267。

曾子襲裘而弔，子游裼裘而弔。曾子指子游而示人曰：「夫夫
也，為習於禮者，如之何其裼裘而弔也？」主人既小斂，袒，
括髮，子游趨而出，襲裘，帶絰而入。曾子曰：「我過矣，我
過矣，夫夫是也。」[253]

曾子、子游弔友，服飾卻不同。曾子服喪服往弔，見子游襲吉服，以
為非禮。後見主人改服為喪，子游亦改服，乃知己非。因此弔唁之服，
是以主人成服與否而論。主人未服，客著喪服，亦未為禮。此與鄭玄
所謂「於主人變乃變也，所弔者朋友。服是善子游。」[254]立場相同。

## （三）師、弟子弔哭議

「友倫」雖居五倫之末，卻不在五服之列。服制中雖有記無血緣
者服喪之說，然多為政治性的服喪，如從服於舊君。師徒、弟子、朋
友相為問弔，雖有禮說，但未聞服制。《家語》載有多例弟子、朋友
相服、弔哭之事。自孔門「心喪」之說始，這種以友倫為主的服紀、
弔問制度，不僅凝聚士群體之義氣、情感，更與漢晉之際為故主舊吏
服喪、會葬所彰顯之士群體意識高漲風氣相近。孔門師徒、弟子間如
家人般的群聚互動，面對個別的喪亡，弟子們仍會如喪至親般送喪或
弔唁。這種以友倫為主的服紀制度，與傳統以宗法家族結構為主的服
敘制度不同，因朋友不屬於五服範疇，更講求「義」與「情」。從現
實來看，對故舊朋友弔問禮節的議論，集中於漢末。漢末士群體意識
高漲，為故主舊吏服喪或群體會葬多有稱說。晉始有師弟子服議之討
論。《晉書》〈禮志〉載：「喪服無弟子為師服之制，新禮弟子為師齊
衰三月。摯虞以為：『自古無師服之制，故仲尼之喪，門人疑於所

253 《禮記》，卷7，〈檀弓上第三〉，頁134-2。
254 《禮記》，卷7，〈檀弓上第三〉，頁134-2。

服。子貢曰：『昔夫子之喪顏回，若喪子而無服，請喪夫子若喪父而無服。』遂心喪三年。此則懷三年之哀，而無齊衰之制也。群居則経，出則否，所謂弔服加麻也。先聖為禮，必易從而可傳。師徒義誠重，而服制不著，歷代相襲，不以為缺。且尋師者以彌高為得，故屢遷而不嫌；修業者以日新為益，故舍舊而不疑。仲尼稱『三人行，必有我師焉』。子貢云，『夫何常師之有』。淺學之師，暫學之師，不可皆為之服。義有輕重，服有廢興，則臧否由之而起，是非因之而爭，愛惡相攻，悔吝生焉。宜定新禮無服如舊。」詔從之。」[255]

〈曲禮子貢問〉曰：

> 伯高死於衛，赴於孔子。子曰：「吾惡乎哭諸？兄弟，吾哭諸廟；父之友，吾哭諸廟門之外；師，吾哭之寢；朋友，吾哭之寢門之外；所知，吾哭之諸野。今於野則已疎，於寢則已重。夫由賜也而見我，吾哭於賜氏。」遂命子貢為之主，曰：「為爾哭也來者，汝拜之。知伯高而來者，汝勿拜。」既哭，使子張往弔焉。未至，冉求在衛，攝束帛乘馬而以將之。孔子聞之，曰：「異哉！徒使我不成禮於伯高者，是冉求也。」[256]

此章又見《禮記》〈檀弓上〉，而別為二章，「使我不成禮於伯高」為一章，「吾惡乎哭諸」之問為另一章，無「既哭，子張往弔」等說。親友弔喪時，喪家都需哀哭，弔者也哭。但依親疏哭二三聲至十、廿聲不等。依《家語》敘述順序，此章討論議題有二，一是所哭位置，二是代弔禮議。

在弔哭議題上，古無師、弟子相為服制，亦無相弔之禮，故王肅

---

255 《晉書》，卷20，〈禮中〉，頁632。
256 王肅注：《孔子家語》卷10，〈曲禮子貢問第四十二〉，頁115。

曰：「禮，師弟子無服，以弔服加麻臨之，哭之於寢。」[257]孔子之識伯高，乃由於子貢，與伯高之關係，雖為「所知」，又非「朋友」，介於「所知」、「朋友」之間，故其行弔哭禮，哭於寢則重，哭於野又過疏。鄭玄注「孔子曰吾惡乎哭諸」曰：「以其交會尚新」[258]，故以子貢為喪主，行禮於子貢。對子貢來說，他是作為代喪主而立於主位，因此弔喪者若是慰問子貢喪友而來者，賜可拜之，若否，則不拜。若是哭朋友，是哭於中庭。《禮記》〈檀弓上〉孔子聞子路卒，哭於中庭。孫希旦云：

> 哭於中庭，於中庭南面而哭也。不於阼階下者，別於兄弟之喪也。凡於異姓之喪而哭之於寢者，其位皆如此，故鄭氏謂「與哭師同」。陸氏、吳氏謂「哭以師友之間」，非也。[259]

所以「為爾哭也來者拜之，知伯高而來者勿拜也」，乃為明恩所由與異於正主[260]，故有所親疏、輕重之別。

孔子使子張往弔，據《禮記》〈檀弓上〉記載，子張遲，冉求未告知孔子，代往。文曰：

> 伯高之喪，孔氏之使者未至，冉子攝束帛乘馬而將之，孔子曰：「異哉！徒使我不誠於伯高。」[261]

冉求代替孔子派遣的子張，自行往弔。冉求時為季氏家臣，在衛，然

---

257 《通典》，卷101，〈凶禮二十三〉「師弟子相為服議」，頁2670。

258 《禮記》，卷7，〈檀弓上第三〉，頁127-1。

259 孫希旦：《禮記集解》，卷7，〈檀弓上第三之一〉，頁169-170。

260 《禮記》，卷7，〈檀弓上第三〉，頁127-1。

261 《禮記》，卷7，〈檀弓上第三〉，頁128-1。

其往弔未得孔子之意，表面看來是幫孔子完成了弔唁的禮儀，卻非出於孔子本心，亦非禮制意涵，鄭玄所謂「忠信而無禮」[262]，是亦非禮也。孔穎達亦認為，孔子責斥之因，即在冉求自作主張取代子張作為弔唁者。其言曰：

> 代孔子行弔，非孔子本意，是非孔子忠信，虛有弔禮。若孔子重遣人更弔，即彌為不可。故云空使我不得誠信行禮於伯高。[263]

又攝束帛乘馬，是以君立場往弔，亦不符弔友之禮，故孔子責之。

若同門弟子，孔子則有至情弔哭表現。如聞子路遇害，〈曲禮子夏問〉載：

> 子路與子羔仕於衛，衛有蒯聵之難。孔子在魯，聞之，曰：「柴也其來，由也死矣。」既而衛使至，曰：「子路死焉。」夫子哭之於中庭。有人弔者，而夫子拜之。已哭，進使者而問故。使者曰：「醢之矣。」遂令左右皆覆醢，曰：「吾何忍食此！」[264]

魏以此為傷知音之逝事例。《三國志》〈魏書〉載：「仲尼覆醢于子路，痛知音之難遇，傷門人之莫逮也。」[265]此事又見《禮記》〈檀弓上〉，文辭略異。文曰：

---

262 《禮記》，卷7，〈檀弓上第三〉，頁128-1，鄭玄注。
263 《禮記》，卷7，〈檀弓上第三〉，頁128-1。
264 王肅注：《孔子家語》，卷10，〈曲禮子夏問〉，頁120。
265 《三國志》《魏書》，卷21，〈王衛二劉傳第二十一〉，頁602。

孔子哭子路於中庭。有入弔者，而夫子拜之。既哭，進使者而問故。使者曰：「醢之矣。」遂命覆醢。

禮云「知生者弔，知死者傷。」[266]弔者慰生，哀傷逝者。孔子聞子路醢，傷之，進而覆醢。而其哭於中庭，有人弔，拜之，是以主人身分待之。《通典》論弔哭禮曰：

凡君使人弔，徹帷，主人迎於寢門外，見賓不哭，先入門右，北面。弔者入，升自西階，東面。主人進中庭，弔者致命。主人哭拜，稽顙，成踊。賓出，主人拜送於外門外。[267]

孔子為子路主喪，卻並非對所有弟子均如是。對多行不義者，就有「以義斷恩」的主張。〈曲禮子夏問〉曰：

孔子之弟子琴張，與宗魯友。衛齊豹見宗魯於公子孟縶，孟縶以為參乘焉。及齊豹將煞孟縶，告宗魯使行。宗魯曰：「吾由子而事之，今聞難而逃，是僭子也。子行事乎？吾將死以事周子，而歸死於公孟，可也。」齊氏用戈擊公孟，宗魯以背蔽之，斷肱，中公孟，宗魯皆死。琴張聞宗魯死，將往弔之，孔子曰：「齊豹之盜，孟縶之賊也。汝何弔焉？君不食姦，不受亂，不為利病於回，不以回事人，不蓋非義，不犯非禮。汝何弔焉？」琴張乃止。

---

266　《通典》，卷83，〈凶禮五〉「天子諸侯士大夫弔哭議」，頁2252。
267　《通典》，卷83，〈凶禮五〉「天子諸侯士大夫弔哭議」，頁2251。

宗魯關涉衛國內亂，事見《左傳》〈昭公二十年〉[268]。齊鮑將宗魯薦
於孟縶，孟縶任以為驂乘。後齊鮑欲為亂，殺孟縶，先告宗魯，宗魯
不願負，在打鬥中為了護衛孟縶而中戈而死。孔子認為宗魯明知孟縶
不善卻不離不諫，是出於私利。知齊鮑將亂卻不願為了保全自己離開
孟縶，不是表示他護主，而是因為當初是齊鮑推舉他入孟縶之門，若
在危亡之際自行逃脫，將有損自己名譽。以此孔子認為宗魯非好人，
故勸阻與為友的琴張前往祭拜。《禮記》〈檀弓上〉嘗云：「死而不弔
者三：畏、厭、溺。」因其不能敬慎全身，故不弔。[269]齊豹殺衛靈公
兄縶，《左傳》貶為「盜」[270]。梁、何胤《禮記隱義》亦云：「其有死
不得禮，亦不弔。故昭二十年，衛齊豹欲攻孟縶……杜預云：言齊豹
所以為盜，孟縶所以見賊，皆由宗魯。是失禮者，亦不弔也。」

　　從以上論述來看，《家語》所記居喪儀則、弔問禮儀、變除議
題，多能與魏晉禮議相論。若干不見於傳世文獻之例，亦有明顯魏晉
時代背景。其中不以禮制責人之非，或居是邦不非其大夫的言行，所
顯示的「禮」權宜彈性特質，排除了禮不因人設事，亦不因人權變的
「情感」因素，使禮制成為更具超然與普遍的國家禮制，而不只是家

---

268 全文為：「初。齊豹見宗魯於公孟。為驂乘焉。將作亂。而謂之曰。公孟之不善。
　　子所知也。勿與乘。吾將殺之。對曰。吾由子事公孟。子假吾名焉。故不吾遠
　　也。雖其不善。吾亦知之。抑以利故。不能去。是吾過也。今聞難而逃。是僭子
　　也。子行事乎。吾將死之。以周事子。而歸死於公孟。……及閎中。齊氏用戈擊
　　公孟。宗魯以背蔽之。斷肱。以中公孟之肩。殺皆之。」《左傳》，卷49，〈昭公二
　　十年〉，頁854-1~854-2。

269 此為兩漢經學通義，「人臣不能敬慎全身，不宜死而死，故失禮不弔」。見簡博
　　賢，〈兩漢學風之繼承〉，《今存南北朝經學遺籍考》（臺北市：黎明文化事業公
　　司，1975年2月），頁161。

270 顏師古曰：「衛靈公兄也，名縶，二十年為齊豹所殺。以豹不義，故貶稱盜，所謂
　　求名而不得。」《漢書》，卷27下之下，〈五行志第七下之下〉，頁1497注3。

族、宗法的制度展現，可以觀照到更多元的層面。以此，歷代禮家爭議不決的士禮、諸侯禮爭議，《家語》都存而不論，只要能符合禮制施設的原意（如哀情、慰問），儘管於禮有誤，亦不多評斷，甚且添字改經以適應之。唯與禮制本義相違時，大力批評。從禮制的發展來看，當中改經或添字所呈顯出的制度，全然不類先秦之制，反而更多漢、魏禮意。尤其當中對情感的強調，無論是孔子稅驂舊館，讚衛人送葬其往也如慕，其返也如疑；稱譽閔子彈琴散情，或慈母如母的服例，明顯跟魏晉因戰爭頻仍衍發的禮制與孝道與人情衝突的情形，可互為參照，也與魏晉時期以「情」為「自然」之論的觀點，實相一致[271]。而若干與傳世文獻相合之例，亦不能視為就是記載之時代，應該視作普世禮則的部分。

　　相較於明清以後，以婚、喪、葬、祭為人倫日用四禮，《家語》以喪禮為禮制基準，並為施政基礎，討論之事例環繞喪禮各個層面，是全書禮論最為完備部分，可見《家語》以喪禮為禮制精神之核心。

　　從著書動機來看，作者將二戴《記》中的孔門事語單獨選出，使二戴《記》中所載孔門事語，由「禮」之雜說，一躍成為「議禮」的經典證據，將孔子話語提升至禮典的高度。

---

271 關於魏晉孝道問題，可參林麗真：〈論魏晉的孝道觀念及其與政治、哲學、宗教的關係〉，收入陳弱水、王汎森主編：《思想與學術》（北京市：中國大百科全書出版社，2005年4月），頁33-53。

# 第五章

# 皇權與郊廟禮制：《孔子家語》中的郊廟論述

　　沈欽韓嘗以為「婚姻、喪祭、郊禘、廟祧」[1]等為王肅所增加，故《家語》〈大昏解〉、〈郊問〉、〈廟制〉諸篇往往以王肅經學思想視之，論王肅郊廟論者，亦徑取諸篇為說。事實上，這幾篇置於《家語》，建構了《家語》的皇權意識，使之為新朝代的制禮之作提供了更完整的理論基礎。本章先論廟制，次論郊禮，再次論天道根源，以期論述《家語》的郊廟體系與其改制意識。

## 第一節　尊尊與功德：《孔子家語》廟制論

　　《論語》〈八佾〉曰：「或問禘之說。子曰：『不知也。知其說者之於天下也，其如示諸斯乎！』指其掌。」此說將禮，尤其是宗廟祭禮，與治國作了連結。《家語》〈論禮〉亦云：

> 子曰：「郊社之禮，所以仁鬼神也；禘嘗之禮，所以仁昭穆
> 也；饋奠之禮，所以仁死喪也；射饗之禮，所以仁鄉黨也；食

---

1　沈欽韓《漢書疏證》：「〈王制〉疏：《家語》，先儒以為肅之所作，未足可信。案肅惟取婚姻、喪祭、郊禘、廟祧，與鄭不同者羼入家語，以矯誣聖人。其他固已有之，未可竟謂肅所造也。」顧實：《漢書藝文志講疏》（上海市：上海古籍出版社，2009年12月），頁72。

饗之禮，所以仁賓客也。明乎郊社之義、禘嘗之禮，治國其如指諸掌而已。是故居家有禮，故長幼辯；以之閨門有禮，故三族和；以之朝廷有禮，故官爵敘；以之田獵有禮，故戎事閑；以之軍旅有禮，故武功成。是以宮室得其度，鼎俎得其象，物得其時，樂得其節，車得其軾，鬼神得其享，喪紀得其哀，辯說得其黨，百官得其體，政事得其施。加於身而措於前，凡眾之動，得其宜也。」[2]

除了祭祀之禘禮，更擴大到郊社、饋奠、射饗、食饗等禮，因此「禮」不僅是《家語》之治國指導原則，亦是國家制度之源。《家語》所載諸多事例發生於宗廟，顯示宗廟不只是宗法制度的具體實踐與表徵，也是皇權、宗法的重要展演場域。而《家語》〈廟制〉向以王肅學說視之，此說雖有據，然囿於鄭、王之爭的學術視野，並無助於釐清此篇於《家語》中的禮學意涵。本文擬藉歷代廟制之議，為〈廟制〉的可能撰作時間，提供更多思考線索。

　　《家語》〈廟制〉二章，分別取自《禮記》〈王制〉（「天子七廟」說）與《禮記》〈祭法〉（「有虞氏禘黃帝而郊嚳」論），取〈王制〉者多，〈祭法〉者少，簡中行文與用語略有不同。廟制的出現，乃基於周宗法制度，用以傳達報本反始，發揚宗法昭穆之孝道精神，而歷來論廟制者，亦多從《禮記》〈喪服小記〉「尊祖，故敬宗，敬宗，所以尊祖禰也」之說，認為廟制、禘嘗之禮有益於彰顯敬祖繼孝意涵，是以歷代於廟制均相當重視。然《家語》〈廟制〉特別著意以功德論宗廟迭毀原則，是皇權意識的重要展現[3]。因此《家語》〈廟制〉之論，

---

2　王肅注：《孔子家語》，卷6，〈論禮第二十七〉，頁72。

3　高明士指出，在始祖廟的配置上，秦漢以後的廟制顯示出對「功德」的重視。如秦二世時，群臣議尊始皇廟時，即主張始皇廟宜為「帝者祖廟」，其意即以創業君為

核心精神乃在申皇權之意。

　　歷來論宗廟者，向以廟數、祭禮、始祖廟的定義（即太祖問題）三議題為要，《家語》〈廟制〉則著重討論毀廟原則，而沒有討論始祖廟問題。為方便討論起見，茲錄〈廟制〉二章如下：

　　　　衛將軍文子將立先君之廟於其家，使子羔訪于孔子。子曰：「公廟設於私家，非古禮之所及，吾弗知。」子羔曰：「敢問尊卑上下立廟之制，可得而聞乎？」孔子曰：「天下有王，分地建國，設祖宗，乃為親疎貴賤多少之數。是故天子立七廟，三昭三穆，與太祖之廟而七；太祖近廟，皆月祭之，遠廟為祧，有二祧焉，享嘗乃止。諸侯立五廟，二昭二穆，與太祖之廟而五，祖考廟，享嘗乃止。大夫立三廟，一昭一穆，與太祖之廟而三，享嘗乃止。士立一廟，曰考廟，王考無廟，合而享嘗乃止。庶人無廟，四時祭於寢。此自有虞以至于周之所不變也。凡四代帝王之所謂郊者，皆以配天；其所謂禘者，皆五年大祭之所及也。應為太祖者，則其廟不毀；不及太祖，雖在禘郊，其廟則毀矣。古者，祖有功而宗有德，諸見祖宗者，其廟皆不毀。」[4]

　　　　子羔問曰：「祭典云：『虞氏祖顓頊而宗堯，夏后氏亦祖顓頊而

---

太祖，所重者乃在功德。漢元帝永光五年詔曰：「蓋聞王者祖有功而宗有德，尊尊之大義也。」亦是站在尊尊的立場而接受功德論。宗廟從「追養繼孝」變成「尊人君，貴功德，廣孝德」，前者可說是宗法制度下的宗廟論，後者則是皇帝制度下的宗廟論。見高明士：〈禮法意義下的宗廟──以中國中古為主〉，收入高明士主編：《東亞傳統家禮、教育與國法（一）》（臺北市：國立臺灣大學出版中心，2005年9月），頁62-63。

4　王肅注：《孔子家語》，卷8，〈廟制第三十四〉，頁86-87。

宗禹，殷人祖契而宗湯，周人祖文王而宗武王。」此四祖四宗，或乃異代，或其考祖之有功德，其廟可也。若有虞宗堯，夏祖顓頊，皆異代之有功德者也。亦可以存其廟乎？」孔子曰：「善，如汝所問也。如殷周之祖宗，其廟可以不毀。其他祖宗者，功德不殊，雖在殊代，亦可以無疑矣。《詩》云：『蔽茀甘棠，勿翦勿伐，邵伯所憩。』周人之於邵公也，愛其人，猶敬其所舍之樹。況祖宗其功德而可以不尊奉其廟焉？」[5]

# 一　廟制本義

## （一）立廟原則與廟制精神

廟制源於周代宗法制，〈廟制〉亦持此說。其言：「天下有王，分地建國，設祖宗，乃為親疏貴賤多少之數。」此即宗法制度之精神。《禮記》〈祭法〉云「天下有王，分地建國」[6]，為了「設祖宗、親疏貴賤」，乃有宗法制度之設。周文王於各地封建諸侯國，以此而生祖宗，祖宗再各依其於文王之親疏、貴賤，立定廟數。一方面承認共祖地位，另方面又從分封、建國角度承認了祖、宗的廟制系統。依據階層之不同，廟數各有異，天子立七廟，諸侯立五廟，大夫立三廟。此說正是《禮記》〈王制〉之論。而為了維繫天子七廟、諸侯五廟、大夫三廟、士一廟的上下之序，除親盡毀廟，有功德之祖宗廟皆不毀。

而〈廟制〉以衛將軍文子「立先君之廟於其家」之問開篇，並以此引出《家語》的廟制主張與其廟制定義。衛將軍文子所問「立先君之廟於其家」，即「公廟設於私家」，是以大夫而祖諸侯的僭禮行為，

---

5　王肅注：《孔子家語》，卷8，〈廟制第三十四〉，頁87。

6　《禮記》，卷46，〈祭法第二十三〉，頁799-1。

首開其例者，是魯三桓。《禮記》〈郊特牲〉記載：

> 天子微，諸侯僭；大夫強，諸侯脅。於此相貴以等，相覿以
> 貨，相賂以利，而天下之禮亂矣。諸侯不敢祖天子，大夫不敢
> 祖諸侯。而公廟之設於私家，非禮也，由三桓始也。[7]

三桓立桓公之廟於私家，不僅混亂廟制，破壞尊卑上下禮義，也破壞
宗子、族子不同責任的親疏責任。[8]而親疏之別，正是廟制之立的基本
原則。此例一破，則廟制精神蕩然無存。因此《家語》〈廟制〉以孔
子「非古禮所及，吾弗知」說覆之，說明「公廟之設於私家」乃違古
禮之舉。「立先君之廟於其家」之說，不僅是宗廟與家廟的衝突，《家
語》更藉此以正「宗廟」之制。孔穎達釋「諸侯不敢祖天子」曰：

> 凡始封之君，謂王之子弟，封為諸侯，為後世之太祖，當此君
> 之身，不得立出王之廟，則無全廟也，故諸侯不敢祖天子。[9]

天子、諸侯、大夫、士間，具有嚴密的宗法規範，不可違逆。因此底
下即採《禮記》之說以論《家語》宗廟制度。然而，以往論廟制者，
多取《禮記》〈喪服小記〉說，《家語》獨採〈王制〉、〈祭法〉。論者

---

7　《禮記》（孫希旦集解，北京市：中華書局，1998年12月），卷25，〈郊特牲〉，頁
　　680。

8　龔鵬程嘗指出：「公廟不設於私家，旨在別親疏，並區分宗子與別子之不同責任。
　　所祭為合族共祖，與私廟祭本支祖禰不同。天子係國之大宗，國人有助祭之責，卻
　　不得私立宗廟於其家。私人所立，自為家廟私廟，但若相對於族內旁支別屬而言，
　　此廟又為族中公廟。」見龔鵬程：〈宗廟制度論略（上）〉，《孔孟學報》第43期
　　（1982年4月），頁252。

9　《禮記》，卷12，〈王制第五〉，頁242-1。

嘗指出，以〈喪服小記〉論廟制，乃是以「親疏遠近為前提的『親睦親族』意義上的親親，和『尊重先祖』意義上的尊尊作為原則來選擇應祭祀的漢室祖先」。[10]《家語》之論，尊尊意識甚明。另外，「諸侯不敢祖天子」之論，是韋玄成改廟制說的前提，《家語》復提此說，明顯有改制傾向。

## （二）廟數之論與毀廟原則

在廟數上，《家語》〈廟制〉雖採納了《禮記》〈王制〉、〈祭法〉之說，但行文與禮儀細節上均有所調整。前引〈廟制〉文所謂：

> 天子立七廟，三昭三穆，與太祖之廟而七；太祖近廟，皆月祭之，遠廟為祧，有二祧焉，享嘗乃止。諸侯立五廟，二昭二穆，與太祖之廟而五，祖考廟，享嘗乃止。大夫立三廟，一昭一穆，與太祖之廟而三，享嘗乃止。士立一廟，曰考廟，王考無廟，合而享嘗乃止。庶人無廟，四時祭於寢。此自有虞以至于周之所不變也。

天子七廟、諸侯五廟、大夫三廟、士一廟、庶人無廟等數，是依《禮記》〈王制〉說[11]。而太祖廟含於廟制總數之內，不為另立之廟，亦同於〈王制〉之論。但在所奉親廟名稱上，只有「士」載「考廟」，餘皆不記[12]。值得討論的是，在天子廟制上，三昭三穆，是以昭穆為

---

10 南部英彥撰，邢永鳳譯：〈從西漢後期宗廟制論爭等看儒教國教化——以親親、尊尊主義的分析為中心〉，收入曹峰主編：《日本學者論中國哲學史》（上海市：華東師範大學出版社，2011年5月），頁257。

11 《禮記》〈王制〉、〈祭法〉二篇在士、庶人廟數之立場不同，因不在本文論述範圍，暫不贅述。

12 諸侯之「祖考廟」，是下接「享嘗乃止」的祭禮而言。而「考廟」之說，當承《禮

次，不以兄弟、世系為數。又，在《禮記》〈王制〉之外，復採用了《禮記》〈祭法〉「遠廟為祧，有二祧，享嘗乃止」說，加上作為遠廟的二祧廟設置，以及增加「太祖近廟」，以配祧祭之「遠廟」。把「分別世代」[13]的昭穆制度說取代親廟之稱[14]，是宗廟重於親廟；其增太祖、近廟說以配遠廟之祧廟，是尊尊重於親親的作法，也是皇權的展現[15]。

　　天子廟數之論，《禮記》記載不一，諸多細節亦不完備，引來後世禮家爭議[16]。如《禮記》〈喪服小記〉謂：「王者禘其祖之所自出，以其祖配之，而立四廟。」採太祖廟與四親廟之說。而《禮記》〈祭法〉則說：「天下有王，分地建國，置都立邑，設廟祧壇墠而祭之，乃為親疏多少之數。是故：王立七廟，一壇一墠，曰考廟，曰王考

---

記》〈祭法〉之述，如天子之「考廟，王考廟，皇考廟，顯考廟，祖考廟」、諸侯之「考廟，王考廟，皇考廟」等。

13 杜正勝：〈封建與宗法〉，收入氏撰：《古代社會與國家》（臺北市：允晨文化實業公司，1992年10月），頁399。

14 天子三昭三穆與太祖廟之七廟總數，雖可以合於王肅之六親廟與太祖廟的七廟主張，但《家語》〈廟制〉捨天子「考廟，王考廟，皇考廟，顯考廟，祖考廟」親廟之稱，並無法確認當中天子之三昭三穆廟，所採究竟為宗統或親統。

15 高明士嘗指出：「就宗廟秩序而言，漢以後的行事，具體而言，親親展現於四親廟，尊尊則展現於太祖廟與祧廟。」並且「宗廟禮制不外在表現親親與尊尊精神，四親廟即是親親精神的最佳表現，太祖廟與祧廟即是尊尊精神最佳表現」《家語》〈廟制〉既取《禮記》〈祭法〉之說，又捨其四親廟稱，復增太祖近廟之說，是尊尊之義甚明。參高明士：〈禮法意義下的宗廟──以中國中古為主〉，《東亞傳統家禮、教育與國法（一）》，頁58、73-74。

16 章景明認為，「西周時代天子之廟數尚無定制。〈王制〉、〈禮器〉、〈祭法〉、《荀子》〈禮論〉篇等所說之七廟，以及〈喪服小記〉所說之四廟，說法不僅不一致，再證以金文所見周天子宗廟之情形，則七廟四廟之制，似為後世儒者各別之主張，而非古史之真象也。」除了天子廟數不符周世，春秋時期諸侯所行廟數，亦「未必如七十子後學者所說之禮制也」。見章景明：《殷周廟制論稿》（臺北市：學海出版社，1979年4月），頁42、55。楊寬認為，五廟之說較為正確，七廟之論當屬後來擴大、臆斷的說法。見楊寬：《西周史》（上海市：上海人民出版社，2003年4月），頁430。

廟，曰皇考廟，曰顯考廟，曰祖考廟；皆月祭之。遠廟為祧，有二祧，享嘗乃止。去祧為壇，去壇為墠。壇墠，有禱焉祭之，無禱乃止。去墠曰鬼。」是太祖廟與六親廟之說。《禮記》〈王制〉、〈禮器〉則同樣主張「天子七廟」說。以此有五廟、七廟之論。然而除了廟數之異，「親廟」在後來毀廟討論上，復又成為爭論焦點，尤其旁系即位、父僅為親王不曾即位等，使親廟有了從宗統說或從君統的拉鋸。這樣的爭議，在尚法、以日書體系為俗、國祚短暫的秦時未見，而始見於漢。而漢之所以有此議，又源於廢郡國廟的爭論。郡國廟的設置，不僅不符古禮之制[17]，不斷增加的祖宗廟耗損國家財政，元帝時期終於有了整頓的聲浪，於是下令議皇帝宗廟迭毀之制[18]。毀廟之論，自然得從禮典所載廟數為評斷依準，因此廟數之限定，的確與毀廟之制相配合[19]。元帝時期的廟制討論，翼奉、貢禹、韋玄成等均有說，貢禹主張七廟說，認為：「古者天子七廟，今孝惠、孝景廟皆親盡，宜毀。」是以親盡為毀廟原則，不及行而禹逝。接續者韋玄成以《禮記》〈祭義〉為據，主張五廟說。其議曰：

> 禮，王者始受命，諸侯始封之君，皆為太祖。以下，五廟而迭毀，毀廟之主臧乎太祖，五年而再殷祭，言壹禘壹祫也。……〈祭義〉曰：「王者禘其祖自出，以其祖配之，而立四廟。」

17 郭善兵：《中國古代帝王宗廟禮制研究》（北京市：人民出版社，2007年8月），頁91。貢禹論廟制時，亦曾指出：「郡國廟不應古禮，宜正定。」天子是其議，未及施行而禹卒。《漢書》，卷73，〈韋賢傳第四十三〉，頁3116。

18 這次的廟制改革，也有中央集權、護衛皇權的意涵。詳參林聰舜，〈西漢郡國廟之興毀——禮制興革與統治秩序維護之關係之一例〉，收入氏著：《漢代儒學別裁：帝國意識形態的形成與發展》（臺北市：國立臺灣大學出版中心，2013年7月），頁194-209。

19 參許子濱：〈《春秋》「躋僖公」解〉，《《春秋》《左傳》禮制研究》（上海市：上海古籍出版社，2012年6月），頁452。

言始受命而王，祭天以其祖配，而不為立廟，親盡也。立親廟四，親親也。親盡而迭毀，親疏之殺，示有終也。周之所以七廟者，以后稷始封，文王、武王受命而王，是以三廟不毀，與親廟四而七。非有后稷始封，文、武受命之功者，皆當親盡而毀。成王成二聖之業，制禮作樂，功德茂盛，廟猶不世，以行為謚而已。……臣愚以為高帝受命定天下，宜為帝者太祖之廟，世世不毀，承後屬盡者宜毀。今宗廟異處，昭穆不序，宜入就太祖廟而序昭穆如禮。太上皇、孝惠、孝文、孝景廟皆親盡宜毀，皇考廟親未盡，如故。」[20]

韋玄成認為親廟當四，加上始祖廟，成為五廟。周代之所以有天子七廟之說，在於后稷為始祖廟，文王、武王為有功德之君，故不毀者三，合親廟四共為七廟。漢朝之廟制當從《禮記》〈祭義〉說，始祖廟不毀，其餘親盡則毀，親盡的原則又依五服之論，以此保持五廟之制。[21]平帝時，劉歆又改廟制，雖仍維持天子七廟主張，親廟部分卻變為六廟。《漢書》〈韋賢傳〉記：

（劉歆）《禮記》〈王制〉及《春秋穀梁傳》，天子七廟，諸侯五，大夫三，士二。天子七日而殯，七月而葬；諸侯五日而殯，五月而葬；此喪事尊卑之序也，與廟數相應。其文曰：「天子三昭三穆，與太祖之廟而七；諸侯二昭二穆，與太祖之廟而五。」故德厚者流光，德薄者流卑。[22]

---

20 《漢書》，卷73，〈韋賢傳第四十三〉，頁3118。

21 韋玄成親廟之論折衷了宗統與親統的部分，可參郭善兵：《中國古代帝王宗廟禮制研究》，頁123-125，131-133。

22 《漢書》，卷73，〈韋賢傳第四十三〉，頁3126-3127。

劉歆之論，依據《禮記》〈王制〉之說。三昭三穆，即親廟六之意。
這樣的主張，正同於王肅之說。晉武帝時，「追尊皇祖宣王為宣皇
帝，伯考景王為景皇帝，考文王為文皇帝，權立一廟。……是時宣皇
未升，太祖虛位，所以祠六代，與景帝為七廟」。[23]杜佑注云，此禮制
是從王肅之說。而《家語》〈廟制〉天子七廟之論，亦同於劉歆、王
肅之論，是合太祖廟與三昭三穆廟共七廟，三昭三穆中雖未說明是基
於宗統或親統，但當中是包括二祧廟的。因此天子七廟，高祖父、高
祖之廟為二祧，始祖與高祖以下四親廟為七。就親廟數來看，總計為
六，是符合劉歆、王肅主張的。然而，劉歆之說，向以為王莽為己篡
位而設，因此有高祖、高祖父等設，王肅亦從劉說，後世亦有此乃為
司馬家族設事之疑。

在毀廟原則上，韋玄成以降，都有祖宗廟者不毀的主張。韋玄成
主張已見上引文，劉歆之論為：

> 七者，其正法數，可常數者也。宗不在此數中。宗，變也，苟
> 有功德則宗之，不可預為設數。……以七廟言之，孝武皇帝未
> 宜毀；以所宗言之，則不可謂無功德。《禮記》〈祀典〉曰：
> 「夫聖王之制祀也，功施於民則祀之，以勞定國則祀之，能救
> 大災則祀之。」竊觀孝武皇帝，功德皆兼而有焉。凡在於異
> 姓，猶將特祀之，況于先祖？或說天子五廟無見文，又說中
> 宗、高宗者，宗其道而毀其廟。名與實異，非尊德貴功之意
> 也。《詩》云：『蔽芾甘棠，勿翦勿伐，邵伯所憩。』思其人猶
> 愛其樹，況宗其道而毀其廟乎？迭毀之禮自有常法，無殊功異
> 德，固以親疏相推及。至祖宗之序，多少之數，經傳無明文，

---

23 《通典》，卷47，〈禮七　沿革七　吉禮六／天子宗廟／晉〉，頁1305-1306。

至尊至重，難以疑文虛說定也。孝宣皇舉公卿之議，用眾儒之謀，既以為世宗之廟，建之萬世，宣布天下。臣愚以為孝武皇帝功烈如彼，孝宣皇帝崇立之如此，不宜毀。上覽其議而從之。[24]

因此劉歆的意思是，天子七廟，但以祖、宗為廟號者則不在迭毀原則內，也不在七廟限制內。因此實際天子之廟遠超過七廟之數[25]。其毀廟原則，就是基於功德之論，凡有功德之主，儘管親盡或異代，都當永久奉祠之。

「祖」、「宗」之廟號，最初乃限受命之王或有始封之功者乃可稱之，漢朝為了孝治天下的國策，即位後往往追尊前世之廟為宗。如惠帝尊高祖廟為太祖廟，景帝尊孝文廟為太宗廟，宣帝時又「尊孝武廟為世宗廟」[26]，東漢以降，祖、宗廟號更多。若依劉歆之說，凡祖宗廟號者為不遷之廟，則漢朝先祖之廟鮮有毀者。故東漢末年蔡邕對於漢代祖宗廟號之甚，嘗有論：「孝文、孝武、孝宣皆以功德茂盛，為宗不毀。孝宣遵崇孝武，廟稱世宗。……古人據正重順，不敢私其君父，若此其至也。……孝和以下，穆宗、恭宗、敬宗、威宗之號，皆宜省去。五年而再殷祭，合食於太祖，以遵先典。」[27]可以看到，自元帝以降，凡祖宗廟不毀者，乃漢代普遍禮則，王肅之論亦同。《禮記》〈王制〉疏引《聖證論》肅難鄭云：「周之文武，受命之王，不遷之廟，權禮所施，非常廟之數。」[28]又王肅云：

---

24　《漢書》，卷73，〈韋賢傳第四十三〉，頁3127。

25　郭善兵考察指出，哀帝、王莽時期因據劉歆之說，皇帝宗廟廟數達到十一廟、九廟之數。見郭善兵：《中國古代帝王宗廟禮制研究》，頁208。

26　《漢書》，卷8，〈宣帝紀第八〉，頁243。

27　《通典》，卷47，〈禮七　沿革七　吉禮六〉，頁1304。

28　《禮記》，卷12，〈王制第五〉，頁241-2。

> 尊者尊統於上，故天子七廟。其有殊功異德，非太祖而不毀，
> 不在七廟之數，其禮與太祖同，則文武之廟是。[29]

除始祖外，祖宗廟不在迭毀原則內，其餘則親盡毀廟[30]。

廟數雖意味了迭毀原則，但〈廟制〉在迭毀議題上，又特別另立一章，論述祖宗廟不毀之因。其原則乃因「功德」立說。〈廟制〉第一章末云：「應為太祖者，則其廟不毀；不及太祖，雖在禘郊，其廟則毀矣。古者，祖有功而宗有德，諸見祖宗者，其廟皆不毀。」因此不在毀廟之列者，有始祖廟以及祖、宗之廟。古者尊有功之先人為「祖」，有德之先祖為「宗」，此三者廟不毀也，其餘則親盡即毀；即使是堪比始祖地位，配為郊祭、禘祭的先祖，也無法破例。〈廟制〉第二章子羔疑虞宗堯，夏祖顓頊，祭祀遠代雖有功德，但當親盡之祖，是合禮的嗎？《家語》認為凡具功德之廟均可以不毀。文曰：

> 如殷、周之祖宗，其廟可以不毀。其他祖宗者，功德不殊，雖
> 在殊代，亦可以無疑矣。《詩》云：「蔽芾甘棠，勿翦勿伐，邵
> 伯所憩。」周人之於邵公也，愛其人，猶敬其所舍之樹。況祖
> 宗其功德而可以不尊奉其廟焉？

只要是符合「功德」定義者，即可以不在親盡毀廟原則內，即其所謂：「考祖之有功德，其廟可也。」誠如上所論，以功德界定不遷之廟，正是漢以後的宗廟論述[31]。然漢元帝改廟制時，曾詔曰：「王者，

---

29 杜佑：《通典》，卷47，〈禮七 沿革七 吉禮六／天子宗廟／周〉，頁1299。

30 關於西漢以降的廟數爭議，可參張書豪，〈從奏議到經義──西漢晚期廟數之爭析論〉，《政大中文學報》第15期（2011年6月），頁169-196。

31 高明士：〈禮法意義下的宗廟──以中國中古為主〉，《東亞傳統家禮、教育與國法（一）》（臺北市：國立臺灣大學出版中心，2005年9月），頁62-63。

祖有功而宗有德，尊尊之大義也；存親廟四，親親之至恩也。」[32]除了始祖廟外，另存四親廟，表示不以尊尊廢親親也。相比之下，《家語》更依任功德之論。而其引邵伯之論，與哀帝時廟制之論頗為相近[33]，差別在於《家語》將邵伯之例轉為於民有功之說，是仍以「功德」為尚。

不同於歷代以「宗統」為主，「君統」為輔的祭祀重心，《家語》〈廟制〉以《禮記》〈祭法〉之說，確立了祭祀非純粹血緣「宗統」而是對國家有「功德」的「君統」的正當性。《家語》〈廟制〉第二章即論「祖」、「宗」。文曰：

> 子羔問曰：「祭典云：『虞氏祖顓頊而宗堯，夏后氏亦祖顓頊而宗禹，殷人祖契而宗湯，周人祖文王而宗武王。』此四祖四宗，或乃異代，或其考祖之有功德，其廟可也。若有虞宗堯，夏祖顓頊，皆異代之有功德者也。亦可以存其廟乎？」孔子曰：「善，如汝所問也。如殷、周之祖宗，其廟可以不毀。其他祖宗者，功德不殊，雖在殊代，亦可以無疑矣。《詩》云：『蔽芾甘棠，勿翦勿伐，邵伯所憩。』周人之於邵公也，愛其人，猶敬其所舍之樹。況祖宗其功德而可以不尊奉其廟焉？」

宗法上「祖」、「宗」本是大宗、小宗之區分，《家語》引《祭典》說

---

32 《漢書》，卷73，〈韋賢傳第四十三〉，頁3120。

33 《漢書》載：太僕王舜、中壘校尉劉歆議曰（……）竊觀孝武皇帝，功德皆兼而有焉。凡在於異姓，猶將特祀之，況于先祖？或說天子五廟無見文，又說中宗、高宗者，宗其道而毀其廟。名與實異，非尊德貴功之意也。《詩》云：『蔽芾甘棠，勿翦勿伐，邵伯所憩。』思其人猶愛其樹，況宗其道而毀其廟乎？迭毀之禮自有常法，無殊功異德，固以親疏相推及。至祖宗之序，多少之數，經傳無明文，至尊至重，難以疑文虛設定也。孝宣皇舉公卿之議，用眾儒之謀，既以為世宗之廟，建之萬世，宣布天下。臣愚以為孝武皇帝功烈如彼，孝宣皇帝崇立之如此，不宜毀。」上覽其議而從之。見《漢書》，卷73，〈韋賢傳第四十三〉，頁3127。

云:有虞氏以顓頊為祖,以堯為宗。夏后氏以顓頊為祖,以禹為宗。殷人以契為祖,以湯為宗。周人則是以文王為祖,以武王為宗。這四祖四宗,若是父祖輩有功德於朝,自然應當立廟,但有虞氏與堯、夏以顓頊為祖,中間相隔數代,又沒有血緣關係,還可以為之立廟,以祖、宗稱之嗎?《家語》認為,凡於國家有功者,無論宗法關係之有無,均得立廟尊之,俱可為後世共同資鑑。準此,〈廟制〉強調「功德」的「祖」、「宗」廟號,是以皇權之「君統」為主,不取血緣之「宗統」系統。而標舉「祖」、「宗」者,亦不列於昭穆,不受迭毀之限,可享無盡祭祀。《家語》〈廟制〉強調了「祖宗」於廟制的位置,是尊尊重於親親的表現。因此廟制雖源於宗法,在皇帝制度下,卻逐漸往尊尊立說。尤其對祖宗廟的保存,不僅有鞏固宗族團結之意,其突出先祖功德更具有鮮明的國家意識[34]。

綜合來看,〈廟制〉廟數議題與劉歆、王肅立場一致,然若併迭毀原則而觀,則與王肅之說相符。

## 二 祭享問題討論:尊尊與功德原則

《國語》〈魯語上〉云:「有虞氏禘黃帝而祖顓頊,郊堯而宗舜;夏后氏禘黃帝而祖顓頊,郊鯀而宗禹;商人禘舜而祖契,郊冥而宗湯;周人禘嚳而郊稷,祖文王而宗武王。……凡禘、郊、祖、宗、

---

34 陳來就指出,《國語》〈魯語〉載展禽強調祭祀先祖當從「政之所成」角度,不可無故加典之論,是突出先祖先王人世功德的一面,這種功德祭祀多少帶有紀念性的意涵,非純粹的宗教性祭享祈福,這顯然是文化理性化的產物。而周代以降先祖祭祀愈發突出而且社會化,其主要功能為維繫族群的團結,信仰的意義逐漸淡化。見陳來:《古代宗教與倫理:儒家思想的根源》(北京市:生活.讀書.新知三聯書店,2009年4月),頁146。

報，此五者國之典祀也。」[35]以此包含禘禮，郊、祖、宗、報均為國
家祭祀。《家語》對祖廟的祭祀，採《禮記》〈祭法〉之說。〈廟制〉
第二章所謂：

> 祭典云：「虞氏祖顓頊而宗堯，夏后氏亦祖顓頊而宗禹，殷人
> 祖契而宗湯，周人祖文王而宗武王。」

而《禮記》〈祭法〉曰：

> 有虞氏禘黃帝而郊嚳。祖顓頊而宗堯。夏后氏亦禘黃帝而郊
> 鯀。祖顓頊而宗禹。殷人禘嚳而郊冥。祖契而宗湯。[36]

值得注意的是「祖顓頊而宗堯」等說，即古禮所說祭祖配天之禘祭。
然其不以「禘、郊」論，而說「祖、宗」，是以祖、宗作為祭祀始祖
的祭名，在於《家語》以「郊」專指祭天之名，禘為祭祖中五年之大
祭。〈郊問〉所謂：

> 公曰：「其言郊何也？」孔子曰：「兆丘於南，所以就陽位也，
> 於郊，故謂之郊焉。」

〈廟制〉云：

> 凡四代帝王之所謂郊者，皆以配天；其所謂禘者，皆五年大祭
> 之所及也。

---

35　《國語》（臺北市：漢京文化事業公司，1983年12月），卷4，〈魯語上〉，頁166。

36　《禮記》，卷46，〈祭法第二十三〉，頁796-1。

禘祭之說，向有祭天、祭祖二觀點。《家語》〈廟制〉取祭祖之意。〈廟制〉以郊祭為祭天之禮，禘祭為廟制禮制，是王者五年一次的祭祖大典，並暗含帝王親禘之意。是別禘祭與郊祭為二，將歷代郊、禘混用、互訓之爭做了清楚的界義。

　　然而以往論禘禮者，雖亦承認禘禮為祭祖禮當中最盛大的一次，但多以三年為說，鮮有五年之論者。鄭玄主張「天子祭圓丘曰禘，祭宗廟大祭亦曰禘。三年一祫，五年一禘。祫則毀廟之主於太祖廟，合而祭之。禘則增及百官配食者，審諦而祭之。魯禮，三年喪畢而祫，明年而禘。圓丘、宗廟大祭俱稱禘，祭有兩禘明也。」[37]杜預、孔穎達亦持此說。杜預《春秋》〈僖公八年〉「秋七月，禘於太廟，用致夫人」注云：「禘，三年大祭之名。」[38]孔疏曰：「禘，大祭也。言其大於四時之祭，故為三年大祭之名，言每積三年而一為此祭也。」[39]唯《家語》持三年論。《通典》〈吉禮〉「禘祫」記王肅之說為：「天子諸侯皆禘於宗廟，非祭天之祭。郊祀后稷不稱禘，宗廟稱禘。禘祫一名也，合祭故稱祫，禘而審諦之，故稱禘，非兩祭之名。三年一祫，五年一禘，總而互舉，故稱五年再殷祭，不言一禘一祫，斷可知矣。」[40]當中五年一禘之說，確實與《家語》所論相同。而〈廟制〉不論昭穆，或許正由於「禘」本身即涵「審諦」之意而不書。

　　禘禮雖於禮經有徵，韋玄成改廟制時，亦曾論云：「禮，王者始受命，諸侯始封之君，皆為太祖。以下，五廟而迭毀，毀廟之主臧乎太祖，五年而再殷祭，言壹禘壹祫也。祫祭者，毀廟與未毀廟之主皆合食於太祖，父為昭，子為穆，孫復為昭，古之正禮也。」[41]然漢代

---

37　《通典》〈吉禮九〉，頁1394-1395。

38　《春秋左傳注》，卷13，〈僖公八年〉，頁216-2。

39　《春秋左傳注》，卷13，〈僖公八年〉，頁216-2。

40　《通典》〈吉禮九〉，頁1395。

41　《漢書》，卷73，〈韋玄成傳第四十三〉，頁3118。

以降真正行禘禮者，在漢平帝元始五年。《後漢書》〈祭祀志〉云：
「元始五年，始行禘禮。」[42]元始為平帝年號，此指的是王莽居攝，
劉歆改廟制之論。而「祫」祭歷來均認為是合諸祖共祭的祭名，故名
為「祫」。《家語》卻不論，而以禘祭作為衡估昭穆制的祭典，是合禘
祭、祫祭為一，與王肅之以禘祫為一祭二名之說相符。王肅疏奏曰：

> 光武時言祭禮以禘者，毀廟之主皆合於太祖，祫者唯未毀之主
> 合而已。……夏、商夏祭曰禘，其殷祭亦名大禘。至周改夏祭
> 曰礿，以禘為殷祭之名。周公以聖德用殷之禮，故魯人亦遂以
> 禘為夏祭之名，是以《左傳》謂「禘於武宮」，又曰「烝嘗禘
> 於廟」，是四時祀，非祭之禘也。[43]

此外，以往論祭祖，均從「報本」之說，《家語》獨申以功德論禘祭
之說，是尊尊之意甚明。禘祭之載，雖後世禮家多所爭議，然而誠如
《禮記》所記「不王不禘」，唯君主始可行禘禮。如《禮記》〈大
傳〉：「禮：不王不禘。王者禘其祖之所自出，以其祖配之。」以及
《禮記》〈喪服小記〉：「王者禘其祖之所自出，以其祖配之。」禘祭
之舉乃報祖之德、尊崇所出、展現孝道。禘禮不僅具有孝道精神，更
彰王者獨尊風範。君主行禘禮，還可以收仁德之效。《家語》〈禮
運〉：「禘祖廟，所以本仁也。」《家語》〈論禮〉「禘嘗之禮，所以仁
也」，均以禘祭祖廟為仁德之行。值得注意的是，《禮記》〈仲尼燕
居〉原作「嘗禘之禮，所以仁昭穆也」，《家語》不錄「昭穆」，獨論
禘祭之「仁」，「仁」者親親也，是以禘祭表親親之情，而不只是禮制

---

42　范曄：《後漢書》〈祭祀志第九下〉，頁3194。
43　〔清〕錢儀吉著：《三國會要》（上海市：上海古籍出版社，1991年5月），卷7，禮
　　一「禘祫」條，頁227。

上別親疏、定尊卑的上下名分之制。以此〈廟制〉又以邵伯之愛民，民愛其人與其樹為例，說「祖宗其功德而可以不尊奉其廟焉？」從帝王於民有功德與否論祭祖之意，是從尊尊以推親親。

在祭法上，《家語》〈廟制〉混《禮記》〈王制〉、〈祭法〉之說，而略作修正。但均捨〈祭法〉之「壇」、「墠」，以此無禱祭，亦無壇之設。案，「壇」、「墠」原屬祧廟擺放先祖之神位[44]，《家語》雖有祧廟之設，卻沒有「壇」。在天子，除太祖（始祖廟）月祭之，遠廟四時享嘗乃止。相較於《禮記》〈祭法〉對天子「考廟，王考廟，皇考廟，顯考廟，祖考廟」五廟均進行月祭的說法，《家語》〈廟制〉只保留太祖廟的月祭禮儀。在諸侯，即使是祖考廟，亦是四時享嘗祭。在大夫，三廟與太祖廟，四時嘗祭即可。在士，只設考廟，但祭祀時是與王考合祭，四時嘗祭即可。庶人無廟，四時祭於寢。對四時常祭的嘗祭，《家語》有孔子嘗祭之記。文曰：

> 孔子嘗，奉薦而進，其親也慤，其行也趨趨以數。已祭，子貢問曰：「夫子之言祭也，濟濟漆漆焉。今夫子之祭，無濟濟漆漆，何也？」孔子曰：「濟濟漆漆者，容也，遠也；漆漆者，以自反。容以遠，若容以自反，夫何神明之及交？必如此，則何濟濟漆漆之有？反饋樂成，進則燕俎，序其禮樂，備其百官，於是君子致其濟濟漆漆焉！夫言豈一端而已哉？亦各有所當。」（〈曲禮公西赤問〉）

可以看到，士人之家廟嘗祭是伴有樂曲的演奏。

在定期舉行的禘祭、時祭等常祀外，施於宗廟者，遇重要之事，

---

44 參許子濱：〈《春秋》「躋僖公」解〉，收入氏著：《《春秋》《左傳》禮制研究》，頁459。

還有不定期之告祭。如太子冠禮。〈冠頌〉云：

> 邾隱公既即位，將冠，使大夫因孟懿子問禮於孔子。子曰：
> 「其禮如世子之冠。冠於阼者，以著代也。醮於客位，加其有
> 成，三加彌尊，導喻其志。冠而字之，敬其名也。雖天子之元
> 子，猶士也。其禮無變，天下無生而貴者故也。行冠事必於祖
> 廟，以裸享之禮以將之，以金石之樂節也；所以自卑而尊先
> 祖，示不敢擅。」[45]

宗廟是先祖的象徵，即使太子已即位為君，冠禮仍須於祖廟進行，以
示尊祖，不以君身而驕祖。

綜合〈廟制〉所論祭祀問題，其於禮經之援用，均殊於前代之
論，顯然更重宗廟所意味之皇權意識。

## 三　廟災記載及其意涵

宗廟既為皇權之展示，若發生廟災事件，就足以成為譴告或變制
的象徵。《家語》有二則廟災記載，分別見於〈六本〉與〈辨物〉。
〈六本〉第四章記：

> 孔子在齊，舍於外館，景公造焉。賓主之辭既接，而左右白
> 曰：「周使適至，言先王廟災。」景公復問：「災何王之廟
> 也？」孔子曰：「此必釐王之廟。」公曰：「何以知之？」孔子
> 曰：「《詩》云：『皇皇上天，其命不忒，天之以善，必報其

---

德。』禍亦如之。夫螯王變文、武之制，而作玄黃華麗之飾，宮室崇峻，輿馬奢侈，而弗可振也。故天殃所宜加其廟焉。以是占之為然。」公曰：「天何不殃其身，而加罰其廟也？」孔子曰：「蓋以文、武故也。若殃其身，則文、武之嗣無乃殄乎？故當殃其廟以彰其過。」俄頃，左右報曰：「所災者螯王廟也。」景公驚起，再拜曰：「善哉！聖之智，過人遠矣！」

《說苑》〈權謀〉在「蓋以文、武故也」的解釋中，作「若殃其身，文王之祀，無乃絕乎？故殃其廟以章其過也。」《家語》則云「文、武之嗣無乃殄乎？」多了「武王」之嗣，顯示了文武之道一脈相傳的精神。此事例主要論螯王變先王之制，以此上天壞其廟譴告之。不同的是，《說苑》用以顯孔子之智，《家語》用以彰禮儀之本。

〈辨物〉第六章曰：

孔子在陳，陳侯就之，燕焉。子遊行路之人云：「魯司鐸災，及宗廟。」以告孔子。子曰：「所及者其桓、僖之廟。」陳侯曰：「何以知之？」子曰：「禮，祖有功而宗有德，故不毀其廟焉。今桓、僖之親盡矣，又功德不足以存其廟，而魯不毀，是以天災加之。」三日，魯使至。問焉，則桓、僖也。陳侯謂子貢曰：「吾乃今知聖人之可貴。」對曰：「君之知之，可矣，未若專其道而行其化之善也。」

桓、僖廟災，在哀公三年。《經》載，曰：「五月辛卯，桓宮、僖宮災。」《左傳》曰：「五月辛卯桓宮、僖宮災。孔子在陳聞火，曰：『其桓、僖乎？』」公羊曰：「此皆毀廟也，其言災何？復立也。」董仲舒、劉向認為此事為孔子不受魯國重用的原因，「二宮不當立，違禮

者也。」因為「桓，季氏之所出，釐，使季氏世卿者也。」[46]是「去亂臣而用聖人」[47]的災異示警。然從廟制制度來看，僖公廟是昭穆制混亂之源，因為司鐸災火延桓、僖二廟，亦顯見二廟相依[48]，此為變古之制。但《家語》不譏其亂禮，而以親盡無功德論應該廢廟而論，強調了《家語》的廟制原則。透過孔子之準確「預言」，以及陳侯的「聖人」讚譽，孔子的言論，不僅能議禮，更是宗法之評判準則。

　　值得注意的是，無論哪一則記載，都與譴告今主的傳統詮釋大不相同。如西漢時遼東高廟災、長陵高園殿災，都以今主之失為詮說。但《家語》是以廟災作為對變古改制之「先祖」的批判。以此，《家語》所論之廟制，就有了向古禮回歸的意涵。

　　綜合上論，可以看到，不同於廟論者以祭祖表「親親」之意，《家語》則用以表「尊尊」之說。其以功德論祖、宗，使祖宗範疇在血緣的親統之外，更可上溯異代之祖，都看到《家語》宗廟「尊尊」重於「親親」的皇權精神。另外，相較於漢代以《禮記》〈喪服四制〉為廟制論述基礎[49]，《家語》以《禮記》〈王制〉為禮據，亦說明了作為王朝祭禮的禘祭，彰顯之尊君敬祖意涵。而《家語》廟制採《禮記》〈王制〉〈祭法〉、〈禮運〉，〈郊問〉採《禮記》〈郊特牲〉、

---

46　《漢書》卷27上，〈五行志第七上〉，頁1330。

47　《漢書》卷27上，〈五行志第七上〉，頁1332。

48　周何嘗指出：「凡昭穆相同，立廟必相依傍；火之為災，亦必以次延及。若謂廟次以傳位先後為準，分列昭穆，則桓閔同向，莊僖相次，而桓之與僖，宮廟遙隔，不在同側，是災延所不可及。……今經惟云桓僖災，是必二宮毗鄰，火乃延而及之。」周何：《春秋吉禮考辨》（臺北市：嘉新水泥公司文化基金會，1970年10月），頁170-171。

49　參南部英彥撰，刑永鳳譯：〈從西漢後期宗廟制論爭等看儒教國教化〉，收入曹峰主編：《日本學者論中國哲學史》（上海市：華東師範大學出版社，2011年5月），頁252-263。

〈禮器〉之說，是可見《家語》郊廟制度均採古禮之說，沒有地方雜祠之儀。而宗廟制度到了秦漢以降，逐漸從宗法原則成為國家皇權象徵。在《家語》此點更為明顯。其論廟數之制採功德論，不依親親之說，是已捨棄原先宗法制度所產生之宗廟制度，又以功德論毀廟，明顯為國家建構下，伸張皇權之宗廟主張。

## 第二節　郊禮體系與尊君意涵

郊祀禮是國家祭禮典中最重要的禮儀，向以皇權論之[50]。《家語》〈郊問〉一章，與《禮記》〈郊特牲〉、〈禮器〉之說略同。是知《家語》郊祀禮論乃以《禮記》〈郊特牲〉、〈禮器〉為根據。相較於秦從方士、黃老意見為郊祀禮論，祀五時，董仲舒從《公羊傳》論郊祀，以郊為祭祀「百神始」[51]，郊祀之施作，除表尊天意涵，更是對君德的肯認。《春秋繁露》〈郊祀〉云：

> 《春秋》凡譏郊，未嘗譏君德，不成於郊也，乃不郊而祭山川，失祭之敘，逆於禮，故必譏之。[52]

尊天之義見於〈郊義〉，曰：

---

50 如張鶴泉即說，周代郊天之祭的目的之一，正是要通過這種宗教活動，來突出天子的至尊地位。所以郊祀禮儀的規定，具有明顯的至尊至上的特點，高於其他任何種類的祭祀儀式。見張鶴泉：《周代祭祀研究》（臺北市：文津出版社，1993年5月），頁68。

51 董仲舒撰，蘇輿義證：《春秋繁露義證》（北京市：中華書局，2002年8月），卷14，〈郊語第六十五〉，頁399。

52 董仲舒撰，蘇輿義證：《春秋繁露義證》，卷15，〈郊祀第六十九〉，頁409。

郊義，《春秋》之法，王者歲一祭天於郊，四祭於宗廟。宗廟因於四時之易，郊因於新歲之初，聖人有以起之，其以祭不可不親也。天者，百神之君也，王者之所最尊也。以最尊天之故，故易始歲更紀，即以其初郊。郊必以正月上辛者，言以所最尊，首一歲之事。每更紀者以郊，郊祭首之，先貴之義，尊天之道也。[53]

然而，除尊天意涵，在兩漢的郊祀禮儀上，並沒有採用《公羊傳》的郊祀祭法，而是選用《禮記》系統的祭義。如匡衡採《禮記》〈樂記〉、〈禮運〉等，韋玄成採《禮記》〈祭義〉、〈樂記〉、〈禮運〉。此外，在實際的郊祀祭典上，兩漢除以〈禮運〉所記太一神為祭祀主軸，又雜糅五行說中的五帝系統。誠如學者所論，《禮記》這套祭祀精神，在「報本反始」，同時，「根據這套由『大一』分化而來的宇宙秩序的原理，如天地、陰陽、四時節氣與鬼神等。祭祀即依此原理，藉由儀式（包括其中的數與物）以反覆回到宇宙或人間的原始狀態，即將現存的秩序還原至其初形成之本」。[54]這樣的郊祀精神，正是《家語》的郊祀禮論。《家語》既採〈禮運〉之「夫禮，必本於太一，分而為天地，轉而為陰陽，變而為四時，列而為鬼神。其降曰命」的「太一」神主軸，又配五帝神祇譜系，是合匡衡、韋玄成之說。又採《禮記》〈禮器〉祭器部分，以呈顯文、質的質樸禮文性格。

　　《漢書》〈郊祀志下〉云：「帝王之事莫大乎承天之序，承天之序莫大乎郊祀。」[55]郊祀禮是君主祭天禮儀，亦是國家重要祭典。自古

---

53 董仲舒撰，蘇輿義證：《春秋繁露義證》，卷15，〈郊義第六十六〉，頁402。

54 甘懷真：〈西漢郊祀禮的成立〉，收入氏撰《皇權、禮儀與經典詮釋：中國古代政治史研究》（臺北市：國立臺灣大學出版中心，2004年6月），頁63。

55 班固：《漢書》，卷25下，〈郊祀志第五下〉，頁1253。

君主對於自然山川,自有一套古禮需依循,《家語》中所載對自然山川等祭祀,除了天,〈禮運〉尚云:

> 禮行於五祀,而正法則焉。故郊、社、祖廟、山川、五祀,義之脩而禮之藏。夫禮,必本於太一,分而為天地,轉而為陰陽,變而為四時,列而為鬼神。其降曰命。[56]

山川雖未有專論,然《家語》卻沒有忽視山川於國家祀典的部分。較為特殊的,是《左傳》、兩漢史籍,均載錄相當多的淫祀事例,尤其秦漢二代,伴隨五行說的盛行,原先屬於地方祭祀系統的禮儀,被採為國家祀典禮容之設,不僅郊祀,連四時常祀的山川祭禮,其儀均從雜祀之制。以此,《家語》所極力去除神仙方術或地方雜祀之風的論述,就明顯有向古禮回歸的傾向。如〈正論解〉所記:

> 楚昭王有疾,卜曰:「河為祟。」王弗祭。大夫請祭諸郊,王曰:「三代命祀,祭不越望。江、漢、沮、漳,楚之望也。禍福之至,不是過乎?不穀雖不德,河非所獲罪也。」遂不祭。孔子曰:「楚昭王知大道矣,其不失國也宜哉!《夏書》曰:『維彼陶唐,率彼天常,在此冀方。今失其行,亂其紀綱,乃滅而亡。』又曰:『允出茲在茲,由己率常可矣。』」[57]

案,此事又見《左傳》〈哀公六年〉。「望」指地望,文中之「河」乃指黃河。《禮記》〈王制〉曰:「諸侯祭名山大川之在其地者。」《禮記》〈祭法〉曰:「諸侯山川有不在其封內者,則不祭也。」因此,不

---

56 王肅注:《孔子家語注》,卷7,〈禮運第三十二〉,頁83-84。
57 王肅注:《孔子家語注》,卷9,〈正論解第四十一〉,頁107。

可以祭祀不在國境內的山川。黃河不在楚國境內，江、漢、沮、漳才是楚國可以祭祀的水道範疇，故昭王不祭的行為，是合於祭天地、山川的禮儀。

　　從歷代禮制運作來看，這樣從古禮的行徑，要在好儒之漢元帝即位，任用儒者貢禹、匡衡、韋玄成等人之後，尤其「禹建言漢家宗廟祭祀多不應古禮，上是其言」。[58] 自是始向古禮回歸。所謂古禮，乃《禮記》之說。如議論元帝祭祀之議時，右將軍王商、博士師丹、議郎翟方進等五十人以《禮記》所說「燔柴於太壇，祭天也；瘞薶於大折，祭地也」[59] 而為郊禮之論，成帝從之。自此，將秦朝之畤、密等制排除於郊典之外。今《家語》不錄畤、密等說，〈郊問〉一章幾全錄《禮記》〈郊特牲〉之說，若以《家語》為議禮之論，時間當在漢成帝之後[60]。以下以歷代郊論之議為目，逐步清理《家語》郊論意涵，並略從郊禮本義、郊禮禮容、郊禮與宗法等三面向，依序論之。為討論方便，茲錄〈郊問〉一章全文如下。

　　　　定公問於孔子曰：「古之帝王，必郊祀其祖以配天，何也？」
　　　　孔子對曰：「萬物本于天，人本乎祖。郊之祭也，大報本反始
　　　　也，故以配上帝。天垂象，聖人則之，郊所以明天道也。」公
　　　　曰：「寡人聞郊而莫同，何也？」孔子曰：「郊之祭也，迎長日
　　　　之至也。大報天而主日，配以月，故周之始郊，其月以日至，
　　　　其日用上辛；至於啟蟄之月，則又祈穀于上帝。此二者，天子
　　　　之禮也。魯無冬至大郊之事，降殺於天子，是以不同也。」公

---

58　《漢書》，卷25下，〈郊祀志第五下〉，頁1253。

59　《漢書》，卷25下，〈郊祀志第五下〉，頁1254。

60　徐迎花亦指出，到了魏晉時期，郊禮之實踐愈來愈古禮化。參徐迎花：《漢魏至南北朝時期郊祀制度研究》（哈爾濱市：黑龍江人民出版社，2009年7月），頁117。

曰：「其言郊何也？」孔子曰：「兆丘於南，所以就陽位也，於郊，故謂之郊焉。」曰：「其牲器何如？」孔子曰：「上帝之牛角繭栗，必在滌三月。后稷之牛唯具，所以別事天神與人鬼也。牲用騂，尚赤也；用犢，貴誠也。掃地而祭，貴其質也。器用陶匏，以象天地性也。萬物無可以稱之者，故因其自然之體也。」公曰：「天子之郊，其禮儀可得聞乎？」孔子對曰：「臣聞天子卜郊，則受命于祖廟，而作龜于禰宮，尊祖親考之義也。卜之日，王親立于澤宮，以聽誓命，受教諫之義也。既卜，獻命庫門之內，所以戒百官也。將郊，則供天子皮弁以聽報，示民嚴上也。郊之日，喪者不敢哭，凶服者不敢入國門，氾掃清路，行者畢止，弗命而民聽，敬之至也。天子大裘以黼之，被裘象天，乘素車，貴其質也。旂十有二旒，龍章而設日月，所以法天也。既至泰壇，王脫裘矣，服袞以臨燔柴，戴冕藻十有二旒，則天數也。臣聞之：誦《詩》三百，不足以一獻；一獻之禮，不足以大饗；大饗之禮，不足以大旅；大旅具矣，不足以饗帝。是以君子無敢輕議於禮者也。」[61]

## 一 郊義

### (一) 釋名：祭天曰「郊」說

「郊」是祭天之祭名，《尚書》稱類，所謂「類於上帝」[62]。以「郊」作為祭天祭名始見於《周禮》，曰：「兆五帝於四郊。」[63]此說

---

61 王肅注：《孔子家語》，卷7，〈郊問第二十九〉頁76。

62 《尚書》（《十三經注疏本》），卷3，〈虞書〉〈舜典第二〉，頁39-1。

63 《周禮》，卷19，〈春官〉〈小宗伯〉，頁290-1。

雖沒有直指祭天，然後世注家多以五帝為天帝，故以此為祭天始。而在國之四郊地祭祀五帝，是以祭祀地點「郊」為名。《禮記》亦持此說。《禮記》〈郊特牲〉云：「於郊，故謂之郊。」[64]《家語》〈郊問〉說亦同。曰：

> 公曰：「其言郊何也？」孔子曰：「兆丘於南，所以就陽位也，於郊，故謂之郊焉。」[65]

〈郊問〉認為之所以祭天稱郊，乃因祭祀地點於國之郊。與古禮所述同。然國有四郊，郊天當於何處舉行，始能與天為稱？〈郊問〉云「兆丘於南所以就陽位」，取《禮記》〈郊特牲〉「兆於南郊，就陽位也」[66]說，而加「丘」之設。以郊壇位處南方，取生陽位象天之意，是《家語》郊禮行於南郊。

從實際的郊禮實踐來看，郊於南郊，乃成帝時匡衡等郊禮的改制重點之一。匡衡認為成帝以前之漢主，郊見於「反北之泰陰」，「事與古制殊」。當「祭天於南郊，就陽之義」，才符合「天子」之意。並引《禮記》「燔柴於泰壇，祭天也」、「兆於南郊，所以定天位也」等說，主張：「天地以王者為主，故聖王制祭天地之禮必於國郊。」遂定長安為郊天之地[67]。此後王莽雖改祭禮，然無改祭天於南郊說，後世並從。以此，祭天於「郊」之定義雖早見於《禮記》，若從實際郊禮實踐來看，不會出現於漢成帝之前。

---

64 《禮記》，卷26，〈郊特牲第十一〉，頁497-1。
65 王肅注：《孔子家語》，卷7，〈郊問第二十九〉，頁76。
66 《禮記》，卷26，〈郊特牲第十一〉，頁497-1。
67 引文俱見《漢書》，卷25下，〈郊祀志第五下〉，頁1254。

## (二)郊天意涵:報本說?祈穀說?

郊是祭天之名,然祭天之目的為何?歷來有報本與祈穀二說。《禮記》兼有之。《禮記》報本說論如下:

> 郊之祭也,迎長日之至也,大報天而主日也。(《禮記》〈郊特牲〉)
>
> 郊之祭,大報天而主日,配以月。(《禮記》〈祭義〉)
>
> 故祭帝於郊,所以定天位也。(《禮記》〈禮運〉)

《家語》也取報本說,如:

> 郊之祭也,大報本反始也,故以配上帝。天垂象,聖人則之,郊所以明天道也。」(《家語》〈郊問〉)
>
> 饗帝於郊,所以定天位也。(《家語》〈禮運〉)

是《家語》郊義乃採報天、定天位之意,非祈穀也。報天之意,乃感謝上天以日月星辰之見,使人知道白日、黑夜,提供人民「日出而作,日落而息」的規律日常作息。又以日月之變,使人明四時之化,藉由四時的變化,人們才能依循天則,在不同季節從事相應之事,國家也因此制定制度,以不悖天道。人世間的事情、法度,均從天之則,因此在祭祀上以太陽為主,配以月,以為報天之儀。祭天除顯示報本,更重要的是有「定天位」的用意。如上引匡衡改郊禮之論,其主張郊於長安,亦用了「兆於南郊,所以定天位也」之說,而《家語》〈禮運〉亦有「定天位」之說,是郊禮亦有審諦天子地位的神聖性意涵。

除了報天,古郊禮又有祈穀之說。《禮記》〈月令〉曰:「是月

也，天子乃以元日祈穀于上帝。」[68]鄭玄注云：「謂以上辛郊祭天也。」[69]是以有啟蟄之郊說。《家語》郊祭雖採報本說，亦不廢祈穀之論。《家語》云：「周之始郊，其月以日至，其日用上辛；至於啟蟄之月，則又祈穀于上帝。此二者，天子之禮也。魯無冬至大郊之事，降殺於天子，是以不同也。」以冬至之郊為報天，春分之郊為祈穀、求豐年。是《家語》之郊祭乃一年二次也。對比歷代郊禮記載，以郊禮有祈穀、祭天二意，乃鄭玄以後說。匡衡時改郊制，雖有復古禮傾向，卻強調祭天乃求定天位，豐年之祈乃后土之祭。如漢武帝「巡祭后土以祈豐年」[70]，宣帝時「巡祭后土，祈為百姓蒙豐年」[71]。因此，像鄭玄之以「上辛郊祭天」釋《禮記》〈月令〉之「以元日祈穀于上帝」，或王肅「周以東至祭天於圜丘，以正月又祭天以祈穀」之說，均乃東漢後期之論。《家語》之以冬至祭天，啟蟄祈穀，郊禮含祈穀、祭天二意，天子之郊一年二次，是與王肅之說相符。至南朝時別祈穀、祭天為二。《南齊書》〈禮志〉：「尚書令王儉啟：……王肅曰，『周以東至祭天於圜丘，以正月又祭天以祈穀。』……中朝省二丘以并二郊，即今之郊禮，義在報天，事兼祈穀，既不全以祈穀，何必俟夫啟蟄。」[72]而秦蕙田《五禮通考》亦認為圜丘祈穀非正祭[73]。

　　若從祭天本義之主張來看，《家語》郊論主張當在西漢之後，而與王肅之說相符。從文獻來看，《家語》郊祭報本說與《禮記》〈郊特牲〉說相合，然祈穀說卻非《禮記》郊祭之意，「啟蟄之郊」亦非

68　《禮記》，卷14，〈月令第六〉，頁287-2。

69　《禮記》，卷14，〈月令第六〉，頁287-2。

70　《漢書》，卷6，〈武帝紀第六〉，頁186。

71　《漢書》，卷25下，〈郊祀志第五下〉，頁1251。

72　〔梁〕蕭子顯撰：《南齊書》，卷9，〈禮志第一上〉，頁122。

73　秦蕙田：《五禮通考》（《文淵閣四庫全書》本，臺北市：臺灣商務印書館，1983年），頁135-144~135-145。

《禮記》之論。《左傳》〈桓公五年〉有「凡祀，啟蟄而郊」[74]說，可以知道《家語》之郊論不為先秦之作，明顯出於後人之合併與增加。

另外，祈穀之論，亦可能是為了撤除祭祀感生帝的古禮解釋。鄭玄注《禮記》〈月令〉「天子乃以元日祈穀于上帝」云：「祀后稷以祈農事，是故啟蟄而郊，郊而後耕。上帝，大微之帝也。」[75]此大微之帝，孔疏曰：「祈穀郊天之時，各祭所感之帝。殷人則祭汁光紀，周人則祭靈威仰，以其不定，故摠云大微之帝。」《家語》不書上帝之論，有去除感生帝之意。

## （三）「郊」、「丘」之辨：兼論泰壇之設

不同於《禮記》直陳「南郊」之說，《家語》別設「丘」以為具體郊天處所，明顯為添字改經之作。祭天是否需要有丘或壇之設？丘與壇、郊是否同一地？圜丘郊天，古禮無載，因此頗為歷代禮家爭議。從歷代郊祀文獻來看，秦始皇設時，祠泰山時曾「祭之必於澤中圜丘云」。首見有丘之設，並以圜丘為祭天之處。後漢武帝祭地，有司與太史令談、祠官寬舒議：「天地牲，角繭栗。今陛下親祠后土，后土宜於澤中圜丘為五壇，壇一黃犢牢具。」[76]亦有圜丘之設，然以圜丘為祭地之壇。是秦漢時就有圜丘之設，唯用以祭天或祭地之不同。漢成帝時的郊祀改制，雖有向古禮回歸的傾向，但因圜丘本即為漢代郊祭祭壇，因此當時之論並非針對圜丘之設是否合宜，或論祭天、祭地爭議。漢末魏初始有鄭玄、王肅圜丘之議。主張祭天於丘者，以王肅為主。以祭位有丘、壇之異者，以鄭玄為主。二者之爭，乃在「天」定義之不同。鄭玄主六天，王肅主一天。《通典》記：

---

74 《左傳》，卷6，〈桓公五年〉，頁107-1。

75 《禮記》，卷14，〈月令第六〉，頁287-2。

76 《漢書》，卷25上，〈郊祀志第五上〉，頁1221。

宗王子雍者，以為天體唯一，安得有六？圜丘之與郊祀，實名
異而體同。所云帝者，兆五人於四郊，豈得稱之天帝！一歲凡
二祭也。宗鄭康成者，則以天有六名，歲凡九祭。蓋以祭位有
圜丘、太壇之異，用樂則黃鐘、圜鐘有差，牲乃騂蒼色殊
（……）。[77]

鄭玄認為祭昊天於圜丘，祭上帝於南郊，以圜丘與郊為二地。王肅則
以郊為壇，以象圜丘，圜丘即郊，郊即圜丘，故郊即祭壇，上有人工
所築之圜丘，用以象天。王肅晚年之《聖證論》云：

鄭氏以為天有六天，丘郊各異。王肅論以天體無二，郊即圜
丘，圜丘即郊。……天為至極之尊，祇應是一。[78]

案，《家語》〈郊問〉「兆丘於南」說，「丘」即圜丘之指。王肅注云：
「兆丘於南，謂之設圜丘於南郊也。然則郊之名有三焉，築為圜丘以
象天自然，故謂之圜丘。圜丘之人所造，故謂之泰壇。」[79]因此南郊
之丘，不僅是郊、圜丘合一的意思，更多了壇之所指。因此接下來才
有「既至泰壇，王脫裘矣」、「燔柴於泰壇」等說，郊、丘、壇都是同
一個地方，都用以為郊祀祭壇。王肅《聖證論》云：

《詩》〈思文〉后稷配天之頌，無帝嚳配圜丘之文，知郊則圜
丘，圜丘則郊。郊所在言之則謂之郊，所祭言之則謂之圜丘。

---

77　杜佑：《通典》，卷42，〈吉禮一〉，頁1167。

78　王肅：《聖證論》，「郊丘」條，《漢魏遺書鈔》，《叢書集成續編》（臺北市：藝文印
　　書館，1970年），頁12-13。

79　王肅注：《孔子家語》，卷7，〈郊問第二十九〉，頁76。

於郊築泰壇象圜丘之形，以丘言之，本諸天地之性。故〈祭
法〉云燔柴於泰壇，則圜丘也。[80]

可以看到在郊、丘、壇議題上，《家語》之論確實合於王肅之說。

　　從實際的郊制實踐來論，祭天於泰壇的作法，正式實行時間，乃
在漢文帝。《史記》〈封禪書〉：「文帝出長門，若見五人於道北，遂因
其直北立五帝壇，祠以五牢具。」[81]此壇之設雖用以祭五帝，然卻開
後世郊壇建置之先例[82]。從實際的郊禮實踐來看，郊祀於圜丘，尤為
魏晉時期郊禮重要主張[83]。而冬至郊祭於圜丘之論，又乃曹魏時所增
加[84]。然而曹魏時，祀天之南郊壇是圓形之圜丘，祭地之北郊壇是方
形的方丘（又稱方澤），雖已有郊天於圜丘、祭地於方丘之意，然丘
與郊同方位不同處也。將圓丘合併於南郊，方丘合併於北郊，只建立
南北郊郊壇，遵從「古者丘郊不異」的論點，是晉時依王肅之說而定
之禮制也[85]。《家語》〈郊問〉雖無方丘之論，然其郊論確實與王肅之
說可相符應。

　　另外，《家語》〈郊問〉云「周之始郊，其月以日至，其日用上
辛；至於啟蟄之月，則又祈穀于上帝。此二者，天子之禮也。」是將

80 王肅：《聖證論》，「郊之用辛也，周之始郊日以至」條，頁16。

81 《史記》，卷28，〈封禪書第六〉，頁1383。

82 參楊天宇：〈秦漢郊禮初探〉，《河南大學學報》1989年第1期，頁56。

83 徐迎花認為，魏晉郊禮之特點，即在向圜丘復歸。見徐迎花：《漢魏至南北朝時郊
　祀制度研究》頁26。

84 〔日〕金子修一：〈日本戰後對漢唐皇帝制度的研究（上）〉，《中國史研究動態》
　1989年第1期，頁16。

85 〔日〕金子修一：〈關於魏晉到隋唐的郊祀、宗廟制度〉，收入劉俊文主編：《日本
　中青年學者論中國史六朝隋唐篇》（上海市：上海古籍出版社，1995年12月），頁
　347。金子修一：〈皇帝祭祀的展開〉，收入溝口雄三、小島毅主編，孫歌等譯：《中
　國的思維世界》（南京市：江蘇人民出版社，2006年8月），頁414。

一壇別為二祭，報本與祈穀二種。此說亦與王肅主張相符，且為晉以下的禮制主張。黃以周云，「圜丘與祈穀郊二祭之壇，經傳畫然有分。晉宋諸代用王肅說，遂合二祭為一祭，義在報本兼祈穀，可謂政厖祀黷。」[86]

## （四）郊祀時間、頻率：郊祀於二至說辨

在祭祀時間上，〈郊問〉說：「其月以日至，其日用上辛；至於啟蟄之月，則又祈穀于上帝。此二者，天子之禮也。魯無冬至大郊之事，降殺於天子，是以不同也。」《家語》認為天子之郊祀禮是一年二次的，若是諸侯，則降殺冬至之郊，只進行祈穀之郊。孟春之祭即祈穀也。將啟蟄之月之郊又兼有「祈穀」意，冬至之月為祭天禮。

《家語》認為周之郊禮，祭祀時間上選擇辛日，辛日即為柔日。《禮記》〈曲禮上〉：「外事以剛日，內事以柔日。」[87]孔穎達注引崔靈恩說：「外事指用兵之事，內事指宗廟之祭者。以郊用辛，社用甲，非順其居，外內剛柔故也。祭、社用甲，所以召誥，用戊者召誥是告祭，非常禮也。郊之用辛者唯夏。」[88]祭禮之舉，雖不必然遵從剛柔之日，然《家語》不採秦、漢初日書系統，而取古禮之說，是以古禮為尊。

而祭祀的時節，究竟是冬至或春分、夏至，也是歷代禮家爭議的論點。〈郊問〉云「郊之祭也，迎長日之至也」，「長日」向有三說：春分、夏至、冬至。鄭玄主春分說，認為：「《易》說三王之郊，一用夏正。夏正建寅，迎此建卯而畫夜分，分而日長。」[89]春分乃白日黑

---

86　黃以周：《禮書通故》（王文錦點校，北京市：中華書局，2007年4月），卷12，〈郊禮通故一〉，頁612。

87　《禮記》，卷1，〈曲禮第三〉，頁59-2。

88　《禮記》，卷1，〈曲禮第三〉，頁60-1。

89　《禮記》，卷26，〈郊特牲第十一〉，頁497-1。

夜同長，自此以後，白日漸長。方愨認為是夏至，因夏至日最長。
曰：「迎長日之至，至猶來也。與〈月令〉『日長至』異，故云迎
焉。」[90]董仲舒、劉向、王肅主張冬至[91]。《家語》〈郊問〉依《禮記》
〈郊特牲〉云郊乃「迎長日之至」，並主張「周之始郊，其月以日
至」，認為周代的郊禮，其行乃於「至」日。下又云「魯無冬至大郊
之事」，是《家語》以郊禮行於冬至說。綜合而言，《家語》〈郊問〉
所載郊祭時間、頻率，是一年二次，冬至祭天，春分祈穀。

　　從文獻記載來看，「至」行郊祀者，漢時未見。金子修一考證，
王莽時改郊制，一年郊祀三次，正月上辛或丁（正月最初的辛日或丁
日）於南郊舉行的天地合祭、冬至於南郊舉行的郊天和夏至於北郊舉
行的郊地。正月上辛或丁舉行的天地合祭由皇帝「親祭」，而冬至和
夏至則「有司攝事」。東漢時，南郊是在正月上辛或丁舉行的，北郊
（郊地）是在十月舉行的，沒有冬至和夏至這「二至」之祀了。而且
有的南郊是皇帝親祭的，而十月的北郊則是由有司攝事，其間好像還
廢止過。大概是因為北郊的郊地和天子的屬性沒有直接關係的緣故，
歷代王朝在北郊的操作上都比南郊簡略。此外，正月上辛或丁舉行的
南郊，以後的王朝都只在正月上辛日舉行。[92]曹魏時才有冬至於圜丘
祀天之禮，西晉時有冬至皇帝親祀記載，東晉時則改二年於正月舉行
一次郊祀，唯日期維持在辛日，即南郊在上辛日、北郊在次辛日。[93]
因此若從典禮的實行來看，《家語》所論，若是以實踐的角度來看，
則曹魏之後比較符合。

---

90 黃以周：《禮書通故》，卷12，〈郊禮通故一〉，頁614。

91 黃以周：《禮書通故》，卷12，〈郊禮通故一〉，頁612。

92 金子修一：〈皇帝祭祀的展開〉，《中國的思維世界》，頁412。

93 金子修一：〈皇帝祭祀的展開〉，《中國的思維世界》，頁415。

## 二　郊禮之禮容：禮器、祭法與禁忌

### （一）郊牲、禮器辨

〈郊問〉云：

> 曰：「其牲器何如？」孔子曰：「上帝之牛角繭栗，必在滌三
> 月。后稷之牛唯具，所以別事天神與人鬼也。牲用騂，尚赤
> 也；用犢，貴誠也。掃地而祭，貴其質也。器用陶匏，以象天
> 地性也。萬物無可以稱之者，故因其自然之體也。」[94]

所記與《禮記》〈禮器〉同。祭祀上天的是牛角小如繭栗的牛，祭祀
前須齋戒清潔三個月始能為祭，與祭拜祖廟時只要備牛的條件不同，
此乃突顯郊天之於所有祭典中，是最為慎重的意涵。以騂犢牛為祭
牲，取尚質、尚周之意，因周尚赤。然《尚書》〈召誥〉嘗曰：「周公
朝至于洛，則達觀于新邑營，越三日丁巳，用牲于郊，牛二。」[95]鄭
玄注：「於乙卯三日，用牲，告立郊位於天，以后稷配，故二牛。」[96]
後世以為郊天不只一牛，除帝牛尚有燔牛。言「特」乃因帝牛也[97]。
然從《家語》〈郊問〉來看，祭天僅一牛。

祭器上採陶匏，以象天地性。在器具上採復古尚質、忠信誠篤之
禮意。此種禮論，亦見於成帝時匡衡改郊制之論。所謂：

> 臣聞郊紫壇饗帝之義，埽地而祭，上質也。……其牲用犢，其

---

94　王肅注：《孔子家語》，卷7，〈郊問第二十九〉，頁76。
95　《尚書》，卷15，〈周書〉〈召誥〉，頁219-1。
96　《尚書》，卷15，〈周書〉〈召誥〉，頁219-1。
97　見黃以周：《禮書通故》，卷12，〈郊禮通故一〉，頁616。

席槁峗，其器陶匏，皆因天地之性，貴誠上質，不敢修其文
也。以為神祇功德至大，雖修精微而備庶物，猶不足以報功，
唯至誠為可，致上質不飾，以章天德。[98]

與《家語》所述至為相近，可知《家語》郊論乃復古禮之論也。

## （二）郊祀有卜說？

在郊祀禮的執行上，首先必須先占卜出適宜郊祀之日。〈郊問〉
云：

公曰：「天子之郊，其禮儀可得聞乎？」孔子對曰：「臣聞天子
卜郊，則受命于祖廟，而作龜于禰宮，尊祖親考之義也。卜之
日，王親立于澤宮，以聽誓命，受教諫之義也。」[99]

天子為主祭者，《禮記》〈郊特牲〉云：「以萬物本乎天，人本乎祖，
故祭天以祖配。王者為天之宗子，所自出為天。」因此，天子親祀才
符合「天子」之意，是天子向上天、民眾宣告萬民之本的皇權表現，
亦是政權正當性的神聖基礎。將祀之前，需在祖廟進行占卜以決日，
灼龜步驟則於禰宮進行。禰宮即禰廟也，祖廟、禰廟皆祖考之廟，占
卜事宜於祖廟進行，用以尊祖，且含禮報本反始之意。然而，郊禮之
進行向以冬至上辛日舉行，何須卜之？《五經異義》即論：

《春秋公羊》說，禮，郊及日皆不卜，常以正月上丁也。魯於
天子並事變禮，今成王命魯使卜，不從即已下夫子也。魯以上

---

98 《漢書》，卷25下，〈郊祀志第五下〉，頁1256~1257。
99 王肅注：《孔子家語》，卷7，〈郊問第二十九〉，頁76。

> 辛郊，不敢與天子同也。[100]

許慎認為魯郊僭禮，為免郊日與天子同，故復卜日避之。黃以周則認為，《左傳》云：「禮，不卜常祀，而卜其牲日。」[101]《左傳》常記牲牛遭鼠咬而無法成祭[102]，故「卜」乃卜牲之說。然《家語》〈郊問〉認為，「卜」非卜牲或卜日，而是告祭郊祀之事於祖，乃「聽誓命，受教諫之義」。此說同於鄭玄、王肅之論。鄭玄注「受命于祖廟」云：「受命，謂告之退而卜。」[103]是告祭義，而非告日也。王肅未釋「卜」意，而注「禰宮」云：「父廟也。受祭天之命於祖，而作龜于父廟。」[104]對照〈郊問〉開篇之「郊祀其祖以配天」說，可以知道，祭祀前於祖廟卜告郊祭事宜，乃祭天「報本」之另一表現。

## （三）郊祀禮日的禁忌

〈郊問〉云郊禮進行中的禁忌：

> 郊之日，喪者不敢哭，凶服者不敢入國門，氾掃清路，行者畢止，弗命而民聽，敬之至也。

《周禮》〈秋官〉〈司寇下〉嘗曰：

---

100 陳壽祺：《五經異議疏證》（上海市：上海古籍出版社，2012年9月），卷上，「卜郊」條，頁16。

101 黃以周：《禮書通故》，卷12，〈郊禮通故〉，頁624。

102 如《左傳》〈宣公三年〉「郊牛之口傷，改卜牛，牛死，乃不郊。」成公七年「鼷鼠食郊牛角，改卜牛，鼷鼠又食其角，乃免牛。」定公十五年「鼷鼠食郊牛，牛死，改卜牛。」哀公元年「鼷鼠食郊牛，改卜牛。」

103 《禮記》，卷26，〈郊特牲第十一〉，頁498-2。

104 王肅注：《孔子家語》，卷7，〈郊問第二十九〉，頁76。

凡國之大祭祀，令州里除不蠲。禁刑者、任人及凶服者以及郊野。[105]

《禮記》〈郊特牲〉亦云：

祭之日，王皮弁以聽祭報，示民嚴上也。喪者不哭，不敢凶服，氾掃反道，鄉為田燭。弗命而民聽上。[106]

郊祀是國之要典，因此一切祭祀、喪葬等影響郊祀的活動都必須暫停。相較於《周禮》所載，《家語》雖然沒有禁止一般之喪葬祭典，對刑者也沒有任何禁忌指示，但保存了喪家無哭、無入國門之禁令，與《禮記》〈郊特牲〉之說一致。《春秋繁露》〈郊祭〉亦言：「《春秋》之義，國有大喪者，止宗廟之祭，而不止郊祭，不敢以父母之喪，廢事天地之禮也。」[107]不以喪禮廢郊天之禮，顯示郊祀之至上性。

## （四）天子祭服

至郊祭當日，主祭者天子之服為：

天子大裘以黼之，被裘象天，乘素車，貴其質也。旂十有二旒，龍章而設日月，所以法天也。既至泰壇，王脫裘矣，服袞以臨燔柴，戴冕藻十有二旒，則天數也。臣聞之：誦《詩》三百，不足以一獻；一獻之禮，不足以大饗；大饗之禮，不足以大旅；大旅具矣，不足以饗帝。是以君子無敢輕議於禮者

---

105 《周禮》，卷36，〈秋官司寇下〉〈蜡氏〉，頁548-2。

106 《禮記》〈郊特牲〉，頁497-1。

107 董仲舒撰，陳立義證：《春秋繁露義證》，卷15，〈郊祭第六十七〉，頁404。

也。」<sup>108</sup>

天子之郊，是天子親祀之意。《家語》〈禮運〉亦有：

> 我觀周道，幽、厲傷也。吾捨魯何適？夫魯之郊及禘皆非禮。
> 周公其已衰矣，杞之郊也禹，宋之郊也契，是天子之事守也。<sup>109</sup>

指出魯郊禘違禮，二王之後之郊天，得以遠祖配天祭祀，而「杞之郊也禹，宋之郊也契」，是杞、宋僭周、殷天子之位而祭。天子親自主持郊祭，又有政權神聖性、正統性之思維。如《白虎通》〈郊祀〉云：「王者所以祭天何？緣事父，以事天。」<sup>110</sup>

　　天子穿著繡有花紋的大裘，裘乃象天之意。乘坐沒有裝飾的車子，以表示禮貴質之意，此乃殷制也，鄭玄注：「素車，殷路也。魯公之郊用殷禮也。」<sup>111</sup>車旁之旂有十二條旒，上有龍、日、月花紋，用以法天與表示天子之意。至郊壇，脫去大裘，改服袞，此即《禮記》〈郊特牲〉所云「祭之日，王被袞以象天」<sup>112</sup>。戴上冕，冕旒十二，亦象天道也。在天子服飾方面，《家語》所記與《禮記》〈郊特牲〉所云不大相同，《禮記》並未有先服裘後改袞的說法。

## （五）燔柴於泰壇

　　至泰壇，以燔柴為祭。以燔燎為祭法，乃前述漢成帝時匡衡、貢

---

108　王肅注：《孔子家語》，卷7，〈郊問第二十九〉，頁77。
109　王肅注：《孔子家語》，卷7，〈禮運第三十二〉，頁81。
110　陳立撰：《白虎通疏證》，卷12，〈闕文〉〈郊祀〉，頁561。
111　《禮記》，卷26，〈郊特牲第十一〉，頁499-1。
112　《禮記》，卷26，〈郊特牲第十一〉，頁499-1。

禹等人所倡,目的乃在破除秦以來的方術郊祀。《禮記》〈祭法〉有「燔柴於泰壇」[113],《儀禮》〈覲禮〉亦有「祭天燔柴」[114]。《家語》是承襲古禮「禋祀」的做法,以燔柴之煙作為通天象徵。

## 三　郊祀與宗法:祭天以祖配論

郊祀禮除了祭天,亦有以祖配祭之制。「以祖配天」之郊祀主張,正是西周宗法制度的重要內容,如《孝經》〈聖治章〉「昔者周公郊祀后稷以配天」[115],《國語》〈魯語〉展禽曰:「周人禘嚳而郊稷,祖文王而宗武王。」[116]《禮記》〈祭法〉亦曰:「有虞氏禘黃帝而郊嚳,祖顓頊而宗堯。夏后氏亦禘黃帝而郊鯀,祖顓頊而宗禹。殷人禘嚳而郊冥,祖契而宗湯。周人禘嚳而郊稷,祖文王而宗武王。」[117]此中雖不乏有以郊為祭祖名稱的爭議,然論者指出,周人「郊稷」之說,考諸金文文獻,確實有祭天郊禮時以始祖后稷配祭之說,以此開郊天以祖配的禮制淵源[118]。祭天以始祖配,除了以始祖為溝通天人之中介,更有報本之意。如《禮記》〈郊特牲〉曰:「萬物本乎天,人本乎祖,此所以配上帝也。郊之祭也,大報本反始也。」[119]《大戴禮記》〈朝事〉曰:「祀天於南郊,配以先祖,所以教民報德不忘本也。」[120]《春秋繁露》亦云:「宗祀先帝,以祖配天。」[121]《家語》

---

113　《禮記》,卷46,〈祭法第二十三〉,頁797-1。

114　《儀禮》,卷29,〈覲禮第十〉,頁329-1。

115　《孝經注疏》,卷5,〈聖治章第九〉,頁36-2。

116　〔三國吳〕韋昭注:《國語》,卷4,〈魯語上〉,頁166。

117　《禮記》,卷46,〈祭法第二十三〉,頁796-1。

118　見楊天宇:〈周人祭天以祖配天考〉,《史學月刊》2005年第5期,頁24-26。

119　《禮記》,卷26,〈郊特牲第十一〉,頁500-1。

120　方向東撰:《大戴禮記匯校集解》(北京市:中華書局,2008年7月),卷12,〈朝事第七十七〉,頁1202。

承襲祭天以始祖配的觀點，曰：

> 定公問於孔子曰：「古之帝王，必郊祀其祖以配天，何也？」
> 孔子對曰：「萬物本於天，人本乎祖。郊之祭也，大報本反始
> 也，故以配上帝。天垂象，聖人則之，郊所以明天道也。」[122]

《家語》的郊禮觀點，有復禮古經的傾向。祭天必配以始祖，用以尊
祖並省思報始之德，是重孝道精神也。〈辯樂解〉亦言「郊配后稷，
而民知尊父焉」，后稷為周之始祖，郊祭必配始祖，是不忘所出也，
是郊祭配始祖乃報本之意。此外，祖以配天，亦彰顯了依循天道的思
想。因此《家語》郊論乃合古禮尊天與周禮報本二意。以祖配天的論
述，不僅出現在〈郊問〉，也與《家語》〈廟制〉云「凡四代帝王之所
謂郊者，皆以配天」[123]，精神相一貫也。從皇權角度來看，《家語》
郊論採《禮記》〈郊特牲〉之說，除用以彰孝德，更是血緣性始祖與
政治性先王、感生之帝的合一，天與祖血統一世也，象徵政權的天命
正當性，與政治制度和權力的合一，亦頗有以宗法為皇權秩序的基準
意涵。

　　從實際的郊禮記載，郊天以祖配，始於《尚書》。《尚書》〈召
誥〉：「周公朝至于洛，則達觀于新邑營，越三日丁巳，用牲于郊，牛
二。」[124]鄭玄注：「於乙卯三日，用牲，告立郊位於天，以后稷配，
故二牛。」[125]其後宗法制崩，郊禮多以陰陽五行說代之，此例遂廢。

---

121 蘇輿撰：《春秋繁露義證》（北京市：中華書局，2002年8月），〈王道第六〉，頁
　　104。
122 王肅注：《孔子家語》，卷7，〈郊問第二十九〉頁76。
123 王肅注：《孔子家語》，卷8，〈廟制第三十四〉，頁87。
124 《尚書》，卷15，〈周書〉〈召誥〉，頁219-1。
125 《尚書》，卷15，〈周書〉〈召誥〉，頁219-1。

匡衡、王莽復之。光武帝時郊祀即以祖配。除了用以顯示孝道，始祖
與天同祭，更與廟制精神一致。《家語》廟制雖以尊尊為重，然其不
廢祖廟，又強調祖有功而宗有德說，是推親親以顯尊尊。漢哀帝建平
二年詔：「漢家之制，推親親以顯尊尊。」[126]尊尊除用以顯皇權，更
包含「尊祖」之意。故天子郊祀，必有尊祖之儀。〈郊問〉曰：

> 天子卜郊，則受命于祖廟，而作龜于禰宮，尊祖親考之義也。[127]

特別的是，以往禮家以郊、禘合用，郊亦為祭祖之禮，或禘亦可為郊
天之祭，二者究竟能否合用頗為禮家爭議，《家語》雖重郊祀以祖配
天，但主張「郊」只能用來稱呼祭天之說，祭祖之稱為禘，二者不相
混淆。

## 四　《家語》郊祀禮論意涵

　　《家語》所論郊禮，大抵依於《禮記》〈郊特牲〉之說，而其郊論
主張，則雜採《禮記》〈禮器〉、《禮記》〈祭法〉，禮制細節上甚且添
字改經，或雜涉他書以成，是其祭禮精神雖仍於《禮記》之說，然更
改後出痕跡甚明。而從歷代禮論與郊禮之比對來看，《家語》〈郊問〉
之論無疑與王肅郊論主張相符。《南齊書》〈禮志〉引王檢啟文云：

> 王肅曰：周以冬祭天於圜丘，以正月又祭天以祈穀。祭法稱燔
> 柴太壇，則圜丘也。《春秋傳》云「啟蟄而郊」，則祈穀也。[128]

---

126　班固：《漢書》，卷11，〈哀帝紀第十一〉，頁339。

127　王肅注：《孔子家語》，卷7，〈郊問第二十九〉，頁76。

128　《南齊書》，卷9，〈禮志第一上〉，頁122。

無怪人皆以此為王肅之作。若干論述雖頗見於西漢郊祀禮制,然從整體來看,此番論述更接近魏晉時期的郊禮之議。

　　綜合《家語》〈郊問〉主張,天子親祀祭天之禮,歷來論郊禮者,多以此作為「皇帝」威權的展現[129],《家語》〈郊問〉中力陳「報本」為祭天本義,更有藉此「定天人秩序」的意涵[130]。而〈郊問〉以「郊」為祭天,撇除了原始「禘」所兼有的「郊天」意識,一說以為重視「宗法社會下的王權」[131],然通觀《家語》或〈郊問〉,難以看出《家語》具有「家天下」之意涵,其雖重宗廟,或於廟制論述篇幅甚多,然其要均在建構國家禮制,於「家族」意識殊少著墨。透過以上論述,本文認為《家語》〈郊問〉乃是透過郊祀禮的執行,以建構尊君意識之意。

## 第三節　天道本源之論:五帝之論與天道思想

　　《左傳》〈成公十三年〉嘗曰:「國之大事,在祀與戎。」祭祀是國家重要的大事。而祭祀的核心精神,在「報本反始」,使人不敢忘其所生。〈哀公問政〉亦云:「設為宗、祧,春、秋祭祀,以別親疏,教民反古復始,不敢忘其所由生也。」以此[132]「復本」又為治民之指導原則。〈哀公問政〉云:「君子反古復始,不忘其所由生。是以致其敬,發其情,竭力從事,不敢不自盡也,此之謂大教。」「教民脩本反始崇愛,上下用情,禮之至也。」〈郊問〉言「萬物本於天,人本

---

129 如金子修一論中國「皇帝」意識或「國家」、「天下」意涵時,多從郊禮來論。

130 甘懷真認為,天子行祭祀的重點,在於代表萬民執行「報本反始」的工作,藉此而定天人秩序。甘懷真:〈西漢郊祀禮的成立〉,《皇權、禮儀與經典詮釋:中國古代政治史研究》,頁65。

131 甘懷真:〈鄭玄、王肅天神觀的探討〉,《史原》第15期(1986年4月),頁184。

132 王肅注:《孔子家語》,卷4,〈哀公問政第十七〉,頁49。

乎祖」[133]，是人之本在祖，萬物之本於天，故又有祭天以祖配之說。〈郊問〉「古之帝王，必郊祀其祖以配天」。因此要論「本」，則需從天、祖二者來論。除此二者，論者又嘗指出：「民之『本』與『始』有兩重意義，一是指自身家族傳承中的祖先，二是指聖人。」[134]是聖人可為「民」之本論。作為萬民表率之聖人，除了言行可為民則，更因其殊材睿智，能通天地之德，制為禮樂，而建構國家器度。〈哀公問政〉云：「聖人因物之精，制為之極，明命鬼神，以為民之則。」[135]以下先論天道根源之太一，次論太一之佐五帝。

# 一　天道至上神：太一神

從《家語》〈禮運〉中可以知道，《家語》禮的至上神，乃在太一。〈禮運〉云：

> 夫禮，必本於太一，分而為天地，轉而為陰陽，變而為四時，列而為鬼神。其降曰命。[136]

此說雖承《禮記》之論，然太一神並非宗法制度中的至上神，而是五行意涵下的天神信仰，兩漢信奉尤甚。「太一」之說早見於先秦道家、雜家諸子之說，如《莊子》、《鶡冠子》、《呂氏春秋》。郭店楚簡〈太一生水〉的出現，也為「太一」提供了新的研究進路。在此之

---

133 王肅注：《孔子家語》，卷7，〈郊問第二十九〉，頁76。
134 甘懷真：〈秦漢的「天下」政體：以郊祀禮改革為中心〉，收入甘懷真主編：《東亞歷史上的天下與中國概念》（臺北市：國立臺灣大學出版中心，2007年11月），頁139。
135 王肅注：《孔子家語》，卷4，〈哀公問政第十七〉，頁49。
136 王肅注：《孔子家語》，卷7，〈禮運第三十二〉，頁83-84。

中，太一包含了北極、北極神、天地之源，又與「一」、「道」等意涵相重疊，互訓互釋，是先秦宇宙生成論的用語之一[137]。因此「太一」又用以指涉萬物起源、生成的意涵。《呂氏春秋》對此形構更甚。《呂氏春秋》〈仲夏〉〈大樂〉云：

> 太一出兩儀，兩儀出陰陽。陰陽變化，一上一下，合而成章。……萬物所出，造於太一，化於陰陽。[138]

《呂氏春秋》運用了《老子》「一生二，二生三，三生萬物」的運行概念，將生成起點意義之「一」以「太一」代之，太一生構二元之兩儀，兩儀再生對立之陰陽概念，陰陽交互作用成就萬物。此說無疑即是《禮記》〈禮運〉太一論述之前身。《禮記》〈禮運〉云：「夫禮，必本於大一，分而為天地，轉而為陰陽，變而為四時，列而為鬼神。其降曰命，其官於天也。」《禮記》更動了《呂氏春秋》萬物化型的說法，在生成陰陽後，又生四時，以為天地萬物之基礎，並從四時春生、夏長、秋收、冬藏的時節變化中，體悟鬼神、運命之現。《禮記》之說較諸《呂氏春秋》，更有人間意涵。

　　除了起源、生發之宇宙意涵，作為神祇之太一神，原為楚地祀神，論者認為直到漢代，太一才由星神發展為天帝[139]。太一神在漢代屬天神，祭天即太一之祭。《史記》〈封禪書〉云：

---

137 李小光：《中國先秦之信仰與宇宙論：以《太一生水》為中心的考察》（成都市：四川出版集團巴蜀書社，2009年5月），頁231、358。

138 許維遹集注：《呂氏春秋集注》（上海市：上海古籍出版社，2002年4月），卷5，〈仲夏紀第五〉〈大樂〉，頁258。

139 參何平立：《巡狩與封禪——封建政治的文化軌跡》（濟南市：齊魯書社，2003年1月），頁201。

亳人謬忌奏祠太一方，曰：「天神貴者太一，太一佐曰五帝。古者天子以春秋祭太一東南郊，用太牢，七日，為壇開八通之鬼道。」於是天子令太祝立其祠長安東南郊，常奉祠如忌方。[140]

《漢書》〈郊祀志〉亦云：

十一月辛巳朔旦冬至，昒爽，天子始郊拜泰一。[141]

此種以太一神為祭祀主軸，配五帝神祇之祭祀譜系，正是西漢匡衡所定之郊祀禮論基礎。太一之說雖見於《禮記》，要其實為道家天道觀念產物[142]。以此，《家語》在接續了《禮記》之以太一為宇宙根源後，在建構其天道運行原則上，就不得不從道家角度進行架構。《家語》〈五帝〉云：「聞諸老聃曰：天有五行，木、火、金、水、土，分時化育，以成萬物，其神謂之五帝。」〈本命解〉亦曰：「禮之所以象五行也，其義，四時也，故喪禮有舉焉。」從五行角度為天道運行軌則進行論述。這種融合了鄒衍五行說定天道運行理則與天帝祭祀系統，乃漢代之宇宙論。

除了援道家天道運行原則以為太一之道，《家語》〈問禮〉又有云：

言偃問曰：「夫子之極言禮也，可得而聞乎？」孔子言：「我欲觀夏道，是故之杞，而不足徵，吾得《夏時》焉；我欲觀殷道，是故之宋，而不足徵也，吾得《乾坤》焉。《乾坤》之義，《夏時》之等，吾以此觀之。[143]

---

140 司馬遷：《史記》，卷28，〈封禪書第六〉，頁1386。

141 班固：《漢書》，卷25上，〈郊祀志第五上〉，頁1231。

142 參李小光：《中國先秦之信仰與宇宙論：以〈太一生水〉為中心的考察》，頁207。

143 王肅注：《孔子家語》，卷1，〈問禮第六〉頁12-13。

此說又見《禮記》〈禮運〉。對於上古三代之禮，其儀節雖隨朝代更迭
而不能詳聞，孔子卻從隱微之痕跡，體悟《夏時》與《乾坤》。此二
者即為禮永恆不變的根源精神。《夏時》乃陰陽翻轉之意，《乾坤》為
時令之變化，二者均與《易》學、宇宙源起、運轉法則意涵相關。是
《家語》之禮根源精神乃植於《易》學之中。在論述禮的運行原則
上，又引《易》而論。《家語》〈執轡〉[144]曰：

> 商聞《易》之生人，及萬物鳥獸昆蟲，各有奇偶，氣分不同，
> 而凡人莫知其情，唯達道德者能原其本焉。[145]

此說又見《大戴禮記》〈易本命〉。此則論述與漢代引《老子》之說釋
宇宙起源相似。而此種融合《易傳》與《老子》之說的宇宙論，確實
與漢代重老學者如揚雄、王充相類。《易傳》之天道觀，正與《禮
記》同為一元之天道觀[146]。《易》學既關乎天道，也是禮運行方式，
更是禮之本義。《家語》〈問禮〉以此論夏道、殷道的繼承，是以
《易》學作為禮學傳統根源。而以《易》作為禮學的天道論，屬東漢
時期思維。不同於先秦時期以《易》作為性命本論，《家語》以之為
天道甚且是禮之本論，跳脫個人的福禍思維，而以《易》作為萬物本
源。這種以《易》為天道根源，且為「禮」生發來源，乃魏晉以降思

---

144 劉彬從帛書《要》論指出，《家語》〈執轡〉文獻下限當不晚於春秋晚期，而有更
　　早的來源。另外，若從卦氣六日七分說來看，《家語》〈六本〉「孔子讀《易》，至
　　於〈損〉、〈益〉」章，〈益〉居正月立春之時，〈損〉居立秋後處暑之時，帛書
　　《要》云：「〈益〉之為卦也，春以受夏之時，〈損〉者，秋以授冬之時。」正是古
　　卦氣說的象數內容。見劉彬：〈《孔子家語》〈執轡〉篇易學象數發微〉，收入黃懷
　　信、李景明主編：《儒家文獻研究》（濟南市：齊魯書社，2004年12月），頁426。
145 王肅注：《孔子家語》，卷6，〈執轡第二十五〉，頁68。
146 錢穆：〈易傳與小戴禮記中之宇宙論〉，《中國學術思想論叢（二）》（臺北市：東大
　　圖書公司，1977年2月），頁275。

維。湯用彤（1893-1964）指出:「漢末玄風漸起,其思想蛻變之跡,
當求之於二事,一為名學,一為《易》學。……《易》學關乎天道,
輔之於太玄,在漢末最為流行。」[147]《晉書》〈潘岳傳〉云:「《易》
稱:『有天地然後有人倫,有父子然後有君臣。』傳曰:『大者天地,
其次君臣。』然君臣父子之道,天地人倫之本,未有以先之者也。」
[148]亦以《易》生人為說。若綜合第二章所論禮之於個人之立身之道
中,引《易》入禮,成為安身立命之準據,則更可見玄學之貌。[149]

同時,上引《家語》〈執轡〉所論「唯達道德者能原其本」,正與
〈五儀解〉所謂聖者定義相同。文云:

> 所謂聖者,德合於天地,變通無方,窮萬事之終始,協庶品之
> 自然,敷其大道,而遂成情性;明竝日月,化行若神,下民不
> 知其德,覩者不識其鄰,此謂聖人也。[150]

聖者德合天地,故可為萬民之祖。〈禮運〉又有言:

> 聖人作則,必以天地為本,以陰陽為端,以四時為柄,日星為
> 紀,月為量,鬼神以為徒,五行以為質,禮義以為器,人情以
> 為田,四靈以為畜。以天地為本,故物可舉;以陰陽為端,故
> 人情可睹;以四時為柄,故事可勸;以日星為紀,故業可別;

---

147 湯用彤:〈王弼大衍義略釋〉,《魏晉玄學論稿》,頁63。

148 《晉書》,卷55,〈潘岳傳〉,頁1512-1513。

149 何啟民論玄學時曾指出,魏晉時期老、《易》學的研究,不僅得到發展,且成平行
發展的狀態,而這種趨勢早肇於馬融。漸漸地有人在儒道間作比較,產生儒道之
論,更有進一步地調和儒道,使兩家思想趨於一致,甚至引道入儒。見何啟民:
〈正始談風〉,《魏晉思想與談風》(臺北市:臺灣學生書局,1967年3月),頁100。

150 王肅注:《孔子家語》,卷1,〈五儀解第七〉,頁14。

> 以月為量，故功有藝；鬼神以為徒，故事有守；五行以為質，
> 故事可復；禮義以為器，故事行有考；人情以為田，故人以為
> 奧；四靈以為畜，故飲食有由。[151]

至上神既為太一，太一生兩儀、四時，天只有一也。是《家語》之天
乃持「一」之論。而創設天、四時之太一神，於宇宙為創生根源，不
具人格特質。在天體為一的論點上，與王肅之說確實可相映證。《聖
證論》「郊丘」條云：

> 鄭氏以為天有六天，丘郊各異。王肅論以天體無二，郊即圓
> 丘，圓丘即郊。……天為至極之尊，祇應是一。[152]

然而天是否具人格特質，尚需從《家語》所論五帝為論。

## 二　五帝論

　　《家語》所載五帝帝系，除〈五帝德〉與《大戴禮記》〈五帝
德〉同而文辭略異，〈五帝〉於傳世文獻無徵，而王肅〈聖證論〉以
五行之神為五帝，與《家語》〈五帝〉之說相符，世人遂目此篇為王
肅偽造。如范家相即認為是篇乃「王肅所據以難鄭學者」[153]，目的乃
在駁鄭玄引讖緯入禮說。馬端臨（1254-1323）則認為：「五帝之祀，

---

151 王肅注：《孔子家語》，卷7，〈禮運第三十二〉，頁83。

152 王肅：《聖證論》，「郊丘」條，《漢魏遺書鈔》，《叢書集成續編》（臺北市：藝文印
　　書館，1970年），頁12-13。

153 范家相：《家語證偽》，《續修四庫全書》931（上海市：上海古籍出版社，1995年），
　　子部儒家類，卷6，頁138。

見於《周禮》,五帝之義,見於《家語》。其說本正大也。」[154]以歷代
只有五帝之祀,未聞五帝之義,五帝之義始見於《家語》〈五帝〉。是
以此篇雖具有「王子雍群儒、引經傳以排之,而謂五帝者太皞以下五
人帝」等鄭、王門戶之見的意思,然亦可為《周禮》五帝之祀的延伸
補充。顧頡剛(1893-1980)則以此篇為難鄭玄感生說與六天說[155],並
指出〈五帝〉來源當有四:「(一)《左傳》昭公二十九年,蔡墨論社
稷及五祀之文。(二)〈月令〉中五帝五神之文。(三)《世經》中五行
相生說。(四)《禮記》〈檀弓上〉篇夏、殷、周三色的制度說。」[156]李
宗侗(1895-1975)認為,〈五帝德〉言及黃帝,而《論語》只言堯、
舜,似為較後寫定者[157]。童書業(1908-1968)從「陶唐」觀點,指
出:「帝堯陶唐氏」一全名始見《世本》,《史記》因之,至偽《孔子
家語》乃云陶唐、有虞、夏禹、殷、周獨不得配五帝,於是「四代」
又變為「五代」矣[158]。《呂氏春秋》〈古樂〉已見「黃帝、顓頊、帝
嚳、堯、舜」系統,卻沒有納入「禹」。此外,出土文獻所見聖王譜
系,其傳或有保留傳說部分,如大禹治水之說[159],《家語》所論,則
從理性之治績、國家興亡等角度思慮,更具帝王典範式的論述模式。

---

154 馬端臨:《文獻通考》(臺北市:新興書局,1965年),卷78,〈郊社十一〉,頁714。

155 顧頡剛:〈王肅的五帝說及其對於鄭玄的感生說與六天說的掃除工作〉,《史學論
　　叢》1935年2期(臺北市:成文出版社,1985年3月重刊),總頁379-400。

156 顧頡剛:〈孔子家語五帝篇〉,《中國上古史研究講義》(北京市:中華書局,1999
　　年12月)頁337。

157 李宗侗:〈論夫子與子〉,《李宗侗文史論集》(北京市:中華書局,2011年1月),頁
　　51。

158 童書業撰,童教英校訂:《春秋左傳考證》(校訂本)(北京市:中華書局,2008年
　　3月),頁10-11。

159 湯淺邦弘:〈上博楚簡〈舉治王天下〉的堯舜禹傳說〉,《先秦兩漢出土文獻與學術
　　新視野國際研討會會議論文集》(稿本,臺灣大學文學院主辦,2013年6月25-26
　　日),頁161-176。

儘管《家語》所論不見於傳世之說，然相較於先秦傳說式的聖王譜系，《家語》所論，屬經書類的聖王論述系統，明顯為後出之說。凡此諸說，意見紛呈，以下先論《家語》「五帝」所指，再論五帝與帝德之間的關係。為方便討論起見，茲錄〈五帝〉一章如下。云：

> 季康子問於孔子曰：「舊聞五帝之名，而不知其實，請問何謂五帝？」孔子曰：「昔丘也聞諸老聃曰：『天有五行，木、火、金、水、土，分時化育，以成萬物，其神謂之五帝。』古之王者，易代而改號，取法五行，五行更王，終始相生，亦象其義。故其為明王者，而死配五行。是以太皞配木，炎帝配火，黃帝配土，少皞配金，顓頊配水。」康子曰：「太皞氏其始之木何如？」孔子曰：「五行用事，先起於木。木、東方。萬物之初皆出焉。是故王者則之，而首以木德王天下。其次則以所生之行、轉相承也。」康子曰：「吾聞勾芒為木正，祝融為火正，蓐收為金正，玄冥為水正，后土為土正。此則五行之主而不亂。稱曰帝者何也？」夫子曰：「凡五正者，五行之官名。五行佐成上帝，而稱五帝，太皞之屬配焉。亦云帝，從其號。昔少皞氏之子有四叔，曰重，曰該，曰修，曰熙。實能金木及水，使重為勾芒，該為蓐收，修及熙為玄冥。顓頊氏之子曰黎，為祝融。龔工氏之子曰勾龍，為后土。此五者各以其所能業為官職，生為上公，死為貴神，別稱五祀，不得同帝。」康子曰：「如此之言，帝王改號，於五行之德，各所統。則其所以相變者，皆主何事？」孔子曰：「所尚則各從其所王之德次焉。夏后氏以金德王而尚黑，大事斂用昏，戎事乘驪，牲用玄。殷人以水德，尚白，大事斂用日中，戎事乘翰，牲用白。周人以木德王，尚赤，大事斂用日出，戎事乘騵，牲用騂。此

三代之所以不同。」康子曰：「唐、虞二帝，其所尚者何
色？」孔子曰：「堯以火德王，色尚黃。舜以土德王，色尚
青。」康子曰：「陶唐、有虞、夏后、殷、周獨不得配五帝，
意者德不及上古耶？將有限乎？」孔子曰：「古之平治水土及
播殖百穀者眾矣，唯勾龍兼食於社，而棄為稷神，易代奉之，
無敢益者，明不可與等。故自太皞以降，逮于顓頊，其應五行
而王，數非徒五，而配五帝，是其德不可以多也。」[160]

在五帝的所指內涵上，〈五帝〉認為是：太皞、炎帝、黃帝、少皞、
顓頊，與〈五帝德〉所論黃帝（軒轅）、帝顓頊（高陽）、帝嚳（高
辛）、帝堯（陶唐）、帝舜（有虞）、禹（夏后）不同。〈五帝〉又云
「陶唐、有虞、夏后、殷、周獨不得配五帝」，是二篇立場不一致。
〈五帝德〉與《大戴禮記》〈五帝德〉論同，其所顯示之五帝觀點盛
行於西漢時期[161]，可視為西漢之論。而《家語》在〈五帝〉中力論
「陶唐、有虞、夏后、殷、周不得配五帝」，並說此五人之所以不能
配五帝，非其德不若上古五帝，而是為了合五行之數，故只能為此五
者，不能增改。然而，〈五帝〉以五帝為五行之神，無論在定義上或
五帝指涉上，均與《呂氏春秋》以降的五帝觀點相去甚大，其中關
鍵，可從五行立場申論。

　　從〈五帝〉篇可以知道，《家語》五帝論從五德終始之說。然而
〈五帝〉以太皞、木德為先，又以相生為序。若從五德終始理論來
看，這個論點正是劉向「新五德之說」的主張[162]。首先，以太皞配木

160 王肅注：《孔子家語》，卷6，〈五帝第二十四〉，頁65-66。

161 見郭永秉：《帝系新研——楚地出土戰國文獻中的傳說時代古帝王系統研究》（北京
　　市：北京大學出版社，2008年9月），頁93-95。

162 此乃楊權用語。參氏著：《新五德理論與兩漢政治——「堯後火德」說考論》（北京

德，炎帝為火德等，這樣的以五行配五（人）帝，要到《史記》〈五帝本紀〉才見其說[163]。其次，鄒衍之五德終始論，以黃帝為首，《呂氏春秋》〈應同〉曰：

> 凡帝王者之將興也，天必先見祥乎下民。黃帝之時，天先見大螾大螻，黃帝曰「土氣勝」，土氣勝，故其色尚黃，其事則土。及禹之時，天先見草木秋冬不殺，禹曰「木氣勝」，木氣勝，故其色尚青，其事則木。及湯之時，天先見金刃生於水，湯曰「金氣勝」，金氣勝，故其色尚白，其事則金。及文王之時，天先見火，赤烏銜丹書集於周社，文王曰「火氣勝」，火氣勝，故其色尚赤，其事則火。代火者必將水，天且先見水氣勝，水氣勝，故其色尚黑，其事則水。[164]

可以看到當中五行之運作，乃以黃帝（土）為首，然後依次是禹（木）、湯（金）、文王（火）、（水），水德尚且沒有帝王來配。至

---

市：中華書局，2006年4月），頁51、126-127。劉向的新五德論與《家語》五德論詳下申論。

163 王夢鷗指出，鄒衍五德終始說只有五行運作的規則，並沒有搭配「帝」或「神」。青陽、朱明、西昊、玄冥，都只合於五官的身分。而這五官之五德轉移，純是依從五行相生原理運轉，並沒有人帝的配合。《呂氏春秋》、《淮南子》〈天文訓〉等說也是如此。至《史記》〈五帝本紀〉，人帝、天神才變成了不可分的混名。至《春秋繁露》始見五帝與五德之配。見王夢鷗：《鄒衍遺說考》（臺北市：臺灣商務印書館，1966年1月），頁102-103。綜觀《春秋繁露》，其論五行之篇僅論五行相生、相勝原由，與人事之相關對應、連結，並沒有以五帝配五德之說。而《春秋繁露》雖有以玄冥為北帝之意，卻沒有青陽、朱明、西昊等論。且《春秋繁露》並沒有以北方為顓頊的說法，顓頊是三統論述範圍。王氏所認為的「北方乃水德，其帝顓頊」，明顯為推測之論。因此本文以《史記》〈五帝本紀〉為人帝、天神、五行相配應之始。

164 《呂氏春秋新校釋》，卷13，〈應同〉，頁682。

《春秋繁露》，變成了以水德為五德之運的起始點。《春秋繁露》〈陰陽終始〉云：「北方者，天之所終始也，陰陽之所合別也。」[165]且《繁露》在五德運行規則上，採相生、相勝論共存論，並不獨擅相生之說。論者嘗指出，鄒衍五德終始說，其初本有相生、相勝論[166]，《春秋繁露》之論，較近於鄒衍之說。

稽考漢代帝運之論，漢初是主相勝說。無論是賈誼、公孫臣的土德說、張蒼的水德說，都從相勝角度論述。至東漢始依相生為論，轉變的關鍵在劉向。論者指出，劉向與鄒衍之帝德譜最大不同，即鄒衍從土德開始，劉向以木德為始[167]。班固《漢書》〈郊祀志〉贊：「劉向父子以為帝出於震，故包羲氏始受木德，其後以母傳子，終而復始，自神農、黃帝下歷唐虞三代而漢得火焉。」[168]以木為始，其後相生為序。班固所說多有缺漏，荀悅《前漢紀》所記可為補充。荀悅《漢紀》〈高祖皇帝紀〉：

> 及至劉向父子，乃推五行之運，以子承母，始自伏羲，以迄于漢，宜為火德。其序之也。，以為《易》稱帝出乎震，故太皞

---

165 董仲舒撰，陳立義證：《春秋繁露義證》，卷12，〈陰陽終始第四十八〉，頁339。

166 王夢鷗認為，鄒衍最大的創說，是把古已有之「陰陽」與「五行」兩種觀念合而為一，使它成為宇宙諸現象的原動力。根據這原動力，在他一生至少寫過兩部書：一是小型的，五行之一年一周的終始；一種是大型的，五行之從天地割判以來一朝一代的終始。前者是王居明堂而行的時令，後者是受命而帝的制度。前者在「陰陽消息」的原理上注意其「相繼生」的一面，後者則注重其「相代勝」的一面。是主張鄒衍之說本有相勝、相生二結構。見王夢鷗：《鄒衍遺說考》，頁56。亦有不從此說者，如楊權認為，《左傳》有五行相勝思想，相生之說當稍晚於相勝之論。而秦簡日書中可見相生、相勝二種記載，是知二者思維在秦已出現。此可備一說。參楊權：《新五德理論與兩漢政治——「堯後火德」說考論》（北京市：中華書局，2006年4月），頁8-9。

167 楊權：《新五德理論與兩漢政治——「堯後火德」說考論》，頁135。

168 《漢書》，卷25下，〈郊祀志第五下〉，頁1270-1271。

始出于震，為木德，號曰伏羲氏。共工氏因之為水德，居水火之間，霸而不王，非其序也。炎帝承木生火，固為火德，號曰神農氏。黃帝承之，火生土，故為土德，號曰軒轅氏，帝少昊滅，帝摯承之，土生金，故為金德，號曰金天氏。帝顓頊承之，金生水，故為水德，號曰高陽氏。帝嚳承之，水生木，故為木德，號曰高辛氏。帝堯始封于唐，高辛氏衰而天下歸之，號曰陶唐氏，故為火德，即位九十載，禪位于帝舜，號曰有虞氏，故為土德。即位五十載，禪位于伯禹，號曰夏后氏，故為金德。四百四十二年，湯伐桀，王天下，號曰殷為水德，六百二十九年。武王滅紂，王天下，號曰周為木德，七百六十七年。……自周之滅，及秦之亡，凡四十九年，而漢祖滅秦，號曰漢，故為火德矣。[169]

可以看到，劉向的帝德譜為太皞伏羲（木）、共工（水，閏統）、炎帝神農（火）、黃帝軒轅（土）、帝摯（金）、帝顓頊高陽（水）、帝嚳高辛（木）、帝堯陶唐（火）、帝舜有虞（土）、禹夏后（金）、湯殷（水）、周（木）、漢（火）。

而《白虎通》〈五行〉亦載：「五行所以更王何？以其轉相生，故有終始也。木生火，火生土，土生金，金生水，水生木。」[170]可以看到自劉向以下，就有了以相生為帝運推衍的觀點，至東漢大行；而這種「相生」之政治更迭原則，乃從禪讓之制。東漢的德運不僅從相生論，又以木為先。因此《家語》五行論強調以木為始，並主張相生為序，引文所謂「其次則以所生之行、轉相承也」，沿襲劉向以降之說

---

169 荀悅撰，張烈點校：《漢紀》（北京市：中華書局，2002年6月），頁2。

170 班固撰，陳立疏證：《白虎通疏證》，卷4，〈五行〉「五行更王相生相勝變化之義」條，頁187。

甚明。然而，劉向五帝之論尚且有月令色彩[171]，《家語》〈五帝〉則全然不錄，獨採相生運行原則，是可見《家語》之論，時間上當不得為西漢之論，而應該落於東漢。

除了劉向有五德論，其子劉歆《世經》亦造五德說[172]。《世經》今已不存，然《漢書》〈律曆志〉有載其說。擇錄與五德終始說相關文論：

> 太昊帝《易》曰：「炮犧氏之王天下也。」言炮犧繼天而王，為百王先，首德始於木，故為帝太昊。作罔罟以田漁，取犧牲，故天下號曰炮犧氏。《祭典》曰：「共工氏伯九域。」言雖有水德，在火木之間，非其序也。任知刑以彊，故伯而不王。秦以水德，在周、漢木火之間。周人迕其行序，故易不載。
>
> 炎帝《易》曰：「炮犧氏沒，神農氏作。」言共工伯而不王，雖有水德，非其序也。以火承木，故為炎帝。教民耕農，故天下號曰神農氏。
>
> 黃帝《易》曰：「神農氏沒，黃帝氏作。」火生土，故為土德。與炎帝之後戰於阪泉，遂王天下。始垂衣裳，有軒冕之服，故天下號曰軒轅氏。
>
> 少昊帝考德曰少昊曰清。清者，黃帝之子清陽也，是其子孫名摯立。土生金，故為金德，天下號曰金天氏。周迕其樂，故《易》不載，序於行。
>
> 顓頊帝《春秋外傳》曰：少昊之衰，九黎亂德，顓頊受之，乃命重黎。蒼林昌意之子也。金生水，故為水德。天下號曰高陽

---

171 王夢鷗：《鄒衍遺說考》，頁114-115。

172 楊權認為《世經》乃劉歆帝譜之論。見氏撰：《新五德理論與兩漢政治——「堯後火德」說考論》，頁150。

氏。周侯其樂，故《易》不載，序於行。

帝嚳《春秋外傳》曰：顓頊之所建，帝嚳受之。清陽玄囂之孫也。水生木，故為木德。天下號曰高辛氏。帝摯繼之，不知世數。周侯其樂，故《易》不載。周人禘之。

唐帝《帝系》曰：帝嚳四妃，陳豐生帝堯，封於唐。蓋高辛氏衰，天下歸之。木生火，故為火德，天下號曰陶唐氏。讓天下於虞，使子朱處于丹淵為諸侯。即位七十載。

虞帝《帝系》曰：顓頊生窮蟬，五世而生瞽叟，瞽叟生帝舜，處虞之媯汭，堯禪以天下。火生土，故為土德。天下號曰有虞氏。讓天下於禹，使子商均為諸侯。即位五十載。

伯禹《帝系》曰：顓頊五世而生鯀，鯀生禹，虞舜禪以天下。土生金，故為金德。天下號曰夏后氏。繼世十七王，四百三十二歲。（……）

武王《書經》〈牧誓〉武王伐商紂。水生木，故為木德。天下號曰周室。[173]

由此可看《世經》帝譜為：太皞伏羲（木）、共工（閏水）、炎帝神農（火）、黃帝軒轅（土）、少昊（金）、顓頊高陽（水）、帝嚳高辛（木）、帝摯（閏統）、帝堯陶唐（火）、帝舜有虞（土）、伯禹（金）、成湯（水）、周（木）、秦伯（閏水）、漢高祖（火）[174]。劉歆之說，與其父之論，同樣都是從《易》推衍德運，而更為細緻。對比《家語》所論帝譜，除去閏統部分，〈五帝〉有「太皞配木，炎帝配火，黃帝配土，少皞配金，顓頊配水」、「夏后氏以金德王而尚黑」、

---

173 班固：《漢書》，卷21下，〈律曆志第一下〉〈世經〉，頁1011-1015。

174 參考楊權整理之說。楊權：《新五德理論與兩漢政治——「堯後火德」說考論》，頁150-151。

「殷人以水德尚白」、「周人以木德王尚赤」之說，與《世經》所論較為符合。

　　另外，〈五帝〉云「堯以火德王，色尚黃。舜以土德王，色尚青」。堯為火德，劉向、劉歆《世經》均有此說。然並沒有指證漢為堯後說的意思。有論者認為合堯後、火德之說者，為王莽之論。[175]此說可證。案《漢書》〈王莽傳〉載莽篡漢改朝文云：

> 帝王之道，相因而通；盛德之祚，百世享祀。予惟黃帝、帝少昊、帝顓頊、帝嚳、帝堯、帝舜、帝夏禹、皋陶、伊尹咸有聖德，假于皇天，功烈巍巍，光施于遠。予甚嘉之，營求其後，將祚厥祀。惟王氏，虞帝之後也，出自帝嚳；劉氏，堯之後也，出自顓頊。[176]

明確指出王氏為虞帝之後，劉氏為堯後。又有矯造讖緯以說劉氏火德已盡之文：

> 至丙寅暮，漢氏高廟有金匱圖策：「高帝承天命，以國傳新皇帝。」……於是新皇帝立登車，之漢氏高廟受命。受命之日，丁卯也。丁，火，漢氏之德也。卯，劉姓所以為字也。明漢劉火德盡，而傳於新室也。[177]

除了王莽的鼓吹，事實上，西漢末已有漢為堯後火德的呼聲。主張最力者為班彪。班彪〈王命論〉曰：「蓋在高祖。其興也有五。一曰是

---

175 楊權：《新五德理論與兩漢政治——「堯後火德」說考論》，頁160。
176 班固：《漢書》，卷99中，〈王莽傳第六十九中〉，頁4105。
177 班固：《漢書》，卷99中，〈王莽傳第六十九中〉，頁4113。

帝堯之苗裔。」[178]《漢紀》〈孝平皇帝紀〉亦云：「劉氏承堯之後，氏族之世，著於《春秋》。唐據火德，而漢運紹之，始起豐、沛，神母夜號，以彰赤帝之符。」[179]《後漢書》〈班彪列傳上〉云：「彪既疾囂言，又傷時方艱，乃著〈王命論〉，以為漢德承堯，有靈命之符。」[180]等，均認為漢承堯後，當為火德。然而，新莽之外，漢朝真正承認自己為堯後，當火德之論，要到了東漢光武帝時期，根據即在郊堯之論。《後漢書》〈郊祀志上〉云：「七年五月，詔三公曰：『漢當郊堯。其與卿大夫、博士議。』」[181]唯有始祖始可為郊，這是上節郊祀禮的討論中即可知道的。而光武之認為漢為堯後，當主火德之說，可能是依從讖緯之據。劉珍、延篤等撰之《東觀漢記》〈世祖光武皇帝紀〉曰：

> 「自上即位，案圖讖，推五運，漢為火德。……」「議者曰：
> 「昔周公郊祀后稷以配天，宗祀文王以配上帝。<u>圖讖著伊堯赤帝之子</u>，俱與后稷並受命而為王。<u>漢劉祖堯，宜令郊祀帝堯以配天</u>，宗祀高祖以配上帝。」有司奏議曰：「追跡先代，無郊其五運之祖者。故禹不郊白帝，周不郊帝嚳。漢雖唐之苗，堯以歷數命舜，高祖自感赤龍火德，承運而起，當以高祖配堯之後，還復於漢，宜脩奉濟陽成陽縣堯冢，雲臺致敬祭祀禮亦宜之。」[182]

光武信讖是非常著名的，諸多重要政策皆從讖決，而引文之所謂「自

---

178 班固：《漢書》，卷100上，〈敘傳第七十上〉，頁4211。

179 荀悅：《漢紀》，卷30，〈孝平皇帝紀〉，頁543。

180 范曄：《後漢書》，卷40上，〈班彪列傳第三十上〉，頁1324。

181 《後漢書》，卷7，〈郊祀志上〉，3160。

182 劉珍等撰，吳樹平校注：《東觀漢紀》（北京市：中華書局，2008年11月），卷1，〈世祖光武皇帝〉，頁8。

上即位，案圖讖，推五運，漢為火德」說，因此光武堯後的主張，乃從讖論無誤。到了班固撰作《漢書》時，「漢為堯後火德」說已為定論。《漢書》〈郊祀志下〉贊云：

> 劉向父子以為帝出於震，故包義氏始受木德，其後以母傳子，終而復始，自神農、黃帝下歷唐虞三代而漢得火焉。故高祖始起，神母夜號，著赤帝之符，旗章遂赤，自得天統矣。昔共工氏以水德間於木火，與秦同運，非其次序，故皆不永。由是言之，祖宗之制蓋有自然之應，順時宜矣。究觀方士祠官之變，谷永之言，不亦正乎！不亦正乎！[183]

正式承認漢承堯統，為火德之說。

除了堯為火德，〈五帝〉尚有舜為土德說。從劉向新五德之論，或《世經》帝譜、五德推衍角度來看，舜接續堯為土德，是沒有疑問的。然而有趣的是，魏時嘗有主張舜為魏祖的主張。裴松之注曹丕竄漢時曾有承土德之運的論述。《三國志》〈文帝紀〉云：

> 魏以十月受禪，此同符始祖受命之驗也。魏之氏族，出自顓頊，與舜同祖，見于春秋世家。舜以土德承堯之火，今魏亦以土德承漢之火，於行運，會于堯、舜授受之次。[184]

可以看到，舜以土德，乃是從相生角度承接堯火德而來，而魏自以與舜同祖，故以土德居之。由此來看，《家語》〈五帝〉關於帝運、帝譜之論，確實不可能為先秦之論，時間上可能可以推延至魏朝。

---

183 班固：《漢書》，卷25下，〈郊祀志第五下〉，頁1270-1271。
184 陳壽：《三國志》〈魏書〉，卷2，〈文帝紀第二〉，頁70，裴松之注2。

　　釐清了《家語》〈五帝〉篇的可能時間，以及其所涵蓋的帝系、帝運問題，就可以進一步思考，為何《家語》〈五帝〉、〈五帝德〉二篇所論帝譜不大一致的問題。《家語》以五帝為五行之神，所謂「天有五行，木、火、金、水、土，分時化育，以成萬物，其神謂之五帝。」五帝不過是至上神太一之「佐」，用以助萬物之化育。這樣的論點，正同於漢武帝時亳人謬忌奏祠太一所云「天神貴者泰一，泰一佐曰五帝」[185]，以五帝為太一之佐。而五行數只有五，故德運雖可無限延伸，但神只有一。其下又云：「古之王者，易代而改號，取法五行，五行更王，終始相生，亦象其義。故其為明王者，而死配五行。」是明王可隨五行運行而分配到對應的德屬，是後又有「帝王改號，於五行之德，各所統」說，說明五帝的數量可不受「五」之限。然五帝數量雖未有限，然「陶唐、有虞、夏后、殷、周獨不得配五帝」，在於《家語》以堯、舜、夏后氏、殷、周為五統，此五統為五行之神，雖可稱為「五帝」，然與上古五帝之說仍不同。上古五帝之所指，《家語》是以《大戴禮記》〈五帝德〉之說為依歸，即《家語》〈五帝德〉說。這樣的觀點，正是董仲舒〈三代改制質文〉的意見，所謂「紬三之前曰五帝」[186]。〈三代改制質文〉文曰：

　　　　三正以黑統初。……故朝正服黑，首服藻黑，正路輿質黑，馬黑，大節綏幟尚黑，郊牲黑，冠於阼，昏禮逆於庭，喪禮殯於東階之上。祭牲黑牡，樂器黑質。……正白統奈何？曰：正白統者，歷正日月朔於虛，斗建丑。天統氣始蛻化物，物始芽，其色白，故朝正服白，首服藻白，正路輿質白，大節綏幟尚白，旗白，大寶玉白，郊牲白，犧牲角繭。冠於堂，昏禮逆於

185　《漢書》〈郊祀志上〉，頁1218。
186　董仲舒撰，陳立義證：《春秋繁露義證》，卷7，〈三代改制質文第二十三〉，頁186。

堂,喪事殯於楹柱之間。祭牲白牡,薦尚肺。樂器白質。……
正赤統奈何?曰:正赤統者,歷正日月朔於牽牛,斗建子。天
統氣始施化物,物始動,其色赤,故朝正服赤,首服藻赤,正
路輿質赤,馬赤,大節綬,幟尚赤,旗赤,大寶玉赤,郊牲,
犧牲角栗。[187]

董仲舒以夏(黑)、殷(白)、周(赤)為三統,其後時代皆承三者循
環變化。這樣的三統說,到了《家語》〈五帝〉,配合五行運行,成為
五統說。〈五帝〉云:「夏后氏以金德王而尚黑,大事斂用昏,戎事乘
驪,牲用玄。殷人以水德尚白,大事斂用日中,戎事乘翰,牲用白。
周人以木德王,尚赤,大事斂用日出,戎事乘騵,牲用騂。此三代之
所以不同。」案不論相生、相勝的排序,無論是鄒衍體系的五德終始
理論,或《春秋繁露》所載五行與五色的關聯,都說中央土尚黃、東
方木尚青、南方火尚赤、西方金尚白、北方水尚黑,沒有金德而尚
黑、水德而尚白、木德尚赤的論點。夏后金德而尚黑、殷人水德而尚
白、周人木德尚赤,正是董仲舒〈三代改制質文〉的三統論。因此朝
代遞嬗,除了更改德屬,國家制度更當應德而制,故夏因尚黑而大事
殯用昏、戎事乘驪,殷人水德尚白,故大事殯用日中,戎事乘翰,牲
用白。周人以木德王,尚赤,大事殯用日出,戎事乘騵,牲用騂等
說。可以看到〈五帝〉一篇,實際當是為了改制之作。且其合漢以降
五德、改制諸說,絕非先秦篇章甚明。

　　此外,比較特殊的是,《家語》採用了五德終始說的運作模式,
五帝卻不具感生性質。〈五帝德〉宰我問:「黃帝者,人也?抑非人
也?」黃帝、顓頊、嚳、堯、舜、禹等,均為人子,非感生而出。

---

187 董仲舒撰,陳立義證:《春秋繁露義證》,卷7,〈三代改制質文第二十三〉,頁191-195。

如：「黃帝者，少典之子，曰軒轅。」「顓頊，黃帝之孫，昌意之子。」「帝嚳……玄枵之孫，喬極之子，曰高辛。」「堯……高辛氏之子，曰陶唐。」「舜……喬牛之孫，瞽瞍之子也，曰有虞。」「禹……高陽之孫，鯀之子也，曰夏后。」[188]此種意涵與王肅之主張確實相符。《聖證論》曰：「五帝非天。唯用家語之文，謂太皞、炎帝、黃帝五人之帝屬。」[189]又曰：

> 案帝出乎震。震，東方生萬物之初，故王者制之初以木德王天下，非謂木精之所生。五帝皆黃帝之子孫，各改號代變，而以五行為次焉，何太微之精生乎？[190]

這段論述，雖然是駁鄭玄之以讖緯論五帝，實際對照《家語》論五帝之內容，亦頗為相合。尤其「帝出乎震」說，即前引劉向之論述基礎，是可見其說乃有與劉向以降五德論相承襲處。

　　五帝除了可作為王朝之始祖，更具有聖人的意涵。因此《家語》五帝之所以不為感生之論，而為人子之說，在於聖人當為人之表率。論者認為，「郊祀之禮即皇帝以天子的身分，扮演聖人之職能，藉由祭祀中的儀式、器物、數、與天、地〔之神〕溝通，以回到宇宙的最初的狀態。天子執行祭祀，是「教民反古復始」。聖人自身為萬民之『本』。」[191]由此，若聖人為感生之神，則無以能與百姓處於同一地

---

188 王肅注：《孔子家語》，卷5，〈五帝德第二十三〉，頁62-64。

189 王肅：《聖證論》，「郊丘」條，《漢魏遺書鈔》，《叢書集成續編》（臺北市：藝文印書館，1970年），頁12-13。

190 王肅：《聖證論》，「有虞氏禘黃帝而郊嚳，祖顓頊而宗堯」條，《漢魏遺書鈔》，頁20-21。

191 甘懷真：〈秦漢的「天下」政體：以郊祀禮改革為中心〉，收入甘懷真主編：《東亞歷史上的天下與中國概念》（臺北市：國立臺灣大學出版中心，2007年11月），頁139。

位。聖人之行，亦無法成為百姓之則。我們看《家語》所載五帝對人
之貢獻，基本上就是人類文明的進程。從黃帝之「垂衣裳，作為黼
黻，治民，以順天地之紀，知幽明之故，達死生存亡之說」，顓頊之
「履時以象天，依鬼神而制義，治氣性以教眾，潔誠以祭祀，巡四海
以寧民」，帝嚳「脩身而天下服，取地之財而節用之，撫教萬民而誨
利之」，堯「趨視四時，務先民始之，流四凶而天下服」，舜「敦敏而
知時，畏天而愛民」，禹「其功為百神主，其惠為民父母」。每一帝都
惠予不同德行於民。帝名雖有不同，其行亦各有別，然均從黃帝之聖
德，是其德可為共祖黃帝之分殊。

　　五帝之外，〈五帝〉又有五正之說。「勾芒為木正，祝融為火正，
蓐收為金正，玄冥為水正，后土為土正」。這是早於鄒衍的論述。《左
傳》〈昭公二十九年〉蔡墨與魏獻子的對話云：

> 夫物，物有其官，官脩其方，朝夕思之。一日失職，則死及
> 之。失官不食。官宿其業，其物乃至。若泯棄之，物乃坻伏，
> 鬱湮不育，故有五行之官，是謂五官，實列受氏姓，封為上
> 公，祀為貴神。社稷五祀，是尊是奉，木正曰句芒，火正曰祝
> 融，金正曰蓐收，水正曰玄冥，土正曰后土。[192]

因此五正是社稷官，用以掌管萬物生長。而此五官亦非隨意為之，是
五帝之後或親屬。

　　獻子曰：「社稷五祀，誰氏之五官也？」對曰：「少皞氏有四

---

192 楊伯峻編著：《春秋左傳注》（北京市：中華書局，2000年7月），〈昭公二十九年〉，頁1502。

叔，曰重，曰該，曰脩，曰熙，實能金、木及水。使重為句
芒，該為蓐收，脩及熙為玄冥，世不失職，遂濟窮桑，此其三
祀也。顓頊氏有子曰犁，為祝融，共工氏有子曰句龍，為后
土，此其二祀也。后土為社；稷，田正也。有烈山氏之子曰柱
為稷，自夏以上祀之。周棄亦為稷，自商以來祀之。」[193]

因此五正乃少皞氏、顓頊氏之宗。這樣的觀點與《家語》是相同的。
此五正雖為五行之官名，但與後來鄒衍所謂之「五行」並不相同[194]，
因此《家語》也特別指出：「生為上公，死為貴神，別稱五祀，不得
同帝。」五正雖可稱帝，然這樣的稱呼是站在「帝＝神」的角度上，
實際來說五祀不可為帝。

　　綜合以上論述，可以知道，《家語》之作五帝，實際乃為了新朝
代推運改德之作，當中夾雜諸多前代五德論述觀點，是非先秦之作，
而由王肅所為甚為可信。而《家語》五帝不具感生性質，天體又為
「一」論，與論者所釐析之鄭玄代表「神統」，王肅主張「聖統」之
說[195]，確相符合。另外，《家語》郊論一年二次，春季所祭本為感生
帝，《家語》論為祈穀，是亦撤除感生之說甚明。而《史記》〈禮書〉
嘗指出漢代改制，「改正朔，易服色，封太山，定宗廟百官之儀」。[196]

193 《春秋左傳注》，〈昭公二十九年〉，頁1503-1504。

194 《呂氏春秋》中將此五正轉為五行帝底下的屬官，合〈月令〉運行原則生養萬物。
所謂「孟春之月……其帝太皞。其神句芒。」「孟夏之月……其帝炎帝。其神祝
融。」「中央土：其日戊己。其帝黃帝。其神后土。」「孟秋之月……其帝少皞。其
神蓐收。」「仲秋之月……其帝少皞。其神蓐收。」「孟冬之月……其帝顓頊。其神
玄冥。」

195 參楊晉龍：〈神統與聖統——鄭玄王肅「感生說」異解探義〉，《中國文哲研究集刊》
第3期（1993年3月），頁487-526。

196 《史記》，卷23，〈禮書第一〉，頁1161。

《家語》既論宗廟之制，又藉五帝論德屬，改制傾向甚明，亦顯示出
《家語》作為禮典的性質。

# 第六章
# 以禮運政：《孔子家語》中的政治思想

　　除了對具體禮制的討論，《家語》更以「禮」為政治指導方針以及政務運行原則。故本章以「以禮運政」為題，一方面彰明《家語》〈禮運〉篇作為全書政治思想總論，另方面更用以統攝《家語》之政治思想。第一節討論《家語》禮學論述中呈顯出的國家禮典意識，第二節從禮典角度，探究《家語》以禮為法的觀點，以及對刑鼎的肯認。第三節則從職官體制與尚賢政治思維中，對《家語》政治思想中的「國家」觀念進行梳理。當中所出現的律法與宗法之制的衝突，亦在討論之列。

## 第一節　《家語》禮典論述中的國家禮制

　　作為禮書之《家語》，除內容與傳世禮典重複，篇目上也可看出《家語》之禮學性質。以「禮」名篇之篇章就有六篇：〈問禮〉、〈論禮〉、〈禮運〉、〈曲禮子貢問〉、〈曲禮子夏問〉、〈曲禮公西赤問〉，還有冠禮、婚禮、郊祀廟制、鄉射禮等專禮之論。另外〈觀周〉論孔子觀周廟，〈六本〉論廟災，〈問玉〉首章實為《禮記》〈聘義〉，〈哀公問政〉中有《禮記》〈中庸〉九經之說，〈五帝德〉、〈五帝〉論帝系，〈五刑解〉、〈刑政〉論五刑之說與刑政之要，〈本命解〉乃《大戴禮記》〈本命〉，為天道性命之論，〈辯樂解〉論《武》樂；記載孔子世

系之〈本姓解〉與喪制之〈終記解〉則傳達出孔子生、死之禮。《家語》四十四篇中至少有廿六篇與禮學相關，若再考量其餘各篇中與二戴《記》文辭複重處，則六成以上均與禮學相關。

　　相較於先秦禮學論述中往往保存禮的宗教性，《家語》雖亦有「致敬於鬼神」之論[1]，然並不著意於討論禮之起源，而是藉禮申人倫秩序之原則。〈問禮〉云禮可以「正君臣，以篤父子，以睦兄弟，以齊上下，夫婦有所」，是《家語》以分際、秩序為「禮」最重要的現實精神。因此，《家語》論禮處雖眾，卻不以禮作為個人性命之趨吉避凶詮釋，甚且刻意磨滅除魅式的詮釋向度，而多著墨於禮對國家、社會乃至個人所起之分際、秩序意涵。其雖不廢崇本報始說，然所謂之「本」，並非厭祥之論，而是從宗法制度中追奉始祖的意識而論。如〈正論解〉所載：

　　哀公問於孔子曰：「寡人聞東益不祥，信有之乎？」孔子曰：「不祥有五，而東益不與焉。夫損人自益，身之不祥；棄老而取幼，家之不祥；釋賢而任不肖，國之不祥；老者不教，幼者不學，俗之不祥；聖人伏匿，愚者擅權，天下不祥。不祥有五，東益不與焉。」[2]

禮雖源於祭，但此例有意的擺脫「禮」蘊含的原始宗教之意，轉從理性的制度論述，頗有《春秋》「吉凶由人，重在人事」之意。而《家語》〈辯物〉亦載錄多條物怪事例，如論巨骨為「昔禹致群臣於會稽

---

1　〈問禮〉云：「夫禮初也，始於飲食。太古之時，燔黍擘豚，汙罇而抔飲，蕢桴而土鼓，猶可以致敬於鬼神。」王肅注：《孔子家語》，頁13。在《禮記》為〈禮運〉篇。
2　王肅注：《孔子家語》，卷9，〈正論解第四十一〉，頁110。

之山，防風後至，禹殺而戮之，其骨專車焉」；論肅慎氏之矢為「武王克商，肅慎氏貢楛矢、石砮」，以示「分異姓以遠方之職貢，所以無忘服也」，是以物為歷史遺跡、禮制實證，不以之為物怪。可以看到，《家語》論禮之核心，在從體制性的禮制意識入手為論，無論是禮制建立之由來或施行細則，其要均在藉禮建構國家整體的運作原則。因此，《家語》中以「禮」名篇之〈問禮〉、〈論禮〉、〈禮運〉，其所論禮意，非從禮之祭祀、宗教起源立論，而往往是討論禮之於君主、國家的政治效用以及施用的必要性，可以看到《家語》的禮學精神，乃在國家禮典之建立。以下即從《家語》「禮運」範疇、以及禮運之運作模式、儀則加以釐析。

## 一　禮政範疇：治國九經說與《家語》「禮運」範疇論

《家語》所論「禮」之範疇，以「喪、祭、鄉、射、冠、婚、朝、聘」八禮為界。〈禮運〉云：「夫禮、先王所以承天之道，以治人之情，列其鬼神，達於喪、祭、鄉、射、冠、婚、朝、聘。」於《禮記》所論一致。不同《大戴禮記》「冠、婚、朝、聘、喪、祭、賓主、鄉飲酒、軍旅」的「九禮」之說[3]，以及「冠、婚、喪、祭、鄉、相見」之王制「六禮」論。實際運行於禮政上，《家語》從宗廟祭祀入手為論。〈論禮〉曰：

> 郊社之禮，所以仁鬼神也；禘嘗之禮，所以仁昭穆也；饋奠之禮，所以仁死喪也；射饗之禮，所以仁鄉黨也；食饗之禮，所

---

3　《大戴禮記》〈本命解〉：「冠、婚、朝、聘、喪、祭、賓主、鄉飲酒、軍旅，此之謂九禮也。」《家語》〈本命解〉雖與《大戴禮記》〈本命解〉文獻複重，卻未載此說。是知《家語》所採「禮」範疇，乃從《禮記》為論。

以仁賓客也。明乎郊社之義、禘嘗之禮，治國其如指諸掌而已。[4]

是以郊社之禮、禘嘗之禮、饋奠之禮、射饗之禮、食饗之禮等宗廟祭祀作為禮政範疇。以宗廟祭祀禮儀作為治國之道，是儒家一貫之精神。《論語》〈八佾〉曰：「或問禘之說。子曰：『不知也。知其說者之於天下也，其如示諸斯乎！』指其掌。」宗廟祭祀作為治國之道，除了可以發揮報本追遠的孝道精神，郊社之禮、禘嘗之禮更具有收族統宗、重整綱紀、建立秩序的用意。[5]《家語》則更進一步，將祭禮作為制度之源，使國家體制精神植源於祭禮。〈論禮〉續曰：

> 是故居家有禮，故長幼辯；以之閨門有禮，故三族和；以之朝廷有禮，故官爵敘；以之田獵有禮，故戎事閑；以之軍旅有禮，故武功成。是以宮室得其度，鼎俎得其象，物得其時，樂得其節，車得其軾，鬼神得其享，喪紀得其哀，辯說得其黨，百官得其體，政事得其施。[6]

郊社、禘嘗、饋奠、射饗禮、食饗等祭禮不僅整合國家體制所需禮制與倫常，更是國家秩序、職官體制的參照依據，故能使「百官得其體，政事得其施」。〈禮運〉更進一步稱「降于五祀之謂制度」。文曰：

> 夫政者，君之所以藏身。必本之天，郊以降命。命教於社之謂

---

4　王肅注：《孔子家語》，卷6，〈論禮第二十七〉，頁72。

5　黃忠天：〈從《中庸》〈達孝章〉談宗廟祭祀與治國的關係〉，《經學研究集刊》創刊號（2005年10月），頁101-112。

6　王肅注：《孔子家語》，卷6，〈論禮第二十七〉，頁72。

效地，降於祖廟之謂仁義，降于山川之謂興作，降于五祀之謂
制度。[7]

禮行於政，除了用為制度、倫常，更是普世依循法則。〈禮運〉云：

禮行於五祀，而正法則焉。故郊、社、祖廟、山川、五祀，義
之脩而禮之藏。夫禮、必本於太一，分而為天地，轉而為陰
陽，變而為四時，列而為鬼神。其降曰命。[8]

透過祭禮之施行，展現禮之本諸於天地正法，凝聚於國家，則為體制
之設。而禮不僅成就國家體制，更是國家成立之根源。作為治政之法
則，禮之法則乃又根源於天。《家語》〈禮運〉云：「聖人參於天地，
竝於鬼神，以治政也。」是以禮為治政之法則，其法則乃又根源於
天。由此，禮就有了究極、恆常的天道根源。《家語》〈禮運〉又曰：

先王患禮之不達於下，故饗帝於郊，所以定天位也。祀社於
國，所以列地利也。禘祖廟，所以本仁也。旅山川，所以儐鬼
神也。祭五祀，所以本事也。[9]

此段又見《禮記》〈禮運〉，底線處為與《禮記》〈禮運〉文辭異者。
透過郊禮、社禮、禘禮、旅禮四種祭祀，即可掌握治國禮制架構。
　　《家語》雖未專論社、山川之祀，卻未否定其祀之要，整體而
言，這些祭禮均未出《儀禮》範圍。此外，《家語》中雖有五祀、五

---

7　王肅注：《孔子家語》，卷7，〈禮運第三十二〉，頁83-84。
8　王肅注：《孔子家語》，卷7，〈禮運第三十二〉，頁83-84。
9　王肅注：《孔子家語》，卷7，〈禮運第三十二〉，頁83。

教、五法、六官等說，似與《周禮》相關，然其並沒有出現「吉凶軍賓嘉」之五禮之說。

除了祭禮外，各式禮儀亦有不同之禮治之效，且均具有國家意識，用以形構國家制度。如論婚禮，《禮記》〈昏義〉認為婚禮乃合兩姓之好，上可事宗廟，下繼後嗣。《家語》乃以婚禮為政之始，論其禮可使「夫婦別，男女親，君臣信」，是以婚禮為倫常之始，將婚禮提高為政治之核心。又論宗婦：「內以治宗廟之禮，足以配天地之神；出以治直言之禮，足以立上下之敬。」[10]不僅可侍奉宗族宗廟，其所展現出的內闈之齊，更可形構上下有序的治國秩序，而為治國之本。孔子屢讚知禮的敬姜，就是最具體的例子。敬姜先後喪夫、子，其哀雖同，其儀殊異。於哭，夫、子有別，《家語》讚其「愛而無私，上下有章」。是與〈大昏解〉所論精神相一致。喪禮之設，禮典中往往用以展現哀敬之情，《家語》則釋以為天道的人事表現。〈本命解〉云：「禮之所以象五行也，其義，四時也，故喪禮有舉焉。」雖亦有展現哀情之論[11]，然總論《家語》喪禮精神，乃在合王道禮治規範。如〈問禮〉曰：「其順之也，而後言其喪祭之紀，宗廟之序。」至於鄉飲酒禮，此禮向從尊老、和睦鄉里之說立論[12]，《家語》卻重明「貴賤之義」[13]與「王道易易」二義。射禮之行，一般於鄉飲酒禮後

---

10 王肅注：《孔子家語》，卷1，〈大昏解第四〉，頁9。

11 〈六本〉：「喪紀有禮矣，而哀為本。」

12 《禮記》〈鄉飲酒義〉云：「鄉飲酒之禮……所以明尊長也。……合諸鄉射，教之鄉飲酒之禮，而孝弟之行立矣。」《禮記》，卷61，〈鄉飲酒義第四十五〉，頁1004-1。

13 〈觀鄉射〉云：孔子曰：「吾觀於鄉，而知王道之易易也。主人親速賓及介，而眾賓皆從之，至於正門之外，主人拜賓及介，而眾賓自入，貴賤之義別矣。……貴賤既明，降殺既辨，和樂而不流，弟長而無遺，安燕而不亂。此五者，足以正身安國矣。彼國安而天下安矣。故曰：吾觀於鄉，而知王道之易易也。」王肅注：《孔子家語》，卷7，〈觀鄉射第二十八〉，頁75。

舉行，是觀士德之一面向。如《論語》〈八佾〉所載子曰：「君子無所爭，必也射乎！揖讓而升，下而飲，其爭也君子。」《家語》則用以為子路能行禮之讚[14]。廟制用以彰祖宗功德。朝禮之設可以「懷諸侯」[15]（〈哀公問政〉）與「明義」，從而使民不犯上（〈五刑解〉）[16]。朝覲禮對外可使「諸侯知所以臣」（〈辯樂解〉），對內則可使民知不犯上之義，〈五刑解〉云：「有犯殺上之獄者，則飭朝覲之禮。」可以看到，除了與皇權意識展現緊密相關之郊祀禮，其他禮制也都被賦予國家意識，成為國家禮制之一環，不僅用以成為國家制度之施設原則，更能強化國家王權。

## 二　以禮治政：禮學論述中的君權思想

在古禮建構國家體制之外，《家語》在施政上，亦主張以禮行政。除了延續儒家一貫的禮治思想，更是《家語》申論君權的論述模式。《家語》以禮能別親疏、尊卑、定上下，是視禮為劃定分際的

---

14 〈觀鄉射〉云：孔子觀於鄉射，喟然歎曰：「射之以樂也。何以射？何以聽？循聲而發，不失正鵠者，其唯賢者乎！若夫不肖之人，則將安能以求飲。《詩》云：『發彼有的，以祈爾爵。』祈、求也，求所中以辭爵。酒者、所以養老，所以養病也。求中以辭爵，辭其養也。是故士使之射而弗能，則辭以病，懸弧之義。」於是退而與門人習射於矍相之圃，蓋觀者如牆堵焉。試射至於司馬，使子路執弓矢，出列，延謂射之者曰：「奔軍之將，亡國之大夫，與為人後，不得入。其餘皆入。」蓋去者半。又使公罔之裘序點揚觶而語曰：「幼壯孝弟，耆老好禮，不從流俗，脩身以俟死者？在此位。」蓋去者半。序點又揚觶而語曰：「好學不倦，好禮不變，耄期稱道而不亂者，則在此位。」蓋僅有存焉。射既闋，子路進曰：「由與二三子者之為司馬，何如？」孔子曰：「能用命矣。」

王肅注：《孔子家語》，卷7，〈觀鄉射第二十八〉，頁74-75。

15 〈哀公問政〉：「繼絕世，舉廢邦，治亂持危，朝聘以時，厚往而薄來，所以懷諸侯也。」

16 〈五刑解〉：「朝聘之禮者，所以明義也。義必明，則民不犯。」

「法則」。〈問禮〉云：

> 非禮則無以辯君臣、上下、長幼之位焉；非禮則無以別男女、
> 父子、兄弟、婚姻、親族、疏數之交焉。是故君子以此為之尊
> 敬，然後以其所能，教順百姓，不廢其會節。既有成事，然後
> 治其雕鏤文章黼黻，以別尊卑上下之等。其順之也，而後言其
> 喪祭之紀，宗廟之序。品其犧牲，設其豕腊，脩其歲時，以敬
> 祭祀，別其親疏，序其昭穆，而後宗族會宴。即安其居，以綴
> 恩義，卑其宮室，節其服御，車不雕璣，器不彤鏤，食不二
> 味，心不淫志，以與萬民同利。古之明王，行禮也如此。[17]

禮行則尊卑上下之序、君臣長幼之別定。〈問玉〉亦云：

> 夫禮之所以興，眾之所以治也；禮之所以廢，眾之所以亂也。
> 目巧之室，則有隩、阼，席則有上下，車則有左右，行則竝
> 隨，立則有列序；古之義也。室而無隩、阼，則亂於堂室矣；
> 席而無上下，則亂於席次矣；車而無左右，則亂於車上矣；行
> 而無竝隨，則亂於階塗矣；列而無次序，則亂於著矣。昔者，
> 明王聖人，辯貴賤長幼，正男女內外，序親踈遠近，莫敢相踰
> 越者，皆由此塗出也。」[18]

都指出禮用以正社會秩序、明貴賤之別之義。因此，在行禮上，亦要
遵守儀式的先後之序。〈子路初見〉曰：

---

17 王肅注：《孔子家語》，卷1，〈問禮第六〉，頁12。
18 王肅注：《孔子家語》，卷8，〈問玉第三十六〉，頁91。

> 孔子侍坐於哀公。賜之桃與黍焉，哀公曰：「請。」孔子先食
> 黍而後食桃。左右皆掩口而笑。公曰：「黍者所以雪桃，非為
> 食之也。」孔子對曰：「丘知之矣。然夫黍者、五穀之長，郊
> 禮宗廟以為上盛。菓屬有六，而桃為下，祭祀不用，不登郊
> 廟。丘聞之，君子以賤雪貴，不聞以貴雪賤。今以五穀之長，
> 雪菓之下者，是從上雪下，臣以為妨於教，害於義，故不
> 敢。」公曰：「善哉！」[19]

哀公以味之甘美定食之先後，是從口腹之欲為念。孔子非不知食物滋
味也，然其先食黍而後食桃，因黍乃五穀之長，桃為菓屬之末，加上
黍於宗廟祭祀為上盛，桃甚且不為宗廟之奉，禮貴其本，故先食黍始
為知禮之道，亦為行禮之方。此章亦有以「禮」正上下、別貴賤，定
政教之序的思想。

　　禮既為別尊卑、親疏的分際法則，君主是掌握禮制的唯一人選，
尊君即為隆禮的必要論述。〈禮運〉曰：

> 夫<u>禮者、君之柄，所以別嫌明微，儐鬼神，考制度，別仁義，</u>
> <u>立政教，安君臣上下也。</u>故政不正則君位危，君位危則大臣
> 倍，小臣竊。刑肅而俗敝，則法無常，法無常則禮無別，禮無
> 別則士不事、民不歸。是謂疵國。[20]

此說又見《禮記》〈禮運〉。此說是將君主推為禮之主要掌控者，
「禮」作為君主治國之權柄。「君柄」之說，乃法家習用之語，《家
語》此說是以「禮」為「法」，用以表彰國家秩序。《家語》〈禮運〉：

---

19 王肅注：《孔子家語》，卷5，〈子路初見第十九〉，頁54。
20 王肅注：《孔子家語》，卷7，〈禮運第三十二〉，頁81。

「聖王脩義之柄、禮之序，以治人情。」〈曲禮子夏問〉亦有言曰：

> 居子與臣之位，所以尊君而親親也。在學，學之為父子焉，學
> 之為君臣焉，學之為長幼焉。父子、君臣、長幼之道得，而後
> 國治。[21]

禮從宗法秩序一轉為國家社會分際的劃分與秩序的依據。

這種對君臣分際的重視，以及對上下、貴賤等級的討論，正是戰國以降的時代風氣，也是法家尊君議題的前哨。〈致思〉亦有尊君之事例。文曰：

> 子路為蒲宰，為水備，與民脩溝洫；以民之勞煩苦也，人與之
> 一簞食、一壺漿。孔子聞之，使子貢止之。子路忿然不說，往
> 見孔子曰：「由也以暴雨將至，恐有水災，故與民脩溝洫以備
> 之；而民多匱餓者，是以簞食壺漿而與之。夫子使賜止之，是
> 夫子止由之行仁也。夫子以仁教，而禁其行，由不受也。」孔
> 子曰：「汝以民為餓也？何不白於君，發倉廩以賑之，而私以
> 爾食饋之，是汝明君之無惠，而見己之德美。汝速已則可，不
> 則汝之見罪必矣。」[22]

對照《論語》孔子唯恐仁政之不行的危機感，《家語》此例中的孔子，卻以「明君之無惠，而見己之德美」勸阻子路之為政，不僅有君主見罪之憂，也把個人德行置於君權之下，無論德行之於個人如何重要，都不能僭越君權。同篇它例又載：

---

21 王肅注：《孔子家語》，卷10，〈曲禮子夏問第四十三〉，頁117。
22 王肅注：《孔子家語》，卷2，〈致思第八〉，頁19。

> 魯國之法，魯人有贖臣妾於諸侯者，皆取金於府。子貢贖人於
> 諸侯，而還其金。孔子聞之，曰：「賜失之矣！夫聖人之舉事
> 也，可以移風易俗，而教導可以施於百姓，非獨適身之行也。
> 今魯國富者寡而貧者眾，贖人，受金則為不廉，則何以相贖
> 乎？自今以後，魯人不復贖人於諸侯。」[23]

不允許修一己之德僭越王權。這種君權至上的主張，正與前述《家
語》之以禮典為明卑賤、上下之別中之論精神相為一致。《家語》藉
孔子之言象徵聖言、古義之存，復以此形構國家禮制。此二例所顯示
的個人德行與國家制度間的衝突，正是戰國以降尊君、國家意識萌發
的現象。

國家掌握了「禮」，即使國小，亦能為守。〈五儀解〉曰：

> 哀公問於孔子曰：「寡人欲吾國小而能守，大則攻，其道如
> 何？」孔子對曰：「使君朝廷有禮，上下和親，天下百姓皆君
> 之民，將誰攻之？苟違此道，民畔如歸，皆君之讎也，將與誰
> 其守？」公曰：「善哉！」於是廢山澤之禁，弛關市之稅，以
> 惠百姓。[24]

從禮典結構來看，《家語》之禮論，是以君權為中心，禮制為國家大
法。因為君主掌握了制禮大柄，才能形成「天無二日，土無二王，家
無二主，尊無二上」（〈本命解〉）的嚴格等級秩序。這樣的禮運原
則，使《家語》的政治思想觀點，有了儒法的傾向。

---

23　王肅注：《孔子家語》，卷2，〈致思第八〉，頁22。
24　王肅注：《孔子家語》，卷1，〈五儀解第七〉，頁15。

## 三　禮運運行原則：禮儀與治國指導原則

「禮」既是治國之道，也是國家秩序、職官體制的參照依據。《家語》〈禮運〉云：「聖人參於天地，竝於鬼神，以治政也。」是以禮為治政之法則，而其法則乃又根源於天。《家語》〈禮運〉又曰：

> 先王患禮之不達於下，故饗帝於郊，所以定天位也。祀社於國，所以列地利也。禘祖廟，所以本仁也。旅山川，所以儐鬼神也。祭五祀，所以本事也。[25]

此段又見《禮記》〈禮運〉，底線處為與《禮記》〈禮運〉文辭異者。論者認為，此說涵蓋了「〈月令〉和〈王制〉兩種結構的功能」[26]。〈禮運〉即是討論禮施於政治之效用。禮運行之道即為政之方。從禮的角度論為政之方。禮即政，禮乃為政之本。而「禮運」運行依循的要則，除天道外，更在於禮儀原初「報」的觀念。以此其論禮多從「反本報始」之說為論。如〈禮運〉所云：「昔者先王，未有宮室……」〈郊問〉：「郊之祭也，大報本反始也。」〈問禮〉：「夫禮初也，始於飲食。太古之時，燔黍擘豚」。〈哀公問政〉所論最詳：

> 聖人因物之精，制為之極，明命鬼神，以為民之則，而猶以是為未足也。故築為宮室，設為宗、祧，春、秋祭祀，以別親踈，教民反古復始，不敢忘其所由生也。……君子反古復始，不忘其所由生。是以致其敬，發其情，竭力從事，不敢不自盡也，此之謂大教。

---

25 王肅注：《孔子家語》，卷7，〈禮運第三十二〉，頁83。
26 鄒昌林：《中國古禮研究》（臺北市：文津出版社，1992年9月），頁189。

以此，強調報本反始，可以使人民不忘所生，強化孝道精神，行事時亦會謹言慎行，以免辱於祖先。

　　除了不忘本，《家語》之禮運原則，又引《中庸》九經、王制之「七教三至」之說為禮治之道。〈哀公問政〉云：

> 凡為天下國家有九經，曰：脩身也，尊賢也，親親也，敬大臣也，體群臣也，重庶民也，來百工也，柔遠人也，懷諸侯也。[27]

案，此即《禮記》〈中庸〉治國九經之說。《家語》以「哀公問政」為題，是以「九經」為治國之方。九經之說合親親、尊賢二法，不僅特別標舉對人臣的重視，有禮貌大臣之意，更有傳統宗法社會上懷柔諸侯之說，是兼顧同姓與異姓之治理之道。

　　而〈王言解〉所論「七教三至」說，則為治國內政之方。文云：

> 上敬老，則下益孝；上尊齒，則下益弟；上樂施，則下益寬；上親賢，則下擇友；上好德，則下不隱；上惡貪，則下恥爭；上廉讓，則下恥節。此之謂七教。七教者，治民之本也。[28]

七教行則內政成。七教核心精神在藉尚賢尊齒使民知孝悌、廉讓。故此乃治民之本。行七教，則「賢者說而不肖者懼，哀鰥寡，養孤獨，恤貧窮，誘孝弟，選才能；此七者修，則四海之內無刑民矣」。[29]而三至為：

---

27 王肅注：《孔子家語》，卷4，〈哀公問政第十七〉，頁48。

28 王肅注：《孔子家語》，卷1，〈王言解第三〉，頁6-7。

29 王肅注：《孔子家語》，卷1，〈王言解第三〉，頁7。

至禮不讓而天下治；至賞不費而天下士說；至樂無聲而天下民和。明王篤行三至，故天下之君可得而知，天下之士可得而臣，天下之民可得而用。[30]

明主任賢識能，禮樂行於國而民不知，這是最高層次的禮教社會。《家語》不取《禮記》〈王制〉：「司徒修六禮以節民性，明七教以興民德。」之七教，亦不採《禮記》「五教三至」之說，而用《大戴禮記》〈主言〉，以「明王內修七教，外行三至」，以崇奉賢能政治意識之「七教三至」說作為明主治理國家的原則。

《家語》合二《戴》禮運系統，以九經為致天下之方，以王言為治國之理，目的在建立一統之「天下」。除了《家語》〈本命解〉已經指出的「天無二日，國無二君，家無二尊，以治之。」《家語》更多次「天下」論述。如〈王言解〉所謂「以王言之其出不戶牖而化天下」。而明主行三至之道，亦可收「天下之君可得而知，天下之士可得而臣，天下之民可得而用」之效。〈致思〉亦有：

武王正其身以正其國，正其國以正天下，伐無道，刑有罪，一動而天下正，其事成矣；春秋致其時，而萬物皆及，王者致其道，而萬民皆治；周公載己行化，而天下順之，其誠至矣。[31]

以武王、周公之行，為天下秩序之守。其餘如〈觀鄉射〉亦有：「貴賤既明，降殺既辨，和樂而不流，弟長而無遺，安燕而不亂。此五者，足以正身安國矣。彼國安而天下安矣。」〈禮運〉：「聖人以禮示之，則天下國家可得以禮正矣。」〈問玉〉：「言而可履，禮也；行而

---

30 王肅注：《孔子家語》，卷1，〈王言解第三〉，頁7。
31 王肅注：《孔子家語》，卷2，〈致思第八〉，頁18。

可樂，樂也。聖人力此二者，以躬己南面。是故天下太平，萬民順
伏，百官承事，上下有禮也。」是禮治不僅能為治國之方，更是天下
秩序之道。

## 四　建構霸業，文武兼備

　　以禮行政，除了呼應儒家一貫的禮治精神，《家語》亟欲達成
的，並非「王制」理念，而是「霸統」。〈觀鄉射〉中雖有「吾觀於
鄉，而知王道之易易也。」但此王道，實際即在指陳霸王之道。如
〈王言解〉曰：

> 子曰：「居，吾語女。夫道者，所以明德也；德者，所以尊道
> 也。是以非德道不尊，非道德不明。雖有國之良馬，不以其道
> 服乘之，不可以取道里；雖有博地眾民，不以其道治之，不可
> 以致霸王。是故，昔者明王內修七教，外行三至。七教修，然
> 後可以守；三至行，然後可以征。明王之道，其守也，則必折
> 衝千里之外；其征也，則必還師衽席之上。故曰，內修七教，
> 而上不勞，外行三至，而財不費。此之謂明王之道也。」[32]

將明王的七教三至之道作為致「霸王」之方法。
　　又藉《武》樂為霸業之論。《家語》〈辨樂解〉載賓牟賈與孔子論
〈武〉樂。文云：

> 賓牟賈起，免席而請曰：「夫〈武〉之備戒之以久，則既聞命
> 矣。敢問遲矣而又久立於綴，何也？」子曰：「居，吾語爾。

---

32　王肅注：《孔子家語》，卷1，〈王言解第三〉，頁6。

夫樂者，象成者也。揔干而山立，武王之事。發揚蹈厲，太公之志也。〈武〉亂皆坐，周、邵之治。且夫〈武〉、始成而北出，再成而滅商，三成而南反，四成而南國是疆，五成而分陝，周公左，邵公右，六成而復綴，以崇其天子焉。眾夾振之而四伐，所以盛威於中國。分郟而進，所以事蚤濟。久立於綴，所以待諸侯之至也。今汝獨未聞牧野之語乎？武王克殷而反商之政。未及下車，則封黃帝之後於薊，封帝堯之後於祝，封帝舜之後於陳；下車，又封夏后氏之後於杞，殷之後於宋，封王子比干之墓，釋箕子之囚，使人行商容之舊，以復其位。庶民弛政。既濟河西，馬散之華山之陽而弗復乘；牛散之桃林之野而弗復服；車甲則釁之而藏諸府庫，以示弗復用；倒載干戈而包之以虎皮；將率之士，使為諸侯；命之鞬橐，然後天下知武王之不復用兵也。散軍而修郊射，左射以〈狸首〉，右射以〈騶虞〉，而貫革之射息也。裨冕搢笏，而虎賁之士脫劍。郊配后稷，而民知尊父焉。配明堂，而民知孝焉。朝覲，然後諸侯知所以臣。耕籍，然後民知所以敬親。六者天下之大教也。食三老、五更於太學，天子袒而割牲，執醬而饋，執爵而酳，冕而揔干，所以教諸侯之弟。如此，則周道四達，禮樂交通。夫〈武〉之遲久，不亦宜乎？」[33]

案，〈武〉樂是傳達武王滅商思想與過程的樂曲，此例乃藉武樂傳達霸業之創。

又論秦穆公國小處僻而「霸」，〈賢君〉曰：

齊景公來適魯，舍于公館，使晏嬰迎孔子。孔子至，景公問政

---

33 王肅注：《孔子家語》，卷8，〈辨樂解第三十五〉，頁89-90。

> 焉。孔子答曰：「政在節財。」公悅。又問曰：「秦穆公國小處
> 僻而霸，何也？」孔子曰：「其國雖小，其志大；處雖僻，而
> 其政中。其舉也果，其謀也和，法無私而令不愉，首拔五羖，
> 爵之大夫，與語三日而授之以政。此取之，雖王可，其霸少
> 矣。」景公曰：「善哉！」[34]

正如《論語》中孔子因材施教而生同問而異答，《家語》針對不同君
主之為政之問，亦有不同回答。此例乃齊景公之問秦穆公何以能在國
小、地僻的艱困環境下達到當時的霸主位置，孔子認為穆公志向遠
大，行事果斷，為政和暢，又善於知人、任材，不以百里奚嘗為罪犯
破格重用，以此能稱霸。

　　既要求「霸」，文治必且不足以支撐，還要有尚武精神。《家語》
以文武兼備作為為政的必要條件。如季孫並曾讚嘆冉有之文武兼備。
〈正論解〉曰：

> 齊國書伐魯，季康子使冉求率左師禦之，樊遲為右。「非不能
> 也，不信乎。請三刻而踰之。」如之，眾從之。師入齊軍。
> 「齊軍遁。」冉有用戈，故能入焉。孔子聞之，曰：「義
> 也。」既戰，季孫謂冉有曰：「子之於戰，學之乎？性達之
> 乎？」對曰：「學之。」季孫曰：「從事孔子，惡乎學？」冉有
> 曰：「即學之孔子也。夫孔子者大聖，無不該，文武竝用兼
> 通。求也適聞其戰法，猶未之詳也。」季孫悅。樊遲以告孔
> 子，孔子曰：「季孫於是乎可謂悅人之有能矣。」[35]

允文允武是春秋貴族特徵，射、御與禮樂同為貴族教育內容。又當時

---

34　王肅注：《孔子家語》，卷3，〈賢君第十三〉，頁36。
35　王肅注：《孔子家語》，卷9，〈正論解第四十一〉，頁102。

文武亦未分職，孔子亦嘗曰：「吾何執？執御乎？執射乎？吾執御矣。」（《論語》〈子罕〉）《論語》〈子張〉亦有：

> 衛公孫朝問於子貢曰：「仲尼焉學？」子貢曰：「文武之道，未墜於地，在人。賢者識其大者，不賢者識其小者，莫不有文武之道焉。夫子焉不學？而亦何常師之有？」[36]

除了春秋時期，這種明經術又習武事之士，亦與以澄清天下為志之漢末士風相同。毛漢光嘗指出，漢末曹魏西晉之際，士族雖以經學家風為其內涵，為官為宦，甚多文武兼備，如袁氏之袁紹、袁術；瑯琊諸葛氏之誕、亮、瑾；河內司馬氏懿、昭、師；潁川鍾會；泰山羊祜、瑯琊王敦等。[37]《人物志》「英雄」品列，言「聰明秀出謂之英，膽力過人謂之雄」[38]，不僅重視才智，亦強調膽力，是文武並重之明證。此種意識，不僅是士大夫名風之展現，也是國家人才選鑑論述的一環。

在實際的政務上，《家語》亦主張「文事必有武備」。〈相魯〉曰：

> 定公與齊侯會于夾谷。孔子攝相事，曰：「臣聞有文事者必有武備，有武事者必有文備。古者諸侯竝出疆，必具官以從，請具左右司馬。」[39]

「文事」指的是對外交涉事宜，「武」指武裝力量的儲備。〈相魯〉所

---

36 《論語》（《十三經注疏》本），卷19，〈子張第十九〉，頁173-2。

37 毛漢光：〈中古士族性質之演變〉，收入氏著：《中國中古社會史論》（上海市：上海書店出版社，2002年12月），頁90-91。

38 劉卲撰，劉昞注：《人物志注》（臺北市：世界書局，2000年4月），卷中，〈英雄第八〉，頁29。

39 王肅注：《孔子家語》，卷1，〈相魯第一〉，頁3。

論魯定公與齊景公盟會於夾谷，事又見《左傳》〈定公十年〉，然最後齊國歸還的是「鄆讙龜陰之田」[40]，並不是如〈相魯〉所指出的，「乃歸所侵魯之四邑及汶陽之田」。再者，齊國返還汶陽之田，非在定公世，亦非齊景公時，而是魯成公、齊頃公時。春秋時齊、魯屢為汶陽而生爭議，後世爭論亦眾。如《史記》〈刺客列傳〉論曹沫挾桓歸地，亦將時間錯置為魯莊公、齊桓公。然《史記》〈刺客列傳〉以此事作為燕太子丹刺秦之謀，所謂：「誠得劫秦王，使悉反諸侯侵地，若曹沫之與齊桓公，則大善矣。」[41]《家語》則將齊歸地功勞歸於孔子，除了賦予孔子強勢的政治姿態，更重要的，是齊侯見孔子之禮容，歸責臣云：「魯以君子道輔其君，而子獨以夷翟道教寡人，使得罪。」[42]由此，禮不僅可為內政行治之方，更是國威之象，足以存國、成霸業。孔子以禮使齊國返還侵地，除了展現絕佳的外交辭令才能，亦呼應第三章所論言辭可為士之威儀禮容。除此之外，春秋所謂「國之大事，在祀與戎」，《家語》在春秋會盟上，亦多強調文辭之辯，除了孔子以禮退齊師、返侵地，〈正論解〉更記有子產善辭使晉返侵地、季康子問武事而冉有善對等，都傳達出外交善策之形象。是禮近以治身，遠以謀國，兼有保國、成身之效，亦寓含文武兼用的意涵。在自我德行養護之外，禮更兼有護持國家之意涵。

　　霸業之建，最懼私家重於公室，君權旁落或受到威脅。《家語》〈相魯〉論孔子墮三都，事雖可疑，然當中云：

　　　費人北，遂墮三都之城，強公室，弱私家，尊君卑臣，政化大行。[43]

---

40　《左傳》，卷56，〈定公十年〉，頁977-2。

41　《史記》，卷86，〈刺客列傳第二十六〉，頁2531。

42　王肅注：〈孔子家語〉，卷1，〈相魯第一〉，頁4。

43　王肅注：〈孔子家語〉，卷1，〈相魯第一〉，頁4。

「公室」指的是列國的長（諸侯、國君、公）及其族，各自都稱為或被稱為「公室」，而「私家」則是奪公室之權之族[44]。此二者實際是相對之形式，漢朝仍經常可見，但「私家」之意可以指外戚（如霍氏家族、王氏家族），或其他世族，凡政治權力足以顛覆、壓制「公家」、「王室」以外者，均可以「私家」稱之。以此，孔子隳三都之舉措，成為「霸業」的主張，又以尊君卑臣節度之建立，使魯國「政化大行」。《家語》以少正卯為「揪徒成黨、飾褒瑩眾、返是獨立」，糾結地方勢力，具有顛覆王權的勢力，此「姦雄」正是國家的最大威脅，以此孔子誅之。正如李斯論范雎「廢穰侯，逐華陽，強公室，杜私門，蠶食諸侯，使秦成帝業」。集中君權，助秦成霸業。可以看到《家語》不僅藉禮典以申王權，更從具體事例維繫王權之穩定不墜，以為「國家制度」之護身。

孔子誅少正卯事，事雖有不經之譏，《左傳》未載，首見於《荀子》，漢代卻將此事視為是維繫政權的象徵，名為「二觀之誅」，「觀」即「闕也」[45]。劉向《上災異封事》云：「自古明聖，未有無誅而治者也，故舜有四放之罰，而孔子有兩觀之誅，然後聖化可得而行也。」[46]應劭注曰：「少正卯姦人之雄，故孔子攝司寇七日，誅之於兩觀之下。」因此，「二觀之誅」乃為了國家安定而對亂臣賊子所施行的必要的殺戮。透過「二觀之誅」的例證，或可說明《家語》之成書，當在劉向之後，不為先秦著作。

---

44 〔日〕尾形勇著，張鶴泉譯：〈國家秩序和家族制秩序〉，收入氏著：《中國古代的「家」與國家》，頁189。

45 《漢書》，卷36，〈楚元王傳第六〉，頁1928。

46 《漢書》，卷36，〈楚元王傳第六〉，頁1928注2顏師古云。

## 第二節　威德並行：刑政與禮治

　　《禮記》〈樂記〉曰：「禮以道其志，樂以和其聲，政以一其行，刑以防其奸。禮樂刑政，其極一也；所以同民心而出治道也。」《史記》〈樂書〉進一步說：「禮節民心，樂和民聲，政以行之，刑以防之。禮樂刑政四達而不悖，則王道備矣。」以刑法與禮樂併同為王道內容，亦同為聖人所創制。從儒家禮政觀點來看，刑法之設，無論如何只能是輔助之用，其行不可蹄於禮之前。所謂：「禮者，禁於將然之前；而法者，禁於已然之後。」（《大戴禮記》〈禮察〉）又有所謂「失禮以入刑」，純任刑政，是如同暴秦之失禮之教。除了以禮行政之論述，在政治實踐上，《家語》並不否認刑法之要，然其所申刑論，不論是五刑定義，或刑法在政治上的重要性，都是放在「禮典」脈絡下的論述。如引《大戴禮記》〈聖德〉之說定義五刑。以此，刑法即為禮治之一環，其施亦有了禮運之正當性，足以顯示出威德並行的為政之道。而〈執轡〉所謂「德法者，御民之具」、「古者天子以內史為左右手，以德法為銜勒，以百官為轡，以刑罰為策，以萬民為馬，故御天下數百年而不失。」都顯示出《家語》重刑政之效。而誠如上節所言，《家語》以孔子相魯為始，墮三都，誅奸雄少正卯，是以改革魯政為主軸，刑罰之設不惟懲奸，更是穩固國家威權，成就霸業的方式。以下先論刑治之效，次論「刑」之禮運意涵，以明刑罰之施設，能與禮典共為君之二柄，於政為功厥偉之由。

## 一　《家語》所論刑治之效

　　《家語》以〈相魯〉開篇，記述孔子仕魯後，對魯國所做的改革變化，包含制養生送死之節；會盟齊國，以禮助魯返齊所侵地；墮三

都，改革三桓之僭制。基本國策典定之後，世風即逐步為淳。〈相魯〉第四章指出，「初，魯之販羊有沈猶氏者，常朝飲其羊以詐市人；有公慎氏者，妻淫不制；有慎潰氏者，奢侈踰法；魯之鬻六畜者，飾之以儲價」[47]，在孔子大刀闊斧的改革之後，這些欺詐偽情之事就都消失了，所謂「三月，則鬻牛馬者不儲價；賣羔豚者不加飾；男女行者別其塗；道不拾遺，男尚忠信，女尚貞順。」[48]除了對國家體制的改革，《家語》第二篇〈始誅〉亦延續了這樣的改革議題，第一章即論「誅亂政大夫少正卯」事，並標舉了五大「天下之大惡」，所謂：「心逆而險，行辟而堅，言偽而辯，記醜而博，順非而澤。」將犯此五惡之人誅除，是為「君子之誅」，與暴政之以刑害生不同。此「君子之誅」非孔子獨創，是聖賢之典則：「殷湯誅尹諧，文王誅潘正，周公誅管蔡，太公誅華士，管仲誅付乙，子產誅史何。」[49]因此孔子之誅少正卯，亦為行王制之作。可見《家語》雖以禮運為施政原則，亦有禮教之論[50]，卻未廢刑政之效。

除了「君子之誅」，《家語》亦載錄孔子任司寇斷獄之事。其事有二，一在〈始誅〉，一在〈好生〉。〈始誅〉曰：

孔子為魯大司寇。有父子訟者，夫子同狴執之，三月不別，其父請止，夫子赦之焉。季孫聞之，不說，曰：「司寇欺余，曩

---

47 王肅注：《孔子家語》，卷1，〈相魯第一〉，頁4。

48 王肅注：《孔子家語》，卷1，〈相魯第一〉，頁4。

49 王肅注：《孔子家語》，卷1，〈始誅第二〉，頁5。

50 〈賢君〉曰：哀公問政於孔子，孔子對曰：「政之急者，莫大乎使民富且壽也。」公曰：「為之奈何？」孔子曰：「省力役，薄賦斂，則民富矣；敦禮教，遠罪疾，則民壽矣。」公曰：「寡人欲行夫子之言，恐吾國貧矣。」孔子曰：「《詩》云：『愷悌君子，民之父母。』未有子富而父母貧者也。」

王肅注：《孔子家語》，卷3，〈賢君第十三〉，頁36。

告余曰：國家必先以孝。余今戮一不孝以教民孝，不亦可乎？
而又赦，何哉？」冉有以告孔子，孔子喟然歎曰：「嗚呼！上
失其道而殺其下，非理也；不教以孝而聽其獄，是殺不辜；三
軍大敗，不可斬也；獄犴不治，不可刑也。何者？上教之不
行，罪不在民故也。夫慢令謹誅，賊也；徵斂無時，暴也；不
試則成，虐也。故無此三者，然後刑可即也。《書》云：『義刑
義殺，勿庸以即汝心，惟曰未有慎事。』言必教而刑也。陳道
德以先服之，而猶不可，尚賢以勸之；又不可，即廢之；又不
可，而後以威憚之。若是三年而百姓正矣。其有邪民不從化
者，然後待之以刑，則民咸知罪矣。《詩》云：『天子是毗，俾
民不迷。』是以威屬而不試，刑錯而不用。今世則不然，亂其
教，繁其刑，使民迷惑而陷焉，又從而制之，故刑彌繁而盜不
勝也。夫三尺之限，空車不能登者，何哉？峻故也；百仞之
山，重載陟焉，何哉？陵遲故也。今世俗之陵遲久矣，雖有刑
法，民能勿踰乎？」[51]

面對父子相訟，孔子並未立即進行審判，而是擱置三個月，讓父子二
人冷靜，之後父親撤案，孔子旋即做出不處分的裁決。孔子之舉，不
任刑治民，亦不草率的在案件呈上時立即做出審判，不以法論情。季
孫不明，認為孔子未依法行事，受理訟案卻不審理，有怠惰之疑。孔
子教民自省，使民自明所誤的方式，正是儒家一貫的教化意識，亦是
《論語》〈子路〉：「禮樂不興則刑罰不中，刑罰不中則民無所措手
足。」《論語》〈堯曰〉：「不教而殺謂之虐；不戒視成謂之暴；
慢令致期謂之賊」等精神的延續。

---

51 王肅注：《孔子家語》，卷1，〈始誅第二〉，頁5-6。

〈好生〉曰：

> 孔子謂魯司寇，斷獄訟，皆進眾議者而問之，曰：「子以為奚
> 若？某以為何若？」皆曰云云。如是，然後夫子曰：「當從某
> 子幾是。」[52]

此說乃同於《論語》〈顏淵〉「聽訟吾猶人也」之說，不以一己之意為
斷，而是衡諸多方意見才下定論，顯示出對於獄政之施的謹慎態度。
　　除了對獄政的審思，《家語》又有正面肯定法制之效的事例。〈致
思〉「季羔為衛之士師」章曰：

> 季羔為衛之士師，刖人之足。俄而衛有蒯瞶之亂，季羔逃之。
> 走郭門，刖者守門焉，謂季羔曰：「彼有缺。」季羔曰：「君子
> 不踰。」又曰：「彼有竇。」季羔曰：「君子不隧。」又曰：
> 「於此有室。」季羔乃入焉。既而追者罷，羔將去，謂刖者
> 曰：「吾不能虧主之法而親刖子之足。今吾在難，此正子之報
> 怨之時，而逃我者三，何故哉？」刖者曰：「斷足固我之罪，
> 無可奈何。曩者君治臣以法令先人後臣，欲臣之免也，臣知
> 之；獄決罪定，臨當論刑，君愀然不樂，見君顏色，臣又知
> 之。君豈私臣哉！天生君子，其道固然，此臣之所以說君
> 也。」孔子聞之，曰：「善哉為吏！其用法一也。思仁恕則樹
> 德，加嚴暴則樹怨，公以行之，其子羔乎？」[53]

刖者不以身缺為怨，在季羔有難時仍助為逃亡，並以季羔維護「法」

---

52 王肅注：《孔子家語》，卷2，〈好生第十〉，頁25。
53 王肅注：《孔子家語》，卷2，〈致思第八〉，頁18。

制之作為欣。「善哉為吏！其用法一也。思仁恕則樹德，加嚴暴則樹怨，公以行之，其子羔乎？」之評，是肯定了法制用以主持國家正義的意涵。

法制既為國家正義之象徵，自當秉公處理，不得徇私。〈正論解〉載：

> 晉邢侯與雍子爭田。叔魚攝理，罪在雍子。雍子納其女於叔魚，叔魚弊其邢獄。邢侯怒，殺叔魚與雍子於朝。韓宣子問罪於叔向，叔向曰：「三姦同罪，施生戮死，可也。雍子自知其罪，而赂以置直，鮒也鬻獄。邢侯專殺，其罪一也已。惡而掠美為昏，貪以赂官為默，殺人不忌為賊。《夏書》曰：『昏默賊殺，咎陶之刑也。』請從之。」乃施邢侯，而尸雍子、叔魚於市。孔子曰：「叔向、古之遺直也。治國制刑，不隱於親，三數叔魚之罪，不為末或，曰義，可謂直矣。平丘之會，數其賄也，以寬衛國，晉不為暴。歸魯季孫，稱其詐也。以寬魯國，晉不為虐。邢侯之獄，言其貪也，以正刑書，晉不為頗。三言而除三惡、加三利，殺親益榮，由義也夫。」[54]

「刑侯之獄」事發生在昭公十四年[55]。叔魚攝理刑事，案犯刑者是雍

---

54 王肅注：《孔子家語》，卷9，〈正論解第四十一〉，頁105。

55 《左傳》〈昭公十四年〉云：「晉邢侯與雍子爭鄐田，久而無成，士景伯如楚，叔魚攝理，韓宣子命斷舊獄，罪在雍子，雍子納其女於叔魚，叔魚蔽罪邢侯，邢侯怒，殺叔魚，與雍子於朝，宣子問其罪於叔向，叔向曰，三人同罪，施生戮死，可也，雍子自知其罪，而赂以買直，鮒也鬻獄，邢侯專殺，其罪一也。已惡而掠美為昏，貪以敗官為墨，殺人不忌為賊。夏書曰，昏墨賊殺，皋陶之刑也，請從之，乃施邢侯，而尸雍子，與叔魚於市，仲尼曰，叔向，古之遺直也，治國制刑，不隱於親，三數叔魚之惡，不為末減，曰，義也夫，可謂直矣，平丘之會，數其賄也，以寬衛國，晉不為暴，歸魯季孫，稱其詐也，以寬魯國，晉不為虐，邢侯之獄，言其貪

子，但雍子以女賄賂之，叔魚以此隱蔽其惡。刑侯知叔魚之不公，私
殺叔魚、雍子於朝。叔魚的哥哥叔向聞知，斷三人均有罪。雍子賄賂
買「直」，其罪為「昏」；叔魚收賄敗官，其罪為「墨」，刑侯報一己
之仇，不依刑典、不顧國律，其罪為「賊」。案皋陶之刑典，昏、
墨、賊都要判處死刑，於是施邢侯，而尸雍子、叔魚於市。孔子認為
叔向不為親匿，又秉先賢聖典判案，是不隱親之惡，彰顯了法制為維
護國家正義。

　　刑罰既於體制為要，為政上自當不廢刑法之設。〈執轡〉進一步
認為刑罰是人主治理之利器。所謂：

> 夫德法者，御民之具，猶御馬之有銜勒也。君者、人也；吏
> 者、轡也；刑者、策也。夫人君之政，執其轡策而已。[56]

以刑罰為君主御民之策。為了避免有任刑之法家傾向，《家語》將刑
法上推為聖人之制。〈刑政〉云：「聖人之治化也，必刑政相參焉。」
以聖人之治天下亦採刑政相參之說，將刑政推為聖王之道，刑法之施
於為政之上，亦有了合法性基礎。〈執轡〉進一步將刑罰納入國家體
制之內，曰：「德法者，御民之本。」「君者、人也；吏者、轡也；刑
者、策也。夫人君之政，執其轡策而已。」「季冬正法，孟春論
吏。」[57]與《春秋繁露》所論：

> 天之道，春暖以生，夏暑以養，秋清以殺，冬寒以藏。暖暑清

　　也，以正刑書，晉不為頗，三言而除，三惡加三利，殺親益榮，猶義也夫。」《左
　　傳》，卷47，〈昭公十四年〉，頁820-2~821-1。
56 王肅注：《孔子家語》，卷6，〈執轡第二十五〉，頁66。
57 王肅注：《孔子家語》，卷6，〈執轡第二十五〉，頁66。

寒，異氣而同功，皆天之所以成歲也。聖人副天之所行以為政，故以慶副暖而當春，以賞副暑而當夏，以罰副清而當秋，以刑副寒而當冬。慶賞刑罰，異事而同功，皆王者之所以成德也。慶賞刑罰與春夏秋冬，以類相應也，如合符。故曰王者配天，謂其道。天有四時，王有四政，四政若四時，通類也，天人所同有也。……四政者，不可以相干也，猶四時不可相干也。[58]

表現之精神相類。

　　然持刑過深，亦會造成朝政之顛覆。〈執轡〉曰：

譬猶御馬，棄其銜勒而專用箠策，其不制也可必矣。夫無銜勒而用箠策，馬必傷，車必敗；無德法而用刑，民必流，國必亡。治國而無德法，則民無脩；民無脩，則迷惑失道。如此，上帝必以其為亂天道也。苟亂天道，則刑罰暴，上下相諛，莫知念患，俱無道故也。[59]

施刑過重，不施德於民，將使人民逃離，如《論語》中「苛政猛於虎」之說[60]。〈顏回〉篇「東野畢之御」章亦反映了相似的思想。文云：

公曰：「前日寡人問吾子以東野畢之御，而子曰：『善則善矣，其馬將佚。』不識吾子奚以知之？」顏回對曰：「以政知之。昔者，帝舜巧於使民，造父巧於使馬。舜不窮其民力，造父不窮其馬力；是以舜無佚民，造父無佚馬。今東野畢之御也，升

---

58　蘇輿：《春秋繁露義證》，卷13，〈四時之副第五十五〉，頁353-354。
59　王肅注：《孔子家語》，卷6，〈執轡第二十五〉，頁67。
60　案，《家語》亦有此說，見《孔子家語》〈正論解〉，頁106。

> 馬執轡，銜體正矣；步驟馳騁，朝禮畢矣；歷險致遠，馬力盡
> 矣；然而猶乃求馬不已。臣以此知之。」[61]

施刑過猛，則如御馬過求，將使人民疲憊不堪，思去國之心。顏淵在
《論語》本以好學安貧為主要形象，但到了《家語》，成為能見微知
著的智者。

　　除了作為施政良方，御民之道，刑政之設，其之創於體制，所用
何來？〈刑政〉曰：

> 孔子曰：「成獄於吏，吏以獄之成告於正；正既聽之，乃告大
> 司寇；大司寇聽之，乃奉于王；王命三公卿士，參聽棘木之
> 下，然後乃以獄之成疑于王。王三宥之，以聽命而制刑焉。所
> 以重之也。」[62]

對於無道、有罪之人，教化以不能治，必須以刑法之道對之。是刑政
之用於治之效及其施設之重要性。

## 二　刑法的禁止範疇

　　刑政固然可以穩固國家制度，最重要的是能遏止姦邪之事的發
生。〈刑政〉論刑法所禁範疇，至大惡極者，為：

> 巧言破律，遁名改作，執左道與亂政者，殺；作婬聲，造異
> 服，設伎奇器以蕩上心者，殺；行偽而堅，言詐而辯，學非而

---

61　王肅注：《孔子家語》，卷5，〈顏回第十八〉，頁50。
62　王肅注：《孔子家語》，卷7，〈刑政第三十一〉，頁79。

博，順非而澤，以惑眾者，殺；假於鬼神時日卜筮以疑眾者，
殺。此四誅者，不以聽。[63]

此四者之所以最為惡極，在妖言惑眾。不論是大逆無道與國家律法明
相違背之論、以巧器盪亂民心、巧辯惑眾，以鬼神、日書之說操縱民
心，均屬最為不可原諒的範圍。除此之外，尚有十四項也為刑政所
禁。所謂：

> 命服命車不粥於市；珪璋璧琮不粥於市；宗廟之器不粥於市；
> 兵軍旂旗不粥於市；犧牲秬鬯不粥於市；戎器兵甲不粥於市；
> 用器不中度，不粥於市；布帛精麤不中數，廣狹不中量，不粥
> 於市；姦色亂正色，不粥於市；文錦珠玉之器，雕飾靡麗，不
> 粥於市；衣服飲食不粥於市。[64]

命服命車、珪璋璧琮等不准公然販賣於市，乃在避免階層混亂，因貴
族之服器異於百姓，若不明令禁止，若不肖貴族貨奇於市，無疑會引
來禮制的崩壞。宗廟之器、兵軍旂旗等不得賣於市，乃因此乃家族宗
廟重器，無論是家族自賣，或遭人盜賣，都大為不敬。且宗廟祭祀是
禮之本源，此間禮器亡佚，將會對家族祭禮造成困擾。至於布帛精麤
不中數，廣狹不中量等不賣於市，將不符合國家標準的民生物資販賣
於市，當屬詐欺事宜，故不得販售。綜合來看，此十四項禁止事項，
大抵仍著眼於維繫禮制社會所需，故明令禁止之。

---

63 王肅注：《孔子家語》，卷7，〈刑政第三十一〉，頁79-80。
64 王肅注：《孔子家語》，卷7，〈刑政第三十一〉，頁80。

## 三　「刑法」的禮典論述

　　刑法既是王政所制，自不與禮政相違。除了實際制度考量，《家語》更進一步將刑論植源於禮典，使刑法之合法性基礎植源於禮典之內。《家語》〈五刑解〉第一章同於《大戴禮記》〈盛德〉，〈五刑解〉論述議題有：一，論五刑之生與其定義；二，「刑不上大夫，禮不下庶人」說辨。此二者實為禮學議題，《家語》卻以「五刑」定題，是以禮為刑論。這種觀點，正是漢代以後「失禮入刑」的論點。兩漢「失禮入刑」主張成立後，「禮主刑輔」的禮法運作模式遂為後世政府運作模式[65]。而〈正論解〉載錄二則刑典事例，刑典即律法的象徵，《家語》既申刑論，又論法典，是中古「禮律齊備」的象徵[66]。其精神又與晉武帝泰始律令相近。

　　〈五刑解〉論五刑，正如以往禮典之論刑視角，從「失禮入刑」角度為論。其論刑法之所設，根源即在人不明禮義，故要以相對之刑糾正之。所謂：

> 聖人之設防，貴其不犯也；制五刑而不用，所以為至治也。凡民之為姦邪、竊盜、靡法、妄行者，生於不足，不足生於無度。無度，則小者偷惰，大者侈靡，各不知節。是以上有制度，則民知所止，民知所止則不犯。[67]

刑罰之設乃使民遵守國家秩序的最後一道防線，尤其對不能通明禮義

---

65 參高明士：〈法文化的定型：禮主刑輔原理的確立〉，收入柳立言主編：《中國史新論——法律史分冊》（臺北市：聯經出版事業公司，2008年10月）頁55-56。

66 參張文昌：《制禮以教天下——唐宋禮書與國家社會》（臺北市：國立臺灣大學出版中心，2002年5月），頁365。

67 王肅注：《孔子家語》，卷7，〈五刑解第三十〉，頁77。

的百姓來說，明定不能逾越的規則，比起勸戒性質的禮則，更具有強勢的嚇止之意，也更容易明白行為的分際所在。「刑」雖然是與禮相反的秩序觀，但《家語》卻以刑之源論禮，人之所以犯行在於不明禮，由此使刑成為禮教論述之一環。〈五刑解〉論五刑與相對應的五禮曰：

> 不孝者，生於不仁，不仁者，生於喪祭之禮也，明喪祭之禮，所以教仁愛也。能致仁愛，則服喪思慕。祭祀不解人子饋養之道。喪祭之禮明，則民孝矣。故雖有不孝之獄，而無陷刑之民。殺上者、生於不義。義所以別貴賤，明尊卑也。貴賤有別，尊卑有序，則民莫不尊上而敬長。朝聘之禮者，所以明義也。義必明，則民不犯。故雖有殺上之獄，而無陷民之刑。鬭變者，生於相陵；相陵者，生於長幼無序而遺敬讓。鄉飲酒之禮者，所以明長幼之序而崇敬讓也。長幼必序，民懷敬讓。故雖有變鬭之獄，而無陷刑之民。淫亂者、生於男女無別；男女無別，則夫婦失義。婚姻聘享者，所以別男女、明夫婦之義也。男女既別，夫婦既明，故雖有淫亂之獄，而無陷刑之民。此五者，刑罰之所從生，各有源焉。[68]

禮制不僅是國家制度的規範，也是倫常的起源。喪祭之禮用以表仁愛、孝道；朝聘之禮用以明貴賤仁義；鄉飲酒禮用以明長幼之序與敬讓之心；婚姻聘享之禮則可明夫婦、男女之義。故人之所以犯刑，乃因其不明禮義。因此，作為國家秩序的「禮」，在國家刑獄過甚時，國家須從禮作為根源性的整理。文曰：

---

68 王肅注：《孔子家語》，卷7，〈五刑解第三十〉，頁77。

夫禮度者，所以禦民之嗜慾而明好惡，順天道。禮度既陳，五
教畢修，而民猶或未化，尚必明其法典，以申固之。其犯姦
邪、靡法、妄行之獄者，則飭制量之度；有犯不孝之獄者，則
飭喪祭之禮；有犯殺上之獄者，則飭朝覲之禮；有犯鬬變之獄
者，則飭鄉飲酒之禮；有犯婬亂之獄者，則飭婚聘之禮。[69]

殺上者、生於不義。義所以別貴賤，明尊卑也。貴賤有別，尊
卑有序，則民莫不尊上而敬長。[70]

有犯不孝之獄者，就要整飭喪祭之禮；有犯殺上之獄者，則整飭朝覲
之禮；有犯鬬變之獄者，整飭鄉飲酒之禮；有犯婬亂之獄者，整飭婚
聘之禮。因此百姓犯刑，不只是將犯錯的人定罪入獄，更要從根源的
禮制進行全面整飭。此論不僅符合古禮「失禮入刑」之說，將刑法的
核心精神植基於禮典，禮亦有了法典的性質，以刑罰作為「具體實現
禮經所規定的秩序」[71]，故人犯刑不只是個人行為失當，而是國家禮
制的失常，當從禮制反思。這樣的觀點雖是古禮之論，然真正應用於
刑法上，當是後來的西晉泰始律令。之所以稱「後來」，因《晉書》
〈刑法志〉云：「峻禮教之防，準五服以制罪。」而《家語》雖有喪
制之論，卻未有「五服」之說；且《家語》雖重禮制之分際秩序，有
「儒家化法典」的傾向，但於家族禮法著墨不多。由此觀之，《家
語》成書當不會晚於晉武帝司馬炎篡位之前，當在「泰始」年號出現
以前完成。當然，本文也不排除，編撰者以此說，作為晉武帝變法的

---

69 王肅注：《孔子家語》，卷7，〈五刑解第三十〉，頁77。
70 王肅注：《孔子家語》，卷7，〈五刑解第三十〉，頁77。
71 高明士：〈法文化的定型：禮主刑輔原理的確立〉，《中國史新論——法律史分冊》，
　　頁68。

經典依據[72]。

〈五刑解〉又論「刑不上大夫」說。曰：

> 冉有問於孔子曰：「先王制法，使刑不上於大夫，禮不下於庶
> 人。然則大夫犯罪，不可以加刑，庶人之行事，不可以治於禮
> 乎？」[73]

此說漢時已有議。許慎《五經異議》云：

> 《戴》說「刑不上大夫」。古《周禮》說士尸肆諸市，大夫尸
> 肆諸朝，是大夫有刑。謹案：《易》曰：「鼎折足，覆公餗，其
> 刑渥，凶。」無刑不上大夫之事，從《周禮》之說。

鄭玄駁曰：

> 凡有爵者，與王同族，大夫以上適甸師氏，令人不見，是以云

---

72 泰始變法前身之議，在《後漢書》〈陳寵傳〉。文云：永元六年，寵代郭躬為廷尉。
性仁矜。及為理官，數議疑獄，常親自為奏，每附經典，務從寬恕，帝輒從之，濟
活者甚眾。其深文刻敝，於此少衰。寵又鉤校律令條法，溢於甫刑者除之。曰：
「臣聞禮經三百，威儀三千，故甫刑大辟二百，五刑之屬三千。禮之所去，刑之所
取，失禮則入刑，相為表裡者也。今律死刑六百一十，耐罪千六百九十八，贖罪
以下二千六百八十一，溢於甫刑者千九百八十九，其四百一十大辟，千五百耐罪，
七十九贖罪。《春秋保乾圖》曰：『王者三百年一蠲法。』漢興以來，三百二年，憲
令稍增，科條無限。又律有三家，其說各異。宜令三公、廷尉平定律令，應經合義
者，可使大辟二百，而耐罪、贖罪二千八百，并為三千，悉刪除其餘令，與禮相
應，以易萬人視聽，以致刑措之美，傳之無窮。」
范曄：《後漢書》，卷46，〈陳寵傳〉，頁1554。
73 王肅注：《孔子家語》，卷7，〈五刑解第三十〉，頁78。

刑不上大夫。[74]

許慎認為大夫有罪亦有受刑事，只是與士之受刑場地有別。又引
《易》說駁小戴之論。鄭玄則認為大夫之受刑人不易見，故有此說。
二者均認為大夫有受刑事。《家語》則認為：

> 凡治君子，以禮御其心，所以屬之以廉恥之節也。故古之大
> 夫，其有坐不廉汙穢而退放之者，不謂之不廉汙穢，而退放，
> 則曰：簠簋不飭。有坐婬亂、男女無別者，不謂之婬亂、男女
> 無別，則曰：帷幕不修也。有坐罔上不忠者，不謂之罔上不
> 忠，則曰：臣節未著。有坐罷軟不勝任者，不謂之罷軟不勝
> 任，則曰：下官不職。有坐干國之紀者，不謂之干國之紀，則
> 曰：行事不請。此五者，大夫既自定有罪名矣，而猶不忍斥然
> 正以呼之也。既而為之諱，所以媿恥之。是故大夫之罪，其在
> 五刑之域者，聞而譴發，則白冠氂纓，盤水加劍，造乎闕而自
> 請罪，君不使有司執縛牽掣而加之也。其有大罪者，聞命則北
> 面再拜，跪而自裁，君不使人捽引而刑殺之也，曰：子大夫自
> 取之耳。[75]

此說又見賈誼《新書》〈階級〉。對於古禮所云刑不上大夫之說，《家
語》認為，禮為節人情之發，又為貴族教育所受，是大夫犯法，自然
不能外於法律，然大夫位尊，不得與庶人同制，其施作自當與庶民有
別。故特設禮言諱其罪，突顯禮之別親疏、貴賤、上下、尊卑。可以

---

74 二引文俱見，陳壽祺撰，曹建墩校點：《五經異議疏證》（上海市：上海古籍出版
　社，2012年9月），卷下，「刑不上大夫」條，頁159。
75 王肅注：《孔子家語》，卷7，〈五刑解第三十〉，頁78。

看到《家語》之「禮」，有明顯為貴族所設之意，即使犯法，也援禮說婉言其過。保存了分際持守、士庶有別的禮意。相較於《五經異議》中許、鄭之論，《家語》之論別為一說。首先，刑上大夫說之「刑」，一般乃以肉刑為論。如《漢書》〈刑法志〉曰：「五刑，墨罪五百，劓罪五百，宮罪五百，刖罪五百，殺罪五百。」[76]以五刑主要指黥墨、劓刑、宮刑、刖刑，殺刑。然《家語》〈五刑解〉之論五刑，並不以肉刑為論，而是有損於士君子道德的失禮行為，民之五刑為「無度、不孝、殺上、嚻變、淫亂」，士之五刑為「不廉汙穢、姪亂、罔上不忠、罷軟不勝任、干國之紀」。大夫若犯此五刑，為了維護士之威儀，不以肉刑刑之，而是使其自絕。引文所謂：「白冠氂纓，盤水加劍，造乎闕而自請罪，君不使有司執縛牽掣而加之也。其有大罪者，聞命則北面再拜，跪而自裁，君不使人捽引而刑殺之也。」而且不像庶民那樣，旁設劊子手行刑。此乃尊敬君子，認為君子不當被折辱之意也。這樣的作法，正是儒家「貴賤不同罰，輕重各有異」的禮制表現[77]。

其次，與許慎、鄭玄同樣認為非有刑不上大夫之論，然犯五刑之大夫，受刑之域與庶民有別。在許慎「士尸肆諸市，大夫尸肆諸朝」之外，《家語》又認為不僅地點不同，所施刑具亦不同，乃多使犯罪之大夫自經之。這樣的意見，較諸許慎之說無疑更顯完備，且有明顯修正許說之痕跡，當出於許慎之後。

從上所述，可以看到，無論是實際的為政舉措，或是禮典之意，《家語》「刑」論均屬禮運範疇。而為大夫階層特設文辭，諱言其過，亦充分表露出禮所顯現的獨尊意涵。

---

76 班固：《漢書》，卷23，〈刑法志第三〉，頁1091。
77 瞿同祖：《中國法律與中國社會》（臺北市：里仁書局，2004年9月），頁421。

## 第三節　職官體系與尚賢政治

　　誠如論者所言，春秋是「大夫」的時代，戰國時期是「士」的時代[78]。大夫起宗法政治制度壞，士起賢賢、法制秩序出[79]。「尚賢」觀念可雖上溯於《尚書》[80]，然「尚賢政治」的全面實施，無疑是在親親宗法制度逐步瓦解，轉向職官體制的國家形式的春秋戰國時期[81]。親親與尚賢二觀念在實際政務上雖不必然全然對立[82]，然「尊賢尚功、親親尚恩」[83]，二者背後依據之評斷準則仍有極大差異，在政務實踐上勢必會產生衝突。《論語》中雖不乏尚賢意識的展現，如《論語》〈子路〉：「仲弓為季氏宰，問政。子曰：『先有司，赦小過，舉賢才。』曰：『焉知賢才而舉之？』曰：『舉爾所知。爾所不知，人其舍諸？』」然亦有「宗族稱孝焉，鄉黨稱弟焉」（《論語》〈子路〉）等論士之標準，是知其雖論賢，到底仍以親親意識為主，非專為尚功立論。

　　伴隨尚賢意識而生的，是職官體制的出現。職官體制取代宗法秩序，亦在宗法、家族逐步解體之春秋戰國期間。春秋時代的貴族政治

---

78　陳來：《古代思想文化的世界》（北京市：生活・讀書・新知三聯書店，2009年4月），頁247。

79　參陳來：《古代思想文化的世界》，頁260-261。

80　《尚書》〈君奭〉云：「公曰：『君奭！在昔上帝，割申勸寧王之德，其集大命于厥躬。惟文王尚克修和我有夏，亦惟有若虢叔，有若閎夭，有若散宜生，有若泰顛，有若南宮括。』」《尚書》，卷16，〈君奭第十八〉，頁247-1。

81　李宗侗：〈封建的解體〉，《李宗侗文史論集》（北京市：中華書局，2011年1月），頁137。

82　黃俊傑：《春秋戰國時代尚賢政治的理論與實際》（臺北市：問學出版社，1977年9月），頁33-34。

83　《呂氏春秋》〈仲冬〉〈長見〉記載：呂太公望封於齊，周公旦封於魯，二君者甚相善也。相謂曰「何以治國」？太公望曰：「尊賢上功。」周公旦曰：「親親上恩。」太公望曰：「魯自此削矣。」陳奇猷校釋：《呂氏春秋新校釋》（上海市：上海古籍出版社，2002年4月），卷11，〈仲冬紀〉〈長見〉，頁612。

顯然是先「親親」，然後「賢賢」。在《禮記》〈中庸〉尊賢之說外，《家語》尚有多處力倡尊賢與法治精神，部分事例、篇章甚且有明顯的「尚功」之說，可見是書當見於戰國之後。

　　以下即從《家語》中的職官體制意識為入手，逐步釐析《家語》之尚賢政治思想，以及在宗法與政法相衝突時，究竟採取什麼樣的立場為論，期望對《家語》之政治思想提出更為全面的觀照。

## 一　《家語》中的職官體制意識論

　　論者嘗指出，「官僚制度是隨著戰國時代新國家的建設而出現。它不同於封建貴族時代世官制度，而是在國君統治之下，有一定任期、秩位的官人成政府機構，與君主形成新的君臣關係。」[84]而君主亦透過職官體制掌控人臣，展現權威。《家語》中展現職官意識最甚者，在〈執轡〉首章，其文又見《大戴禮記》〈盛德〉，云：

> 古之御天下者，以六官摠治焉。冢宰之官以成道，司徒之官以成德，宗伯之官以成仁，司馬之官以成聖，司寇之官以成義，司空之官以成禮。六官在手以為轡，司會均仁以為納。故曰：御四馬者執六轡，御天下者正六官。[85]

六官總治之說，乃《周禮》之論。無論《周禮》之成書時間為何[86]，

---

84　高明士：《中國傳統政治與教育》（臺北市：文津出版社，2003年3月），頁78。

85　王肅注：《孔子家語》，卷6，〈執轡第二十五〉，頁66。

86　《周禮》成書時間雖未有定論，然非春秋之作是可以確定的。彭林認為，《周禮》內涵陰陽五行觀點，又可與賈誼早期崇「六」思想相關聯，而當中未出現黃老思想，當是漢初高祖時期作品。見彭林：《《周禮》主體思想與成書年代研究》（增訂本）（北京市：中國人民大學出版社，2009年11月），頁167、185。

此說指出《家語》以六官為國家運作基礎架構，是以職官體制為運行模式。這樣的觀點，正與尚賢政治產生且大為盛行的戰國時期為近。《家語》又云：

> 天子以內史為左右手，以六官為轡己，而與三公為執六官，均五教，齊五法，故亦唯其所引，無不如志。……故屬不理，分職不明，法政不一，百事失紀，曰亂。亂則飭家宰。地而不殖，財物不蕃，萬民飢寒，教訓不行，風俗淫僻，人民流散，曰危。危則飭司徒。父子不親，長幼失序，君臣上下，乖離異志，曰不和。不和則飭宗伯。賢能而失官爵，功勞而失賞祿，士卒疾怨，兵弱不用，曰不平。不平則飭司馬。刑罰暴亂，姦邪不勝，曰不義。不義則飭司寇。度量不審，舉事失理，都鄙不脩，財物失所，曰貧。貧則飭司空。[87]

> 古者，天子常以季冬考德正法，以觀治亂。……王者又以孟春論吏之德及功能。……故天子論吏而德法行，事治而功成。夫季冬正法，孟春論吏，治國之要。[88]

治國之責任依於六官，人君依循天道之序，掌握正法與論吏之原則，則國治政安。此種重吏任法的精神，頗近於法家之說。

又〈正論解〉曰：

> 孔子在齊，齊侯出田，招虞人以弓。不進，公使執之。對曰：「昔先君之田也，旍以招大夫，弓以招士，皮冠以招虞人。臣

---

[87] 王肅注：《孔子家語》，卷6，〈執轡第二十五〉，頁66。
[88] 王肅注：《孔子家語》，卷6，〈執轡第二十五〉，頁66。

不見皮冠，故不敢進。」乃舍之。孔子聞之，曰：「善哉！守
道不如守官，君子韙之。」[89]

此事又見《左傳》〈昭公二十年〉，文辭無異。古代國君召喚官員有一
定的規矩，依據要找的人的身分，使用不同的器具。第一是以旌，用
正式的旗子召喚大夫。第二是以弓，君王舉起弓，士就要過來。第三
是以皮冠（皮弁），用來召喚管理獵場的官員。皮冠是用皮做的帽子
外罩，可以擋風沙，騎馬奔馳的時候，帽子也不會掉下來。要召喚管
理獵場的官員時，只要把皮冠拿下來揮舞，小吏就要過來聽從吩咐
了。孔子讚美這位小吏，不是他所應該接受的召喚之禮就不往，保持
了禮儀的尊嚴性在國君的地位之上[90]，此正與《論語》中孔子重視上
下分際、遵守職守的觀念相符。《孟子》則認為此正是「志士不忘在
溝壑，勇士不忘喪其元」[91]，突出了「士」對於自我職守可以性命來
維護的勇氣。

而〈好生〉「遺弓」章云：

楚恭王出遊，亡烏嘷之弓，左右請求之。王曰：「止。楚王失
弓，楚人得之，又何求之？」孔子聞之：「惜乎其不大也！不
曰：人遺弓、人得之而已，何必楚也！」[92]

與《呂氏春秋》〈貴公〉中「荊人有遺弓者」寓言所呈顯之「貴公」

---

89 王肅注：《孔子家語》，卷9，〈正論解第四十一〉，頁102。

90 亦有有論者認為這是先秦「忠」的表現。參李隆獻：〈《左傳》「仲尼曰敘事」芻
論〉，收入氏著：《先秦兩漢歷史敘事隅論》（臺北市：臺灣大學出版中心，2017年6
月），頁490-491。

91 《孟子》（十三經注疏本），卷11下，〈萬章下〉，頁187-1。

92 王肅注：《孔子家語》，卷2，〈好生第十〉，頁25。

思想為近。此重各守業、貴公之論，其生之時間，亦當在尚賢政治理
論流行之春秋末戰國年間。

## 二 重賢尚齒思想與王道政治

在以「禮」為施政運行原則下，除了援《周禮》六官論述架構國
家體制，《家語》並不從「尚功」角度建構尚賢政治，而是從尊賢、
尚齒二面向，實踐王道政治。〈王言解〉嘗曰：

> 曾子曰：「敢問何謂七教？」孔子曰：「上敬老，則下益孝；上
> 尊齒，則下益弟；上樂施，則下益寬；上親賢，則下擇友；上
> 好德，則下不隱；上惡貪，則下恥爭；上廉讓，則下恥節。此
> 之謂七教。[93]

以「敬老、尊齒、樂施、親賢、好德、惡貪、廉讓」作為王道政治的
七大要素，前二者即隆敬高年論。〈正論解〉云：

> 定公問於孔子曰：「二三大夫皆勸寡人，使隆敬於高年，何
> 也？」孔子對曰：「君之及此言也，將天下實賴之。豈唯魯
> 哉！」公曰：「何也？其義可得聞乎？」孔子曰：「昔者，有虞
> 氏貴德而尚齒，夏后氏貴爵而尚齒，殷人貴富而尚齒，周人貴
> 親而尚齒。虞、夏、殷、周，天下之上王也，未有遺年者焉，
> 年者貴於天下久矣。次于事親，是故朝廷同爵而尚齒；七十杖
> 於朝，君問則席；八十則不仕朝，君問則就之，而悌達乎朝廷

---

93 王肅注：《孔子家語》，卷1，〈王言解第三〉，頁6-7。

矣。其行也，肩而不竝，不錯則隨。班白之老，不以其任於
路，而悌達乎道路矣。居鄉以齒，而老窮不匱，強不犯弱，眾
不暴寡，而悌達乎州巷矣。古之道，五十不為甸役，頒禽隆之
長者，而悌達乎蒐狩矣；軍旅五什，同齒則尚齒，而悌達乎軍
旅矣。夫聖人之教，孝悌發諸朝廷，行於道路，至于州巷，放
於蒐狩，循于軍旅。則眾感以義，死之而弗敢犯。」公曰：
「善哉！寡人雖聞之，弗能成。」[94]

以敬老為黃金三代共同之為政之道，國家尊齒則孝悌之德彰，不獨國
境之內，軍旅、朝廷、州巷，均可被孝悌之風。國人感此孝悌，則生
忠義之心，凝而為上下一心的堅強國勢。

　　尊齒之外，尚有尊賢意識。尊賢之說固然與因應新政治制度而需
新的治國人才思想相關，在儒家亦為尊士、重才、崇儒的同義詞。
《家語》論尚賢、求賢之論甚重，除了第三章所論，藉儒行容禮儀度
以論賢才，《家語》尚有針對「賢」的本義進行梳理與討論。尊崇賢
者，既是成就王道政治的關鍵，所謂的明主或賢君，自當以尊賢與否
進行審視。〈王言解〉云：

古者明王，必盡知天下良士之名；既知其名，又知其實，又知
其數及其所在焉。然後因天下之爵以尊之，此之謂至禮不讓而
天下治。……故曰：所謂天下之仁者，能合天下之至親也；所
謂天下之至明者，能舉天下之至賢者也。[95]

所謂天下之明者，能舉天下之至賢者也。此三者咸通，然後可

---

94　王肅注：《孔子家語》，卷9，〈正論解第四十一〉，頁109-110。
95　王肅注：《孔子家語》，卷1，〈王言解第三〉，頁8。

以征。是故仁者莫大乎愛人,智者莫大乎知賢,賢政者莫大乎官能。[96]

昔者,明王之治民也法,必裂地以封之,分屬以理之;然後賢民無所隱,暴民無所伏。使有司日省而時考之,進用賢良,退貶不肖。則賢者說而不肖者懼,哀鰥寡,養孤獨,恤貧窮,誘孝弟,選才能;此七者修,則四海之內無刑民矣。[97]

賢能政治的實現,自然需仰賴能任賢之明君,同時,具有慧眼之賢臣,能不偏私的舉薦賢才,亦是賢能政治的重要關鍵。賢者、良士才是成就禮治社會的實踐者。可以說〈王言解〉確以知賢為王者風範,亦為王道政治的關鍵。除了藉知賢、任賢為王道之說,《家語》論賢君處甚多,亦多以能舉賢任能之說為論。如〈賢君〉篇云:

哀公問於孔子曰:「當今之君,孰為最賢?」孔子對曰:「丘未之見也,抑有衛靈公乎?」公曰:「吾聞其閨門之內無別,而子次之賢,何也?」孔子曰:「臣語其朝廷行事,不論其私家之際也。」公曰:「其事何如?」孔子對曰:「靈公之弟,曰公子渠牟,其智足以治千乘,其信足以守之,靈公愛而任之。又有士曰林國者,見賢必進之,而退與分其祿,是以靈公無遊放之士,靈公賢而尊之。又有士曰慶足者,衛國有大事,則必起而治之;國無事,則退而容賢,靈公悅而敬之。又有大夫史鰌,以道去衛,而靈公郊舍三日,琴瑟不御,必待史鰌之入而

---

96 王肅注:《孔子家語》,卷1,〈王言解第三〉,頁8。
97 王肅注:《孔子家語》,卷1,〈王言解第三〉,頁7。

後敢入。臣以此取之，雖次之賢，不亦可乎？」[98]

子路問於孔子曰：「賢君治國，所先者何？」孔子曰：「在於尊賢而賤不肖。」子路曰：「由聞晉中行氏尊賢而賤不肖矣，其亡何也？」孔子曰：「中行氏尊賢而不能用，賤不肖而不能去。賢者知其不用而怨之，不肖者知其必己賤而讎之。怨讎竝存於國，鄰敵搆兵於郊，中行氏雖欲無亡，豈可得乎？」[99]

〈正論解〉云：

晉魏獻子為政，分祁氏及羊舌氏之田，以賞諸大夫及其子成，皆以賢舉也。又謂賈辛曰：「今汝有力於王室，吾是以舉汝。行乎，敬之哉！毋墮乃力。」孔子聞之，曰：「魏子之舉也，近不失親，遠不失舉，可謂美矣。又聞其命賈辛，以為忠。《詩》云：『永言配命，自求多福。』忠也。魏子之舉也義，其命也忠，其長有後於晉國乎。」[100]

〈賢君〉二章論賢君之為政，其施政特徵都在能尊賢。而尊賢除了意味具有識人之明外，更代表不以一己之偏擇才，而專從其能選能任官。因此，若僅有尊賢意識，卻不能進一步將賢者放在適當的位置，亦無法保證國家之盛。〈正論解〉所論之晉魏獻子，亦以「近不失親，遠不失舉」為孔子所讚。

〈辯政〉亦有賢君之論。文云：

98　王肅注：《孔子家語》，卷3，〈賢君第十三〉，頁34。
99　王肅注：《孔子家語》，卷3，〈賢君第十三〉，頁35。
100　王肅注：《孔子家語》，卷9，〈正論解第四十一〉，頁106-107。

昔堯、舜聽天下，務求賢以自輔。夫賢者、百福之宗也，神明之主也，惜乎不齊之所以治者小也。[101]

夫以賢代賢，是謂之奪；以不肖代賢，是謂之伐；緩令急誅，是謂之暴；取善自與，是謂之盜。盜非竊財之謂也。吾聞之，知為吏者，奉法以利民；不知為吏者，枉法以侵民，此怨之所由也。治官莫若平，臨財莫如廉。廉、平之守，不可改也。匿人之善，斯謂蔽賢；揚人之惡，斯為小人。[102]

此二章以「賢者」為國家百福之宗，因此若為政時不能因任賢能，將引來民怨。

賢君之外，賢臣亦是賢能政治的重輔，《家語》所論賢臣，亦以能知賢擇賢為宜：

子貢問於孔子曰：「今之人臣孰為賢？」子曰：「吾未識也。往者齊有鮑叔，鄭有子皮，則賢者矣。」子貢曰：「齊無管仲，鄭無子產。」子曰：「賜！汝徒知其一，未知其二也。汝聞用力為賢乎？進賢為賢乎？」子貢曰：「進賢賢哉！」子曰：「然。吾聞鮑叔達管仲，子皮達子產，未聞二子之達賢己之才者也。」[103]

鮑叔識管仲，子皮擢子產，二者均是春秋時有名的賢臣。然管仲為齊開創春秋第一霸業，子產亦在制度革新上多有創獲，其為人亦頗為孔

---

101 王肅注：《孔子家語》，卷3，〈辯政第十四〉，頁38。
102 王肅注：《孔子家語》，卷3，〈辯政第十四〉，頁38-39。
103 王肅注：《孔子家語》，卷3，〈賢君第十三〉，頁34。

子所稱，故子貢疑夫子之論。《家語》以「進賢為賢」覆之，是以進賢為評鑑人臣賢能與否的標準。可以看到《家語》之尚賢政治，不唯賢君之具，更要有賢臣之備。

　　《家語》之重賢，除了可以形構王道政治，更在於是「禮運」之道之一環。著名的〈禮運〉大同世界就有謂：

> 昔大道之行，與三代之英，吾未之逮，而有記焉。大道之行，天下為公，選賢與能，講信脩睦。[104]

以此，可以有別於尚功式之法家傾向，而為儒家式的禮運政策。

　　除了實踐王道政治，儒家賢能政治又往往為對國家政治之監督。《家語》論諫諍處甚多，其取諫諍之義，在《孝經》與《禮記》。〈子路初見〉云：

> 子貢曰：「陳靈公宣淫於朝，泄治正諫而殺之，是與比干諫而死同，可謂仁乎？」子曰：「比干於朝，親則諸父，官則少師，忠報之心，在於宗廟而已，故必以死爭之，冀身死之後，紂將悔悟，其本志情在於仁者也。泄治之於靈公，位在大夫，無骨肉之親，懷寵不去，仕於亂朝，以區區之身，欲正一國之淫君，死而無益，可謂捐矣。」[105]

此則論比干之諫與泄治之諫是否為仁。孔子認為二者與國君之關係不同，在比干為父，故其諫屬宗廟之諫，此諫可稱為仁。泄治於靈公為臣，不識無道之君隱僻而亡身，其行為捐，不能謂之仁。二者之所以

---

104　王肅注：《孔子家語》，卷7，〈禮運第三十二〉，頁80。
105　王肅注：《孔子家語》，卷5，〈子路初見第十九〉，頁54。

一為仁一為捐，在於比干顯親親之道。《孝經》謂：

> 曾子曰：「若夫慈愛、恭敬、安親、揚名，則聞命矣。敢問子
> 從父之令，可謂孝乎？」子曰：「是何言與，是何言與！昔者
> 天子有爭臣七人，雖無道，不失其天下；諸侯有爭臣五人，雖
> 無道，不失其國；大夫有爭臣三人，雖無道，不失其家；士有
> 爭友，則身不離於令名；父有爭子，則身不陷於不義。故當不
> 義，則子不可以不爭於父，臣不可以不爭於君；故當不義，則
> 爭之。從父之令，又焉得為孝乎！」[106]

以此，作為精神上之父親與重臣，比干之直言極諫，既彰諍臣之道，
又顯孝子之德，是以孔子稱仁。而《孝經》所言爭臣七人，是改《荀
子》「孔子曰：昔萬乘之國，有爭臣四人，則封疆不削；千乘之國，
有爭臣三人，則社稷不危；百乘之家，有爭臣二人，則宗廟不毀」之
說，用《禮記》廟制之數為七人，而此種改動，正是「『君統』壓倒
了『宗統』」[107]的現象。而洩治之所以「死而無益」，在於不符《禮
記》之義。《禮記》〈曲禮下〉曰：

> 為人臣之禮：不顯諫。三諫而不聽，則逃之。子之事親也：三
> 諫而不聽，則號泣而隨之。

作為人臣，雖有諫君之義，以示忠誠，但無道之君在位，則三諫而
逃。《家語》對於人臣之諫，有全身之前提。《家語》〈辯政〉指出：

---

106 《孝經》（十三經注疏本），卷7，〈諫諍章第十五〉，頁48-1~48-2。
107 張踐：〈《孝經》的形成及其歷史意義〉，收入姜廣輝主編：《中國經學思想史》（北
　　京市：中國社會科學出版社，2003年9月），第2卷，頁114-115。

「孔子曰：『忠臣之諫君有五義焉：一曰譎諫，二曰戇諫，三曰降諫，四曰直諫，五曰風諫。唯度主而行之。吾從其風諫乎。』」當中所說「度主而行之」，在於若人君無道，則人臣最好保持緘默。《家語》〈弟子行〉言：「國家有道，其言足以治；無道，其默足以生，蓋銅鞮伯華之行也。」國君無道，言必無用，以此反對泄治直諫害身之舉。準此，《家語》對諫諍，並不從《白虎通》〈諫諍〉「臣所以有諫君之義何？盡忠納誠也」[108] 之說，以「忠」作為衡量人臣是否當位的標準，而傾向自我的保全。可以看到，與其做限制君權的諍臣，不如求一己之護衛，《家語》於此，突顯君權的極盛，與自我安身之要，因此肯定比干之諫，反對泄治之諫。

另外，面對《孝經》所肯定的「爭臣」，如何看待懇諫之人臣人格？《家語》以「直」論之。《家語》〈困誓〉曰：

> 史魚諫衛靈公不從，卒。孔子曰：「古之列諫之者，死則已矣，未有若史魚死而屍諫，忠感其君者也，不可謂直乎？」[109]

「直」之意，向以孔子所謂「父為子隱，子為父隱」稱之，然《家語》卻以不隱親為直。《家語》〈正論解〉曰：

> 孔子曰：叔向，古之遺直也。治國制刑，不隱於親，三數叔魚之罪，不為末減，曰義，可謂直矣。[110]

此處又顯示出《家語》從公義而不徇私情的法制象徵。

---

108　《白虎通疏證》，卷5，〈諫諍〉頁226。
109　王肅注：《孔子家語》，卷5〈困誓第二十二〉，頁62。
110　王肅注：《孔子家語》，卷9〈正論解第四十一〉，頁105。

## 三 宗法與政法之衝突：宗室與公族的衝突

　　《家語》之論國家禮制，除援禮典以為運作之跡，更藉《左傳》宗室與公族衝突事例，強化「強公室，弱私家」之國家意識。宗室與公族之衝突，是春秋時代轉型中習見之事蹟，也是宗法精神的最大危機。作為周制精神的宗法制度，其創以凝聚宗室意識為主，在宗族不斷繁衍，宗法制度逐步衍為政治制度。隨著周室衰微，大夫、家臣勢力逐漸抬升，政法有了新的發展，原有的宗法制度，僅在儲立君主時為人依準，宗法與政法遂別為二途。從篇題來看，〈正論解〉似取自《荀子》〈正論〉，但當中不僅有政事之論，當中更苞含人物品論，以此實更近漢末的清議或雅談。所謂雅談，即對時事作出「正邪的區別，所以又即是正論」[111]。「正」亦通「政」，荀悅之〈正論〉即「政論」意。正如前賢對清議的定義，這種清議政論又可稱為鄉論，是士大夫對政治、時人等的輿論討論，所論不乏有徵引孔子之說為針砭之典據者。如范滂：

> 臣聞仲尼之言：「見善如不及，見惡如探湯。」探湯喻去疾也。欲使善善同其清，惡惡同其汙，謂王政之所願聞，不悟更以為黨。[112]

無獨有偶，《家語》〈正論解〉正有子產不廢鄉校肯定鄉論之為洩導人情必要之例。文云：

---

111 唐長孺：〈清談與清議〉，收入朱雷、唐剛卯選編：《唐長孺文存》（上海市：上海古籍出版社，2006年12月），頁27。

112 《後漢書》，卷67，〈黨錮列傳第五十七〉（范滂），頁2205。

鄭有鄉校，鄉校之士，非論執政。讒明欲毀鄉校。子產曰：
「何以毀為？夫人朝夕退而遊焉，以議執政之善否。其所善
者，吾則行之；其所否者，吾則改之。若之何其毀也？我聞忠
善以損怨，不聞立威以防怨。防怨，猶防水也。大決所犯，傷
人必多，吾弗克救也。不如小決使導之，不如吾所聞而藥
之。」孔子聞是言也，曰：「吾以是觀之，人謂子產不仁，吾
不信也。」[113]

以此，或可以《家語》〈正論解〉視為鄉論、清議的性質。在這些時
議之中，又著重記載宗室、公族之衝突，是知〈正論解〉所措議，乃
在宗法制度之瓦解所帶來的政治危機。

　　宗法、政法之衝突，可以從刑鼎之例為端。《家語》雖肯認刑政
之效，並不意味肯定刑鼎之鑄。刑鼎、刑書的出現是春秋時期一大要
事[114]，它象徵了封建秩序的崩解，是封建轉向尚賢政治的一大標記，
也是編戶齊民政治的起始。在法制史上，鄭子產之刑書，與晉荀寅之
刑鼎，同樣具有劃時代的意義，代表成文法的成立。

　　《家語》刑鼎之論有二，均在〈正論解〉，二事之立場都與《左
傳》同，即不以刑鼎之鑄為正確。刑鼎既是對封建秩序的破壞，是若
肯定刑書之作，則違反了周世所強調的「貴賤、上下、尊卑有別」禮
制等級秩序。〈正論解〉論刑鼎事云曰：

　　趙簡子賦晉國一鼓鐘，以鑄刑鼎，著范宣子所為刑書。孔子

---

113 王肅注：《孔子家語》，卷9，〈正論解第四十一〉，頁105。
114 相關論述甚眾。可參杜正勝：〈傳統法典之始源〉，收入氏著：《編戶齊民》（臺北
　　市：聯經事業公司，1990年3月），頁229-243。邢義田：〈秦漢的律令學——兼論曹
　　魏律博士的出現〉，收入氏著：《秦漢史論稿》（臺北市：東大圖書公司，1987年6
　　月），頁252-261。

曰：「晉其亡乎，失其度矣！夫晉國將守唐叔之所受法度，以經緯其民者也。卿大夫以序守之，民是以能遵其道而守其業。貴賤不愆，謂度也。文公是以作執秩之官，為被廬之法，以為盟主。今棄此度也而為刑鼎。民在鼎矣，何以尊貴？何業之守也？貴賤無序，何以為國？且夫宣子之刑，夷之蒐也。晉國亂制，若之何其為法乎？」[115]

案，此事在昭公廿九年。[116]在晉鑄刑鼎之前，昭公六年時早有鄭子產鑄刑書之說。《左傳》記：「三月，鄭人鑄刑書。」而此例之釋，亦同於《左傳》之說，是以鑄刑鼎為亂民之法。刑鼎風潮的興起，正是「士」階層逐步發展，以及「尚賢政治」開始的時候。《家語》之所以否定「刑鼎」之設，在於刑鼎破壞禮「貴賤不愆」的秩序。由此可以看到，《家語》所論之禮儀社會，是階層秩序井然之禮，這樣的禮能維繫國家體制的穩定性，以此對任何有違禮制規範之議，儘管有益於改革事業，或有「救世」之利[117]，亦不在支持之列。

　　第二例即上節所引叔向大義滅親，定罪叔魚之事。此例之末孔子讚云：

---

115 王肅注：《孔子家語注》，卷9，〈正論解第四十一〉，頁107。

116 《左傳》曰：「冬，晉趙鞅，荀寅，帥師城汝濱，遂賦晉國一鼓鐵，以鑄刑鼎，著范宣子所謂刑書焉。仲尼曰，晉其亡乎，失其度矣，夫晉國將守唐叔之所受法度，以經緯其民，卿大夫以序守之，民是以能尊其貴，貴是以能守其業，貴賤不愆，所謂度也，文公是以作執秩之官，為被廬之法，以為盟主，今棄是度也，而為刑鼎，民在鼎矣，何以尊貴，貴何業之守，貴賤無序，何以為國，且夫宣子之刑，夷之蒐也，晉國之亂制也，若之何以為法，蔡史墨曰，范氏，中行氏，其亡乎，中行寅為下卿，而干上令，擅作刑器，以為國法，是法姦也，又加范氏，焉易之，亡也，其及趙氏，趙孟與焉，然不得已，若德可以免。」《左傳》，卷53，〈昭公二十九年〉，頁926-1~926-2。

117 童書業：《春秋左傳考證》，童書業著，童教英校訂：《春秋左傳研究》（校訂本），頁188。

> 孔子曰:「叔向、古之遺直也。治國制刑,不隱於親,三數叔
> 魚之罪,不為末或,曰義,可謂直矣。平丘之會,數其賄也,
> 以寬衛國,晉不為暴。歸魯季孫,稱其詐也。以寬魯國,晉不
> 為虐。邢侯之獄,言其貪也,以正刑書,晉不為頗。三言而除
> 三惡、加三利,殺親益榮,由義也夫。」[118]

此例維繫了刑書之主持正義的設置本義,避免了權貴犯罪無以正刑之意。

　　從刑鼎議題的討論,可以知道,《家語》以宗法禮制為宗,任何有違禮上下秩序之論,都在否定之列。這樣的立場,正同於〈相魯〉所論孔子墮三都「強公室,弱私家」之意。此外,《家語》〈正論解〉事例俱同《左傳》,而《左傳》之論,正多宗室與公族衝突之說。面對春秋時期因生產工具而衍生生產力的進展,間接促成私家的財富增加,以及隨著周天子威信衰弱,各國宗室政權亦落於私家,宗法制度已無法維繫新的社會形勢與國家秩序,各項改革已是勢在必行。無獨有偶,《家語》〈正論解〉亦載錄多條制度之革新,唯其立場仍與刑鼎之設相同,均以違禮論說。準此,《家語》雖從孔子仕魯改革之說立論,其意非在革除宗法制度,相反的,是對宗法制度的整頓與維護。如前述反刑鼎之論,癥結即在刑鼎破壞宗法禮制上下尊卑之序。再者,作為春秋時期的博物君子,《家語》屢稱子產之惠,〈辯政〉所稱「子產於民為惠主,於學為博物。」以此又有「愛民」之譽(〈正論解〉),以及「政寬則民慢,慢則紏於猛;猛則民殘,民殘則施之以寬,寬以濟猛,猛以濟寬,寬猛相濟,政是以和」(〈正論解〉)的讚譽。而子產於鄭乃以改革形象著稱,如改田制、賦稅,又是春秋時期創制、改革之重要人物。《家語》所載子產事,除了肯定他為政之

---

118 王肅注:《孔子家語》,卷9,〈正論解第四十一〉,頁105。

功，更重其護衛公室之論。子產之改革與孔子一樣，其意並不在革新既有制度，而在鞏固宗法制度，志在廓清危害宗法制度之論。如《左傳》〈襄公三十年〉記：「子產使都鄙有章，上下有服，田有封洫，廬井有伍。」[119]可見子產努力整治宗法結構。

〈正論解〉記田賦制度事曰：

> 季康子欲以一井田出法賦焉，使訪孔子。子曰：「丘弗識也。」冉有三發，卒曰：「子為國老，待子而行，若之何子之不言？」孔子不對，而私於冉有曰：「求！汝來，汝弗聞乎？先王制土，籍田以力，而底其遠近；賦里以入，而量其有無；任力以夫，而議其老幼。於是鰥、寡、孤、疾、老者，有軍旅之出則徵之，無則已。其歲，收田一井，出穫秉缶米芻槀，不是過，先王以為之足，君子之行，必度於禮。施取其厚，事舉其中，斂從其薄。若是其已丘亦足矣。不度於禮，而貪冒無厭，則雖賦田，將有不足。且子孫若以行之而取法，則有周公之典在；若欲犯法，則苟行之，又何訪焉？」[120]

此事在哀公十一年。案，「先王制土，籍田以力」此乃「助」制[121]。哀公使冉有訪仲尼問田稅。不聽，哀公十二年，用田賦。孔子所論：「先王制土，籍田以力，而底其遠近；賦里以入，而量其有無；任力以夫，而議其老幼」，乃周制。然而田制春秋末年已崩，如初稅畝說的出現。孔子屢申之「君子之行，必度於禮」，最後仍不能行於春秋末葉。

---

119 《左傳》，卷40，〈襄公三十年〉，頁684-2。

120 王肅注：《孔子家語》，卷9，〈正論解第四十一〉，頁109。

121 童書業：《春秋左傳考證》，《春秋左傳研究》（修訂本），頁173。

除田制之無能復於周，各國於周天子之貢賦，亦已不能維繫。
〈正論解〉「晉平公會諸侯于平丘」章云：

> 晉平公會諸侯于平丘。齊侯及盟，鄭子產爭貢賦之所承，曰：
> 「昔日天子班貢，輕重以列，列尊卑而貢，周之制也。卑而貢
> 重者甸服。鄭伯南也，而使從公侯之貢，懼弗給也。敢以為
> 請。」自日中諍之，以至于昏。晉人許之，孔子曰：「子產于
> 是行也，是以為國也。《詩》云：『樂只君子，邦家之基。』子
> 產、君子之于樂者。且曰：合諸侯而藝貢事，禮也。」[122]

隨著各國公室之盛，其貢於周室之賦，也有了貢於霸主的傾向。此事
又見昭公十三年，《傳》云：「昔天子班貢，輕重以列，列尊卑而貢，
周之制也」。而春秋之世，已成具文，且非常舉，諸侯皆貢於霸主。[123]
是孔子讚子產能合宗法之禮，分配各國貢賦標準。這些事例，均顯現
出對宗法制度下的政治結構的改革，當出現於宗法制度轉型的周代
末期。
　　又「子產獻捷于晉」章云：

> 鄭伐陳，入之，使子產獻捷于晉。晉人問陳之罪焉，子產對
> 曰：「陳亡周之大德，爹恃楚眾，馮陵弊邑，是以有往年之
> 告。未獲命，則又有東門之役。當陳隧者，井堙木刊，敝邑大
> 懼，天誘其衷，啟敝邑心，知其罪，授首于我。用敢獻功。」
> 晉人曰：「何故侵小？」對曰：「先王之命，惟罪所在，各致其
> 辟。且昔天子一圻，列國一同，自是以衰，周之制也。今大國

---

122 王肅注：《孔子家語》，卷9，〈正論解第四十一〉，頁105-106。

123 童書業：《春秋左傳考證》，《春秋左傳研究》（修訂本），頁152。

多數圻矣。若無侵小，何以至焉！」晉人曰：「其辭順。」孔
子聞之，謂子貢曰：「志有之，言以足志，文以足言。不言誰
知其志？言之無文，行之不遠。晉為伯，鄭入陳，非文辭不為
功。慎辭哉！」[124]

此事又見《左傳》〈襄公廿五年〉。子產責晉人「天子一圻，列國一
同」之說，是從周法。王肅注「自是以衰，周之制也」曰：「大國方
百里，從是以為差。伯方七十里，子、男五十里，周之制也。而說學
者以周大國方七百里，失之矣。」[125]孔子譽子產之善對，是讚其明於
宗法之制。

類似這樣的侵地除了發生在國與國間，亦見於境內大夫之間。
〈正論解〉載：

晉魏獻子為政，分祁氏及羊舌氏之田，以賞諸大夫及其子成，
皆以賢舉也。又謂賈辛曰：「今汝有力於王室，吾是以舉汝。
行乎，敬之哉！毋墮乃力。」孔子聞之，曰：「魏子之舉也，
近不失親，遠不失舉，可謂美矣。又聞其命賈辛，以為忠。
《詩》云：『永言配命，自求多福。』忠也。魏子之舉也義，
其命也忠，其長有後於晉國乎。」[126]

此事在昭公廿八年。魏氏分祁氏及羊舌氏之田，乃「強公室」之行
也。左氏雖讚之，然若尋《史記》，則可見不同之說。《史記》〈晉世
家〉云：「晉之宗家祁傒孫，叔向子，相惡於君。六卿欲弱公室，乃

---

124 王肅注：《孔子家語》，卷9，〈正論解第四十一〉，頁103-104。
125 張濤注譯：《孔子家語注譯》，頁435。
126 王肅注：《孔子家語》，卷9，〈正論解第四十一〉，頁106-107。

遂以法盡滅其族。而分其邑為十縣，各令其子為大夫。晉益弱，六卿皆大。」[127]是不以魏氏之舉為善，而認為是六卿間相互傾軋專政的權力鬥爭。《史記》之說較合於史實，然《家語》之採《左傳》之說，明顯是基於強公室的觀點。

對宗法制度最直接的破壞，自然是繼承議題。對此，《家語》有二例。一為「趙盾弒君」，二為「昭子殺豎牛」。〈正論解〉「趙盾弒君」事曰：

> 孔子覽《晉志》，晉趙穿殺靈公，趙盾亡，未及山而還。史書：「趙盾弒君。」盾曰：「不然。」史曰：「子為正卿，亡不出境，返不討賊，非子而誰？」盾曰：「嗚呼！『我之懷矣，自詒伊戚』，其我之謂乎？」孔子歎曰：「董狐、古之良史也，書法不隱；趙宣子、古之良大夫也。為法受惡；受惡，惜也。越境乃免。」[128]

此事又見《左傳》〈宣公二年〉。從春秋歷史來看，晉國至此「政權下移，大夫專政，內政多門，霸業不竟，卒致三家分晉之局」。[129]是「晉公室之弱」之始[130]。按趙盾身為公族子弟，趙靈公朝大夫彈彈丸，觀大夫避丸，趙盾入諫，不聽，出亡。其後趙穿弒君，趙盾回國後，以不討賊承受史官「弒君」惡名。孔子認為趙盾乃「良大夫」，對此有「越境乃免」之嘆，頗有惋惜之意。孔子以趙盾乃「為法受

---

127 《史記》，卷39，〈晉世家第九〉，頁1684。

128 王肅注：《孔子家語》，卷9，〈正論解第四十一〉，頁103。

129 童書業：《春秋左傳考證》，收入童書業著，童教英校訂：《春秋左傳研究》（校訂本），頁56。

130 童書業：《春秋左傳研究》，頁61。

惡」，此法乃宗法、禮法。因其「亡不出境，返不討賊」，不正亂宗法之人、事，故責之。而董狐能秉持宗法「正法」，人雖不死於趙盾之手，然趙盾竟使弒君之趙穿迎立新君，其心可知也。故孔子譽之。孔子的評論，後世頗有爭者，認為此間必有隱微之意，或表當時君臣忠義定義不同也。無論如何，趙盾之行不能合於法度，故永受史書之論。董狐能秉筆直書，是維繫歷史正法。類似的讚譽，亦見於〈正論解〉第七章「楚靈王汰侈」章，左史賦〈祈昭〉正王心，孔子讚靈王、左史「克己復禮為仁」。均以史家為正法象徵。

〈正論解〉第八章載：

> 叔孫穆子避難奔齊，宿於庚宗之邑。庚宗寡婦通焉，而生牛。穆子反魯，以牛為內豎，相家。牛讒叔孫二人，殺之。叔孫有病，牛不通其饋，不食而死。牛遂輔叔孫庶子昭而立之。昭子既立，朝其家眾曰：「豎牛禍叔孫氏，使亂大從，殺適立庶，又披其邑，以求舍罪。罪莫大焉！必速殺之。」遂殺豎牛。孔子曰：「叔孫昭子之不勞，不可能也。周任有言曰：『為政者不賞私勞，不罰私怨。』《詩》云：『有覺德行，四國順之。』昭子有焉！」[131]

叔孫穆子逃難時與村婦私通，婦生豎子牛。叔孫穆子見牛如夢中所見，親近之，但豎子牛最後卻離間他與嫡長子間的親情，致使最後叔孫病重，牛不通飲食，叔孫最終餓死。昭子由豎牛擁立，但即位後馬上誅之，因為他知道豎牛「殺適立庶」，混亂宗法，不以豎牛擁立自己為君為有功，故孔子讚之，是昭子乃維繫宗法制度者也。

---

131 王肅注：《孔子家語》，卷9，〈正論解第四十一〉，頁104-105。

又，「衛孫文子得罪於獻公」章云：

> 衛孫文子得罪於獻公，居戚。公卒，未葬，文子擊鐘焉。延陵
> 季子適晉，過戚，聞之，曰：「異哉！夫子之在此，猶燕子巢
> 于幕也，懼猶未也，又何樂焉？君又在殯，可乎？」文子於是
> 終身不聽琴瑟。孔子聞之，曰：「季子能以義正人，文子能克
> 己服義，可謂善改矣。」[132]

孔子以季札能以禮正人，文子能改服禮，是二者均維繫了宗法之制，
均可取也。

《家語》繼承者制採周制之說。〈曲禮公西赤問〉：

> 公儀仲子嫡子死，而立其弟。檀弓謂子服伯子曰：「何居？我
> 未之前聞也。」子服伯子曰：「仲子亦猶行古人之道。昔者文
> 王捨伯邑考而立武王，微子捨其孫腯立其弟衍。」子游以問諸
> 孔子。子曰：「否。周制立孫。」[133]

此章又見《禮記》〈檀弓上〉。宗法制度於《家語》，主要在君主血統
之正當性。之所以在繼承問題上以周制為尊，在於周制乃親親之意，
是從宗室立論，有益於國家穩固。

儘管確立了宗法重於政法的體制規約，但若遇到親仇，是否會損
及宗法之政法威信？《禮記》〈曲禮〉對復仇曾有「父母之仇不共戴
天」之論，以此為復仇立了禮典之依據。復仇者往往依《禮記》此
說，為其行開脫，然私仇之復固然快意於心，卻是對國法的公然抵

132 王肅注：《孔子家語》，卷9，〈正論解第四十一〉，頁105。

133 王肅注：《孔子家語》，卷10，〈曲禮公西赤問第四十四〉，頁121。

抗。私人的復仇行為，無疑是不信任公權力的舉措，亦會造成國家之
動盪不安，甚且有機會成為地方土豪擴大勢力，顛覆國家政權之力
量。除了引禮典之說以為私情之復，尚有從倫常角度，認為手刃親仇
才是孝倫親者。不論援何為據，都反映出人情與法度之間的衝突。
《家語》之復仇論，亦採《禮記》觀點，然非〈曲禮〉之說，而是
〈檀弓上〉之論。〈曲禮子夏問〉云：

> 子夏問於孔子曰：「居父母之仇如之何？」孔子曰：「寢苫枕
> 干，不仕，弗與共天下也。遇於朝市，不返兵而鬥。」曰：
> 「請問居昆弟之仇如之何？」孔子曰：「仕弗與同國，銜君命
> 而使，雖遇之不鬥。」曰：「請問從父、昆弟之仇如之何？」
> 曰：「不為魁，主人能報之，則執兵而陪其後。」[134]

此即《禮記》〈檀弓上〉之論。亦即，若是父母相之仇，相遇之時即
鬥。若是兄弟之仇，不居同一國避之。即使奉了君命前往他國，也不
與仇人相鬥。若是伯父、從父之仇，則不主動挑戰，退守於主人之
後，執兵陪之。

　　綜合上述，可以看到《家語》崇周制，乃著眼於透過宗法意識而
興起之君權意識。在大權旁落於大夫後，掌握政法的家臣、大夫，與
原初立國之宗法體制有了極大衝突。是《家語》藉禮制維繫國家秩
序，繼而強調公室之尊，鞏固宗法制度。確保了君權的穩固制度，不
以亂制為正。可以看到，《家語》雖有職官體制之架構，亦有尚賢之
論，甚且有明顯的改革意識，但內在的政體運作原則，仍以儒家禮制

---

134 王肅注：《孔子家語》，卷10，〈曲禮子夏問第四十三〉，頁116。

秩序以及周制為依歸。若納入王肅因素，王肅女王元姬貴為晉文帝
后，武帝司馬炎之母，上所強調的強公室與立孫之論，確實與王肅立
場相符。《家語》以〈相魯〉、〈始誅〉開篇，是以孔子治魯之改革為
主線，間接指出《家語》作為「制禮」之用的禮典意涵，而制禮之核
心精神，即在宗法禮制。

第七章

# 結論：《孔子家語》之學術定位

　　《孔子家語》一書，歷來著錄之定位，都劃歸於《論語》學脈落。「孔氏家學」說的主張雖不確，但與《論語》的定位亦不衝突。作為儒家經典與首部記載孔子言論之《論語》，不論是師徒對話之形式、箇中思想、論述方式，均為後世儒家典籍依準之據。歷代對《家語》《論語》類的定位，多基於語錄形式而論。然而若僅就形式論《家語》之屬《論語》學範疇，則儒家文獻大抵均從此制，因此形式難以為學術定位之準據。其次，《論語》語言言簡意賅，又兼因材施教，同一議題往往有多重講述方式，儘管可歸求出一貫之道，然孔子之世弟子於師之道即多有歧異，後學分殊更甚，加上仁、君子等儒家核心議題，觀念抽象涵廣，後學詮釋甚眾，若以凡論仁、君子者均劃入《論語》學範疇內，則又未免過於寬泛。

　　從本文的討論，可以知道，《家語》所論孔子仕宦經歷與為政措施，多孔子後學所申之說。而綜合這些事例，可以看到孔子於為政上較為強勢之一面，以及積極推動制度改革的形象，與《論語》所書多所不類。因此《家語》所載事例雖可與《論語》之說相互為證，諸多文獻亦多可稽，卻不能單就個別文獻劃定全書成書時代[1]。如學者往

---

1　如龐朴、楊朝明等，單從上博〈民之父母〉簡牘文獻複重於《家語》〈論禮〉、《禮記》〈孔子閒居〉，即認為《家語》成書在《禮記》之前，甚且推測為孟子以前之作。二者之論見楊朝明，〈《禮記》成篇與學派屬性等問題〉，收入黃懷信、李景明主編：《儒家文獻研究》（濟南市：齊魯書社，2004年12月），頁241-242。然而，出土文獻誠然可為傳世文獻年代提供新的年代座標，卻不能全然推翻學術史的既有論述，或為傳世文獻重新定位。

往以八角廊、上博簡等簡文可與《家語》文獻相對，即以此為《家語》於先秦已有成書之據。事實上，《家語》與出土文獻相同之段落，並非傳世佚文，而又可見於《禮記》。從第一章所附之文獻對比表中就可以知道，《家語》文獻多徵於傳世著作，實際並不具有大量佚文，以此才會有王肅割裂他書偽造的說法。而出土文獻中，至今仍未見與「孔子家語」說相符之篇題或書名，準此，以出土之文獻論證《家語》成書時間，不僅薄弱，亦不可靠。若從「儒學本質」角度思之，《家語》並未開展出迥異於孔、孟、荀之外的新的「儒學意識」，或於「儒學本質」提出新的廓清向度。以此儘管大陸學界屢屢強調《家語》於儒學發展之重要性，本文仍認為《家語》不可能是先秦之作。誠如夏含夷指出，古文獻既穩定又具流動性[2]，儒家文獻在流傳過程中，句子往往有重組痕跡，若《家語》長存孔氏家內，則無法解釋何以此書文獻會廣見於兩漢諸子著作之內。再者，古書流傳過程中既然都會面臨到文獻經過後人修訂的狀況，則文獻比對也只能是相對客觀的一種辨彰學術方法，尤其並不是找出文獻之由來，即可推斷一書之成書時間，或成為成書者身分之資，重要的是，這些經過後人修訂的文獻，有沒有先秦儒學的觀點？如果有，是在什麼層面？如果沒有，這本書修訂的時間下限，又當在何時？《家語》文獻雖未有晚於晉者，然其文用於漢末至晉初期間是不可否認的。尤其所載事例，多為魏晉習見典故，如《家語》〈致思〉所載「子路負米」事，即魏晉著明之至孝之說；若干事例甚且可與晉事相發明。整體來說，《家語》文獻雖有先秦的源頭，但其思想、禮學觀點卻非先秦所有。無論是從「層累造成說」，或「孔安國」編撰角度來看，都不能成立。當

---

2　夏含夷：〈由《緇衣》的重寫看中國經典的形成〉，收入〔美〕夏含夷（Edward L. Shaughnessy）著，周博群等譯：《重寫中國古代文獻》（上海市：上海古籍出版社，2012年12月），頁81。

中所論思想，既多與漢末士風／世風相發明，則此書當成於漢末魏初之際，且書成後可能仍續為編纂。至於編纂此書的用意，本文認為，當與制禮相關。歷來標舉孔子言論或出於孔家者，除了偽作之譏，大抵在以孔言為古義之據，以爭學術正統。《家語》之流傳，誠然有不廢聖人之言的考量，然同類之《孔子三朝》、《孔子徒人圖法》，甚至《隋書》〈經籍志〉中始見載錄的《孔叢子》都沒有受到如此重視，縱使有王肅加工部分，但王肅之外，亦有其他儒者在議禮過程中以《家語》為古義之徵，可以知道相較於其他《論語》類著作，《家語》因內容更為「正言」，故可為儒者徵引；而《家語》之成書、流傳問題之所以廣為儒者爭論，亦由此而發。

　　《家語》前序中，嘗有二戴取材《家語》，《家語》文獻與二戴《記》相雜之論，說明《家語》與禮類文獻關係緊密。而從郭店、上博等「禮記類」簡牘來看[3]，先秦儒家之禮學發展，較諸《論語》時期更為廣遠，除有延續《論語》思想，可相參酌的如親賢惡賤、刑以禮輔、君子之道等，亦有適應於當世社會而衍生之議題。從禮學角度來看，若相較二戴《記》與《儀禮》、《周禮》等書，《家語》所論確實有符於傳世禮學典籍處，然其禮義則不可謂為先秦，反而見於漢末、魏晉之禮議。以此，與其說《家語》之論合於先秦之說，不如說更符魏晉精神，以此《家語》之盛傳於魏晉，確實能尋出因原。再者，晉制禮時往往依「孔子之言」以為新禮創建準據，《通典》所錄引《家語》者，亦以《家語》為仲尼舊說，而為禮制施作、改革依據。除了具體禮制之論，《家語》之抽象性議題，亦頗能從禮學角度釋之。而諸多議題多能與現實相指涉，當中又集中摘錄改制、復歸宗

---

3　可參黃武智：《上博楚簡「禮記類」文獻研究》（高雄市：中山大學中國文學系博士論文，2009年2月）。

法制度之事例。而其現實指涉，當在針對新時代之政治制度而發。漢初既無措於禮制，又多襲秦制，如此全面復歸宗法之制之時期，最早也要到漢武帝之後。作為禮類文獻之《家語》，其禮學特點，一在補古禮之不足，並有向古禮回歸之傾向，二在補充了禮典中所鮮為提及的生命安頓部分，使禮不僅為國家運作方針，更能成為人們精神支柱。

綜觀《家語》所論諸事，多可自「禮」找到思想根源，無論是士行容儀，或是具體的喪禮、郊祀、廟制等典章制度，甚至是為政思想，都環繞禮學重要議題而發，數篇以禮名篇之制度性篇章，亦且明顯有補古禮之闕的意涵。因此《家語》之成書，當是為了因應新的政權，與議禮設制而成之作。除了若干無法表據時代意識之儒家普世之論，如忠孝、尚賢之論，無法藉以定位時間早晚，具體禮制部分可以從歷來之議禮記載以為時代之據，而從漢至魏之時代風氣中可尋繹出相對應之論述。準此，本文認為《家語》一書之定位，不能劃為《論語》學範疇之作，當從禮學角度重新審視。《家語》所論禮制、禮義，不僅結構、意義完整，更兼有漢魏禮論之觀照。

通過全文的討論，可以知道，若以《家語》為孔子古義之存，當中對儒者慎言、全身之主張，就是對儒者行為之典型規範。而儒者特殊的行為舉止，雖早發於先秦儒家君子秉禮以立之威儀論述，然《家語》進一步從儒行威儀延伸為官制擇人之方，使儒者威儀除了內在涵養意涵，亦有了禮文、官法的意涵。此部分雖呈顯出較為「原始」的儒家意識，正是《家語》作為儒家古義之存的明證。

在禮學上，後世雖有喪葬、郊祀、廟制出於王肅增補之說，從今本的《家語》來看，諸多事例、禮學主張確實與王肅所論可互證。在喪葬部分，所載之論雖不外於先秦儒家禮學主張，但若從揀擇的角度來看，薄葬、設重不立主等說，以及在服術制度上「慈母如母」、「出母無禫」等事例之議，都是漢以降的喪禮爭議議題，甚且可於魏晉禮

議中找到明確的對應。而廟制、五帝之論更有明顯的魏晉禮學論述關
聯。因此從禮學角度來看，《家語》漢魏以後的傾向甚明。然在具體
的禮制之外，《家語》仍保有先秦儒家的面貌，如以禮作為政治實
踐，以期達到禮制政治的理想，即屬較為原始的儒家論述。

　　準此，本文之論，乃從儒行與禮學為進路，以彰《家語》思想意
涵。正文共分五章，茲再從以上數章之論，鉤稽正文五章論點如下，
以醒觀覽。

# 一　損益與成身之道：禮的個人立身之說

　　本章從個人立身角度，論述「禮」作為個人安身立命的精神根
源。《家語》〈觀周〉以孔子入周室宗廟，見金人銘而悟慎言之道，又
從宗廟欹器體悟損之又損的行事準則。《家語》藉老子的，與使禮成
為立身的勸諫格言，由此展現成身意涵。謹言慎行之論，雖亦可為儒
家修身成德之方，然《家語》卻合儒家本具的「謙受益，滿招損」的
處世之道，與《老子》之損益之說，以及《易》〈損〉、〈益〉二卦，
使損之又損在全身之方之外，亦可為應世之道。從個別文獻來看，孔
子問禮於老子，孔子論《易》之〈損〉、〈益〉，都可從先秦典籍中找
到相關記載，然而若從主題來看，全身之說不獨〈觀周〉，在〈正論
解〉中亦可找到葵能衛足的主張。因此全身之論是《家語》全書屢屢
申說的主張。《家語》以此損益之道作為儒者衛身之論，先秦道家雖
有類似事例，但先秦儒家並未有論述。而謹言慎行雖屬先秦儒家普世
行事態度，但其所展現的全身意識，卻非先秦儒家所有，而廣見於漢
末至魏晉的家訓論述，並往往為家訓核心思想。因此此部分本文認為
屬漢末以後思想。

## 二 動循禮度：《孔子家語》中的容禮與威儀觀

　　本章從容禮角度，論述《家語》中的威儀觀。容禮不僅是君子士行之威儀象徵，更兼有國家禮容的意涵。《家語》透過對「知禮」的讚揚，從中縮結了個人與國家之間的威儀關係，因此除了禮制本身呈顯的威儀觀，容禮實踐者亦是禮制威儀的展現者。若行為失禮，不僅危害禮意，更是對體制的傷害。因此儒之行為，不僅可為儒家對君子言行的要求，亦為國家禮文之建構，《家語》進一步以此建構量才授官的官法。

## 三 喪祭之紀：《孔子家語》中的喪禮論述

　　本章從喪禮角度，論述《家語》之喪禮主張。喪禮古制有缺，兼文辭古奧，諸多細節無法一一規範，雖使後世爭論不休。《家語》於喪禮之論，雖有復古禮的傾向，如其墓葬制度多取殷制，即與孔子臨終前的遺願與自以「殷人」定位相符，但更多援古禮改經的事例，尤其服術制度上，諸多條例亦可見於魏晉禮議。如親親之服，為父服喪是否有士、諸侯的不同，魏晉禮論多持有不同之說，唯王肅認為無別。《家語》同王說。又為母服中，按禮慈母無服，《家語》卻以慈母制為生母說。而孔子斥孔鯉「期而猶哭」，《家語》雖未稱孔鯉為出母哭，魏晉卻引以為出母服之禮據。孔子出妻之說雖見於《禮記》〈檀弓〉，然歷來或為聖人諱，兩漢鮮有論者，唯魏晉始見稱之。凡此，《家語》載錄之喪禮事例，與《通典》所載魏晉凶禮禮論相發明處甚多。

## 四　皇權與郊廟禮制：《孔子家語》中的郊廟論述

　　本章從郊廟禮制角度，論述《家語》之郊廟禮制。《家語》立廟原則，雖同於周「天下有王，分地建國」乃「設祖宗、親疎貴賤」的宗法原則，然其廟數主張一祖廟六親廟，毀廟不廢太祖與祖宗廟，此觀點雖合《禮記》之說，在實際的廟制運行上，卻是西漢末以後的主張。又廟祭以禘禮代祫祭，以及以「郊為祭天，禘為祭祖」，將原先亦可作為祭祖祭名的「郊」明確別為二途，此二者明顯為王肅之說。在郊禮上，以「郊」為祭名、祭祀場所，同於《禮記》〈郊特牲〉之說。而郊禮一年二次，春分啟蟄之郊兼有祈穀之意，冬至祭天是報本之意，此綜合了《禮記》〈郊特牲〉與《左傳》〈桓公五年〉的說法，又丘、壇合一，與王肅之論相符。在五帝系統上，雖有同於《大戴禮記》〈五帝德〉篇章之論，然其五帝之序，與五行之配，明顯為魏朝之論。因此此篇專為魏設禮之意甚明。

## 五　以禮運政：《孔子家語》的政治思想

　　《家語》禮論，除了用以全身，或以補禮文之缺，更是為政之道。而以禮運政，又是儒家理想政治之實踐。透過《禮記》〈禮運〉「喪、祭、鄉、射、冠、婚、朝、聘」八禮，將日用民生悉數納於禮治範疇內，又藉禮別尊卑、親疏的分際之效，使禮在為治國指導原則之外，又保全了君權意識之獨尊。而所謂「禮禁於將然之前，法禁於已然之後」，《家語》除了以禮為治國原則，又不廢法治。〈致思〉載曾為季羔判刑而刖之人，在季羔有難之際，不記恨而助之潛逃，展現出法制作為國家正義的意涵。此外，《家語》從首篇的〈相魯〉，講述孔子仕魯，一連串政治改革，其目的乃在「強公室，弱私家」，展現

出對禮法宗法作為維繫國家制度的規約性質。

此五章雖各有重心，然立身之道出於宗廟，君子容儀合乎禮度，喪葬祭法不違古禮，郊廟禮制保障君主意識，以禮運政又不廢刑法之設，因此無論各章側重點為何，均乃緣「禮」而發；具體於儒者，可發而為威儀與慎言之行，因此儒行與禮典二者，乃互為論證，相互融攝，可為《家語》思想之主軸。再者，無論是「儒行」或「禮典」，都有以「孔子之言」引為處世典範之意，儒行以表個人言詞、行為之守禮，禮典則為國家制度之合宜。

《家語》所採形式，乃先秦「語」類或「說」類之作，與《論語》「語錄」形式並無二異。此類著作已為孔門思想表現的特殊形式，在出土文獻上亦往往由此判別學派思想。綜合來看，即使沒有經過王肅之手，但經過增訂是很明顯的，尤其當中禮制主張與王說如出一轍。大陸學者積極從出土文獻拼湊《漢志》著錄之《孔子家語》，從本文緒論之考訂，當可知道《漢志》之《家語》，與魏晉、宋明等時期所見《家語》，並無不同，因此《漢志》《家語》即先秦《家語》。唯王肅增訂部分，因缺乏更早的本子比對，只能闕疑。但無論如何，《家語》文獻見於先秦，但其觀點卻不能合於先秦儒家之論，除了尊賢尚禮等儒家普世價值外，在儒者的安身之道選擇上，明顯有異於戰國儒家之傾向。

《家語》所載儒家之論，雖多漢魏之際論述，但在禮學的普遍性主張上，卻是與先秦儒家無異。如以禮運治、以禮論刑、薄葬、尚殷等，多與孔子主張相同。不同處在具體的禮制施設，如喪禮中言慈母如母、出母服期，甚至是五帝系譜上的德屬對應關係，都明顯與漢魏以後的禮議相同。因此禮的部分應當經過後人修改。

除了思想的漢魏傾向，在文獻意義上，《孔子家語》統合了先秦時期的孔門對話，而出土文獻見證了《家語》文獻之不偽。這類文獻

雖有不經之譏，卻正如《荀子》、《韓非子》所載，可補孔門事蹟之缺，與思考先秦儒家的多元價值。《家語》所呈現的儒學意識，雖更近於漢魏之際之論，但所錄文獻確可為先秦儒家之說。這類孔門事語雖不若《論語》之具有儒家正典意涵，但可為儒家思想之資。從《說苑》、《新序》、《韓詩外傳》等多載此類文獻，可以知道這類事語確實可補先秦儒家論述之缺，雖然傳說性強，但若合《荀子》、《韓非子》、《史記》〈孔子世家〉所載頗相合，其說甚可據。故亦當視以儒家正說。因王肅因素，使《家語》全書長期以偽書目之，卻忽略了這類文獻在被《說苑》、《新序》、《韓詩外傳》等作引用時，卻沒有人懷疑文獻為偽。因此，這類文獻，確實可以補先秦儒家論述。而禮說部分，除若干具體禮制部分有明顯改經、後出的痕跡，禮學思想總論仍可視為先秦儒家之主張。但不可否認，在篇目上，可能出於後人之手，或為後人修訂。

　　《家語》並未針對先秦儒家義理做大幅度的發揮，而著重儒者之言行舉措以為士之典範。以此，這批文獻被劉向用以為勸諫，韓嬰用之為形塑漢士典範[4]，而《家語》卻用以申全身之論，因此《家語》所重並不在對先秦儒學理論作出發揮，亦無另立孔門學派之意，其所記多採記儒行、儒言，是以「儒」之身分亦至為要。是書文獻既真實不偽，《家語》之學術意涵，當在補先秦儒家論述之缺，以及試圖在《論語》的記載之外，提出不同價值取向的儒者意識。

　　以《家語》為先秦儒學者，多從《論語》學角度，將《家語》思想帶入《論語》思想論之，對於「序」、篇題所獨彰的禮學意識存而不論。事實上，透過本文的分析，不難看到《家語》部分篇章雖有可

---

4　參林聰舜：〈《韓詩外傳》論儒──《詩》教、造士與儒士共同體的建立〉，《漢代儒學別裁──帝國意識形態的形成與發展》（臺北市：臺灣大學出版中心，2013年7月），頁73-103。

與《論語》相參處,但不唯結論與《論語》相左,更不類《論語》中的孔子之言行態度。再者,以《家語》為先秦儒學,其學術價值不過補遺,並無法與《論語》相較,或有撼動學術史的力量。反之,若將「禮學」意識置入《家語》,則可以看到迥異於以往《論語》論述下的《家語》思想,實際存有統貫的禮學意義,逾半內容甚且規範了國家、民生日常禮制,是在孔門弟子對話之外,更為珍貴的思想展現。因此從文獻價值角度來論,《家語》之文獻,確可補先秦儒學之不足,可為先秦儒學之證。

# 附錄

# 孔子之教：《說苑》、《新序》所輯孔門事語之漢代政教意涵[*]

## 一　前言

　　作為儒家創始者的孔子，自漢武以降即祀廟奉祭，兩漢尊孔崇儒，孔廟更從家廟轉為官廟，孔氏子孫甚且領有爵稱[1]，王莽後地位更尊。東漢明帝進一步開祀孔門弟子之例，孔廟之祀亦從之前的闕里之祭擴大為國學郡縣祭祀[2]。然孔子之為尊，乃基於崇儒國策，以孔子刪訂六經，為萬世師表。皮錫瑞所謂：「孔子道在六經」[3]，「孔子之教何在？即在所作六經之內。故孔子為萬世師表，六經即萬世教科書。[4]」因此，兩漢之尊孔乃在崇經。相較於宋代理學將《論語》納入「新五經」系統[5]，兩漢時期《論語》與《孝經》同列蒙學讀本，屬於啟蒙教育之一環。杜甫〈最能行〉亦有「小兒學問止《論語》」

---

[*]　本文原載《輔仁中文學報》48期（2019年4月），頁1-38。

[1]　這種對孔子的尊奉，並非作為國家意識形態的象徵，而是「尊賢」表徵。參黃進興：〈權力與信仰：孔廟祭祀制度的形成〉，收入氏著《優入聖域：權力、信仰與正當性》（北京市：中華書局，2010年3月），頁147。

[2]　黃進興：〈權力與信仰：孔廟祭祀制度的形成〉，《優入聖域：權力、信仰與正當性》，頁151-152。

[3]　皮錫瑞撰，周予同注：〈經學極盛時代〉，《經學歷史》（臺北市：漢京文化事業公司，1983年9月），頁104。

[4]　皮錫瑞撰，周予同注：〈經學開闢時代〉，《經學歷史》，頁26。

[5]　關於「新五經」理論之成立，詳參楊儒賓：〈導論：《新五經》的時代〉，收入氏著：《從《五經》到《新五經》》（臺北市：臺灣大學出版中心，2013年10月），頁1-16。

之說，可知《論語》之為童蒙教養讀物。漢代典籍雖處處可見孔子言論，士人撰著亦多援引孔門話語，可見「《論語》類」書籍流傳之廣，然這類孔門事語流傳於兩漢並無一貫思想，既不若宋明儒者以「仁」涵攝孔孟思想，兩漢儒者使用時之挪引其說，用意在於孔子及其門徒，可為「士」之言行道德修為。兩漢徵引孔門事語最多者，在《說苑》、《新序》、《韓詩外傳》，當中又以劉向所輯《說苑》、《新序》為眾。孔門事語地位雖不若五經，卻普遍存在漢代諸子著作中。除了孔子成為無所不知的聖人[6]，孔門弟子形象也有所翻轉。例如，在《論語》中，子路以率直個性、勇猛著稱，但在《說苑》中，卻有著「子路負米」的孝親形象[7]。子貢在《論語》中，以善貨殖、言語、外交見長，但《說苑》中，亦出現了子貢進賢的賢臣形象。冉求以軍事見長，《說苑》、《新序》卻不見冉求事蹟。顏回於《論語》以安貧好學見稱[8]，但在《說苑》中，卻成為可以上窮「成人之行」的智者。《論語》既是啟蒙讀物，孔門弟子即是士人自幼即耳熟能詳的人物，若能於其中賦予國家政教精神，即能收廣泛流傳之效。

歷來論孔子形象者，多從《史記》〈孔子世家〉立論，參酌《左傳》、先秦諸子中孔子敘述（《莊子》中刻意歪曲孔門形象以抒自身學說之敘述不入）、兩漢史傳而成，對劉向《說苑》、《新序》中所存戰

---

6 孔子形象從戰國至漢初的轉變，可參伍振勳：〈大儒與至聖：戰國至漢初的孔子形象〉，收入黃俊傑主編：《東亞視域中孔子的形象與思想》（臺北市：臺灣大學出版中心，2015年11月），頁1-30。

7 見〔漢〕劉向撰，向宗魯校證：《說苑校證》〈建本〉（北京市：中華書局，2000年3月）。詳後論述。

8 《論語》〈雍也〉：〔哀公問：「弟子孰為好學？」孔子對曰：「有顏回者好學，不遷怒，不貳過。不幸短命死矣！今也則亡，未聞好學者也。」〕《論語》〈先進〉：〔季康子問：「弟子孰為好學？」孔子對曰：「有顏回者好學，不幸短命死矣！今也則亡。」〕《論語》〈雍也〉：〔子曰：「賢哉回也！一簞食，一瓢飲，在陋巷。人不堪其憂，回也不改其樂。賢哉回也！」〕

國時期孔門事語，往往以傳說佚聞視之，並不採信。事實上，透過近年出土文獻的佐證，二書中的孔門事語，多能與出土文獻相互為證，其文獻之不偽，且長期流傳於戰國時期，已為確認[9]。再者，二書之編不僅具勸諫意涵，更有補史之闕之功，可窺知漢代孔子形象。這類孔門事語材料廣泛流傳於戰國兩漢，除了可作為戰國儒學研究之文獻，更可視作兩漢儒者對孔門話語的接受視角，而能見正史之外的孔子「真相」。尤其孔子從一介教育者，到了漢代，除了讖緯上神化的孔子、五經的整理者，更有了博學、權謀的先知表現。

　　孔子形象之研究由來已久，近年更新增東亞視域[10]，但對於孔門事語之思想及文獻意義，仍鮮見論述。有論者嘗從《左傳》中勾稽出「孔子曰」、「仲尼曰」的敘事結構，發現當中所展現的價值未必與《左傳》一貫，而且能展現另種值得推尊的議論，與《左傳》產生張力與辯證[11]，因此，這類孔門事語更能表現出先秦儒家針砭時政、臧否人物的入世態度，亦可以成為知識分子行事之依據；《說苑》就利用這類「孔門事語」，成為忠、孝、勇、義等士節的象徵[12]。因此，孔門事語雖仍以孔子為核心，但孔子與弟子之間的對話，漢代徵引者往往借之以為政教論述。再者，孔門事語本廣泛流傳於先秦、兩漢，當中並無定本，各家或自撰為寓言，或增補為言資，不可歸為一致之論。因此，與其爭論各章資料之真偽，不如從孔子形象、「功用」的

---

9　詳可參以下作品之討論。如：黃懷信等著：《漢晉孔氏家學與「偽書」公案》（廈門市：廈門大學出版社，2011年4月）、俞志慧：《古「語」有之：先秦思想的一種背景與資源》（上海市：華東師範大學出版社，2010年12月）。

10　詳細可參黃俊傑編：《東亞視域中孔子的形象與思想》（臺北市：臺灣大學出版中心，2015年11月）。

11　詳細說明可參李隆獻：〈《左傳》「仲尼曰敘事」芻論〉，收入氏著：《先秦兩漢歷史敘事隅論》（臺北市：臺灣大學出版中心，2017年6月），頁425-503。

12　參徐復觀：〈劉向新序說苑研究〉，《兩漢思想史》，卷3，頁49-115。

流變,以及儒家思想的變遷來論,始能得二書中所存孔門事語之文獻
意涵,並進一步思考此類文獻之定位與意義。以下即從《說苑》、《新
序》二書之編撰意義,再論二書所存孔門事語之體制思想。

## 二 《說苑》、《新序》的編撰意義

劉向處元、成二帝之時,但元帝時宦官石顯為亂,「望之、堪、
更生議,欲白罷退之。未白而語泄,遂為許、史及恭、顯所譖愬,
堪、更生下獄,及望之皆免官。[13]」直到天降災異,元帝復以為諫大
夫。劉向見周堪、張猛在位,懼其傾危,乃上封事諫曰:

> 自古明聖,未有無誅而治者也,故舜有四放之罰,而孔子有兩
> 觀之誅,然後聖化可得而行也。今以陛下明知,誠深思天地之
> 心,跡察兩觀之誅,覽否泰之卦,觀雨雪之詩,歷周、唐之所
> 進以為法,原秦、魯之所消以為戒,考祥應之福,省災異之
> 禍,以揆當世之變,放遠佞邪之黨,壞散險詖之聚,杜閉群枉
> 之門,廣開眾正之路,決斷狐疑,分別猶豫,使是非炳然可
> 知,則百異消滅,而眾祥並至,太平之基,萬世之利也。[14]

此文引了孔子誅少正卯的典故[15],指出佞臣在位,將使國家走向

---

13 《漢書》(北京市:中華書局,1997年10月),卷36,〈楚元王傳第六〉,頁1930。

14 《漢書》,卷36,〈楚元王傳第六〉,頁1946。

15 孔子誅少正卯事《論語》未載,首見於《荀子》〈宥坐〉:「孔子為魯攝相,朝七日
而誅少正卯。門人進問曰:「夫少正卯魯之聞人也,夫子為政而始誅之,得無失
乎,」孔子曰:「居,吾語女其故。人有惡者五,而盜竊不與焉:一曰:心達而
險;二曰:行辟而堅;三曰:言偽而辯;四曰:記醜而博;五曰:順非而澤──此
五者有一於人,則不得免於君子之誅,而少正卯兼有之。故居處足以聚徒成群,言

敗亡。一旦除去奸臣，災異自然消散，祥瑞並集。劉向以災異之說悃
之，然元帝終不聽，甚至廢劉向十餘年。成帝即位，劉向重為拔擢，
為光祿大夫。成帝時大將軍王鳳「倚太后，專國權」，時天有災異，
劉向認為是『外戚貴盛，鳳兄弟用事之咎。[16]』然終不能奪王鳳權。
又見成帝無嗣，政出外戚，使其勢力浸盛，上封事諫曰：

> 晉有六卿，齊有田、崔，衛有孫、甯，魯有季、孟，常掌國
> 事，世執朝柄。終後田氏取齊；六卿分晉；崔杼弒其君光；孫
> 林父、甯殖出其君衎，弒其君剽；季氏八佾舞於庭，三家者以
> 雍徹，並專國政，卒逐昭公。周大夫尹氏筦朝事，濁亂王室，
> 子朝、子猛更立，連年乃定。故經曰「王室亂」，又曰「尹氏
> 殺王子克」，甚之也。春秋舉成敗，錄禍福，如此類甚眾，皆
> 陰盛而陽微，下失臣道之所致也。故書曰：「臣之有作威作福，
> 害于而家，凶于而國。」孔子曰「祿去公室，政逮大夫」，危
> 亡之兆。秦昭王舅穰侯及涇陽、葉陽君專國擅勢，上假太后之
> 威，三人者權重於昭王，家富於秦國，國甚危殆，賴寤范睢之
> 言，而秦復存。二世委任趙高，專權自恣，壅蔽大臣，終有閻
> 樂望夷之禍，秦遂以亡。近事不遠，即漢所代也。[17]

　劉向藉春秋末期大夫執掌國政，如六卿專晉政，最終三家分晉。

---

談足飾邪營眾，強足以反是獨立，此小人之桀雄也，不可不誅也。是以湯誅尹諧，
文王誅潘止，周公誅管叔，太公誅華仕，管仲誅付里乙，子產誅鄧析史付，此七子
者，皆異世同心，不可不誅也。《詩》曰：『憂心悄悄，慍於群小。』小人成群，斯
足憂也。」見王先謙撰，沈嘯寰、王星賢點校：《荀子集解》（北京市：中華書局，
1997年10月），卷20，〈宥坐篇第二十八〉，頁520-521。

16 《漢書》〈楚元王傳第六〉，頁1950。

17 《漢書》〈楚元王傳第六〉，頁1958-1959。

齊倚權田氏，最後田氏代齊等例子，向成帝說明「私家重於公室」，將導致亡國危機。外戚尤為政治大患。《漢書》記載：

> 向每召見，數言公族者國之枝葉，枝葉落則本根無所庇廕；方今同姓疏遠，母黨專政，祿去公室，權在外家，非所以彊漢宗，卑私門，保守社稷，安固後嗣也。向自見得信於上，故常顯訟宗室，譏刺王氏及在位大臣，其言多痛切，發於至誠。上數欲用向為九卿，輒不為王氏居位者及丞相御史所持，故終不遷。[18]

儘管陳辭剴切，但成帝最終卻沒有改變現狀，即使有意任用劉向，最後仍被朝廷中王莽一派外戚所阻。

劉向作《新序》、《說苑》等書，用意可見於《漢書》〈楚元王傳第六〉：

> 向睹俗彌奢淫，而趙、衛之屬起微賤，踰禮制。向以為王教由內及外，自近者始。故採取詩書所載賢妃貞婦，興國顯家可法則，及孽嬖亂亡者，序次為《列女傳》，凡八篇，以戒天子。及采傳記行事，著《新序》、《說苑》凡五十篇奏之。數上疏言得失，陳法戒。書數十上，以助觀覽，補遺闕。上雖不能盡用，然內嘉其言，常嗟歎之。[19]

此三書主要作於成帝時期，蓋成帝時前有趙氏后妃之亂，故作《列女傳》針砭之；後有外戚王氏之掌權，外家浸盛，故作《新序》、《說苑》指示為政之道。《新序》、《說苑》之作，乃采傳記之說

---

18 《漢書》〈楚元王傳第六〉，頁1966。
19 《漢書》〈楚元王傳第六〉，頁1957-1958。

以陳王教、法戒。因此劉向之《新序》、《說苑》二書，本意即在針對
當前政治、社會問題提出建言。[20]

　　比較《說苑》篇目[21]與《新序》篇目[22]，可以發現二者確實能體
現對帝王的勸諫意涵，二書同樣都徵引了大量孔門事語資料，《說苑》
尤多，以此，嘗有論者分析當中隱含之孔子思想，包含立志修身、忠
孝尊禮等倫常、立節質樸、崇儒等層面[23]。但在個人修身的道德訓誡
之外，若從體制角度觀察，更可見以孔子言論闡揚政教的體制效用。
以此，本文擬從二書所輯孔門事語，思考孔門事語在兩漢的意涵。

　　《新序》與《說苑》所載孔門事語數量，整理如下：

　　　　《新序》：〈雜事一〉一、〈雜事四〉二、〈雜事五〉五、〈刺
　　　　奢〉一、〈節士〉二，總計十一條。
　　　　《說苑》則為：〈君道〉五、〈臣術〉二、〈建本〉十四、〈立
　　　　節〉四、〈貴德〉七、〈復恩〉四、〈政理〉十六、〈尊賢〉九、
　　　　〈正諫〉三、〈敬慎〉九、〈善說〉六、〈奉使〉一、〈權謀〉
　　　　六、〈至公〉七、〈指武〉七、〈談叢〉一、〈雜言〉三十六、
　　　　〈辯物〉七、〈脩文〉十、〈反質〉四，總計一五八條。

---

20 已有論者針對二書中隱含的社會批判，表列各篇對應的社會問題，如〈刺奢〉在批
　判奢靡浪費，〈節士〉批判不能堅守氣節之士人，〈正諫〉論不能諍言直諫等，見王
　啟敏：《劉向《新序》、《說苑》研究》（合肥市：安徽大學出版社，2011年4月），頁
　82-83。

21 包含：君道、臣術、建本、立節、貴德、復恩、政理、尊賢、正諫、法誡、善說、
　奉使、權謀、至公、指武、談叢、雜言、辯物、脩文、佚文等總計二十一篇。

22 包含：雜事、刺奢、義勇、善謀、節士等總計十篇。

23 參林葉連：〈《說苑》弘揚「孔子」之研究──思想方面〉，《漢學研究集刊》第12期
　（2011年6月），頁23-80。林氏另有〈《說苑》弘揚「孔子」所採行之體例研究〉，
　《漢學研究集刊》第15期（2012年12月），頁1-28。林文雖然搜查細密，卻未能進一
　步與漢代國政互為梳理，僅作靜態之呈現。

限於篇幅,以下即擇具代表性的孔門事語,論述當中呈現的漢代政教體系圖像。

## 三 無為之治與尚賢精神

漢遭秦燹,立國以來一直都有無為而治的政治呼籲,一方面為了休養生息,另方面則符合黃老道家「主無為」的治國方針,文、景即以「無為」開創文景之治[24]。武帝之後雖以儒術為尊,但宣帝「漢家自有制度,本以霸王道雜之,奈何純任德教,用周政乎![25]」可以看出國政的方針,最終仍依循君主自身的思想傾向。劉向在《說苑》中,亦有明顯的無為而治的主張。如〈君道〉第一章云:

> 晉平公問於師曠曰:「人君之道如何?」對曰:「**人君之道清淨
> 無為**,務在博愛,趨在任賢;廣開耳目,以察萬方;不固溺於
> 流俗,不拘繫於左右;廓然遠見,踔然獨立;屢省考績,以臨
> 臣下。此人君之操也。」平公曰:「善!」[26]

〈君道〉首章就定「主無為」為治國原則。人君之所以能無為國治,在於有賢臣輔政,以及完善的考課制度可以監督、管控臣下的績效。

〈君道〉第二章繼續此一無為治國的國策。文曰:

---

24 關於漢初無為之治的細節,可參徐其寧:〈漢初無為之治研探:思想與政治運作之互動〉,《世新人文社會學報》第14期(2013年7月),頁97-122。

25 班固:《漢書》,卷9,〈元帝紀〉,頁277。

26 〔漢〕劉向撰,向宗魯校證:《說苑校證》(北京市:中華書局,2000年3月),卷1,〈君道〉,頁1-2。

齊宣王謂尹文曰：「人君之事何如？」

尹文對曰：「人君之事，**無為而能容下**。夫事寡易從，法省易因；故民不以政獲罪也。大道容眾，大德容下；聖人寡為而天下理矣。《書》曰：『睿作聖』。詩人曰：『岐有夷之行，子孫其保之！』」

宣王曰：「善！」[27]

〈君道〉第十一章，就有了以孔子之言支持無為之治的主張。文云：

虞人與芮人質其成於文王，入文王之境，則見其人民之讓為士大夫；入其國則見其士大夫讓為公卿；二國者相謂曰：「其人民讓為士大夫，其士大夫讓為公卿，然則此其君亦讓以天下而不居矣。」二國者，未見文王之身，而讓其所爭以為閑田而反。孔子曰：「大哉文王之道乎！其不可加矣！不動而變，**無為而成**，敬慎恭己而虞芮自平。」故書曰：「惟文王之敬忌。」此之謂也。[28]

此章論虞芮二國爭田，入文王之境才發現其國人民相讓為尚，其風無所爭，以此領悟這種相讓無爭的風俗，乃君主無為於天下的治國風格。然而，要達到君無為而天下治，最重要的是需有賢臣。「舉賢」向為儒家重要政治主張，《說苑》進一步發揮「舉賢」議題，以「進賢為賢」為「臣術」。〈臣術〉第四章云：

---

27　《說苑校證》，卷1，〈君道〉，頁2。

28　《說苑校證》，卷1，〈君道〉，頁8-9。

子貢問孔子曰：「今之人臣孰為賢？」孔子曰：「吾未識也，往者齊有鮑叔，鄭有子皮，賢者也。」子貢曰：「然則齊無筦仲，鄭無子產乎？」子曰：「賜，汝徒知其一，不知其二，汝聞進賢為賢耶？用力為賢耶？」子貢曰：「進賢為賢？」子曰：「然，吾聞鮑叔之進筦仲也，聞子皮之進子產也，未聞筦仲子產有所進也。」[29]

若只是自己賢能，並不能算是賢臣，還要有識人之明，引薦賢人，才能達到徹底的賢能政治，並達到「無為」之治的目的。《說苑》〈政理〉第廿三章云：

宓子賤治單父，彈鳴琴，身不下堂而單父治。巫馬期亦治單父，以星出，以星入，日夜不出，以身親之，而單父亦治。巫馬期問其故於宓子賤，宓子賤曰：「我之謂任人，子之謂任力；任力者固勞，任人者固佚。」人曰宓子賤，則君子矣，佚四肢，全耳目，平心氣而百官治，任其數而已矣。巫馬期則不然，弊性事情，勞煩教詔，雖治猶未至也。[30]

宓子賤與巫馬期先後為單父宰，宓子賤逸，巫馬期勞，人卻讚宓子賤，原因就在於宓子賤善於選人，並懂得放權，因此身不勞而民治。巫馬期事必躬親，所謂「以星出，以星入」，為了公務晚出晚歸，雖然戮力為公，卻不免有勞煩教詔之譏。此章亦是「主無為而臣有為」的具體事例。

---

29 《說苑校證》，卷2，〈臣術〉，頁38-39。
30 《說苑校證》，卷7，〈政理〉，頁158-159。

## 四　君臣分際

　　劉向在對元帝時上陳封事，曾用了孔子誅少正卯的典故「兩觀之誅」[31]，藉以說明誅亂臣以反正的必要性。而不論是宦官或外戚，漢代各階段都有「私家盛，公門毀」的政治危機[32]，因此劉向以孔子之言重申君臣上下分際。〈君道〉曰：

> 孔子曰：夏道不亡，商德不作；商德不亡，周德不作；周德不亡，春秋不作；春秋作而後君子知周道亡也。故上下相虧也，猶水火之相滅也，人君不可不察而大盛其臣下，此私門盛而公家毀也，人君不察焉，則國家危殆矣。笭子曰：權不兩錯，政不二門。故曰：脛大於股者難以步，指大於臂者難以把，本小末大，不能相使也。[33]

　　春秋時期家臣權重於國君，國君權力被架空，以此有「弒君三十六」之數[34]，這種「私門盛而公家毀」的現象，正是造成春秋政治崩毀、國家滅亡的主因。劉向眼見成帝時外戚權盛，以此春秋歷史作為殷鑑。

　　《論語》「正名」之說的提出，本針對衛國晚期父子爭國的情形而發，《說苑》進一步發揮此思想，成為上下標準的界定原則。這樣的「正名」原則，也為劉向繼承。《新序》〈雜事五〉云：

---

31 見前揭引文。
32 詳細可參廖伯源：〈論秦漢之宦官〉，收入氏著：《制度與政治——政治制度與西漢後期之政局變化》（北京市：中華書局，2017年3月），頁264-275。
33 《說苑校證》，卷1，〈君道〉，頁31-32。
34 司馬遷：《史記》〈太史公自序〉（北京市：中華書局，1991年10月），頁3297。

孔子侍坐於季孫，季孫之宰通曰：「君使人假馬，其與之乎？」孔子曰：「吾聞取於臣謂之取，不曰假。」季孫悟，告宰通曰：「自今以來，君有取謂之取，無曰假。」故孔子正假馬之名，而君臣之義定矣。《論語》曰：「必也正名。」《詩》曰：「無易由言，無曰苟矣。」可不慎乎？[35]

由季孫向孔子借馬的「假」、「取」之說，讓季孫明白，即使你的政治位階高於臣子，但向臣子索取物品，此即為「取」，不能輕描淡寫的說是「假」（借），以一字之差，勘定了君臣上下義則。

《說苑》〈臣術〉廿二章又云：

子路為蒲令，備水災，與民春修溝瀆，為人煩苦，故予人一簞食，一壺漿，孔子聞之，使子貢復之，子路忿然不悅，往見夫子曰：「由也以暴雨將至，恐有水災，故與人修溝瀆以備之，而民多匱於食，故與人一簞食一壺漿，而夫子使賜止之，何也？夫子止由之行仁也，夫子以仁教而禁其行仁也，由也不受。」子曰：「爾以民為餓，何不告於君，發倉廩以給食之；而以爾私饋之，是汝不明君之惠，見汝之德義也，速已則可矣，否則爾之受罪不久矣。」子路心服而退也。[36]

在施作水災防禦工事時，子路為了慰勞一同辛苦工作的百姓，特發放飲食饗之，但孔子卻讓子貢前往制止。子路不明，認為解民之饑乃孔子仁政之實踐，孔子不但沒有讚美，反而阻止。原因即在孔子認為子路此舉會讓百姓誤會國君不體恤人民，是人臣施恩惠給百姓，功

---

35 劉向編，石光瑛校釋：《新序校釋》（北京市：中華書局，2001年1月），頁720-721。
36 《說苑校證》，卷2，〈臣術〉，頁54-55。

勞在地方官員。百姓若有凍餒之患，當稟告君主，而非自己擅自作
為。若從《論語》愛民如己的觀念來看，《說苑》此章論述，頗有法
家「冠雖穿弊，必戴於頭；履雖五采，必踐之於地」（《韓非子》〈外
儲說左下〉）之意。事實上，《說苑》〈奉使〉第十章就有類似的話
語：「冠雖弊，宜加其上；履雖新，宜居其下」[37]。可以看出劉向維護
君權的意識。

　　除了透過尊君意識的建立，對於這種上下不可顛倒混亂的意識，
《說苑》也延伸到臣術上。〈臣術〉十八章載：

> 子貢問孔子曰：「賜為人下，而未知所以為人下之道也？」孔
> 子曰：「為人下者，其猶土乎！種之則五穀生焉，掘之則甘泉
> 出焉，草木植焉，禽獸育焉，生人立焉，死人入焉，多其功而
> 不言，為人下者，其猶土乎！」[38]

　　處於臣「下」，就該安於臣「下」之位，要像泥土一樣，滋養萬
物（輔佐君王）而不居功。一方面融合了儒家「無伐善、無施勞」的
謙讓精神，一方面又成為穩固君臣一倫的政治結構。

　　《新序》〈雜事五〉亦有類似事例。第九章云：

> 仲尼為魯司寇，沈猶氏不敢朝飲其羊，公慎氏出其妻，慎潰氏
> 踰境而走，魯之鬻牛馬不豫賈，布正以待之也。居於闕黨，闕
> 黨之子弟，罔罟分有親者取多，孝悌以化之也。儒者在本朝則
> 美政，在下位則美俗，儒之為人下如是矣。[39]

---

37　《說苑校證》，卷12，〈奉使〉，頁301-302。

38　《說苑校證》，卷2，〈臣術〉，頁38-39。

39　《新序》，卷5，〈雜事五〉，頁696-697。

此章雖是論儒的政治效用，但亦是將儒者置於體制內，說明以儒者為臣，上能美政，下能純化風俗。

## 五　孝道精神

漢武帝元朔元年冬十一月，詔舉孝廉，「今詔書昭先帝聖緒，令二千石舉孝廉，所以化元元，移風易俗也。不舉孝，不奉詔，當以不敬論。不察廉，不勝任也，當免。[40]」而漢代帝王均以「孝」諡，可知「孝」為漢代國策。

閔子騫名列孔門德行科，《論語》中雖有「孝哉閔子騫」之譽，並指出其孝行連自己父母、兄弟都稱讚，所謂「人不間於其父母昆弟之言」[41]之說。但在後世流傳廣泛的「廿四孝中」，卻有了「單衣順母」的故事。《說苑》〈佚文〉第一章載：

> 閔子騫兄弟二人，母死，其父更娶，復有二子。子騫為其父御車，失轡，父持其手，衣甚單。父則歸，呼其後母兒，持其手，衣甚厚溫，即謂其婦曰：「吾所以娶汝，乃為吾子，今汝欺我，去，無留！」子騫前曰：「母在一子單，母去四子寒。」其父默然。故曰：「孝哉閔子騫，一言其母還，再言三子溫。」[42]

曾子在《論語》中以能做到反躬自省的德行精神著稱，到了漢朝，卻成了《孝經》的作者，並加入了《戰國策》中「曾參殺人」的

---

40　班固：《漢書》〈武帝紀〉，卷6，頁167。

41　《論語》（十三經注疏本），卷11，〈先進第十一〉，頁96-2。

42　《說苑校證》〈佚文輯補〉，頁533。

故事，此後再延伸出「齧指痛心」的母子連心孝親形象，賦予曾子更高的孝道表徵。兩漢以「孝」立國，帝王以「孝」為謚，孔門弟子在原先的《論語》形象外，魂縈於漢，成了孝道精神的展現與楷模、實踐者。如《史記》〈仲尼弟子列傳〉紀載：

> （閔子騫）少孔子十五歲。孔子曰：「孝哉閔子騫！人不閒於其父母昆弟之言。」（曾參）少孔子四十六歲。 孔子以為能通孝道……故授之業。作孝經。死於魯。[43]

　　這些著名的孔門孝子，其孝順形象並不存於《論語》，而獨發於兩漢孔門事語，若不論其紀載真實與否，正可知孔門事語於兩漢之作用，就在彰政教之精神。
　　《新序》中，〈雜事一〉第三章載：

> 孔子在州里，<u>篤行孝道</u>，居於闕黨，闕黨之子弟畋漁，分有親者多，孝以化之也。是以七十二子，自遠方至，服從其德。魯有沈猶氏者，旦飲羊飽之，以欺市人。公慎氏有妻而淫，慎潰氏奢侈驕佚，魯市之鬻牛馬者善豫賈。孔子將為魯司寇，沈猶氏不敢朝飲其羊，公慎氏出其妻，慎潰氏踰境而徙，魯之鬻馬牛不豫賈，布正以待之也。既為司寇，季孟墮郈費之城，齊人歸所侵魯之地，由積正之所致也。故曰：「其身正，不令而行。」[44]

　　孔門之孝悌傳統，就由孔子開啟。此章顯示了孔子以孝道精神感

---

43　《史記》，卷67，〈仲尼弟子列傳第七〉，頁2188。
44　《新序校釋》，卷1，〈雜事一〉，頁19-21。

動鄰里，化育當地子弟，甚且因此吸引了孔門七十二弟子前來問學。
而孔子執政後，為非作歹之人，或移居、或改正，都是受到孔子孝順
精神的感召。準此，孝道即做人的根本。類似的事例還可參見《新
序》〈雜事五〉第九章。文云：

> 秦昭王問孫卿曰：「儒無益於人國。」孫卿曰：「儒者法先王，
> 隆禮義，謹乎臣子，而能致貴其上者也。人主用之，則進在本
> 朝；置而不用，則退編百姓，而慤必為順下矣。雖窮困凍餒，
> 必不以邪道為食，置無錐之地，而明於持社稷之大計，叫呼而
> 莫之能應，然而通呼裁萬物，養百姓之經紀。勢在人上，則王
> 公之才也；在人下，則社稷之臣，國君之寶也。雖隱於窮閻漏
> 屋，人莫不貴之，道誠存也。仲尼為魯司寇，沈猶氏不敢朝飲
> 其羊，公慎氏出其妻，慎潰氏踰境而走，魯之鬻牛馬不豫賈，
> 布正以待之也。居於闕黨，闕黨之子弟，罔罟分有親者取多，
> **孝悌以化之**也。儒者在本朝則美政，在下位則美俗，儒之為人
> 下如是矣。」[45]

　　不只是作為執政者的道德要求，孝道也是施政的第一原則。《說
苑》〈政理〉第十章云：

> 魯有父子訟者，康子曰：「殺之！」孔子曰：「未可殺也。夫民
> 不知子父訟之不善者久矣，是則上過也；上有道，是人亡
> 矣。」康子曰：「夫治民以孝為本，今殺一人以戮不孝，不亦
> 可乎？」孔子曰：「不孝而誅之，是虐殺不辜也。三軍大敗，

---

45 《新序校釋》，卷5，〈雜事五〉，頁692-697。

不可誅也；獄訟不治，不可刑也；上陳之教而先服之，則百姓從風矣，躬行不從而后俟之以刑，則民知罪矣；夫一仞之牆，民不能踰，百仞之山，童子升而遊焉，陵遲故也！今是仁義之陵遲久矣，能謂民弗踰乎？《詩》曰：『俾民不迷！』昔者君子導其百姓不使迷，是以威屬而不至，刑錯而不用。」於是訟者聞之，乃請無訟。[46]

　　為政之所以要求孝道優先，在於執政者要為「民之父母」。《說苑》〈政理〉第十一章云：

魯哀公問政於孔子，對曰：「政有使民富且壽。」哀公曰：「何謂也？」孔子曰：「薄賦斂則民富，無事則遠罪，遠罪則民壽。」公曰：「若是則寡人貧矣。」孔子曰：「《詩》云：『凱悌君子，民之父母』，未見其子富而父母貧者也。」[47]

　　此種以孝道作為為政者立身的要求，與《說苑》之論若合符節。〈建本〉第三章指出，孝順是立身處世的根本。文云：

孔子曰：行身有六本，本立焉，然後為君子立體有義矣，而孝為本；處喪有禮矣，而哀為本；戰陣有隊矣，而勇為本；政治有理矣，而能為本；居國有禮矣，而嗣為本；生才有時矣，而力為本。[48]

---

46　《說苑校證》，卷7，〈政理〉，頁149。
47　《說苑校證》，卷7，〈政理〉，頁149-150。
48　《說苑校證》，卷3，〈建本〉，頁56。

　　孝順是君子道德的根基，由此孝道就與儒家「君子務本，本立而道生」的觀念合而為一了。〈建本〉第四章即論：「夫子亦云：『人之行莫大於孝。』孝行成於內而嘉號布於外，是謂建之於本而榮華自茂矣。[49]」第五章載子路負米一事，說明孝道是做人根本的具體事例。第五章云：

> 子路曰：負重道遠者，不擇地而休；家貧親老者，不擇祿而仕。昔者由事二親之時，常食藜藿之實而為親負米百里之外，親沒之後，南遊於楚，從車百乘，積粟萬鍾，累茵而坐，列鼎而食，願食藜藿負米之時不可復得也；枯魚銜索，幾何不蠹，二親之壽，忽如過隙，草木欲長，霜露不使，賢者欲養，二親不待，故曰：家貧親老不擇祿而仕也。[50]

　　子路此事置於〈建本〉，可以看出孝道精神不僅是為政者基本的道德要求，也是儒家在出處進退衝突中，退隱的道德選擇。此種為了孝親放棄仕祿的精神，也同樣表現在為學或為孝的衝突上。《說苑》〈敬慎〉：

> 孔子行遊中路聞哭者聲，其音甚悲，孔子曰：「驅之！驅之！前有異人音。」少進，見之，丘吾子也，擁鐮帶索而哭，孔子辟車而下，問曰：「夫子非有喪也？何哭之悲也。」丘吾子對曰：「吾有三失。」孔子曰：「願聞三失。」丘吾子曰：「吾少好學問，周遍天下，還後吾親亡，一失也。事君奢驕，諫不

---

49　《說苑校證》，卷3，〈建本〉，頁59。
50　《說苑校證》，卷3，〈建本〉，頁59。

遂，是二失也。厚交友而後絕，三失也。樹欲靜乎風不定，子
欲養吾親不待；往而不來者，年也；不可得再見者，親也。請
從此辭。」則自刎而死。孔子曰：「弟子記之，此足以為戒
也。」於是弟子歸養親者十三人。[51]

孔門雖重學，但此則中明顯將孝親置於為學之上，可見其對孝道之重
視。

此外如《新序》〈雜事三〉：「里名勝母，而曾子不入；邑號朝
歌，墨子回車。[52]」《說苑》〈談叢〉：「邑名勝母，曾子不入；水名盜
泉，孔子不飲，醜其聲也。[53]」因地名、泉名字音字義不佳，以孝行
著稱的曾子，以德行為尚的孔子，都不願意與之關聯，可為士者潔身
自愛，無時無刻恪守道德修養的精神表徵。

## 六　明禮以博學

在政教論述中，必然涉及的，就是對禮樂制度的評議。但從篇目
來看，劉向並未針對任何一具體的禮制提出諫言，也沒有關於對禮義
的評論，但在選錄的孔門事語中，卻不乏針對違禮情境，提出褒貶不
一的評價。如《說苑》〈權謀〉第四章，曰：

孔子與齊景公坐，左右白曰：「周使來言廟燔。」齊景公出問
曰：「何廟也？」孔子曰：「是釐王廟也。」景公曰：「何以知
之？」孔子曰：「《詩》云：『皇皇上帝，其命不忒。』天之與

---

51　《說苑校證》，卷10，〈敬慎〉，頁260-261。

52　劉向編，石光瑛校釋：《新序校釋》，卷3，〈雜事三〉，頁452。

53　《說苑校證》，卷16，〈談叢〉，頁385。

人，必報有德，禍亦如之。夫釐王變文武之制而作玄黃宮室，
興馬奢侈，不可振也。故天殃其廟，是以知之。」景公曰：
「天何不殃其身而殃其廟乎？」子曰：「天以文王之故也。若
殃其身，文王之祀，無乃絕乎？故殃其廟以章其過也。」左右
入報曰：「周釐王廟也。」景公大驚，起拜曰：「善哉！聖人之
智，豈不大乎！」[54]

　　周使只通報廟燔，在沒有其他線索下，孔子就能知道起火的是釐
王宗廟。其所以能知，在於釐王變先王之制，作玄黃宮室，故上天壞
其廟譴告之。而為了文王一系的祭祀，故不在釐王生前降災，而在崩
後究責。此處所言「殃」，明顯受到漢代陰陽五行感應之說的影響，
轉變了先秦時期「不語怪力亂神」的孔子觀點，因此孔子從「降災」
的角度，指出廟燔的原因。齊景公讚譽孔子之智，除了包含讚揚孔子
對廟制禮制的熟稔，更雜糅了漢代以孔子為神聖感通的形象。[55]
　　同篇第十章云：

魯公索氏將祭而亡其牲。孔子聞之，曰：「公索氏比及三年必
亡矣。」後一年而亡。弟子問曰：「昔公索氏亡牲，夫子曰：
『比及三年必亡矣。』今期年而亡。夫子何以知其將亡也。」
孔子曰：「祭之為言索也，索也者盡也，乃孝子所以自盡於親
也。至祭而亡其牲，則餘所亡者多矣。吾以此知其將亡矣。」[56]

---

54 《說苑校證》，卷13，〈權謀〉，頁314-315。

55 關於孔子形象的轉變，可參吳曉昀：《道與政之間：戰國到西漢晚期的孔子論述研
　　究》（新竹市：清華大學中文系博士論文，2018年8月）。

56 《說苑校證》，卷13，〈權謀〉，頁318-319。

以牲禮之壞推斷公索氏將亡，並非孔子有特異功能，能預測人之生死，而是知道祭祀的本意在於尊親、敬親。連祭祀的基本牲禮都不能護持無缺損，可知祭者是將祭禮視為僵化的儀式，情感上已然親盡，更不用說他對其他禮制或對人仍保有基本原則的尊重。

以上二則都有種「預言」的性質，但孔子之所以能神預測，在於熟知古代禮制，故能從當下的情形，推知事情發生的緣由。因此，這樣的「權謀」，正展現了孔子「博學」的一面。《說苑》釋「權謀」之意，不是計謀、心機的意思，而是「知命、知事」。〈權謀〉首章定義曰：

> 聖王之舉事，必先諦之於謀慮，而後考之於蓍龜。白屋之士，皆關其謀；芻蕘之役，咸盡其心。故萬舉而無遺籌失策。傳曰：「眾人之智，可以測天，兼聽獨斷，惟在一人。」此大謀之術也。謀有二端：上謀知命，其次知事。知命者預見存亡禍福之原，早知盛衰廢興之始，防事之未萌，避難於無形，若此人者，居亂世則不害於其身，在乎太平之世則必得天下之權；彼知事者亦尚矣，見事而知得失成敗之分，而究其所終極，故無敗業廢功。孔子曰：「可與適道，未可與權也。」夫非知命知事者，孰能得權謀之術。[57]

因此，所謂的「權謀」，乃是因為知天命、知世運而呈現的「多智、博學」形象。

又，《新序》〈雜事五〉載：

---

57 《說苑校證》，卷13，〈權謀〉，頁311。

哀公問於孔子曰：「寡人聞之，東益宅不祥，信有之乎？」孔
子曰：「不祥有五，而東益不與焉。夫損人而益己，身之不祥
也；棄老取幼，家之不祥也；釋賢用不肖，國之不祥也；老者
不教，幼者不學，俗之不祥也；聖人伏匿，愚者擅權，天下之
不祥也。故不祥有五，而東益不與焉。《詩》曰：『各敬爾儀，
天命不又。』未聞東益之與為命也。」[58]

　　此則乃魯哀公問不祥事，以為東益宅將帶來災難。孔子將這樣關
乎個人吉凶休咎的禮俗內容，擴大為治國內容。
　　除了孔子具有「預言」的能力，在《論語》中以「安貧樂道」著
稱的顏淵，在劉向的取例中，卻是具有先知般的聰明人物。這種預言
能力，與其師孔子一樣，是透過細膩的觀察能力與豐富的典籍知識而
成。《新序》〈雜事五〉云：

顏淵侍魯定公于臺，東野畢御馬於臺下。定公曰：「善哉！東
野之御。」顏淵曰：「善則善矣，雖然，其馬將失。」定公不
悅，以告左右曰：「吾聞之，君子不讒人，君子亦讒人乎？」
顏淵不悅，歷階而去。須臾馬敗聞矣，定公躍席而起曰：「趨
駕請顏淵。」顏淵至，定公曰：「向寡人曰：『善哉，東野畢御
也。』吾子曰：『善則善矣，雖然，其馬將失矣。』不識吾子
何以知之也？」顏淵曰：「臣以政知之。昔者，舜工於使人，
造父工於使馬。舜不窮其民，造父不盡其馬，是以舜無失民，
造父無失馬。今東野之御也，上馬執轡，御體正矣，周旋炙
驟；朝禮畢矣，歷險致遠，而馬力殫矣，然求不已，是以知其

58　《新序校釋》，卷5，〈雜事〉，頁705-706。

失也。」定公曰：「善，可少進與？」顏淵曰：「獸窮則觸，鳥窮則啄，人窮則詐。自古及今，有窮其下能無危者，未之有也。《詩》曰：『執轡如組，兩驂如舞。』善御之謂也。」定公曰：「善哉！寡人之過也。」[59]

　　顏淵透過御馬者對馬匹任意的驅馳，以及對歷史經驗教訓的熟稔，知道「舜不窮其民，造父不盡其馬，是以舜無失民，造父無失馬。」好的執政者不會無限的驅使人民，好的馬術師也是如此，以此推定東野畢的御馬之術，將傷害馬匹的自然本性，以此論斷馬匹將受傷。可以看到，顏回不僅好學、安貧樂道，更具有超越的智慧，才能從觀察中洞燭機先的預知事情結果。

　　孔門以博學對君主行為提出建言的，還可以在〈君道〉篇看到。文云：

　　　魯哀公問於孔子曰：「吾聞君子不博，有之乎？」孔子對曰：「有之。」哀公曰：「何為其不博也？」孔子對曰：「為其有二乘。」哀公曰：「有二乘則何為不博也？」孔子對曰：「為行惡道也。」哀公懼焉。有間曰：「若是乎君子之惡惡道之甚也！」孔子對曰：「惡惡道不能甚，則其好善道亦不能甚；好善道不能甚，則百姓之親之也，亦不能甚。」《詩》云：『未見君子，憂心惙惙，亦既見止，亦既覯止，我心則說。』詩之好善道之甚也如此。哀公曰：「善哉！吾聞君子成人之美，不成人之惡。微孔子，吾焉聞斯言也哉？」[60]

---

59 《新序校釋》，卷5，〈雜事〉，頁707-712。
60 《說苑校證》，卷1，〈君道〉，頁4。

「博」戲必有輸贏，為了贏而使出巧詐之術，若放任這樣的機巧之心充盈內心，施政上就不免發生罔顧百姓的作為，以此孔子主張「君子不博」。

## 七　志節

　　無論是《韓詩外傳》或劉向之《說苑》、《新序》，都有對士節的要求[61]，這延續了《論語》中儒家知識份子的社會責任。《說苑》、《新序》對「士節」的突出[62]，強調：「士君子之有勇而果於行者，不以立節行誼，而以妄死非名，豈不痛哉！士有殺身以成仁，觸害以立義，倚於節理而不議死地；故能身死名流於來世，非有勇斷，孰能行之？[63]」這種不愛惜生命而對堅毅果敢行為的肯定，劉向認為是其節操堪比「大聖之操」。[64]

　　《說苑》〈立節〉載錄三則孔門事語，第一個在〈立節〉第二章，文例曰：

　　　　楚伐陳，陳西門燔，因使其降民修之，孔子過之，不軾，子路曰：「禮過三人則下車，過二人則軾；今陳修門者人數眾矣，

---

61　徐復觀認為，劉向的《說苑》、《新序》、《列女傳》，是承《韓詩外傳》之風而興起。見氏撰：〈韓詩外傳的研究〉，收入《兩漢思想史》（臺北市：臺灣學生書局，1979年9月），卷3，頁6。又〈劉向新序說苑的研究〉一文中，亦指出「《韓詩傳》的思想中，特別提倡士節，此全為劉向所承受。」見《兩漢思想史》（臺北市：臺灣學生書局，1979年9月），卷3，頁105。

62　徐復觀指出「《韓詩傳》的思想中，特別提倡士節，此全為劉向所承受。」故劉向的《說苑》、《新序》、《列女傳》，是承《韓詩外傳》之風而興起。見氏撰：〈韓詩外傳的研究〉，收入《兩漢思想史》，卷3，頁6，〈劉向新序說苑的研究〉，頁105。

63　《說苑校證》，卷4，〈立節〉，頁77。

64　《說苑校證》，卷4，〈立節〉，頁78。

夫子何為不軾？」孔子曰：「丘聞之，國亡而不知，不智；知
而不爭，不忠；忠而不死，不廉；今陳修門者不行一於此，丘
故不為軾也。」[65]

孔子至陳不行軾禮，原因在於楚滅陳，戰爭過程中陳國西門遭
毀，楚國使投降的陳民修繕之。作為亡國的遺民，居然乖乖聽侵略者
的話修繕西門，完全沒有亡國之悲，也沒有反抗，立即就接受了作為
楚國人的新身分。以此孔子認為陳民「不智、不忠、不廉」，以此傳
達出士君子之捨生取義的立場。

其二是〈立節〉第三章，文例曰：

孔子見齊景公，景公致廩丘以為養，孔子辭不受，出謂弟子
曰：「吾聞君子當功以受祿，今說景公，景公未之行而賜我廩
丘，其不知丘亦甚矣！」遂辭而行。[66]

齊景公不納孔子之言，故孔子辭廩丘之賜。曾子不受無謂之賜，
因「受人者畏人，予人者驕人」，故辭魯君之邑。唯有功勞而受祿，
才是真正有為有守的士節。

其三在第四章。文曰：

曾子衣弊衣以耕，魯君使人往致邑焉，曰：「請以此修衣。」
曾子不受，反復往，又不受，使者曰：「先生非求於人，人則
獻之，奚為不受？」曾子曰：「臣聞之，受人者畏人，予人者
驕人；縱子有賜不我驕也，我能勿畏乎？」終不受。孔子聞之

---

65　《說苑校證》，卷4，〈立節〉，頁79。
66　《說苑校證》，卷4，〈立節〉，頁79。

曰：「參之言，足以全其節也。」子思居於衛，縕袍無表，二旬而九食，田子方聞之，使人遺狐白之裘，恐其不受，因謂之曰：「吾假人，遂忘之；吾與人也，如棄之。」子思辭而不受，子方曰：「我有子無，何故不受？」子思曰：「伋聞之，妄與不如棄物於溝壑，伋雖貧也，不忍以身為溝壑，是以不敢當也。」[67]

魯君以曾子窮，欲致邑養活他，曾子不受，認為他並沒有要求官，也無官爵，不能無故受田邑。且無故接受他人餽贈，日後將因此對他人懷有愧疚之心，行事上必無法端正，因此始終不受。孔子讚美曾子能保全節操。子思不因田子方垂憐接受無妄之物，顯示君子不能被收買（貨）的耿直精神。這二個例子，都與《孟子》〈公孫丑下〉所云：「無處而餽之，是貨之也。焉有君子而可以貨取乎？[68]」之精神相一貫。

相較於〈立節〉其他義勇捨生的篇章，上引二章仍延續《論語》中對於士「有道則仕，無道則卷而懷之」的獨立精神，展現出士獨立於體制之外，又兼有針砭體制的忠誠。從先秦到漢代，從孔子的「仕隱有別」，到漢代的「義勇捨生」，士在大一統的環境下，如果想要堅持操守，可能只能用激烈的手段來維繫。

## 八　養身敬慎之論

歷來研究劉向思想者，多注意到劉向家族有黃老道家思想之傾

---

67　《說苑校證》，卷4，〈立節〉，頁79-80。
68　《孟子注疏》〈公孫丑章句下〉（十三經注疏本），卷第4上，頁75-1。

向。《漢書》〈楚元王傳〉記載向父劉德「修黃老術」[69]，劉向自己幼時讀「枕中鴻寶，以為奇，獻之，言黃金可成。[70]」可知劉向本人對清靜黃老之術頗具深意。劉向在政治主張上選擇無為之治，無為本具二重意涵，為政可安定天下，為身可保全小我，因此「無為」可開出「治世」與「養生」二面向[71]。《說苑》、《新序》中，即有大量養身敬慎的主張。在養生上，劉向融合了儒家〈中庸〉之慎獨說，並推為隱忍退讓之道。如《說苑》〈敬慎〉開篇即言：

> 存亡禍福，其要在身，聖人重誡，敬慎所忽。《中庸》曰：「莫見乎隱，莫顯乎微；故君子能慎其獨也。」諺曰：「誠無垢，思無辱。」夫不誠不思而以存身全國者亦難矣。《詩》曰：「戰戰兢兢，如臨深淵，如履薄冰。」此之謂也。[72]

　　首四句指出，安身之鑰在謹慎，尤其是日常容易忽略的細節。這種謹慎的工夫，正與《中庸》「慎獨」之說相合，因此他引用了〈中庸〉「莫見乎隱，莫顯乎微」之說。可以看到，劉向之謹慎退讓不取道家退守無為的消極態度，而是儒家型戰戰兢兢、細微小心的積極人格。劉向使用「敬慎」觀念處甚眾，當中還可再細分慎言、慎從、慎行等。先示「慎言」。〈敬慎〉二十五章：

---

69　《漢書》，卷36，〈楚元王傳第六〉，頁1927。

70　《漢書》，卷36，〈楚元王傳第六〉，頁1929。

71　為政可以開展出以道、法為主的刑德觀念，於身可從其宇宙精氣論開展出精氣養生說。關於黃老道家的治國養身論，論述甚多，可參陳麗桂：《戰國時期的黃老思想》（臺北市：聯經出版事業公司，1991年5月）、《秦漢時期的黃老思想》（臺北市：文津出版社，1997年2月）。

72　《說苑校證》，卷10，〈敬慎〉，頁240。

孔子之周，觀於太廟右陛之前，有金人焉，三緘其口而銘其背
曰：「古之慎言人也，戒之哉！戒之哉！無多言，多口多敗；
無多事，多事多患。安樂必戒，無行所悔。勿謂何傷，其禍將
長；勿謂何害，其禍將大；勿謂何殘，其禍將然；勿謂莫聞，
天妖伺人；熒熒不滅，炎炎奈何；涓涓不壅，將成江河；綿綿
不絕，將成網羅；青青不伐，將尋斧柯；誠不能慎之，禍之根
也；曰是何傷？禍之門也。強梁者不得其死，好勝者必遇其
敵；盜怨主人，民害其貴。君子知天下之不可蓋也，故後之下
之，使人慕之；執雌持下，莫能與之爭者。人皆趨彼，我獨守
此；眾人惑惑，我獨不從；內藏我知，不與人論技；我雖尊
高，人莫害我。夫江河長百谷者，以其卑下也；天道無親，常
與善人；戒之哉！戒之哉！」孔子顧謂弟子曰：「記之，此言
雖鄙，而中事情。《詩》曰：『戰戰兢兢，如臨深淵，如履薄
冰』。行身如此，豈以口遇禍哉！」[73]

此章借「孔子適周」一事，敘述孔子於周太廟，見金人背後銘言
領悟慎言之道。《史記》〈孔子世家〉對「孔子適周」，本為老子贈言
於孔子，曰「聰明深察而近於死者，好議人者也。博辯廣大危其身
者，發人之惡者也。為人子者毋以有己，為人臣者毋以有己。[74]」《說
苑》以相同典故，卻不取老子贈言之說，而連結到漢代「通經制義」
的經疏論述體系，以《詩經》「戰戰兢兢，如臨深淵，如履薄冰」作
結，引經以證其言，亦合乎漢代通經致用的體例。慎言之論，又可見
《說苑》〈談叢〉：「口者，關也；舌者，機也。出言不當，四馬不能
追也。口者，關也；舌者，兵也；出言不當，反自傷也。言出於己，

73 《說苑校證》，卷10，〈敬慎〉，頁258-259。
74 《史記》〈孔子世家〉，卷47，〈孔子世家第十七〉，頁1909。

不可止於人；行發於邇，不可止於遠。夫言行者君子之樞機，樞機之發，榮辱之本也，可不慎乎？故鶗子羽曰：『言猶射也。栝既離弦，雖有所悔焉，不可從而追已。』[75]」以口舌猶如兵器，施用不當不僅傷人，更將自傷。而話說出口就無法收回，因此要謹慎發言。

再論慎從。《說苑》〈敬慎〉二十九章：

> 孔子見羅者，其所得者皆黃口也，孔子曰：「黃口盡得，大爵獨不得，何也？」羅者對曰：「黃口從大爵者不得，大爵從黃口者可得。」孔子顧謂弟子曰：「君子慎所從，不得其人則有羅網之患。」[76]

捕鳥之人網中盡幼鳥。孔子覺得奇怪，為什麼網子裡沒有成鳥。捕鳥之人指出，跟隨成鳥的幼鳥捕不到，因為成鳥會帶引之避開網羅之患。但若是跟隨著幼鳥的成鳥，因為幼鳥毫無警覺心，所以容易捕獲。由此孔子領悟，在交友上若是依隨有誤，就會遭遇有如成鳥一般的網羅之患。故此章論慎從。

其三論慎行。〈敬慎〉第三章云：

> 孔子讀易至於損益，則喟然而歎，子夏避席而問曰：「夫子何為歎？」孔子曰：「夫自損者益。自益者缺，吾是以歎也。」子夏曰：「然則學者不可以益乎？」孔子曰：「否，天之道成者，未嘗得久也。夫學者以虛受之，故曰得，苟不知持滿，則天下之善言不得入其耳矣。昔堯履天子之位，猶允恭以持之，

---

75 《說苑校證》，卷16，〈談叢〉，頁402。

76 《說苑校證》，卷10，〈敬慎〉，頁261-262。

虛靜以待下，故百載以逾盛，迄今而益章。昆吾自臧而滿意，窮高而不衰，故當時而虧敗，迄今而逾惡，是非損益之徵與？吾故曰謙也者，致恭以存其位者也。夫豐明而動故能大，苟大則虧矣，吾戒之，故曰天下之善言不得入其耳矣。日中則昃，月盈則食，天地盈虛，與時消息；是以聖人不敢當盛。升輿而遇三人則下，二人則軾，調其盈虛，故能長久也。」子夏曰：「善，請終身誦之。」[77]

第四章云：

孔子觀於周廟而有欹器焉，孔子問守廟者曰：「此為何器？」對曰：「蓋為右坐之器。」孔子曰：「吾聞右坐之器，滿則覆，虛則欹，中則正，有之乎？」對曰：「然。」孔子使子路取水而試之，滿則覆，中則正，虛則欹，孔子喟然嘆曰：「嗚呼！惡有滿而不覆者哉！」子路曰：「敢問持滿有道乎？」孔子曰：「持滿之道，抑而損之。」子路曰：「損之有道乎？」孔子曰：「高而能下，滿而能虛，富而能儉，貴而能卑，智而能愚，勇而能怯，辯而能訥，博而能淺，明而能闇；是謂損而不極，能行此道，唯至德者及之。《易》曰：『不損而益之，故損；自損而終，故益。』」[78]

此二章均從《易》的「損、益」兩卦，抒發謙讓的修養。第三章所謂「學者以虛受之，故曰得，苟不知持滿，則天下之善言不得入其耳矣」之說，頗近《老子》四十八章：

77 《說苑校證》，卷10，〈敬慎〉，頁241-242。
78 《說苑校證》，卷10，〈敬慎〉，頁242-243。

為學日益，為道日損。損之又損，以至於無為。無為而無不
為。取天下常以無事，及其有事，不足以取天下。（48章）[79]

　　但《老子》之說將為學與為道之途截然二分，為學愈益，對道的
修為卻是愈益減損。孔子之說，是要人對知識抱持寬大之心，生也有
涯，而學海無涯，唯有在知識面前展現謙虛之心，才能涵受更多元的
學問。

　　第四章所述「持滿之道，挹而損之」，固然可以從儒家「謙受
益、滿招損」的修身之道解釋，但實際意涵在論述「損」之效益。誠
如《老子》七十九章云：

天之道，其猶張弓與？高者抑之，下者舉之；有餘者損之，不
足者補之。天之道，損有餘而補不足。人之道，則不然，損不
足以奉有餘。孰能有餘以奉天下，唯有道者。是以聖人為而不
恃，功成而不處，其不欲見賢。（79章）[80]

　　天道以有餘補不足，表達出天道涵養萬物無私的精神。而人道損
不足提供給有餘，顯現出人的自私心理。因此若能明白天道，就能知
道「損」之為用，不僅是寬厚無私，也是自然之法則。《老子》四十
二章云：

故物或損之而益，或益之而損。人之所教，我亦教之。（42
章）[81]

---

79　高明撰：《帛書老子校注》（北京市：中華書局，2007年10月），頁53-54。

80　高明撰：《帛書老子校注》，頁53-54。

81　高明撰：《帛書老子校注》，頁32-33。

萬物均是透過減損、增益來達到平衡，因此若能屏棄於「我」是
否有用的心態，站在萬物立場看待「損益」之觀點，就能消除增則
喜、損則悲的心理。以上二章均將孔子轉為損益觀念的領悟者，明顯
有融合儒道二家的精神。而此二章都在談論謹慎行事之為要，故可歸
為慎行之論。

除了消極的謹慎行事、言語，在養護內心上，劉向又以儒家「恭
敬忠信」條目，論述修身之道。《說苑》〈敬慎〉三十一章云：

> 顏回將西遊，問於孔子曰：「何以為身？」孔子曰：「恭敬忠
> 信，可以為身。恭則免於眾，敬則人愛之，忠則人與之，信則
> 人恃之；人所愛，人所與，人所恃，必免於患矣，可以臨國
> 家，何況於身乎？故不比數而比疏，不亦遠乎？不修中而修
> 外，不亦反乎？不先慮事，臨難乃謀，不亦晚乎？」[82]

謙恭可以避免衝突，持敬可以使人親愛，忠心則能與人和平共
事，信任則使人可以信賴。故「恭敬忠信」近可以修身，遠可以事
君，是士人立身處世之道。

《說苑》〈談叢〉更有明顯的養護之說，文云：

> 民有五死，聖人能去其三，不能去其二。饑渴死者，可去也；
> 凍寒死者，可去也；罹五兵死者，可去也。壽命死者，不可去
> 也；癃疽死者，不可去也。饑渴死者，中不充也；凍寒死者，
> 外勝中也，罹五兵死者，德不忠也；壽命死者，歲數終也；癃
> 疽死者，血氣窮也。故日中不止，外淫作；外淫作者，多怨

---

82 《說苑校證》，卷10，〈敬慎〉，頁262-263。

怪；多怨怪者，疾病生。故<u>清靜無為，血氣乃平</u>。[83]

可以看到，「清淨無為」的主張，不唯治國方針，更是漢代黃老的養身良方。透過減低內在負面情緒的積壓，達到平靜無波的心境。

　　以上退守無為的觀點，除了是劉向自身的家學信念與處世智慧，也是漢代士人在專制政治下的自處之道。[84]

## 九　結論：《說苑》、《新序》中的政教藍圖

　　漢承秦制，但因典籍有闕，在禮儀制定上，亦往往透過孔門事蹟尋繹禮制，孔子言論成為漢朝制度的參照體系[85]。《漢志》著錄之《論語》類書籍雖未有一貫之思想，但作為啟蒙讀物的《論語》，當中的孔門行誼卻能成為兩漢政教論述與士人言行之表率。在郭店、上博等陸續公布的儒家類出土文獻中，劉向《說苑》、《新序》中之孔門事語文獻的真實性，已能得到確認，唯流傳過程中難免出現文辭差異。如論者就認為，《說苑》中是存在早期《春秋》傳、說材料的[86]。又有論者透過郭店楚簡與上博簡與《禮記》複重的篇目，提出「對孔子話語之收集不僅已在進行之中，更已經達到相當程度的『經典化』」[87]之

---

83　《說苑校證》，卷16，〈談叢〉，頁403。

84　關於漢代士人在政治下的壓力，可參徐復觀：〈西漢知識分子對專制政治的壓力感〉，《兩漢思想史》（臺北市：臺灣學生書局，1999年10月），卷1，頁281-292。

85　《漢書》〈藝文志〉〈六藝略〉「禮類」指出《禮記》乃「七十子後學者所記」（見《漢書》〈藝文志〉〈六藝略〉「禮類」，頁1709注），而《禮記》中又錄有大量孔門事語，使孔門事語亦有了禮制的意涵。如《禮記》〈檀弓〉多記變禮，使時人在面對特殊情事時，有了可依循的禮儀紀載。

86　見徐建委：《《說苑》研究：以戰國秦漢之間的文獻累積與學術史為中心》（北京市：北京大學出版社，2011年5月），頁141。

87　佐藤將之：《參於天地之始：荀子禮治政治思想的起源與構造》（臺北市：臺灣大學出版中心，2017年9月），頁101。

說。而劉向在編選過程中,亦不免藉縮短或增加文獻之敘事幅度,或轉變對話、獨白形式[88],來傳達思想,但就文獻內容或孔門弟子形象而言,當未改變。以此,二書所載事例,當可視為是戰國至秦漢間流傳之孔門事蹟。

綜觀孔門事語之流傳與接受,除了二戴《記》之外,劉向《說苑》、《新序》存留最眾,兩漢雖不以《論語》為尊,但卻獨尊孔子,因此喜以孔門人物申述政教精神,甚且透過與先秦不同的孔門弟子形象,以為政教之用[89],而孔子亦有了博學、權謀等多重形象。而論述中所引孔子損益養身之說,亦可以看到兩漢黃老政治精神的痕跡。因此,孔子之教垂翼於漢,就有了輔翼體制的效用。

---

88 參王啟敏:《劉向《新序》、《說苑》研究》,頁124-136。

89 陳少明曾指出,從戰國到秦漢,子貢的形象同《論語》基本一致,但子路卻有從野人到君子的成長過程。見陳少明:〈孔門三傑的思想史形象——顏淵、子貢和子路〉,收入李明輝、陳瑋芬主編:《理解、詮釋與儒家傳統:個案篇》(臺北市:中央研究院中國文哲研究所,2008年12月),頁58、62-63。

# 參考書目

## 一　《孔子家語》部分

〔明〕何孟春註　《孔子家語》　四庫存目叢書　臺南市　莊嚴文化事業公司　1995年

王肅注　《宋蜀本孔子家語》（附劉世珩《札記》）　〔清〕劉世珩重刊毛晉汲古閣版　臺北市　臺灣中華書局　1985年3月

王肅注　《孔子家語》　〔清〕黃魯曾重刊　四部叢刊初編　上海市　商務印書館　1975年

王肅注　《孔子家語》　掃葉山房百子全書　叢書集成續編　臺北市　藝文印書館　不著年代

王肅注　《孔子家語》　文淵閣四庫本　臺北市　臺灣商務　1983年

〔清〕范家相　《家語證偽》　清光緒十五年徐氏刻鑄學齋叢書本　續修四庫全書　上海市　上海古籍出版社　1995年

〔清〕孫志祖　《家語疏證》　續修四庫全書　上海市　上海古籍出版社　1995年

〔清〕姜兆錫撰　《家語正義》　清雍正十一年寅清樓刻本　四庫存目叢書　臺南市　莊嚴文化事業公司　1995年9月

〔清〕陳士珂輯　《孔子家語疏證》　叢書集成新編　臺北市　新文豐出版公司　1985年

張濤注譯　《孔子家語注譯》　西安市　三秦出版社　1998年1月

宇野精一注　《孔子家語》　東京　明治書院　2000年8月

楊朝明注　《孔子家語》　開封市　河南大學出版社　2008年3月

楊朝明、宋立林主編　《孔子家語通解》　濟南市　齊魯書社　2009
　　年4月

王國軒、王秀梅譯注　《孔子家語》　北京市　中華書局　2011年3月

## 二　傳統文獻

### （一）經部

《尚書》　十三經注疏本　臺北市　藝文印書館　2011年　江西南昌
　　府學本

《周禮》　十三經注疏本　臺北市　藝文印書館　2011年　江西南昌
　　府學本

《禮記》　十三經注疏本　臺北市　藝文印書館　2011年　江西南昌
　　府學本

《儀禮》　十三經注疏本　臺北市　藝文印書館　2011年　江西南昌
　　府學本

《春秋左傳》　十三經注疏本　臺北市　藝文印書館　2011年　江西
　　南昌府學本

《春秋公羊傳》　十三經注疏本　臺北市　藝文印書館　2011年　江
　　西南昌府學本

《論語》　十三經注疏本　臺北市　藝文印書館　2011年　江西南昌
　　府學本

《孝經》　十三經注疏本　臺北市　藝文印書館　2011年　江西南昌
　　府學本

楊伯峻編著　《春秋左傳注》　北京市　中華書局　2000年7月

方向東　《大戴禮記匯校集解》　北京市　中華書局　2008年7月

陳　立　《白虎通疏證》　北京市　中華書局　1997年10月

〔東漢〕許慎撰　鄭玄駁　《五經異議》叢書集成續編　臺北市　藝
　　文印書館　1970年

〔魏〕王　肅　《聖證論》叢書集成續編　臺北市　藝文印書館
　　1970年

〔清〕秦蕙田　《五禮通考》　文淵閣四庫全書本　臺北市　臺灣商
　　務出版社　1983年

〔清〕孫希旦撰　《禮記集解》　北京市　中華書局　1998年12月

〔清〕陳壽祺撰　曹建墩校點　《五經異義疏證》　上海市　上海古
　　籍出版社　2012年9月

〔清〕黃以周撰　王文錦點校　《禮書通故》　北京市　中華書局
　　2007年4月

## （二）史部

黃懷信等　《逸周書彙校集注》　上海市　上海古籍出版社　2007年
　　3月

〔周〕左丘明　〔三國吳〕韋昭注　《國語》　臺北市　漢京文化事
　　業公司　1983年12月

〔西漢〕司馬遷　《史記》　臺北市　鼎文書局　1979年9月

〔東漢〕班　固　《漢書》　臺北市　鼎文書局　1979年9月

〔東漢〕劉珍等撰　吳樹平校注　《東觀漢紀》　北京市　中華書局
　　2008年11月

〔東漢〕荀悅撰　張烈點校　《漢紀》　北京市　中華書局　2002年
　　6月

〔晉〕陳壽撰　〔宋〕裴松之注　《三國志》　北京市　中華書局
　　2010年4月

〔南朝宋〕范　曄　《後漢書》　臺北市　鼎文書局　1978年11月

〔北齊〕魏　收　《魏書》　北京市　中華書局　1990年12月

〔梁〕沈　約　《宋書》　北京市　中華書局　1990年12月

〔梁〕蕭子顯　《南齊書》　北京市　中華書局　1990年12月

〔唐〕房玄齡等　《晉書》　北京市　中華書局　1990年12月

〔唐〕姚思廉　《梁書》　北京市　中華書局　1990年12月

〔唐〕魏徵等　《隋書》　北京市　中華書局　1990年12月

〔後晉〕劉昫等　《舊唐書》　北京市　中華書局　1990年12月

〔宋〕歐陽修等　《新唐書》　北京市　中華書局　1990年12月

〔唐〕杜佑撰　王文錦點校　《通典》　北京市　中華書局　2007年
　　　1月

〔宋〕晁公武撰　孫猛校證　《郡齋讀書志》　上海市　上海古籍出
　　　版社　2005年10月

〔宋〕馬端臨　《文獻通考》　臺北市　新興書局　1965年10月

〔元〕脫脫等　《宋史》　北京市　中華書局　1990年12月

〔清〕趙　翼　《廿二史劄記》　臺北市　世界書局　2001年8月

〔清〕錢儀吉　《三國會要》　上海市　上海古籍出版社　1991年5月

〔清〕永瑢、紀昀　《四庫全書總目提要》　臺北市　臺灣商務印書
　　　館　2001年2月

## （三）子部

朱謙之　《老子校釋》　北京市　中華書局　2000年9月

王先謙　《荀子集解》　北京市　中華書局　1997年10月

許維遹　《呂氏春秋集注》　上海市　上海古籍出版社　2002年4月

黎翔鳳　《管子校注》　北京市　中華書局　2006年4月

〔西漢〕賈誼撰　閻振益、鍾夏校注　《新書校注》　北京市　中華
　　　書局　2000年7月

〔西漢〕董仲舒撰　蘇輿義證　《春秋繁露義證》　北京市　中華書局　2002年8月

〔西漢〕劉向編　石光瑛校釋　陳新整理　《新序校釋》　北京市　中華書局　2001年1月

〔西漢〕劉向編　向宗魯校證　《說苑校證》　北京市　中華書局　2000年3月

〔東漢〕王符撰　汪繼培箋　《潛夫論箋》　臺北市　漢京文化事業公司　1984年5月

〔魏〕劉邵撰　劉昞注　《人物志注》　臺北市　世界書局　2000年4月

余嘉錫　《世說新語箋疏》　臺北市　華正書局　2002年8月

〔南朝梁〕顏之推撰　王利器集解　《顏氏家訓集解》　臺北市　明文書局　1999年3月

〔明〕顧炎武撰　黃汝成集釋　欒保群、呂宗力校點　《日知錄集釋》　上海市　上海古籍出版社　2007年9月

吳光主編　《劉宗周全集》（第四冊）　杭州市　浙江古籍出版社　2007年4月

〔清〕凌揚藻　《蠡勺編》　《清代學術筆記叢刊》　北京市　學苑出版社　2005年9月

朱彝尊著　侯美珍、黃智明、陳恒嵩點校　《點校補正經義考經義考》　臺北市　中研院文哲所　1999年8月

〔日〕那珂通世校點　《崔東壁先生遺書十九種》　北京市　北京圖書出版社　2007年8月

林慶彰、蔣秋華主編　《李源澄著作集》　臺北市　中央研究院中國文哲研究所　2008年11月

（四）集部

俞紹初輯校　《建安七子集》　臺北市　文史哲出版社　1990年4月
〔梁〕蕭統編　《增補六臣注文選》　臺北市　漢京文化事業公司
　　　1983年9月

## 三　近人論著

（一）專著

丁凌華　《中國喪服制度史》　上海市　上海人民出版社　2000年1月
丁　鼎　《《儀禮・喪服》考論》　北京市　社會科學文獻出版社
　　　2003年7月
王小光　《中國先秦之信仰與宇宙論：以《太一生水》為中心的考
　　　察》　成都市　四川出版集團巴蜀書社　2009年5月
王仁祥　《人倫鑑識的學術史考察（魏晉以前）》　臺北市　臺灣大
　　　學文學院　2008年11月
王葆玹　《今古文經學新論》　北京市　中國社會科學出版社　2004
　　　年12月
王啟敏　《劉向《新序》、《說苑》研究》　合肥市　安徽大學出版社
　　　2011年4月
王重民　《敦煌古籍敘錄》　北京市　中華書局　2010年11月
王夢鷗　《鄒衍遺說考》　臺北市　臺灣商務印書館　1966年1月
王　鍔　《禮記成書考》　北京市　中華書局　2007年3月
〔日〕內藤虎次郎等著　江俠庵編譯　《先秦經籍考》　北京市　國
　　　家圖書館出版社　2010年3月
毛漢光　《中國中古社會史論》　上海市　上海書店出版社　2002年
　　　12月

甘懷真　《皇權、禮儀與經典詮釋：中國古代政治史研究》　臺北市　臺灣大學出版中心　2004年6月

〔日〕守屋美都雄著　錢杭、楊曉芬譯　《中國古代的家族與國家》　上海市　上海世紀出版公司　2010年3月

朱雷、唐剛卯選編　《唐長孺文存》　上海市　上海古籍出版社　2006年12月

余英時　《中國知識階層史論》　臺北市　聯經出版事業公司　2001年11月

李宗侗　《李宗侗文史論集》　北京市　中華書局　2011年1月

李學勤　《簡帛佚籍與學術史》　南昌市　江西教育出版社　2001年9月

沈文倬　《菿闇文存──宗周禮樂文明與中國文化考論》　北京市　商務印書館　2006年6月

沈文倬　《宗周禮樂文明考論》（增補本）　杭州市　浙江大學出版社　2006年7月

杜正勝　《編戶齊民》　臺北市　聯經事業公司　1990年3月

杜正勝　《古代社會與國家》　臺北市　允晨文化實業公司　1992年10月

何平立　《巡狩與封禪──封建政治的文化軌跡》　濟南市　齊魯書社　2003年1月

何啟民　《魏晉思想與談風》　臺北市　臺灣學生書局　1967年3月

邢義田　《秦漢史論稿》　臺北市　東大圖書公司　1987年6月

〔日〕尾形勇著　張鶴泉譯　《中國古代的「家」與國家》　北京市　中華書局　2010年1月

宋　鋼　《六朝論語學研究》　北京市　中華書局　2007年9月

〔日〕貝塚茂樹　《貝塚茂樹著作集・第五卷中國古代の傳承》　東京：中央公論社　1976年9月

林保全　《宋以前孔子家語流傳考述》　臺北市　花木蘭文化出版社　2009年3月

林素珍　《魏晉南北朝家訓之研究》　臺北市　花木蘭文化出版社　2008年9月

林素娟　《神聖的教化——先秦兩漢婚姻禮俗中的宇宙觀、倫理觀與政教論述》　臺北市　臺灣學生書局　2011年6月

林素娟　《美好與醜惡的文化論述——先秦兩漢觀人、論相中的禮儀、性別與身體觀》　臺北市　臺灣學生書局　2011年8月

林聰舜　《漢代儒學別裁——帝國意識形態的形成與發展》　臺北市　臺灣大學出版中心　2013年7月

周　何　《春秋吉禮考辨》　臺北市　嘉新水泥公司文化基金會　1970年10月

金德建　《司馬遷所見書考》　上海市　上海人民出版社　1963年2月

胡　適　《說儒》（胡適文存第四集第一卷）　臺北市　遠流出版社　1994年6月

洪　業　《洪業論學集》　臺北市　明文書局　1982年7月

高明士　《中國傳統政治與教育》　臺北市　文津出版社　2003年3月

徐迎花　《漢魏至南北朝時期郊祀制度研究》　哈爾濱市　黑龍江人民出版社　2009年7月

徐復觀　《中國人性論史》　臺北市　臺灣商務印書館　2007年4月

徐復觀　《兩漢思想史卷一》　臺北市　臺灣學生書局　1999年10月

徐復觀　《兩漢思想史卷三》　臺北市　臺灣學生書局　1993年9月

唐明貴　《論語學史》　北京市　中國社會科學出版社　2009年3月

〔美〕夏含夷（Edward L. Shaughnessy）著　周博群等譯　《重寫中國古代文獻》　上海市　上海古籍出版社　2012年12月

陳　來　《古代宗教與倫理：儒家思想的根源》　北京市　生活・讀書・新知三聯書店　2009年4月

陳　來　《古代思想文化的世界》　北京市　生活・讀書・新知三聯書店　2009年4月

陳　直　《史記新證》　北京市　中華書局　2006年4月

陳麗桂　《秦漢時期的黃老思想》　臺北市　文津出版　1997年2月

郭永秉　《帝系新研——楚地出土戰國文獻中的傳說時代古帝王系統研究》　北京市　北京大學出版社　2008年9月

郭梨華　《出土文獻與先秦儒道哲學》　臺北市　萬卷樓圖書公司　2008年8月

郭善兵　《中國古代帝王宗廟禮制研究》　北京市　人民出版社　2007年8月

許子濱　《《春秋》《左傳》禮制研究》　上海市　上海古籍出版社　2012年6月

章景明　《殷周廟制論稿》　臺北市　學海出版社　1979年4月

張以仁　《春秋史論集》　臺北市　聯經出版事業公司　1990年1月

張文昌　《制禮以教天下——唐宋禮書與國家社會》　臺北市　臺灣大學出版中心　2002年5月

張蓓蓓　《中古學術論略》　臺北市　大安出版社　1991年5月

張蓓蓓　《漢晉人物品鑑研究》　臺北市　花木蘭文化出版社　2010年3月

張端穗　《左傳思想探微》　臺北市　學海出版社　1987年1月

張鶴泉　《周代祭祀研究》　臺北市　文津出版社　1993年5月

黃進興　《優入聖域：權力、信仰與正當性》　北京市　中華書局　2010年3月

黃俊傑　《春秋戰國時代尚賢政治的理論與實際》　臺北市　問學出版社　1977年9月

黃懷信等　《漢晉孔氏家學與「偽書」公案》　廈門市　廈門大學出版社　2011年4月

彭　林　《《周禮》主體思想與成書年代研究》（增訂本）　北京市　中國人民大學出版社　2009年11月

湯用彤　《魏晉玄學論稿》　《魏晉思想》乙編三種　臺北市　里仁書局　1995年8月

童書業著　童教英校訂　《春秋左傳考證》（校訂本）　北京市　中華書局　2008年3月

梁滿倉　《魏晉南北朝五禮制度考論》　北京市　社會科學文獻社　2009年5月

鄒昌林　《中國古禮研究》　臺北市　文津出版社　1992年9月

楊天宇　《禮記譯注》　上海市　上海古籍出版社　2011年6月

楊　寬　《西周史》　上海市　上海人民出版社　2003年4月

楊儒賓　《儒家身體觀》　臺北市　中央研究院中國文哲研究所籌備處　2003年1月

楊樹達　《漢代婚喪禮俗考》　上海市　上海古籍出版社　2007年4月

楊　權　《新五德理論與兩漢政治——「堯後火德」說考論》　北京市　中華書局　2006年4月

管東貴　《從宗法封建制到皇帝郡縣制的演變》　北京市　中華書局　2010年9月

魯士春　《先秦容禮研究》　臺北市　天工書局　1998年7月

劉　彬　《帛書要篇校釋》　北京市　光明日報出版社　2009年11月

鄭雅如　《情感與制度：魏晉時代的母子關係》　臺北市　臺灣大學出版委員會　2001年9月

錢　玄　《三禮通論》　南京市　南京師範大學出版社　1996年10月

錢　杭　《周代宗法制度史研究》　北京市　學林出版社　1991年8月

錢　穆　《中國學術思想論叢（二）》　臺北市　東大圖書公司　1977年2月

錢　穆　《孔子傳》　臺北市　東大圖書公司　2010年6月

錢　穆　《兩漢經學今古文平議》　臺北市　東大圖書公司　2003年
　　　　8月

簡博賢　《今存南北朝經學遺籍考》　臺北市　黎明文化事業公司
　　　　1975年2月

嚴耕望編　《隸釋》　石刻史料叢書甲編　臺北市　藝文印書館
　　　　1966年

Creel（顧立雅）著　王正義譯　《孔子與中國之道》　臺北市　韋
　　　　伯文化國際出版公司　2003年11月

顧　實　《漢書藝文志講疏》　上海市　上海古籍出版社　2009年
　　　　12月

顧頡剛　《中國上古史研究講義》　北京市　中華書局　1999年12月

瞿同祖　《中國法律與中國社會》　臺北市　里仁書局　2004年9月

## （二）專著論文

王明珂　〈慎終追遠──歷代的喪禮〉　藍吉富、劉增貴主編　《中
　　　　國文化新論宗教禮俗篇：敬天與親人》　臺北市　聯經出版
　　　　事業公司　2000年5月

甘懷真　〈秦漢的「天下」政體：以郊祀禮改革為中心〉　甘懷真主
　　　　編　《東亞歷史上的天下與中國概念》　臺北市　臺灣大學
　　　　出版中心　2007年11月

〔日〕谷川道雄　〈六朝士族與家禮──以日常禮儀為中心〉　高明
　　　　士主編　《東亞傳統家禮、教育與國法（一）》　臺北市
　　　　臺灣大學出版中心　2005年9月

〔日〕金子修一　〈皇帝祭祀的展開〉　溝口雄三、小島毅主編　孫
　　　　歌等譯　《中國的思維世界》　南京市　江蘇人民出版社
　　　　2006年8月

〔日〕金子修一　〈關於魏晉到隋唐的郊祀、宗廟制度〉　劉俊文主
　　　編　《日本中青年學者論中國史六朝隋唐篇》　上海市　上
　　　海古籍出版社　1995年12月

金春峰　〈從王弼《周易注》看詮釋中的儒道互動〉　鄭吉雄、林永
　　　勝主編　《易詮釋中的儒道互動》　臺北市　臺灣大學出版
　　　中心　2012年6月

林麗真　〈論魏晉的孝道觀念及其與政治、哲學、宗教的關係〉　陳
　　　弱水、王汎森主編　《思想與學術》　北京市　中國大百科
　　　全書出版社　2005年4月

〔日〕南部英彥撰　邢永鳳譯　〈從西漢後期宗廟制論爭等看儒教國
　　　教化──以親親、尊尊主義的分析為中心〉　曹峰主編
　　　《日本學者論中國哲學史》　上海市　華東師範大學出版社
　　　2011年5月

祝平次　〈從禮的觀點論先秦儒、道身體／主體觀念的差異〉　楊儒
　　　賓主編　《中國古代思想中的氣論與身體觀》　臺北市　巨
　　　流圖書公司　1997年2月

高明士　〈禮法意義下的宗廟──以中國中古為主〉　高明士主編
　　　《東亞傳統家禮、教育與國法（一）》　臺北市　臺灣大學
　　　出版中心　2005年9月

高明士　〈法文化的定型：禮主刑輔原理的確立〉　柳立言主編
　　　《中國史新論──法律史分冊》　臺北市　聯經出版事業公
　　　司　2008年10月

徐其寧　〈《春秋繁露》中的「治國養身論」〉　趙生群、方向東主編
　　　《古文獻研究集刊》第六輯　南京市　鳳凰出版社　2012年
　　　8月

黃明誠　〈《易傳》中「儒道互動」與儒家「道德形上學」發展〉

鄭吉雄、林永勝主編 《易詮釋中的儒道互動》 臺北市 臺灣大學出版中心 2012年6月

張 踐 〈《孝經》的形成及其歷史意義〉 姜廣輝主編 《中國經學思想史》（第二卷） 北京市 中國社會科學出版社 2003年9月

〔日〕楠山春樹 〈《禮記·曾子問》篇中的老聃——論老子傳的形式〉 岡田武彥等著 辛冠潔等編 《日本學者論中國哲學史》 臺北市 駱駝出版社 1987年8月

〔日〕福田哲之 〈阜陽漢墓出土木牘章題考〉 福田哲之著 佐藤將之、王綉雯合譯 《中國出土古文獻與戰國文字之研究》 臺北市 萬卷樓圖書公司 2005年11月

〔日〕福田哲之 〈阜陽漢墓一號木牘章題與定州漢墓竹簡〈儒家者言〉〉 福田哲之著 佐藤將之、王綉雯合譯 《中國出土古文獻與戰國文字之研究》 臺北市 萬卷樓圖書公司 2005年11月

〔日〕福田哲之 〈上博楚簡「弟子問」考釈——失はれた孔子言行錄〉 淺野裕一編 《竹簡が語る古代中國思想（二）——上博楚簡研究》 東京 汲古書院 2008年9月

劉 彬 〈《孔子家語·執轡》篇易學象數發微〉 黃懷信、李景明主編 《儒家文獻研究》 濟南市 齊魯書社 2004年12月

劉榮賢 〈理性與自然——道家自然主義中的人文精神〉 東海大學中文系編 《美學與人文精神》 臺北市 文史哲出版社 2001年8月

楊朝明 〈《禮記》成篇與學派屬性等問題〉 黃懷信、李景明主編 《儒家文獻研究》 濟南市 齊魯書社 2004年12月

楊衛中 〈孔子家語七十二弟子解考校〉 王叔岷先生八十壽慶論文

集編輯委員會編　《王叔岷先生八十壽慶論文集》　臺北市
大安出版社　1993年6月

寧鎮疆　〈由〈民之父母〉與定州、阜陽相關簡牘再說《家語》的性
質與成書〉　朱淵清、廖名春主編　《上博館藏戰國楚竹書
研究續編》　上海市　上海書店出版社　2004年7月

## （三）期刊論文

王仁祥　〈先秦威儀觀探論〉　《興大歷史學報》第17期　2006年6月

甘懷真　〈鄭玄、王肅天神觀的探討〉　《史原》第15期　1986年4月

朱曉海　〈孔子的一個早期形象〉　《清華學報》新32卷第1期
2002年6月

何長文　〈中國古代分胙禮儀的文化蘊涵〉　《東北師大學報》1999
年第3期

巫雪如　〈〈民之父母〉、〈孔子閑居〉及〈論禮〉若干異文的語言分
析──兼論《孔子家語》的成書問題〉　《漢學研究》第28
卷第4期　2010年12月

林素英　〈降服的文化結構意義──以《儀禮‧喪服》為討論中心〉
《中國學術年刊》第19期　1998年3月

林聰舜　〈叔孫通「起朝儀」的意義──劉邦卡理斯瑪支配的轉變〉
《哲學與文化》第20卷第12期　1993年12月

〔日〕金子修一　〈日本戰後對漢唐皇帝制度的研究（上）〉　《中
國史研究動態》1989年第1期

周晶晶　〈汲古閣刻本《孔子家語》考──兼談玉海堂影宋刻本〉
《文獻》2013年5月第3期

胡平生　〈阜陽雙古堆漢簡與《孔子家語》〉　《國學研究》第7卷
2000年7月

胡楚生　〈儒行考證〉　《書目季刊》第18卷第4期　1985年3月

張固也、趙燦良　〈《孔子家語》分卷變遷考〉　《孔子研究》2008年第2期

張書豪　〈從奏議到經義──西漢晚期廟數之爭析論〉　《政大中文學報》第15期　2011年6月

黃忠天　〈從《中庸‧達孝章》談宗廟祭祀與治國的關係〉　《經學研究集刊》創刊號　2005年10月

景蜀惠　〈王粲典定朝儀與其家世學術背景考述〉　《四川大學學報》(哲學社會科學版)2003年第4期

楊天宇　〈秦漢郊禮初探〉　《河南大學學報》1989年第1期

楊天宇　〈周人祭天以祖配天考〉　《史學月刊》2005年第5期

楊晉龍　〈神統與聖統──鄭玄王肅「感生說」異解探義〉　《中國文哲研究集刊》第3期　1993年3月

鄭倩琳　〈從《莊子》外雜篇中「孔子困厄」之論述探析儒道之衝突與會通〉　《國文學報》第44期　2008年12月

寧鎮疆　〈由出土文獻再說《孔子家語》的性質及其成書過程〉　《孔孟學報》第82期　2004年9月

寧鎮疆　〈今傳宋本《孔子家語》源流考略〉　《中國典籍與文化》2009年第4期

寧鎮疆　〈復旦大學圖書館藏二卷本《孔子家語》襲何孟春《孔子家語注》本考實〉　《中國典籍與文化》2011年第1期

顧頡剛　〈王肅的五帝說及其對於鄭玄的感生說與六天說的掃除工作〉　《史學論叢》1935年第2期　臺北市　成文出版社　1985年3月

龔鵬程　〈宗廟制度論略（上）〉　《孔孟學報》第43期　1982年4月

## （四）研討會論文

〔日〕湯淺邦弘　〈上博楚簡〈舉治王天下〉的堯舜禹傳說〉　「先秦兩漢出土文獻與學術新視野國際研討會」會議論文　臺灣大學文學院主辦　2013年6月25-26日

# 五　學位論文

化　濤　《清代《孔子家語》研究考述》　曲阜市　曲阜師範大學歷史系碩士論文　2006年4月

李振興　《王肅之經學》　臺北市　政治大學中國文學系博士論文1976年5月

陳惠玲　《兩漢祀權思想研究——以《春秋》與《禮記》中郊廟二祭之經典詮釋為例》　新竹市　清華大學中國文學系博士論文2012年7月

陳燕梅　《魏晉時期喪服禮議考》　南投市　暨南國際大學中國語文學系碩士論文　2005年6月

常佩雨　《《孔子家語》版本敘錄》　南陽市　鄭州大學碩士論文2008年5月

黃武智　《上博楚簡「禮記類」文獻研究》　高雄市　中山大學中國文學系博士論文　2009年2月

董麗曉　《《孔子家語》與《荀子》關係考論》　曲阜市　曲阜師範大學歷史系碩士論文　2010年4月

鄔可晶　《《孔子家語》成書時代和性質問題的再研究》　上海市復旦大學博士論文　2011年4月

魏　瑋　《《孔子家語》「三序」研究》　曲阜市　曲阜師範大學歷史系碩士論文　2009年1月

藺小英　《《孔子家語》與《說苑》關係考論》　曲阜市　曲阜師範
　　　大學歷史系碩士論文　2010年4月

# 索引

漢學研究叢書·文史新視界叢刊 0402009

# 儒行與禮典——《孔子家語》思想探究

| | |
|---|---|
| 作　　者 | 徐其寧 |
| 責任編輯 | 廖宜家、陳胤慧 |
| 特約校稿 | 林秋芬 |

| | |
|---|---|
| 發 行 人 | 林慶彰 |
| 總 經 理 | 梁錦興 |
| 總 編 輯 | 張晏瑞 |
| 編 輯 所 | 萬卷樓圖書股份有限公司 |
| 排 　 版 | 林曉敏 |
| 印 　 刷 | 百通科技股份有限公司 |
| 封面設計 | 斐類設計工作室 |

發 　 行　萬卷樓圖書股份有限公司

臺北市羅斯福路二段 41 號 6 樓之 3

電話 (02)23216565

傳真 (02)23218698

電郵 SERVICE@WANJUAN.COM.TW

香港經銷　香港聯合書刊物流有限公司

電話 (852)21502100

傳真 (852)23560735

**ISBN 978-986-478-335-9**

2020 年 12 月初版三刷

2020 年 6 月初版二刷

2020 年 4 月初版

定價：新臺幣 660 元

如何購買本書：

1. 劃撥購書，請透過以下郵政劃撥帳號：

帳號：15624015

戶名：萬卷樓圖書股份有限公司

2. 轉帳購書，請透過以下帳戶

合作金庫銀行 古亭分行

戶名：萬卷樓圖書股份有限公司

帳號：0877717092596

3. 網路購書，請透過萬卷樓網站

網址 WWW.WANJUAN.COM.TW

大量購書，請直接聯繫我們，將有專人為

您服務。客服：(02)23216565 分機 610

如有缺頁、破損或裝訂錯誤，請寄回更換

國家圖書館出版品預行編目資料

儒行與禮典：<<孔子家語>>思想探究 / 徐其
寧著.-- 初版.-- 臺北市：萬卷樓, 2020.04
　　面；　　公分.--(漢學研究叢書. 文史新視界
叢刊 ; 0402009)

ISBN 978-986-478-335-9(平裝)

1.孔子家語 2.研究考訂

121.2　　　　　　　　　　　108022516